Jakob Christoph Heer

An heiligen Wassern

Roman aus dem schweizerischen Hochgebirge

Jakob Christoph Heer

An heiligen Wassern
Roman aus dem schweizerischen Hochgebirge

ISBN/EAN: 9783337354046

Hergestellt in Europa, USA, Kanada, Australien, Japan

Cover: Foto ©Lupo / pixelio.de

Weitere Bücher finden Sie auf **www.hansebooks.com**

An heiligen Wassern

Roman aus dem schweizerischen Hochgebirge

von

J. C. Heer

51.-54. Auflage

Stuttgart und Berlin 1910
J. G. Cotta'sche Buchhandlung Nachfolger

Alle Rechte vorbehalten

I.

Dörfer und Flecken, selbst eine kleine Stadt, deren Wahrzeichen zwei altersgraue Ruinen auf kahlem Felsen sind, erheben sich mit südlichen Silhouetten am Strom, der seine grauen Wellen aus dem Hochgebirge wälzt.

Im Thalwind erzittern die schlanken Ruten der Silberweiden und die Blätter der Pappeln, welche die Wasser säumen, über die Hütten neigen sich der Kastanien- und der Feigenbaum, die Rebe klettert über das Gestein, das Land ist licht und üppig, als wär's der Traum eines italienischen Malers.

Von Stelle zu Stelle aber schaut durch grüne Waldeinschnitte ein fernes, in sonniger Schönheit aufleuchtendes Schneehaupt in die Stromlandschaft und erinnert den Wanderer, daß er just da im Hochgebirge geht, wo es seine Zinken und Zacken am höchsten erhebt.

Emsige Wildwasser, die aus dunklen Schluchten hervorbrechen, reden von stillen Seitenthälern, die hinter träumenden Lärchenwäldern versteckt bis an die ewigen Gletscher reichen.

Fast unvermittelt berühren sich in dieser Gegend Nord und Süd.

Vom alten Flecken Hospel, auf den ein graues Schloß niederschaut, führt eine schmale, doch fahrbare Straße in eines dieser Seitenthäler, in das vier Stunden lange Glotterthal, aus dessen Hintergrund die Krone, eines der erhabensten Bergbilder des Landes, mit dem Licht ihrer Firnen bis zum Strome herniedergrüßt.

Ein heißer, brümelnder Junimittag. Auf dem Glotterweg, der sich zuerst in manchen Kehren durch die Weinbergterrassen von Hospel windet, fährt ein leichter Leiterwagen langsam bergan. Der Mann, der neben ihm geht, ein halb sonntäglich gekleideter Vierziger, der für einen Gebirgsbauern zu vornehm aussieht, trägt im glattrasierten Gesicht, das ein dunkler Filz überschattet, und in der ganzen Erscheinung doch das Wesen der Gebirgsbewohner dieser Gegend: hünenhafte Kraft, Ruhe und eine gewisse Verschlagenheit.

»Guten Tag, Presi,« rufen die Frauen, die mit umgeschlagenen roten Tüchern im Sonnenbrand der Reben stehen. »Wohl, wohl, das langt wieder eine Weile!« Und sie deuten lachend auf das Fäßchen, das auf einer Strohunterlage im Wägelchen liegt.

»Ja, es thut's!« erwiderte er den Gruß kurz, doch mit freundlichem Wort. Er bläst die Rauchwolken einer Zigarre in die Luft und tätschelt den Hals des Tieres: »Kleiner, es geht bergan, wehre dich, am Schmelzwerk wartet die Galta auf dich, wehre dich.«

Als habe das struppige zähe Pferd Verständnis für seine Zurede, reißt es mit jeder Liebkosung stärker an den Strängen, aber von Zeit zu Zeit nötigt es der steile ausgewaschene Weg, mit dem Wägelchen stille zu stehen und Atem zu schöpfen. Dann fliegt ein Zug der Ungeduld über das Gesicht des Mannes, doch er faßt sich, legt einen Stein unter das Rad und wartet ruhig, bis das Tier von selber den mühsamen Zug wieder aufnimmt.

Langsam geht die Fahrt, doch wer ins Glotterthal fuhrwerkt, ist sich dessen gewöhnt.

»Am Schmelzwerk wartet die Galta auf dich,« wiederholt der Führer. Aber von Hospel bis zum Schmelzwerk sind es drei Stunden zu Fuß, mit dem Fuhrwerk noch mehr, und dann ist es noch eine Stunde nach dem Dorfe St. Peter, das weltverloren unter den Firnfeldern der Krone liegt.

Der Weg windet sich, wenn er die Rebberge von Hospel verlassen hat, in eine Felsenschlucht, über der alte Föhren ihre blaugrünen Schirme halten, dann berührt er in dem sich weitenden Thal die Dörfer Fegunden und Tremis, die mit sonngedunkelten Holzhäusern auf grüner Wiesenhalde liegen, und wird eben.

Tief unter ihm gischtet der Fluß in der Felsenschlucht, die altersgrauen Lärchen neigen sich darüber und schwanken im Luftzug, Bergnelken hangen über die Ränder und verzieren den Abgrund mit blühendem Rot.

Nur das Rauschen der Glotter und das gleichförmige Ticktack der Merkhämmer einer großen Wasserleitung, die in entlegener Höhe dahinführt, unterbrechen die Stille des Thales.

Die Leitung heißt das »helige Wasser«[1] und befruchtet die sonnenglühenden Weingärten, die Aecker und Wiesen Hospels und der fünf Dörfer, die um den Flecken liegen.

[1] *helig* ist die ältere Sprachform für »heilig«.

Wenn man drei Stunden bergauf und ebenhin über schmale Mattenstreifen gegangen ist, kommt man zu der alten verwitterten Kapelle der Lieben Frau, wo der Weg auf einem vielhundertjährigen vermoosten Brückenbogen über die Schlucht nach dem Schmelzwerk St. Peter hinüberspringt.

Um die halb zerfallenen Gebäude des ehemaligen Bergwerkes dehnt sich des Teufels Garten.

Auf Hügeln alter verglaster Schlacken blüht der rote Mohn, die Königskerze reckt ihre goldigen Blütenschäfte, das Singrün spinnt seine blauen Blumenketten um die Scherben, allerlei blühender Wust und viele Brennesseln wuchern zwischen ihnen empor, stahlblaue Fliegen und

Schmetterlinge gaukeln über die wilde Pracht.

An einem verkrüppelten Ahorn stand an jenem Nachmittage, wo Peter Waldisch, der Präsident von St. Peter, durchs Thal fuhr, eine Mauleselin angebunden. Sie schüttelte den Kopf, scharrte mit dem linken Vorderfuß und erhob trotz dem Schatten, den ihr die Ruine spendete, von Zeit zu Zeit ein klägliches Geschrei. Dann tauchte aus der wilden Ueppigkeit der bunt bekränzte Schwarzkopf eines Mädchens auf, das auf den bloßen braunen Armen ein übermächtiges Bündel von Blumen trug. »Ich komme, Galta, ich komme,« rief sie dem Tier begütigend zu, dann verschwand die ganze Gestalt wieder in den Wogen des Sommerwustes, bis sie so viel Blumen an die Brust drückte, als ihr Arm fassen konnte. Da watete sie endlich aus der Wirrnis. Ihr kurzes Röckchen schützte sie nur bis wenig unter die Kniee, aber gewandt wie ein Wiesel wich sie den vielen Brennesselbüschen aus, die ihre nackten Füße und Waden bedrohten. Eine lebendig gewordene Bronzefigur, Gesicht, Arme, Füße sonnengebräunt, war sie fast so wild wie die Wildnis, die sie durchschritt, im Kopf standen ein paar feurige Augen, wie die einer Zigeunerin; doch sah man dem Mädchen gleich an, daß es kein Bauernkind war, dafür war alles an ihr zu zart und zu fein.

Sie eilte mit leichten Füßen über die Brücke zu der alten Kapelle, kniete nieder und steckte ihre Blumen in das hölzerne Vorgitter des kleinen Gotteshauses, so daß es bekränzt war wie für ein Fest.

»Das wird die Mutter Gottes freuen!« sagte sie, ihr Werk betrachtend.

Plötzlich horchte sie neugierig und verwundert in die blaue warme Luft. Ein Rollen wie von fernem Gewitter ging durch die Stille des Nachmittags. Es war Lawinendonner, den die Luft von den Bergen herniedertrug. Am schmalen

Himmelsband über dem Thal waren weiße Föhnstriche hingeweht, die Schläge der Frühsommerlawinen und kleinen Gletscherbrüche lebhafter denn sonst.

Jetzt blickte sie von der Kapelle den Weg hinab und legte die Hand zum Schutz gegen die brennende Sonne über die dunklen Augen.

Der Vater kam noch nicht, dafür zwei Kinder mit Tragkraxen, beide mit Bergstöcken in der Hand.

»Vroni! Josi!« Mit lebhaftem Ausbruch der Freude sprang sie ihnen entgegen.

»Hast schwer, Vroni? Hast schwer, Josi? Hättet ihr die Last meinem Vater auf das Wägelchen gegeben, er ist heute nach Hospel gefahren, ich erwarte ihn hier mit Vorspann.«

Josi schüttelte nur den Kopf. Die beiden Geschwister stellten ihre Kraxen auf die hölzerne Bank vor der Kapelle, wischten sich den Schweiß aus der Stirn und setzten sich gelassen hin. Binia, die Blumensucherin, betrachtete die beiden wohlgefällig. Vroni, unter deren niedrigem altem Strohhut das Goldhaar hervorquoll und in glänzenden Fäden um die geröteten Wangen flog, war nur ein Jahr, Josi, der kräftige Bursch, der einen ähnlichen Hut trug, zwei Jahre älter als sie. Und sie war zwölf.

»Sechzig Pfund hab' ich,« sagte Josi, die Beine schlenkernd, an denen die schwergenagelten Holzschuhe klapperten, »die Vroni hat vierzig, ob so viel Mehl wohl reicht bis zur Ernte?«

»Es wird schon langen müssen, aber dann wird's gut, das Aeckerchen trägt dieses Jahr viel Korn,« erwiderte Vroni hausmütterlich froh.

Da ging wieder ein langhallender Donner durch die Ruhe

des Thales. Josi sprang auf: »Ja, es ist doch wahr. Die Wildleutlaue geht wieder los! Sieben Jahr ist der Gletscher zurückgegangen und sieben Jahr gewachsen, das letzte Jahr war ein schlechter Sommer und jetzt ist ein guter — da bricht der Eissturz los!«

Binia ließ die Schwarzaugen funkeln, Vroni mahnte ab: »Sage nichts Sündiges, schau' doch in die Kapelle, wie viel Marterkreuze von denen an den Wänden stehen, die in die Felsen haben steigen müssen, wenn das helige Wasser von der Wildleutlawine zerstört worden ist.«

Die Kinder warfen einen schaudernden Blick in die Dämmerung der Kapelle. Ihre Wände waren mit hölzernen und eisernen Täfelchen ganz bedeckt, auf denen die Namen von Verunglückten und fromme Sprüche standen.

»O, wie traurig,« sagte Vroni, »da ist es kein Wunder, wenn die Leute bei uns nicht so laut singen und lachen mögen, wie draußen im großen Thal und alle so still und ernst sind.«

Aber die anderen hatten keine Lust, ihren Betrachtungen zu folgen.

»Du, Vroni, erzähl' uns doch wieder einmal die Geschichte von den heligen Wassern, du erzählst sie so schön,« schmeichelte Binia, indem sie sich flink zwischen die Geschwister drängte und an die Freundin schmiegte.

»Das ist eine lange Geschichte,« warf Vroni ein, es war aber, als gehe von den dunklen Augen Binias ein Zwang auf sie, sie lächelte und streckte die rote Schürze zurecht: »Ja, nun so, wir kommen schon noch heim.«

Von ihrer Mutter hatte Vroni den Ruf einer geschickten Erzählerin überkommen. Ihre blauen Augen gingen träumerisch ins Weite, sie überlegte, faltete die Hände über dem Knie und begann: »Also, das ist so lange her, daß es nirgends in den Büchern aufgeschrieben steht. Da gab es neben uns rechten Leuten im Glotterthal noch Wildmännlein und Wildweiblein, die in den Wäldern wohnten. Es geschah nun, daß einer von den rechten Hirten ein Wildmädchen Namens Gabrisa, das mächtig schön war, lieb gewann. Ihr dunkles Haar reichte bis auf den Boden, ihr Gesicht war weiß und ihre Stimme tönte wie Glockenspiel. Allein ihrem Geliebten mißfiel es, daß sie jedesmal, wenn Vollmond war, zu den Ihrigen in den Wald verschwand. Einmal brachte er nun am Tag vor dem Vollmond Wein von Hospel herauf. 'Trink, Gabrisa,' sagte er. 'Ist das güldenes Wasser?' fragte sie, denn sie kannte den Wein nicht. Und er antwortete: 'Ja, das ist güldenes Wasser.' Da trank Gabrisa und der Wein schmeckte ihr gut. Als sie in den Wald eilen wollte, trugen sie die Füße nicht, sie schwankte, fiel und schlief ein; als sie aber erwachte, sprang sie in den Wald, wandte sich noch einmal nach dem Geliebten um und sang ihm mit ihrer schönen Stimme zu:

'Güldenes Wasser, das macht mir Pyn,
Ich darf nit mehr dine Liebste syn!'

Das Mädchen war verschwunden. Aus Zorn über den Schimpf, der Gabrisa und damit sie alle getroffen, bannten die Wildleute die Wolken, daß sie ihr Naß nicht mehr über Hospel und die fünf Dörfer ausleeren konnten, wo der Wein, den sie getrunken hatte, gewachsen war. Die Rebberge verdorrten, Aecker und Wiesen standen ab, es trat eine große Hungersnot und ein großes Sterben ein, das nicht mehr aufhören wollte.«

Die Erzählerin ruhte einen Augenblick, als ob sie sich sammeln wollte, sie war so mit sich selbst beschäftigt, daß sie nicht sah, wie Josi, ihr Bruder, die Augen unverwandt auf das blumenbekränzte Haupt Binias geheftet hielt, auch diese selbst spürte es nicht, denn sie hatte ihre Lebhaftigkeit gebändigt und hing mit ihren Blicken an Vroni.

Ehe diese den Faden ihrer Geschichte wieder aufnehmen konnte, schrie Galta, das arme Vieh, das die Kinder ganz vergessen hatten, so stark, daß die pflichtvergessene Binia aufsprang und über die Brücke zu ihr hinübereilte.

Da sagte Josi unvermittelt, als hätte er von der Geschichte seiner Schwester gar nichts gehört: »Bini ist aber ein schönes Mädchen!«

Vroni sah den Bruder erstaunt an, erst nach einer Weile antwortete sie: »Siehst du das erst jetzt, das habe ich schon lange gewußt.«

Ihre Gedanken blieben bei der Erzählung haften, die Hände im Schoß, spann sie die Geschichte weiter und merkte nicht einmal, wie nun auch Josi sich leise von ihr weg über die Brücke zu Binia hinüberschlich.

»Umsonst flehten die Hospeler die Wildleute an, daß sie den Bann lösen. Sie antworteten: 'Das können wir nicht mehr, denn was geschehen, ist geschehen und der Fluch gilt ewig. Als die 'trockenen Dörfer' sollt ihr bekannt sein im Land zu aller Warnung.' Und sie sprangen in den Wald.

Zu jener Zeit nun kamen die Venediger ins Glotterthal, gründeten das Schmelzwerk und gruben Blei- und Silbererz, das sie verschmolzen, bis das pure Metall in die Kannen rieselte.

Für ihre Feuer, die nie ausgingen, brauchten sie gewaltig viel Holz. Als sie aber den Arvenwald zwischen der Brücke und dem Dorf zu schlagen anfingen, gerieten die Wildleute in große Angst, es würde die Zeit kommen, wo sie nicht mehr genug süße Zirbelnüsse, ihren liebsten Leckerbissen, fänden. Sie berieten lange hin und her, wie sie die Leute von

St. Peter bewegen könnten, ihnen ein großes Stück Wald zu schenken. Eines Nachts erschien Gabrisa am Lager ihres ehemaligen Geliebten, lächelte und sagte: 'Ich will dich und alle in St. Peter reich machen mit güldenem Wasser, das ihr gerne trinket, so ihr uns Wildleuten den Wald an der Thalhalde zwischen dem Dorf und der Kapelle schenkt, wo die Zirbeln wachsen. Saget denen zu Hospel, daß wir Wasser auf ihre verdorrten Reben, Felder und Wiesen führen wollen, wenn sie euch gutwillig ein Dritteil ihrer Weinberge geben.

'Uns Wilden den Wald, euch Zahmen den Wyn,
Das söll treulich und ewig gehalten syn!'

Gabrisa verschwand. Schon lange hätten die von St. Peter gern Weinberge gehabt, aber die Reben wachsen nicht, wo die Gletscher sind. Darum ging ihnen, was Gabrisa sagte, zu Herzen, sie redeten mit den Hospelern und den fünf Dörfern; mürbe von der langen Not, traten diese dem Handel bei, denn ihre Reben waren wertlos geworden. Wie Gabrisa gesagt, kam der Vertrag zu stande und wurde beim Bildhaus von Tremis von den Abgesandten der Wildleute und der Dörfer beschworen.

Nur wunderte man sich, wie die Wildleute das Wasser in die hohen Weinberge tragen oder führen werden, doch wußte man, daß sie in vielen Künsten erfahren waren.«

Erst jetzt merkte Vroni, daß sie auch vom Bruder im Stiche gelassen worden war. Was verschlug's? Er hatte ja die Geschichte schon oft von der Mutter gehört, die sie so schön wie niemand anders zu erzählen verstand. Als sie nun die treulosen Zuhörer suchen ging, bot sich ihr ein überraschender Anblick.

Zur Seite der Ruine, wo die Mauleselin Galta stand, lag Binia auf dem Haufen Grünfutter, den sie oder Josi dem Tier vorgeworfen hatte. Das wilde Kind lachte mit seinen schwarzen Augen und seinen weißen Zähnen den Burschen an und er hielt vor ihr stehend einen Strohhalm voll roter glänzender Erdbeeren, die ersten des Jahres.

»Mund auf und Augen zu!« sagte er zu der Daliegenden, die lustig zu ihm emporschielte.

»Aber nichts Wüstes hineinthun!« bat sie.

»Was denkst auch, Bineli,« lachte Josi.

Da schloß Binia die Augen zu, öffnete den Mund und Josi zog die roten Erdbeeren lächelnd vom Halm und steckte dem Kinde eine um die andere zwischen die roten Lippen. Plötzlich aber besann er sich anders, statt einer Beere drückte er ihr einen Kuß auf den frischen Mund.

Binia wollte zappeln, Vroni wollte rufen, das sei das Spiel zu weit getrieben, aber beide lähmte die Ueberraschung.

»Deus benedicat vos!« klang tief und feierlich eine Männerstimme aus dem Innern der Ruine, ein schwarzbärtiges hageres Gesicht schaute durch ein kleines Gitterfenster der Mauer auf die Kinder.

»Der letzköpfige Pfaff!« schrieen sie wie aus einem Munde, ein großer Schrecken war ihnen in die Glieder gefahren. Binia schirrte das Maultier los, Josi und Vroni eilten nach der Kapelle zu ihren Kraxen, stülpten die an einem Baum hängenden Hüte auf den Kopf und alle drei wollten ihrer Wege gehen.

Als sie sich aber auf der Brücke eben wieder begegneten und hastig aneinander vorübereilen wollten, trat der Mann von vorhin schlarpend aus der Ruine und mitten unter sie. Er war barhaupt, an den Füßen trug er Holzsohlen, um die dunkle rauhe Kutte schlang sich ein weißer Strick, von dem ein Rosenkranz niederhing. Ganz verwildert sah der bärtige Einsiedler aus, in dessen bleichem Gesicht zwei unstete Augen loderten.

»Pax vobiscum!« grüßte er sie. »Du bist Binia, die Tochter des Presi! Du bist Josua, der Sohn des Wildheuers! Kniet nieder ihr zwei!«

Er machte dazu mit seinen mageren Händen eine so feierliche Bewegung, daß die bekränzte Binia unwillkürlich gehorchte und auf die Brücke niederkniete.

Verwirrt folgte der Bursche.

Da legte er ihnen die Hände auf die glühenden Häupter und sagte tief und getragen: »So wahr ich Kaplan Johannes heiße, liebet euch untereinander, Josi und Binia.«

Er murmelte über ihnen einen langen lateinischen Spruch wie ein Gebet.

Vroni, welche die stille Zuschauerin war, kam das, was Kaplan Johannes that, unheimlich und schrecklich vor. Ihre Augen irrten hilfesuchend thalauf, thalab, doch wagte die Zitternde keinen Einspruch, dafür kam ihr das Gewand des Mannes zu heilig vor. Zuletzt sagte sie gepreßt: »Wir müssen ja gehen!«

»So geht!« grollte die Baßstimme des Kaplans, er schleuderte Vroni einen zornigen Blick zu, machte das Zeichen des Segens über den zweien und lief über die Brücke. Bald bimmelte das Glöckchen der Kapelle Vesper durchs Thal, aber die Kinder knieten bei den Klängen nicht, wie sie's gewohnt waren, nieder. Ohne sich zu grüßen, liefen sie hastig und mit roten Köpfen auseinander, Binia mit dem Tier über die Brücke thalaus, Josi und Vroni, mit ihren Holzschuhen klappernd, die Kraxe auf dem Rücken, den Stutz empor, der mit seinem Zickzack gleich hinter dem

Schmelzwerk beginnt und nach St. Peter führt.

Da ragen, vom Weg nur durch die schreckliche, trichterartige Schlucht der Glotter getrennt, die Weißen Bretter, drei senkrechte und glatte Felswände, die aus der Tiefe der Schlucht wie weiße unbeschriebene Tafeln bis zum Gletscher und ewigen Schnee des Glottergrates ansteigen. Zwischen den drei Wänden ziehen sich zwei tiefe wilde Graben, in denen sich ausgewitterte Felsen, Klippen und Türme erheben, ebenfalls bis in die Höhe ewigen Winters, sie heißen die Wildleutfurren. In halber Höhe aber geht wie eine dunkle Linie die Leitung der heligen Wasser quer über die Felsen. Ein Rad, das oben klopft, sagt den Leuten im Thal, daß die Wasser ruhig die furchtbare Strecke fließen.

Schweigend waren die Geschwister eine Weile gegangen, da lehnte Josi die Kraxe an die Halde, die den Weg säumt, und schaute gespannt zu der Leitung empor.

Nein, höher noch hinauf, zu dem blauschillernden Gletscher, der mit einer Last reinen weißen Firnenschnees über die Wände hinausragte. An seinem Rand stoben immer kleine weiße Rauchwolken auf, ein Rieseln und Schäumen, wie das von Wasserfällen ging durch die Wildleutfurren abwärts, verlor sich in ihren Klüften und knatternder Widerhall der kleinen Lawinen füllte das Thal.

»Hast du das auch schon gesehen?« fragte Josi.

»Nein,« antwortete Vroni kurz und beklommen.

»Eben darum kommt die Wildleutlaue. In den letzten Wintern ist mehr Schnee auf den Gletscher gefallen, als die Sommer haben zu schmelzen vermögen; der Gletscher ist gewachsen, er tritt über die Felsen hinaus, man sieht ihn, wo man ihn vorher nicht hat sehen können. Jetzt, wo es heiß wird, schmilzt der Schnee, das Wasser fließt in das hervorstehende Eis; die Last wird zu groß, der

Gletscherbruch kommt, die Wildleutlaue!«

»Ums Himmels willen, Josi, laß uns gehen!«

»O, dem Weg schadet es nichts; wenn die Luft beim Sturz nicht so sausen würde, so könnten wir da ruhig zusehen, Eis und Schnee stürzen in die Schlucht, die ist ja groß. Aber es ist wegen der heligen Wasser!«

Vroni war unbekümmert um den Bruder, der ihr alles mit großen Worten vortrug, aufgestanden, er folgte, in einer halben Stunde hatten sie den Stutz, die Schlucht und die Weißen Bretter hinter sich, vor ihnen lag auf dem sanften Oval des ebenen Thalhintergrundes ihr Heimatdorf, St. Peter, das rings von hohen Bergen umsäumt ist.

Einen Augenblick schauten die Geschwister, die das letzte Wegstück schweigend zurückgelegt hatten, über die weißen Windungen des Sträßchens am Stutz hinab und nach dem Teufelsgarten zurück. »Lug' dort, Bini!« rief Josi. Das wilde Kind hatte sich hinter der Kapelle auf das Maultier geschwungen und sprengte nun, eben noch unterscheidbar, wie ein fliegender Schatten über die schmalen Matten des Thales gegen Tremis hinab. Vroni sah es wohl, wie sich das treuherzige Gesicht Josis verklärte, als er noch einen Schein der Gestalt erhaschen konnte.

Ueber ihr frohmütiges Antlitz flog ein Schatten.

»Du, Josi, was der Kaplan Johannes gethan hat, das ist schrecklich. Er hat dir und Binia den bösen Segen gegeben. Jetzt, wenn ihr auch wolltet, könnten du und Binia nie ein Paar werden.«

Josi lachte trocken.

»Er ist kein Gottesmann,« fuhr Vroni fort, »er ist ein Teufelsmann. Die Mutter sagt's. Er ist nur ein davongelaufener Klosterschüler, er darf niemand die Beichte abnehmen; die Leute nennen ihn nur Kaplan, weil früher, zu Bergwerkszeiten, die Kapelle der Lieben Frau eine Kaplanei gewesen ist.«

Josi hatte das Bedürfnis zu widersprechen.

»Aber hat er auf den Alpen mit seinen Tränken und Sprüchen nicht schon manchmal krankes Vieh gesund gemacht? Denk' nur an die zwölf Stücke des Bäliälplers. Sie hatten die Klauenseuche und man wollte sie schon töten, da segnete sie Johannes und sie wurden in drei Tagen gesund.«

»Ja — und dafür starben dem Bäliälpler drei Wochen nachher die beiden schönen Kinder, die bis dahin kerngesund gewesen waren; er und seine Frau, die früher glücklich zusammen lebten, haben jetzt nichts als Zank und Streit, er ist wild über sie, weil sie den letzköpfigen Pfaffen ohne sein Wissen in den Stall geführt hat, und immer sitzt er zornig und traurig im Wirtshaus.«

»Die Kinder sind vielleicht auch sonst gestorben,« versetzte Josi kühl. »Wir lassen den Kaplan nie in unseren Stall, haben wir deswegen weniger Unglück mit dem Vieh als andere Leute? Nein, im ganzen Dorfe haben wir am meisten. Drei Jahre hintereinander haben wir Jungvieh aufgezogen, es wuchs und gedieh auf das schönste, aber jedesmal, wenn's bald hätte verkauft werden können, ist's umgestanden. Die Loba, die der Vater am Samstag verkauft hat, ist seit vier Jahren das erste Stück, das geraten ist.«

»Die Loba!« — Vroni bückte sich tiefer unter ihrer Last; die Thränen, die sie vergossen hatte, als der Händler das schöne liebe Rind davongeführt hatte, drohten wieder zu kommen. Sie wurde traurig und still.

»Du erzählst der Mutter nichts von Kaplan Johannes, gelt, Vroni,« versetzte Josi schmeichelnd, als sie durch die mit großen Pflastersteinen besetzte Straße von St. Peter schritten. »Nein, gelt, du sagst nichts!«

»Ei, wie Josi betteln kann.« Das Gesicht Vronis hatte sich gehellt. »Wenn du dich nie mehr mit dem Kaplan einlässest, will ich still sein.«

Sie schritten durch die lose Reihe gebräunter Holzhäuser, Ställe und Städel[2], die das Dorf bilden. Als sie am Gasthaus zum Bären vorbeikamen, einem alten, massiven Steinbau gegenüber der Kirche, die sich auf einem Felsenhügelchen erhebt, öffnete sich ein Fenster und eine Männerstimme rief: »Vroni! — Josi!«

[2] *Stadel*, schweizerdeutscher Ausdruck für Heuschuppen.

»Der Vater!«

Freundlich reichte ihnen der bärtige Wildheuer ein Glas voll Wein: »Ihr werdet wohl Durst haben!«

Vroni nippte nur, Josi aber nahm einen tapferen Schluck.

»Sagt der Mutter, es könne, bis ich heimkomme, etwas später werden, als ich gemeint habe, der Presi ist nach Hospel gegangen und ich muß ihn erwarten.«

So der Vater. Die Kinder verabschiedeten sich, schlugen einen Seitenweg ein, der durch Kartoffel- und Roggenäckerchen an den sonnigen Hang hinüberführt, wo die Maiensässen[3] und Alpweiden der Leute von St. Peter liegen.

[3] *Maiensässen* sind Berghäuser zwischen den Dörfern und den Alpweiden, sie bilden beim sommerlichen Zug der Sennen und des Viehs auf die Hochweiden den Zwischenaufenthalt, wo gewöhnlich im Mai mehrere Wochen geruht wird.

Da stand unter einem Felsblock ihr kleines Haus, auf dessen

steinbeschwerten Schindeln eine große Steinbrech blühte, jene Blume, von der die Sage der Aelpler behauptet, daß sie nur auf den Dächern wachse, unter denen der Friede wohne. Freundlich schauten die kleinen Fenster, vor denen Stöcke roter Geranien prangten, gegen das Dorf.

»Ja, die Wildheuerfränzi versteht sich auf Blumen.« So sprach man im Dorf. »Blumen und Geschichten sind ihr Sonnenschein.«

Erschöpft ließ Vroni die Kraxe auf die Bank vor dem Felsblock sinken, auch Josi stellte die seine mit einem Ausruf der Erleichterung ab.

Unter der Thüre erschien die Mutter, die Wildheuerfränzi, selbst in ihren abgetragenen Kleidern eine hübsche Frau, von kräftigem Wuchs, vollem, üppigem dunklem Haar, offenen Zügen und jenen großen, blauen, vielsagenden Augen, die Vroni von ihr geerbt hatte.

»Da seid ihr ja,« sagte sie erfreut, Josi aber rief: »Mutter, eine Neuigkeit, die Wildleutlawine kommt!«

Eine geraume Weile später sah man den Presi mit seinem Fuhrwerk gegen das Dorf fahren.

II.

Der Gasthof zum Bären war ein Altertum des Dorfes St. Peter. Die Ueberlieferung berichtete, das aristokratische Haus sei, als noch ein Saumweg über die damals weniger vergletscherten Berge nach Welschland geführt habe, eine Sust, eine Warenniederlage, gewesen, wo die Maultiere gewechselt wurden. Man erzählte sich, die Knappen des Bergwerkes hätten, wenn sie ihr Silber und Blei über die Berge nach Welschland führten oder von dort mit dem Erlös zurückkamen, im Bären hart gezecht, aus silbernen Bechern getrunken, mit silbernen Kugeln gekegelt und manchmal sommerlang fröhliche Italienerinnen als Spielgefährtinnen in dem Haus einquartiert.

Nur als Nachklang lebte die Erinnerung an diese üppigen Zeiten in St. Peter fort, das Leben ging jetzt in Haus und Dorf den gemessenen stillen Gang der einsamen Alpendörfer. Seit zwei- oder dreihundert Jahren stand das Bergwerk still; so glänzend, wie es die Sage schilderte, mochte das Knappenleben nie gewesen sein. Das Schmelzhaus war eine Ruine und der alte Paßweg nach Welschland mit seinem Verkehr war verschollen, an den Erzreichtum der Gegend erinnerten nur noch die schönen Drusen und Gesteinsblüten, die man da und dort als Schmuck hinter den Fenstern der Wohnungen sah.

Für den vielhundertjährigen Bestand des Bären aber sprachen seine massive Bauart und die Jagdtrophäen, die am Dachgebälk befestigt waren: gebleichte Steinbock- und Wolfsschädel, besonders ein eingetrocknetes mumienhaftes Bärenhaupt, das als Wahrzeichen des Hauses an einer Kette gegen die Thüre und die Freitreppe hinunterhing, die mit schönem eisernem Geländer zum Eingang emporführte. Die weißgrauen Zähne des Hauptes waren vermorscht und verwittert; die Jagdzeichen reichten wohl bis in die Zeit der Venediger zurück, denn so lange schon gab es im Glotterthal weder Bär noch Wolf, und seit dem Anfang dieses Jahrhunderts sind auf den Felsen und Firnfeldern der Krone die Steinböcke ausgestorben.

Ueber dem Fenster neben der Treppe prangte als eine neuere Zuthat am alten Bau die Inschrift »Postbureau St. Peter« und der eidgenössische Postschild.

Die stattlichen Wirtschaftsräume des Bären befanden sich im ersten Stock; helles Arvengetäfel, aus dem die dunkeln Astringe wie Augen schauten, und alte geschnitzte Wappenzier an den Decken fesselten den Eintretenden. Der Hauptschmuck der großen Stube war ein alter Leuchter, der ein Meerweibchen darstellte, dessen Leib in ein Hirschgeweih auslief.

Am Eichentisch unter dem Leuchter saßen der Bärenwirt Peter Waldisch und Hans Zuensteinen, der Garde[4].

[4] *Garde* (französisch garde, Hüter) nennt man in den Thälern, wo »Wässerwasserfuhren« bestehen, dasjenige Gemeinderatsmitglied, das die Aufsicht über die Wasserleitung hat.

Sie prüften das Fäßchen Eigengewächs, das jener gestern in Hospel draußen geholt hatte.

»Wie Feuer, meiner Treu!« sagte der rauhbärtige Garde, das eine Auge zukneifend und durch das erhobene Glas blinzelnd, in dem der Weißwein sonngolden erglänzte — »aber, aber, Presi,« seine Stimme wurde plötzlich sehr ernst, »die Abmachung mit Seppi Blatter ist nichts. Wenn der ganze übrige Gemeinderat dafür ist, so bin ich dagegen. Man dürfte ja Fränzi, Vroni und Josi nicht mehr ins Auge sehen. Sagt mir einmal ehrlich, wie stark hat bei seiner

Unterschrift der Hospeler die Hand geführt?«

Der Presi und Bärenwirt, der den rauhen untersetzten Garden um Kopfeslänge überragte und neben ihm wie ein rechter Bauernaristokrat erschien, lächelte verlegen und rückte auf dem Stuhl.

»Wollt Ihr lieber das Los entscheiden lassen?« fragte er lauernd.

Der Garde knurrte wieder, nach einer Weile fragte er aufs neue: »War Seppi nüchtern?«

»Man macht keinen Handel, es ist ein Glas Wein zur Ermutigung dabei. Ich war grad in guter Laune, ich ließ ein paar Flaschen Hospeler fließen, Seppi aber war ziemlich nüchtern.«

Der Garde schüttelte bedächtig den Kopf, in den starken Furchen seines breiten Gesichtes spiegelte sich Mißbilligung und Sorge, erst nach einer Weile sagte er: »Das Ding ist nichts.«

Dem Presi lag augenscheinlich daran, dem Gespräch eine andere Wendung zu geben, lachend rief er: »Zum Wohl, Garde!« Und als nun die Gläser zusammenklingelten, fuhr er fort: »Warum ich gestern so hellauf war, Seppi Blatter, Bälzi und dem Bäliälpler ein Glas vom guten Hospeler schenkte, will ich Euch verraten. Es ist eine Ueberraschung —. Ich führe wieder eine Wirtin in den Bären.«

Da sprang der schwerfällige Garde auf: »Was Ihr meldet, Presi! Wer ists?« Die ehrliche Neugier stand ihm im Gesicht.

»Unter vier Augen und nur zu Euch — Frau Cresenz, die Schwester des Kreuzwirtes in Hospel. Wir haben die Angelegenheit gestern ins reine gebracht.«

»Ich wünsche Euch Glück,« sprach der Garde feierlich und

schüttelte dem Wirt kräftig die Hand. Dann setzte er sich und knurrte in einem Ton vor sich hin, der nicht entscheiden ließ, ob darin eine Zustimmung oder Mißbilligung liege.

»Was sagt Ihr dazu?« fragte der Presi.

»Cresenz wird dem Bären schon wohl anstehen, sie hat sich als Witwe gut erhalten, ist mit ihren fünfunddreißig Jahren eine hübsche Frau, sauber und flink, sie versteht das Wirten und den Umgang mit den Leuten wie keine andere, hat einen tadellosen Ruf, kurz, ich meine, Ihr führt eine geschickte Frau ins Haus. Aber —«

Der Garde stockte.

»Aber?« — wiederholte der Presi.

»Cresenz ist aus einem so großen Gasthof und an das Fremdenleben so gewöhnt, daß es ihr hier bei uns hinten, wo doch nur Bauern und Alpleute sind, langweilig wird.«

Der Bärenwirt lachte: »Falsch, Garde, falsch! — Dafür ist gesorgt. Ein schönes Stück wird schon sein, Bini zu ziehen. Das Kind ist verwildert; denkt nur, gestern kam sie mir barfuß bis nach Tremis entgegen, es hat mich geschämt vor den Leuten. Ich habe keine Zeit, mich mit ihr abzugeben, die kropfige Susi, das Keifweib, wird nicht Herr über sie, fahre ich aber einmal mit einem Donnerwetter dazwischen, so schilt sie mich frank einen Rabenvater.«

Die beiden Männer lachten herzlich — es schien, der Streit von vorhin sei in lauter Freundschaft aufgelöst.

Da räusperte sich der Garde: »Haltet, wenn Ihr jetzt eine frische, hübsche Frau bekommt, nur die Beth selig in Ehren und gutem Andenken.«

Das Gesicht des Bärenwirts verfinsterte sich.

»Aber das gebt Ihr doch zu,« sagte er mürrisch, »Frau Cresenz wird eine bessere Wirtin als die arme selige Beth.«

»Alle Leute im Dorf haben sie geliebt und verehrt, nur Ihr nicht. Sie war eine Frau wie ein Engel, sie hat nur das Unglück gehabt, da sie Euern hochfahrenden Plänen nicht hat folgen können und nicht hat wollen. Sie war eine, wie wir alle im Dorfe sind: einfach und fromm, stets auf den Frieden im Leben und die Seligkeit im Himmel bedacht, Ihr aber gleicht von jeher mehr den Leuten draußen in der Welt, hastig und unruhig seid Ihr immer voll Pläne, habt Ihr immer eine ganze Menge Dinge umzutreiben. Da wird Euch allerdings Cresenz besser verstehen als Beth!«

Der Presi lächelte überlegen: »Handel und Wandel, mein' ich, giebt dem Leben das Salz und« — er klopfte dabei auf den Tisch — »mit Frau Cresenz wage ich es. Der Bären soll ein Fremdengasthof werden, ich nehm's mit dem Pfarrer und euch allen auf.«

»Presi!« Das Blut war dem Garden in den Kopf geschossen. »Presi, das thut Ihr nicht!«

»Ihr werdet's schon erleben.« Die Augen des Bärenwirtes blitzten übermütig und unternehmungslustig.

»Der Pfarrer wird Euch von der Kanzel angreifen und alle werden mit ihm gegen Euch sein!«

»Der hochwürdige Herr soll das Geistliche besorgen, das Weltliche besorgen wir schon.« Der Presi lachte und fuhr dann fort: »Ich will Euch verraten, warum er keine Fremden will. Es sind jetzt vierzig Jahre, daß er nach St. Peter gekommen ist. Da stieg über die Schneelücke herunter der erste Fremde, ein berühmter Naturforscher, der mit seinen Führern die Krone erklettert hatte. Die Leute von St. Peter erstaunten darüber so sehr, daß sie den Pfarrer riefen. 'Vielleicht sind's Gespenster!' sagte er und ordnete eine

Prozession an, damit man ihnen entgegenziehe. Als der Bergsteiger, seine Führer und Träger kamen, spritzte er ihnen Weihwasser entgegen und schrie: 'Apage, apage, Satanas!' Auf dieses Zeichen trieben die von St. Peter die Fremden um das Dorf herum und jagten sie den Stutz abwärts. Glaubt, Garde, wegen der Schande von damals will der Pfarrer nichts von Fremden wissen, er fürchtet, die Geschichte, wegen der wir von St. Peter in den Büchern als ein rauhes und dummes Volk verschrieen sind, werde dadurch frisch!«

Der Garde hatte sich beruhigt: »Der Pfarrer ist gegen den Fremdenverkehr, weil er von ihm das Verderben des Dorfes fürchtet. Er hat recht. In Grenseln, wo jetzt auch zwei Gasthöfe sind, hat erst diesen Frühling ein Mädchen, das im einen diente, ein Uneheliches bekommen. Denkt die Schande!«

»Ja, aber die Forellen aus meiner Fischenz in der Glotter und den Hospeler aus meinen Bergen würde ich gern etwas besser verkaufen, als es bis jetzt geschehen ist.«

»Werdet nicht zum Fluch von St. Peter, Presi, dafür hat Euch wahrlich die Gemeinde Euer Amt nicht gegeben. — Ich muß jetzt von etwas sprechen, wovon man eigentlich nicht reden soll, so wunderbar heilig ist es. Hat je eine Lawine das Dorf St. Peter getroffen? Nie! Und doch wohnen wir unter den Firnfeldern der Krone und sie hätten freien Weg.«

»Ich weiß schon, wohin Ihr zielt, aber ich bin nicht abergläubisch; die armen Seelen kommen in die Hölle, nicht auf die Gletscher. Das sagt ja der Pfarrer selbst,« höhnte der Wirt, »der wird's wissen!«

In diesem Augenblick schaute ein etwa fünfzehnjähriger Junge blöd durch die halbgeöffnete Thüre.

»Nur hinein, Eusebi!« Lustig schob Binia den ungelenken schwächlichen Burschen mit beiden Händen vom Flur in die Stube.

»Was willst, Eusebi?« fragte der Garde freundlich.

»S—s—sollst h—h—heim—k—k—ommen, V—v—vater. Ei — ein R—rind ist k—k—kr—rank auf d—d—er Alp.«

Der Stotterer schämte sich seines Uebels, er wußte nicht wohin blicken.

»Sei nur ruhig, Eusebi, ich komme!« Der Garde stand auf und der Presi gab ihm bis auf die Freitreppe das Geleit.

Dort säumten die Männer noch einen Augenblick.

»Also wir müssen auf alles gefaßt sein, die Wildleutlaue kann jede Stunde gehen,« sagte der Presi ernst.

»Ja, aber noch einmal gesagt, die Machenschaft mit Seppi Blatter ist nichts,« erwiderte der Garde. »Im übrigen hoffe ich, daß ich bei der Wassertröstung[5] das Amt niederlegen kann. Ich bin der Geschichte satt.«

[5] *Wassertröstungen* nennt man die Gemeindeversammlungen, in denen Beschlüsse über die Wasserleitungen gefaßt werden.

»Das nicht, das nicht; über Seppi Blatter aber reden wir im Gemeinderat.«

Die Männer schüttelten sich die Hände.

»Nichts für ungut!« sagte der Garde, »ich rede frei von der Leber, anders hab' ich's nicht gelernt.«

Binia aber rief: »Nicht wahr, Eusebi darf noch bei mir bleiben.«

»Gewiß,« lächelte der Garde wohlgefällig, »ich habe nichts lieber, als wenn er bei anderer Jugend ist.« Da riß die wilde Binia den scheuen Jungen mit sich.

Der Garde, der ganz aus Eisen zusammengesetzt schien, ging langsamen Schrittes durch die kleinen Aecker zur Hütte des Wildheuers Seppi Blatter. Er hatte schwer zu denken und wiegte den mächtigen Kopf: Was für ein merkwürdiger Mann ist doch der Presi! St. Peter ist zu klein für seine rastlose Betriebsamkeit. In allem hat er die Hand. Er hat seine Schuldscheine auf Aeckerchen und Alpen, er beherrscht als Vermittler zwischen den Sennen und den fremden Händlern den Käse- und Viehhandel, er ist Posthalter und hat damit den Einblick in allen Verkehr und nun will er noch Fremdenwirt werden.

Dazu die schlechte voreilige Anbändelei mit Seppi Blatter! — Was hat er für einen Zweck dabei? Keinen! Eine Laune ist's, ein Stück sträflichen Uebermutes.

Da war er bei der Hütte angekommen.

»He, fleißige Vroni, wo ist der Vater?«

Vroni saß auf dem moosüberwachsenen Block, der das

Häuschen schirmte, sie flocht mit flinken Fingern an einem jener Strohbänder, woraus die Glotterthalerinnen die zierlichen Hüte machen, die sie tragen. Nebenbei überwachte sie die drei Ziegen, die, mit den Schellen klingelnd, zwischen hohen roten Enzianen und blauem Eisenhut sich ihr Futter naschten.

»Vater, Mutter und Josi wildheuen an den Bockjeplanken; kann ich dem Vater etwas ausrichten, Pate?«

»Er soll unter Licht[6] bei mir vorbeikommen. Guten Abend, artiges Kind —«

[6] *unter Licht*, schweizerdeutsch, »in der Dämmerung«.

Damit stoffelte[7] er den Berg hinan. Vroni hatte aber von ihm einen Blick aufgefangen, der ihr zu denken gab. In seiner Freundlichkeit war ein sorglicher Ton gewesen, der ihr in den Ohren nachklang.

[7] *stoffeln*, schwerfällig gehen.

Wie gestern rollte auch heute in einem fort Lawinendonner in stärkeren und schwächeren Schlägen vom Gebirg, und plötzlich fiel ihr der Vater ein. Sie wußte nicht warum. Doch! Er war am Morgen so blaß gewesen, er hatte gesagt, er habe die ganze Nacht kein Auge geschlossen wegen des Donners.

Vroni bemerkte es in ihrem Sinnen nicht, daß eine behende Gestalt wie ein Wiesel über die Felsen hinaufgeklettert kam, sie erschrak ordentlich, als Binia ihren Arm um sie schlang. Und dann sah sie den scheuen Eusebi unten stehen.

»Komm, Sebi, komm!« Er kletterte, setzte sich zutraulich zu den zwei Mädchen, seine Augen glänzten in stiller Freude. »Vroni und Bini wissen, daß ich nicht so einfältig bin, wie die Leute meinen,« dachte er.

»Vroni, wie geht die Geschichte von den heligen Wassern

weiter, mir hat die ganze Nacht von der Wildfrau Gabrisa geträumt, sie war aber nicht schwarz, sondern blond wie du!« scherzte Binia.

Vroni lachte, dann mahnte sie: »Du, von Josi darfst du keinen Kuß mehr bekommen!«

Eusebi riß die Augen auf: »K—k—kuß,« stammelte er verwundert.

»So!« Lustig stellte Binia die weißen Zähne. »Erzähle jetzt nur, Vroni. Josis Kuß war ja nur Spiel.«

Da legte Vroni, wie sie es gewohnt war, die Hände über das Knie und sah in die Weite: »Ich fange jetzt gleich an, wo ich gestern zu überdenken aufgehört habe, ich mag das Gleiche nicht zweimal sagen.«

»O, das macht mir und Sebi nichts, wenn du nur erzählst,« versicherte Binia.

Da begann Vroni:

»Man wunderte sich, wie die Wildleute Wasser in die Weinberge hinaufführen oder tragen werden und viele Leute gingen nach Hospel hinaus, um es selber zu sehen. Die Wildleute fingen aber bei St. Peter zu arbeiten an, sie hieben Bäume um und höhlten die dicken Stämme fast ganz aus, so daß breite und tiefe Kännel entstanden. Den ersten legten sie an das Gletscherthor, aus dem die Glotter ins Thal läuft, und dann viele Hunderte daran, den Anfang des einen in das Ende des anderen, immer fast eben hin. Von Zeit zu Zeit prüften sie, ob das Wasser hindurchfließe, und wenn es lief, so tanzten sie vor Freude und klatschten in die Hände. 'Alleweil sanft, alleweil sanft,' riefen sie sich zu, und da ihnen der Boden des Thales zu rasch abwärts ging, zogen sie die Kännel den Berg entlang, so daß sie viel höher als der Thalboden zu liegen kamen und sich hoch am Berg dahinwanden. Die Thalleute wunderten sich, daß sich die Wildleute so viel Mühe gaben, sie wußten nicht, was werden solle. Die Wildleute aber riefen:

'Sunneschyn, ja Sunneschyn
Macht die ruchen[8] Wasser fyn!'

[8] *ruch*, rauh.

»Wo ein Baum stand, der die Kännel beschattet hätte, fällten sie ihn. So zogen sie die Leitung der Sonnenseite des Thales entlang und hoch durch ihren eigenen Wald zwischen dem Dorf und dem Schmelzwerk, wo jetzt die Weißen Bretter sind:

'Durefüehren, dureführen,
Zirble[9] aber nit anrüehren!'

[9] *Zirble*, Zirbelbaum, Arve.

»So riefen sie sich ängstlich zu. Den Leuten kam es seltsam vor, daß die Wasserleitung im Wildmannliwald am Schatten gehen sollte, sie aber sagten:

'E Wurzen[10] git dem Berg den Halt
Und wenn sie bricht, so fallt der Wald!'

[10] *E Wurzen git*, eine Wurzel giebt.

»So bauten sie die Kännel, viele Kirchtürme hoch über Hospel kam das Wasser in die Weinberge, und vom langen Lauf an der Sonne war es ganz warm.

»'Aber es ist ja trüb, was sollen wir mit trübem Wasser anfangen?' murrten die Weinbergleute. Die Wildleute jedoch tanzten wie närrisch um die fertige Leitung und mahnten:

'Trüebe Wasser, güldige Wyn!
Grabend Gräben, lassend's yn!'

»Die Leute folgten dem Rat, sie gruben Furchen zu den verdorrten Weinstöcken und siehe, die Reben grünten und trieben Schosse, wo ein Tröpflein hinkam, sproßte das Gras, die Bäume schlugen aus. Das ganze Land um Hospel wurde schön wie ein Garten und prangte in Fruchtbarkeit.

»Die Leute standen da, die Eltern zeigten das Wunder den abgemagerten Kindern, die Greise weinten vor Freude und streckten die Hände ins Wasser, daß sie merken, wie es riesele.

»Da rief einer: 'O du heliges Wasser', und alle antworteten: 'Ja, heliges Wasser, heliges Wasser!' Seither hat man die Leitung nie anders genannt.

»Die Dörfer des Thales, St. Peter, Tremis und Fegunden, und alle jene, die von dem Ueberfluß der Hospeler Wasser erhielten, traten zu einer Landsgemeinde zusammen. Sie beschworen, daß niemand das helige Wasser letzen oder damit Vergeudung treiben dürfe, sie setzten Verbannung oder Tod darauf, sie legten das Landbuch an, in dem jedes Grundstück aufgezeichnet und ihm das Maß des Wassers bestimmt ist, das ihm zur Tages- oder Nachtzeit zugeleitet werden darf, sie bestellten beeidigte Wächter, die nachsahen, daß keiner zu viel und keiner zu wenig vom Segen erhielt. Und alle drei Jahre legten die Leute den Finger auf das Landbuch, daß sie ewig halten, was darin stehe. Von da an hatten die von St. Peter Reben, die Wildleute aber zogen sich wieder tief in den Wald zurück.«

Während Vroni so sprach, schien es, als bewegten sich den steilen Alpenweg hinab drei Bündel. Zuerst waren sie nur wie dunkle Punkte gewesen, aber jetzt wurden sie größer und größer. Ihre Träger sah man nicht, aber die Erzählerin jubelte, sich selber unterbrechend, doch: »Sie kommen, schaut, wie viel Heu sie haben. Es ist das erste des Jahres.«

»Bis sie da sind, erzähle noch ein wenig, Vroni, es ist alles schön, was du sagst,« schmeichelte Binia. Selbst der blöde Sebi nickte.

Vroni, das sah man ihren glänzenden Augen an, war im Zug:

»Das dauerte lange, lange Zeit. Die Menschen kamen auf die Welt und starben, niemand wußte mehr etwas anderes, als daß die heligen Wasser Jahr um Jahr Segen und Fruchtbarkeit spendeten. Unterdessen betrieben die Venediger den Bergbau, sie lebten üppig und in Freuden, das fröhliche Leben ging im Bären nie aus. Die von St. Peter wurden durch den Wein, den sie an den Bergen von Hospel pflanzten und den Knappen verkauften, sehr reich. Allein es kam die Zeit, wo die Bergleute alles Holz, das an den Thalseiten wuchs, für ihre Feuer abgeschlagen hatten, und wegen der Lawinen und Steinschläge wuchs das neue nur langsam nach. Der Holzmangel war groß. Der Wald der Wildleute aber, der so nahe am Schmelzwerk lag, stand in Schönheit und Pracht. Da boten die Venediger denen von St. Peter so viel lötiges Silber, als sie in sieben Wochen gewannen, wenn sie diesen Wald schlagen dürfen. Da man schon lange keinen Wildmann mehr gesehen hatte und die Leute glaubten, die Wildleute seien gestorben oder fortgewandert, so verkauften sie den Forst, der nicht ihnen gehörte, und die Venediger schlugen ihn. Manchmal, wenn die Bergknappen die Axt in einen der Bäume hackten, erscholl aber aus dem Wald ein Klagen, wie wenn Kinder weinen würden, und aus den Gebüschen hörte man das Geräusch der fliehenden Wildleute. Als die Knappen die Axt an die älteste Arve legten, überpurzelte der mächtige Baum, es klirrte, wie wenn im Boden eine Kette reißen würde, und ein Wildmannli, das erschreckt forteilte, rief:

'Untrü, Untrü, du machst großes Weh,

Jetzt hebt[11] der Wald am Berg nit meh!'

[11] *hebt* = hält.

»Das war der letzte Wildmann.«

Vroni brach ab. Die Wildheuer, der Vater, die Mutter und Josi, mit ihren Lasten waren herangekommen. Sie warfen ihre Bündel ab, streiften die weißleinenen Kapuzen zurück, die ihre Köpfe vor dem Heustaub schützten, und wuschen sich am Brunnen, der neben der Hütte summt, die erhitzten Gesichter und die Hände.

Vroni, die fast den ganzen Tag einsam gewesen war, begrüßte die Ankömmlinge mit lebhafter Freude, aber sie dauerte nur einen Augenblick. Warum zog sich die Stirne des Vaters so finster zusammen, als er Binias ansichtig wurde, was war das für ein fremder, schmerzlicher Zug, der über das braune Gesicht bis in den blonden Bart hineinzuckte?

Plötzlich schrie er wie aus wilder Qual heraus Binia an: »Fort mit dir, du Schlechthundekind!«

Die Erschrockene und Verwirrte, die das böse Wort wie ein Blitz aus heiterem Himmel traf, stand einen Augenblick fassungslos, dann flüchtete sie so schnell wie eine Gemse. Hinter ihr drein Eusebi, der aber weit zurückblieb.

Fränzi und die Kinder standen verdutzt; erschreckt, vorwurfsvoll sagte die Frau: »Seppi, Seppi! bist du letzköpfig geworden? Die Binia hat dir ja nichts gethan!«

Der verstörte Mann gab keine Antwort, er setzte sich auf den Dengelstein, mit verbissener Wut begann er die Sicheln zu rüsten, als ob sie in Stücke gehen müssen.

Fränzi ging beleidigt ins Haus, Vroni standen die hellen Thränen der Kränkung in den Augen, Josi machte sich mit dem Heu zu schaffen, damit seine tiefe Verlegenheit nicht zu auffällig sei.

»Vater, der Garde hat gesagt, Ihr sollt heute abend noch zu ihm kommen!« wagte Vroni schüchtern zu melden.

Da schnob Seppi Blatter: »Hole der, welcher hinkt, den Garden mit dem Presi!«

Weinend lief Vroni davon. Mutter und Kinder verstanden den Vater nicht mehr. Den ganzen Tag war er einsilbig gewesen und hatte gebrütet. Und jetzt war er so sinnlos wild, er, der Mann, der sonst immer von stiller Gemütsheiterkeit war und gern einen Scherz machte, wenn ihn die Sorgen nicht zu stark drückten.

Etwas mußte gestern abend im Bären vorgefallen sein.

Aber was? — Wenn er es nicht freiwillig sagte, erfuhren es Mutter und Kinder nicht. Das wußten sie schon.

Als die Haushaltung in der kleinen Stube beim Abendbrot, bei Wegwartekaffee, schwarzem hartem Roggenbrot und Käse, um den Tisch saß, wollte Josi das Gespräch auf die Wildleutlaue bringen, aber da donnerte ihn der Vater mit einem »Halt 's Maul!« an.

Und als Fränzi sanft mahnte, er möchte doch zum Garden gehen, sagte er ganz traurig: »Ich bin todmüde — gute Nacht, alle zusammen.«

Beklommen ging der Haushalt zur Ruhe und die harte Tagesarbeit brachte Josi wenigstens bald den Schlaf.

Er wurde furchtbar daraus geweckt. Ihm war im Traum, als rüttelte der Wind am Haus, als knackte das Schindeldach — er wurde munter — das Getöse dauerte fort, die Balken knarrten, die Ziegen im Stall begannen zu meckern. Im Dorf bellten die Hunde und von weit her hörte er das Vieh plärren. Er schlich sich erschrocken zur Luke, die von seinem Dachgemach ins Freie ging. Der Himmel über den Bergen war sternklar, aber vom Stutz herauf schwebte es wie ein grauer Nebel und die Luft wogte. Feiner Schneestaub begann zu rieseln, die Gegend verfinsterte sich.

Da wußte er es: Die Wildleutlaue an den Weißen Brettern ist gegangen.

Jetzt fingen die Glocken zu läuten an, wie es Brauch ist in St. Peter, wenn eine Lawine, ein Gewitter oder ein Brand im Thale wütet. »Betet, betet!« läuteten sie.

Halb angekleidet stieg Josi in die Stube hinunter.

Welch ein Anblick! Die Mutter saß totenblaß auf einem Stuhl, vor ihr auf dem Boden kniete, barfuß und nur halb bekleidet, der Vater, das Haupt in ihren Schoß geneigt, seine sehnigen Hände um die ihrigen geschlungen.

Der gewaltige Mann stöhnte, schluchzte und rang nach Worten, daß es einen Stein hätte erbarmen müssen.

Vroni saß am Tisch vorgelehnt, durch die Hände, mit denen sie das Gesicht bedeckt hielt, drangen die Thränen, ihre junge Brust bebte vor Leid.

»Was giebt's?« fragte Josi; als er aber von keiner Seite Antwort erhielt, fingen vor Angst auch ihm die Glieder an zu zittern, die Zähne zu klappern.

Da kam's aus der Brust des Vaters, als würde ihm das Herz abgedreht und sich im Leib auch eine Lawine lösen:

»O Fränzi — liebe Fränzi — ich habe es versprochen — ich muß an die Weißen Bretter steigen.«

Ein Schrei drang aus der Hütte in die Nacht, er kam von Vroni. Die Mutter saß entgeistert, sie hatte willenlos ihre

Hände aus denen des Vaters gelöst und strich ihm über den Scheitel. Sie flüsterte immer nur: »Mein armer Seppi — mein armer Seppi! Das also ist's, warum du nicht hast reden können. Gott! Gott!«

Ihr Streicheln und ihre Worte beruhigten den Knieenden, so daß er, wenn auch nur stoßweise, sprechen konnte.

»Ich habe dem Presi die drei Zinslein für das Aeckerchen bringen wollen. Der Bäliälpler mit der krummen Nase hockte da — der Wildheuer Bälzi mit den wässerigen Augen und dem schwarzen Bocksbart. — Wir haben um eine Maß[12] gehäkelt[13]. — Ich habe beide über den Tisch gezogen. — Da fingen sie an zu necken und zu hänseln. — Ich sei wohl stark, aber doch ein Hasenherz und wage mich nicht, wie sie, auf die Kronenplanken. Ich höre eine Weile zu und sage nichts. Da kommt endlich der Presi und redet von der Wildleutlaue. Er lacht, er spricht so drum her, es könnte einer ein schönes Stück Geld verdienen, wenn er die Gemeinde nicht zum Los kommen lasse. Ich meine, es geht auf Bälzi. 'Hast ja acht Kinder, laß dich auf den Handel nicht ein!' sage ich.

> [12] Die *Maß* ist das ehemalige schweizerische Einheitsmaß für Flüssigkeiten. Sie faßt anderthalb Liter.
>
> [13] *Häkeln*, so viel wie Fingerziehen, ein beliebtes Kraftspiel der Aelpler.

»'He, es wird einer an die Bretter steigen müssen,' machte der Presi unwirsch, 'er braucht ja nicht grad in die Ewigkeit zu fallen.' Ein Wort giebt das andere. Plötzlich sagt er zu mir: 'Wenn einer noch drei Zinslein schuldig ist, braucht er den Mund nicht so weit aufzumachen, wie du, Seppi; gescheiter wär's, du stiegst an die Weißen Bretter.'

»Ich bin wie vom Donner getroffen, ich rolle das Geld aus dem Sack auf den Tisch, da höhnt er: 'Eben, eben, hast die

Loba verkauft. Wenn ich's schon nicht hätte erfahren sollen, so weiß ich's. Hättest mir wohl vorher einen Deut thun können.' Ich darauf: 'Es darf doch noch einer sein Rind verkaufen, ohne daß so und so viel Franken in den Fingern des Presi bleiben.'

»Da schlägt er auf den Tisch, brüllt, es sei traurig, wenn einer an der Zahlung von vierhundert Franken sechs Jahre herumzerre. Und er kündigt mir den Brief auf Martini.

»Ich habe immer gehofft, er werde wieder gut zu mir, er ist sonst nicht ungrad und wir sind alte Schul- und Militärkameraden, drum bin ich in der Stube sitzen geblieben. Er ist auch wieder artig geworden, man redet, man trinkt, da lacht er auf einmal: 'Wage den Streich, Seppi, steige an die Weißen Bretter. Auf deinem Aeckerchen, das für vierhundert Franken verschrieben ist, steht noch eine Schuld von hundertachtzig Franken. Ich will nicht der Presi sein, wenn die Gemeinde dir nicht den Brief abnimmt, sofern du die heligen Wasser wieder herstellst; sage ja, und ich übernehm's auf meine Verantwortung, ich gebe dir gleich den Vertrag. Die Genehmigung durch die Gemeinde bleibt vorbehalten. Soll ich schreiben?'

»'Nein, nein,' schreie ich und kann fast nicht reden, 'kennst du das Vaterunser: Und führe mich nicht in Versuchung!'

»'Ho,' meint er, 'es ist ein schöner Verdienst, du kannst an einem Tag nicht mehr gewinnen. Du verdienst nicht so viel in einem Jahr. Und wenn ich das Briefchen kündige, kommst du auch in Verlegenheit.'

»'Ein dummer Teufel bist,' sagte Bälzi.

»Ich trinke, die anderen lachen: 'Den Schlotter hast, aber keinen Mut!' Da habe ich den Wein im Kopf gespürt, ich habe auf einmal den Acker deutlich vor mir gesehen, wie er schuldenfrei voll Aehren steht. — Hin und her hat es mich gezerrt, daß mir ganz taumelig geworden ist. — Der Presi schreibt, die anderen zwei schwatzen auf mich ein, ich sehe nichts, ich höre nichts. — Da liegen die Scheine vor mir, der Presi sagt: 'Du mußt unterschreiben, — entweder den Empfang der Kündigung oder den Vertrag, daß du an die Bretter gehst.'

»Ich nehme die Kündigung, da schreit Bälzi: 'Du Großhans, wo willst du zu Martini hundertachtzig Franken hernehmen? Da hast den anderen Schein!'

»Mir ist schwarz worden vor den Augen — ich habe nicht mehr gesehen, was ich unterschrieb — als der Presi den einen Vertrag eingesteckt hat, habe ich es gewußt, was ich gethan.

»Da ist die Sünde!« Der bleiche Mann zog aus der offenen Weste ein zerknittertes Papier hervor und warf es auf den Tisch. Dann neigte er sein Haupt in den Schoß seines Weibes.

Lautes Weinen erfüllte die Hütte; mit dem rauschenden Kienspanlicht, das seinen flackernden Schein über die Gruppe des Elends warf, kämpfte das Morgenrot.

III.

Die Wildleutlaue ist gegangen!

In der Nacht schon standen die Leute in Gruppen vor den Häusern des Bergdorfes, redeten miteinander, und als der Morgen kam, dachte niemand ans Tagewerk.

Im Bären saßen schon Gäste. Ihre Zahl wuchs, als die, welche an den Stutz hinausgegangen waren, um die Größe der Verwüstung zu sehen, zurückkehrten. Sie brachten den Bericht, den man erwartete: die Lawine hatte die Leitung der heligen Wasser von den Weißen Brettern hinuntergefegt und den Abgrund der Glotter mit Eis und Schnee gefüllt.

Also ist heute Wassertröstung! Die Bauern erzählten sich die Schrecken der Nacht: Die Scheiben klirrten, die Luft sprengte die Thüren auf, die Betten wackelten, die Kinder schrieen, die Frauen riefen zu den Heiligen.

Die alten Sagen von den heligen Wassern hatten freien Lauf. Binia, die der Lärm aus dem Bett geschreckt hatte, und wie ein aufgescheuchter Vogel verwirrt und übernächtig von einem Gemach des Hauses zum anderen flatterte und überall fortgeschickt wurde, hätte in der großen Wirtsstube nur zu horchen brauchen, um den Rest der Geschichte zu vernehmen, den ihr Vroni schuldig geblieben war.

Nachdem die Venediger den Wildleutewald geschlagen hatten, kam an der Stelle, wo die große Arve gestürzt war, ein weißer Fleck, der Felsen, zum Vorschein und glänzte, als ob dort ein Stück Schnee nicht weggegangen wäre. Mit jedem Gewitter und jeder Schneeschmelze wurde der unheimliche Fleck größer, die Weißen Bretter wuchsen gespenstisch aus dem dunklen Erdreich, die Wasser wühlten die Furren[14], schlechte Jahre machten die Gletscher groß und eines Tages wischte ein Gletscherbruch die Kännel der heligen Wasser, deren Befestigung immer schwieriger wurde, in die Glotter hinab.

[14] *Furre* = Furche, Runse, Steilschlucht.

Man sah darin die Strafe der Wildleute und nannte den Eisbruch — die Wildleutlawine!

Als die Wasser gebrochen waren, kehrte in Hospel und in den Dörfern wieder Dürre und Mangel ein. Der Zorn der Bewohner des großen Thales wandte sich gegen die Venediger und die Leute von St. Peter, da sie schuld an dem Unglück seien. Die Dörfer forderten sie durch Boten auf, daß sie die Leitung wieder herstellen, doch wagte es niemand, an die senkrechten Weißen Bretter hinaufzusteigen, Kännel darüber hinzuführen und sie zu befestigen. Da stellten die Hospeler und die Dörfer im Thal bei Tremis Wachen auf, sie ließen niemand weder nach St. Peter hinein, noch von dort nach Hospel hinaus. »Unglück über uns!« klagten die von St. Peter, aus Mangel zogen die Venediger über die Schneelücke ab, das Bergwerk zerfiel und die Füchse wohnten in den Stollen. Die Not wurde immer größer, denn die kleinen Aeckerchen, welche die Leute um das Dorf hin anlegten, gaben nicht genug Brot, es fehlte das Holz und viele Bewohner erfroren im Winter. Der Pfarrer erlag der Seuche, die im Dorfe herrschte, niemand verkündete mehr das Wort Gottes. Da sagten die von St. Peter. »Ehe wir gottlos werden wie die wilden Tiere, ehe unsere Kinder ins Leben treten ohne Taufe, die Söhne und Töchter heiraten ohne Trauung, die Greise sterben ohne Beichte und Sakrament, wollen wir uns mit Gewalt den Thalweg erzwingen.« Mit Sensen und Gabeln fielen die Männer und Frauen von St. Peter über die Wachen bei Tremis und töteten sie, aber in der zweiten größeren Schlacht, die beim

Bildhaus an der Gemeindegrenze von St. Peter und Tremis geschlagen wurde, erlagen sie. Die Krieger aus dem großen Thal drangen bis ins Dorf vor, raubten und plünderten und die Bewohner mußten sich ihnen auf Gnade und Ungnade ergeben.

Da kam ein großes Versprechen zu stande, das für ewige Zeiten ins Landrecht aufgenommen wurde. Die von St. Peter sollen die heligen Wasser an den Weißen Brettern vorüberführen und sie vom Gletscher an bis zum Bildhaus bei Tremis unterhalten, wie es das gemeinsame Wohl forderte, dafür sollen sie ungehindert aus dem Thale verkehren können und ihre Weinberge zurückerhalten, die vorderen Dörfer aber sollen die Leitung von der Brücke an besorgen und Friede immerdar währen.

Jetzt wußten die von St. Peter, daß ihnen nichts anderes übrig blieb, als die heligen Wasser, sollte es auch alle Bürger kosten, an den Weißen Brettern vorüberzuleiten. Sie bestimmten, daß das Los unter ihnen entscheide, wer von ihnen die großen Eisenringe, in die man die Kännel hängen wollte, hoch an den gräßlichen Felsen befestigen müsse. Des Losens war kein Ende, einer nach dem andern stieg hinauf, schon waren sieben gefallen, das Wehklagen des Dorfes füllte das Thal, und viele, die das Los noch verschont hatte, wanderten heimlich mit ihren Haushaltungen über die Schneeberge aus. Da war ein Ehrloser, Matthys Jul mit Namen, der zu Hospel an einer Kette im Gefängnis lag, weil er einen andern Mann im Zorn erschlagen hatte. Er anerbot sich, die Leitung herzustellen, wenn er dadurch seine Freiheit und Ehre wiedererlange. Man führte ihn an die Weißen Bretter und siehe da — ihm gelang es, die Reifen festzumachen und die Kännel zu legen. Die Merkhämmer klopften, das Wasser floß nach langem Unterbruch wieder fröhlich durchs Thal; da wurde beschworen, daß jede Blutschuld gesühnt sei, wenn der Thäter die heligen Wasser an den Weißen Brettern aus dem Verderben rette.

Alle zweimal sieben Jahre, bald ein paar Sommer früher, bald ein paar Sommer später, saust die Wildleutlaue über die Weißen Bretter herunter und zerstört die Wasserfuhre, immer muß dann ein Mann auf Leben und Sterben an die Felsen emporsteigen, daß er die Kännel wieder füge, und geheimnisvoll waltet, wenn sich kein Freiwilliger meldet, darüber das Los.

Als vielhundertjährige, durch Brauch und Sitte, ja sogar durch die kirchlichen Anschauungen geweihte unablösbare Fron liegt die Instandhaltung der heligen Wasser auf dem Dorf, der milde Segensspender von Hospel ist der Drache von St. Peter, der die blühende Mannschaft des Dorfes verschlingt. Dunkle Sagen melden von manchem Opfer, das unfreiwillig an die Weißen Bretter emporgezwungen worden ist; mit den Ueberlieferungen, die von den Unglücksfällen berichteten, welche an den schrecklichen Wänden geschehen sind, könnte man ein Buch füllen.

Auf einer der vielen Gedenktafeln im grauen Kirchlein an der Brücke, das einst den fröhlichen Bergknappen als Gotteshaus diente, sagt eine Inschrift, die auch schon halb verblaßt ist, kurz und schwer: »Welche Trauer! Der Totfäll' ist kein End'!«

Sollen die Opfer überhaupt nie enden? — Die Sage tröstete, einst würde ein Liebespaar St. Peter von der Blutfron an den heligen Wassern erlösen, aber eine Jungfrau müsse darüber sterben. Wann? — Ja, wohl erst, wenn sich die andere Sage erfüllte, daß auf den Bergen, auf denen jetzt die großen Gletscher liegen, Rosengärten blühen, der kreisende Adler sich des fallenden Zickleins erbarmt und es der Mutter bringt.

Heute ist Wassertröstung — Losgemeinde. Nur scheu und

verstohlen wagt sich die Frage, die auf allen Herzen brennt, hervor: Wer wird an die Weißen Bretter steigen müssen? — Das Los — das blinde Los, wen trifft's? — Sie liegt wie ein Alpdruck auf den Gemütern, denn keiner weiß, ob nicht er aus der alten silbergetriebenen Urne des Dorfes, die noch an die Bergwerksherrlichkeit erinnert, sich die Verdammnis ziehen wird, als Bürger von St. Peter den Gang auf Leben und Sterben zu wagen. Er — oder wenn nicht er, sein Vater, sein Sohn oder sein Bruder. Auf jedem Herzen liegt die Furcht und gräßliche Spannung. Da ist kein Unterschied zwischen arm und reich, wer zwischen zwanzig und sechzig Jahren und im Besitze der bürgerlichen Ehren steht, der muß dem Rufe folgen, wenn er aus der Losurne an ihn ergeht.

Auf die erste Nachmittagsstunde, nachdem die heligen Wasser gebrochen waren, sollten die Bürger zur Losgemeinde einberufen werden. So forderten es die alten Satzungen. Vom Fall der Lawine an bis zur Loswahl standen in St. Peter alle Rechtshandlungen, die sich nicht auf die heligen Wasser bezogen, Kauf, Verkauf, Taufe, Hochzeit und Begräbnis still. Beim Ehrenverlust durfte niemand das Thal verlassen, alle hatten dem Klang der Glocken zu folgen, die vom Mittag an eine Stunde lang zur Wassertröstung läuteten. Die Satzungen drängten auf rasches Handeln, und das war gewiß besser als die lange Ungewißheit; um so furchtbarer aber lasteten die kurzen Morgenstunden auf dem Dorfe, denn noch war die Abmachung zwischen dem Presi und Seppi Blatter nur wenigen bekannt, und die schwiegen.

Die einen, die im Bären saßen, stierten trübsinnig in das Glas und der Wein mundete ihnen nicht, die anderen tranken und johlten dazu.

St. Peter, das stille Dorf, wo die Leute kaum zu lachen und

zu reden wagten, war heute laut und lebendig, der Hälfte der Bewohner hatte die Furcht und Spannung die Zunge gelöst.

»Hört! — hört!« Alle drängten sich um den Tisch, wo der bocksbärtige Bälzi beim Schnaps hockte und prahlerisch wiederholte: »Ich weiß, was ich weiß — es kommt nicht zum Losen. Es meldet sich einer.« Allein er blieb bei dunklen Andeutungen — enttäuscht wandten sich die anderen von ihm ab: »Er ist ein unzuverlässiger Lump. Gebt nichts auf den!«

Doch hatte sich's schon einigemal zugetragen, daß sich unverhofft und in den bittersten Nöten ein Freiwilliger für die gefahrvolle Arbeit meldete. Im Anfang des Jahrhunderts ein armer, braver Knecht, der umsonst beim harten Vater um die Hand der Meisterstochter gebeten hatte. Er legte die Kännel, und die Gemeinde trat für ihn als Freiwerber ein. Im Jahre 1819 fiel ein Freiwilliger, der geglaubt hatte, seinem toten Vater, der wandeln mußte, die Ruhe zu verschaffen. Und nachdem zweimal das Los gewählt, hatte sich vor vierzehn Jahren Hans Zuensteinen freiwillig als Helfer gestellt; sein Gang war die Lösung eines Gelübdes, das er für die glückliche Errettung seines Weibes aus dreitägigen Nöten bei der Geburt Eusebis gethan hatte.

Darauf hatte man ihm das Ehrenamt des Garden verliehen, das er musterhaft verwaltete.

Wunderbar wäre also nicht, wenn auch jetzt wieder einer, von den geheimen Mächten des Lebens getrieben, aufstehen und den Bann von der Gemeinde nehmen würde.

Susi, die alte Trottel von Haushälterin, und Mägde aus dem Dorf besorgten die Wirtschaft, der Presi ließ sich seit einer halben Stunde nicht blicken, aber wenn die Gäste gehorcht hätten, so hätten sie seine schweren Schritte durch die

Decke über sich gehört.

»Gott's Maria und Sankt Peter — Räusche haben wir alle gehabt.« — Jetzt stand er im Selbstgespräch still und stützte sich auf den Tisch. »Ich muß hinter sich machen.« Er nahm ein beschriebenes Blatt Papier, er that, als wolle er es zerreißen. Er legte es aber wieder hin. »Was angefangen ist, muß man vollenden.« Er lief und wiederholte: »Dumm« — »dumm« — »dumm.«

Der Mann kämpfte gegen sich selbst, daß ihm die hellen Schweißtropfen auf der Stirne standen. Er hatte nichts Großes gegen Seppi Blatter; der war ein geplagter Mann, der mit seinem Fleiß ein besseres Fortkommen verdient hätte, und der Verkauf des Rindes war nicht von Wichtigkeit. Man durfte als Presi nicht kleinlich sein. Der ganze Handel war ein Streich des Uebermutes gewesen, in seiner Anheiterung hatte er, gereizt von Seppis Widerstand, prüfen wollen, ob er ihn nicht doch herumbringe. Ja, wenn die Sache zwischen ihm und Seppi geblieben wäre, dann hätte er schon rückwärts krebsen können, aber der Bäliälpler wußte davon, Bälzi — und der Garde. Ohne den offenen oder heimlichen Spott dieser herauszufordern, ging's nicht ab. Nun — und ob! Wieder griff er nach dem Papier.

Da klopfte es. Der krummmäulige, bogennasige Bäliälpler, der vorher ein rechter Mann gewesen war, aber seit dem Tod seiner zwei schönen Kinder den Halt verloren hatte, trat ein. Er zog den Hut: »Presi, mich drückt's — in die Geschichte will ich nicht gesponnen sein. Ich habe nichts gesehen und nichts gehört. Ich habe einen Rausch gehabt.«

»Das war doch nur ein zu weit getriebener Scherz!« erwiderte der Presi heiter; »natürlich kann Seppi nicht behaftet werden, wir müssen halt losen!«

Er hatte sich im Augenblick entschieden, der Bäliälpler

schien ihm wie ein Helfer der Vernunft und er begleitete ihn wie aus Dankbarkeit zur Thüre. Da hörte er Binias glockenhelle Stimme:

»Nein, nein, alte Susi, zu Fränzi lasse ich mich nicht schicken, Seppi Blatter ist ein wüster Mann, der hat mir 'Schlechthundekind' zugerufen und mich fortgejagt.«

Der Presi traute seinen Sinnen nicht — horchte — schnob: »Binia, daher!« und zog das Kind, das, nichts Gutes ahnend, flüchten wollte, in sein Zimmer.

»Wie hat dich Seppi Blatter genannt?« — Die Kleine schwieg. Da rüttelte er sie zornrot und wiederholte keuchend die Frage.

»Schlechthundekind,« weinte die Kleine leis.

»Schlechthundekind! Schlechthundekind! Schlechthundekind! Seppi, du mußt ans Brett!«

Wie ein wildes Tier lief der Presi hin und her, er stampfte, daß man es in der Stube unten hörte. Binia erspähte die Gelegenheit, um aus dem Zimmer zu wischen, wagte sich aber nicht an dem tobenden Manne vorbei, kletterte die kleine Ofentreppe empor, und als der Falldeckel, der auf den Estrich führte, wohl weil er durch Gerümpel verstellt war, dem Druck ihrer kleinen Hände nicht nachgab, verkroch sie sich in ihrer Angst auf den Specksteinofen.

Da pochte es.

»Herein! — Ihr, Fränzi Blatter? Was wollt Ihr?«

Der wilde Mann meisterte seinen Zorn — er schob ihr einen Stuhl hin.

Fränzi war eine arme Wildheuerin, aber die Bauern, die ihresgleichen nicht aus dem Wege gingen, wurden kleinmütig vor ihr. Schon ihre Erzählkunst, die sie an langen Winterabenden im Kreise der Dörfer übte, gaben ihr etwas Geheimnisvolles, man betrachtete sie wie eine, die mehr erlebt hat, mehr weiß, mehr denkt, mehr fühlt als die andern. Ob sie gleich die Spuren schwerer Arbeit an sich trug, so war sie doch ein Weib, dem der Wiederschein dessen, was sie reich in der Seele lebte, in Augen und Angesicht lag und einen eigenartigen Reiz verlieh. Und vor allem war sie eine rechtschaffene Frau.

Der Presi und sie maßen sich einen Augenblick, sie den Gegner in Bescheidenheit und tiefer Trauer.

»Gebt mir das gemeine Papier zurück, Presi!« sagte sie, indem sie ihn mit ihren großen blauen Augen ruhig, fast freundlich anblickte.

»Geschrieben ist geschrieben, Fränzi!« In barschem und bedauerndem Ton sprach es der Presi.

»Ihr besteht auf einer erschlichenen Unterschrift — — du bestehst darauf, Peter!«

Der Presi zuckte zusammen und krümmte sich, als sie ihn duzte, sein Gesicht wurde fahl. Eine Welt voll schöner und peinigender Erinnerungen stand in ihm auf.

»Peter! Es sind sechzehn Jahr', da hast du in der Nacht an mein Fensterchen gepocht. Du hast in meinem Kämmerchen geweint und auf den Knieen gefleht: 'Fränzi, erhöre mich, ich bin verloren, wenn du mich nicht rettest, ich bin im Streit vom Vater gegangen, ich habe keinen guten Menschen als dich!' Wir verlobten uns heimlich und sechs Wochen warst du mir gut. Dann söhntest du dich mit dem Vater aus und nahmst auf sein Drängen Beth. Du warst treulos gegen mich, treuloser gegen sie, denn du hast sie nicht geliebt.«

»Wozu das, Fränzi?« sagte der Presi dumpf und hilflos vor

der Würde des Weibes, das vor ihm saß.

»Weil ich meinte, ich habe mit dem unendlichen Leid, das du mir damals zufügtest, das Recht erworben, daß du meinen Mann und mein Haus in Ehren haltest und ihnen unnötig nichts Leides anthuest.«

Der Presi schluckte: »Ihr Frauen versteht nichts von dem — und Fränzi — ich muß mein Geld und die Gemeinde einen Mann haben. Keiner ist wie Seppi für das Werk geeignet. Es geschieht ihm auch nichts dabei!«

»Ich will dir sagen, warum Seppi gehen muß. Du hast es ihm nie verziehen, daß er mein Mann geworden ist. Du wolltest mich, das arme Mädchen, nicht mehr für dich, aber du gönntest mich auch keinem anderen. Wie David den Urias in den Krieg geschickt hat, schickst du Seppi an die Weißen Bretter — nicht daß du mich, das schon fast alte Weib, mehr möchtest, aber du hassest ihn!«

So sprach Fränzi mit ihrer tiefen und schönen Stimme.

Der Presi zitterte und mußte sich halten. Zog ihm Fränzi Schleier von den Augen? — Ja! Vorgestern, wie er als Frischverlobter von Hospel gegangen war, da war auf dem langen Weg die alte Zeit an ihm vorübergezogen. Beth hatte er nicht geliebt, in Frau Cresenz war er auch nicht recht verliebt, er nahm sie, weil sie eine tüchtige Wirtin war, die sechs heimlichen Wochen mit Fränzi waren sein einziges sonniges, großes Liebesglück gewesen. Er, Tölpel, hatte das jahrzehntelange Glück, das vor ihm lag, verscherzt. Und dann hatte der Wildheuersepp, was er selbst verloren, gefunden. Aus diesem Gefühl war er Seppi aufsässig gewesen. — Seit Fränzi gesprochen, wußte er es.

»Gieb mir den Vertrag, Peter!« sagte Fränzi gütig.

Er reckte sich, zauderte, dann donnerte er: »Ich lasse mein

Kind von euch nicht Schlechthundekind nennen!«

Fränzi fuhr zusammen: »Peter, vergieb Seppi, er hat in seiner Qual nicht gewußt, was er sagte!«

Sie war aufgestanden, sie hatte seine Hände ergriffen, sie sank vor ihm in die Kniee, umklammerte seine Fäuste: »Peter, Peter, sei barmherzig!«

Seltsam! — In ihrer wilden Erschütterung gefiel ihm Fränzi wieder — er mißtraute aber der Empfindung — er fürchtete eine Uebereilung — darum war er hart gegen sie. Er schleuderte sie röchelnd von sich: »Das Greinen und Betteln kann ich schon gar nicht leiden. — — Und das 'Schlechthundekind' muß gestraft sein!«

Als er sie von sich stieß, löste sich Fränzis prächtiges dunkles Haar, mit fliegender Brust stand sie einige Schritte entfernt vor ihm; die Leidenschaft hatte sie um zehn Jahre verjüngt, aber ihre Stimme zitterte.

»Wenn nicht um meinet- und meiner Kinder willen, so sei's um deinet- und Binias willen — sei barmherzig gegen dich selbst — und gegen dein Kind!«

Der Presi blickte das leidenschaftliche Weib begehrerisch an, wüste Züge entstellten sein Gesicht und gaben ihm einen tierischen Ausdruck; die Augen traten hervor und funkelten. Mit erstickter Stimme sagte er: »Fränzi — ich will alles wieder gut machen, Fränzi — — aber gieb mir einen Kuß — wie einst!«

Sie starrte ihn verständnislos an; dann fragte sie allen Ernstes: »Bist du wahnsinnig geworden, Peter, — ich habe ja einen Mann und Kinder!«

»Dann geh'!« knirschte er.

»Ich gehe, aber noch einmal: mache das Böse gut — sonst —

Peter — bei der seligen Beth — die vom Himmel auf dich sieht — bei den armen Seelen, die im Eise stehen — es kommt ein Schaden über dein Kind — und Beth — das weißt du — hat auf dem Totbett gesagt, ich möchte dich mahnen, wenn Unglück für Binia im Verzuge sei. Peter, Peter, richte dich nicht selbst!«

»Seit wann bist du unter die Bußpfaffen gegangen, Fränzi?« Und mit steigender, kreischender Stimme schrie er: »Jetzt mache, daß du fortkommst, sonst —«

Er hob den Stuhl zum Schlage gegen Fränzi.

Da wich sie der Gewalt des Wütenden.

In der Aufregung des Gesprächs hatten die beiden nicht bemerkt, wie zwei dunkle, glühende Kinderaugen, wie ein blasses, schmerzentstelltes Kindergesicht in fiebernder Spannung zwischen den Vorhängen des Ofens hervor jedem ihrer Worte gefolgt waren.

Als Fränzi gegangen war, sank der Presi auf einen Stuhl, hielt den Kopf mit der Hand und stöhnte: »Daß ich nie gelernt habe, rückwärts zu krebsen — daß ich diesen harten Kopf nicht brechen kann. Fränzi, du hast mehr als recht, — mit sehenden Augen renne ich ins Unglück.« — Seine Lippen zuckten im Selbstgespräch.

Da kam Susi: »Presi, die Gemeinderäte sind da — es ist alles für die Sitzung bereit.«

Er warf einen Blick ins Freie.

Rings von den Bergen herab stiegen die Sennen auf ihren Maultieren, sie trugen das sonntägliche Gewand, viele waren von ihren Angehörigen begleitet, die ebenfalls ritten, so daß jede Familie eine schöne Gruppe bildete. Aber zur vollen Wirkung des Bildes fehlte die Farbenpracht der

Trachten, die an weltlich festlichen Tagen dem Glotterthaler Völklein eigen ist. Man sah nur das schlichte Kirchenkleid, die Männer trugen die dunklen Kittel ohne den Schmuck der Seidenstickereien, den schwarzen Filz ohne Blumen, die Frauen hatten über die Büste dunkle Brusttücher gekreuzt und an den Hüten flatterten die Bänder in gedämpften Farben. Manche drehten im Reiten den Rosenkranz, kein Juchschrei tönte durch die Berge; von weitem sah man, daß die Leute nicht lachen mochten und das Wort im Herzen verschlossen. Wozu reden? Jeder und jede wußte, was die Gedanken des anderen bewegte; wer einmal im Scherz gesagt hatte, er würde den Gang an die Weißen Bretter wagen, trug heute ein doppelt bekümmertes Sündergesicht zur Schau. In feierlicher Ruhe strömte das Volk von allen Seiten ins Dorf und an den Häusern standen einzelne Maultiere angebunden, besonders viele an der langen Stange vor dem Bären.

Im letzten Augenblick sah der Presi den Garden mit Seppi Blatter kommen, beide waren sehr ernst und feierlich. Der Garde schien größer als sonst, er trug seine Amtstracht, einen Hut mit wallenden blauschillernden Hahnenfedern, das Schwert am Gurt, die Binde am Arm.

Da ging der Presi, mit sich selbst noch in Streit, wie er das Zünglein der Wage schwenken wolle, aus seiner Stube in die schwere Sitzung.

Früh am Morgen war der Garde in die Wohnung Seppi Blatters gekommen und hatte ihn in all seinem Kleinmut gefunden. »Begleitet mich zur Schau, wie die Lawine gegangen ist, und ob nicht noch Nachbrüche zu fürchten sind,« redete er ihm zu. Seppi that es wohl, daß sich in dieser Stunde jemand um ihn kümmerte. Der Garde drang auf dem Weg in den Wildheuer, daß er erzähle, wie der Vertrag mit dem Presi zu stande gekommen sei. Als er den

Verlauf gehört hatte, zog er ein paar Banknoten aus der Brieftasche: »Da, Seppi, noch vor der Losgemeinde gehst du zum Presi und tilgst den Brief. Ich werde dir kein harter Gläubiger sein. Wenn er Haken macht, bin ich da! Die Geschichte ist nichts!«

Seppi, der gemeint hatte, kein Mensch auf der Welt sei ihm mehr gut, glaubte an ein Wunder. Alle Zerschlagenheit, die er zu Hause am Leib gespürt, war in Lebenslust verwandelt. Schon das Kommen des Garden hatte ihn aufgerichtet, das Angebot stimmte ihn fröhlich. »Darf ich es auch annehmen?« fragte er glückselig, dann jubelte es in ihm: »Frei — frei!« Seine Zunge war gelöst, der sonst stille Mann sprudelte die Worte nur so heraus: »O, Garde, glaubt nicht, daß es mir an Mut fehlt, an die Weißen Bretter zu steigen, ich bin ja als Wildheuer häufig genug am Seil gehangen und weiß wohl, daß mein Leben Tag um Tag an einem Faden hängt, aber ich habe es nicht verwinden können, daß ich auf eine so mißliche Art in die Pflicht gekommen bin, grad wie die Maus in die Falle — und ich habe es der Fränzi nicht sagen dürfen — gekrümmt und geklemmt hat es mich — sie ist ein so himmelgutes Weib.«

Die Männer waren auf die Unglücksstelle gekommen, mit dem Fernrohr musterte der Garde die Zerstörungen an der Leitung, die Abbruchstelle des Gletschers, und wohl eine Stunde lang tauschten die beiden ihre Beobachtungen. »Es ist wie vor vierzehn Jahren, die Kännel sind alle weg, ein weiterer Abbruch aber nicht zu fürchten.« Der Garde begann behaglich aus seinen großen Erinnerungen zu erzählen, was jede Stelle an den Weißen Brettern und in den Wildleutfurren für besondere Schwierigkeiten habe und mit welchen Vorteilen man sie am besten überwinde. Da wurde Seppi ganz still, sein braunes Gesicht rot und röter. »Garde!« schrie er plötzlich, als sprengte es ihm die Brust, »ich steige an die Weißen Bretter. Freiwillig gehe ich.«

Der Garde maß ihn lange mit durchdringendem Blick; dann sagte er langsam und tief: »Gut, so geht! Ihr sagt's im Anblick der Gefahr, also ist's Euch ernst.«

»Weiß Gott!« bestätigte Seppi. Der Garde reichte ihm die Hand: »Fränzis und Eurer Kinder wegen sollte ich Euch zurückhalten, aber die Fron liegt einmal auf der Gemeinde, und da hat der Presi recht, es ist keiner, der das Werk eher zu stande brächte als Ihr; Gott, der es Euch eingegeben hat, hinaufzusteigen, wird Euch schützen. Es liegt ein Segen auf der freiwilligen That — ich habe es erfahren.«

Stumm gingen die Männer ins Dorf zurück, der Garde sagte: »Jetzt laßt mich mit der Fränzi sprechen, wartet.«

Sie war eben vom Presi zurückgekehrt, schweigend und mit gefalteten Händen hörte sie die Rede des Garden.

In herzzerbrechendem Ton sagte sie: »Wohl, wenn ihn Gott berufen hat, so darf ich ihm nicht in den Arm fallen. Es wird schon ein Glück darauf sein!«

Der Garde erwiderte bewegt: »Ich danke Euch, Fränzi, — ich bin amtsmüde — ich lege heute die Stelle im Gemeinderat nieder, — Seppi Blatter mag der neue Garde werden.«

»O, Garde!«

Aber Hans Zuensteinen war schon gegangen. — —

Die Glocken erklangen, das Volk sammelte sich auf dem Kirchhof, der im Nelkenschmuck rot erglüht war.

Die Männer hatten die Hüte gezogen und standen in Gruppen, einzelne auch mit Weib und Kind an den Gräbern Eigener, über welchen die Blumen wogten. Wie war allen wohl, die im heiligen Boden ruhten. Aber auch in ihr Leben hatte die Wildleutlawine die bangen Tage gebracht. War eine Familie im Dorf, die in der Folge der Geschlechter nie ein

Opfer der heligen Wasser zu beweinen gehabt? — Kaum eine!

Endlich verstummten die Glocken, die Männer nahmen Abschied von den Ihrigen — Seppi, der soeben gekommen war, sprach mit Fränzi und den Kindern — und wären die anderen nicht ganz im eigenen Kummer gefangen gewesen, so hätte ihnen die fahle, schmerzzerrissene Gruppe schon die Lösung eines Geheimnisses gebracht.

So blieben die Dörfler alle in dunkler Furcht und gräßlicher Spannung. Nur Bälzi, der wein- und schnapsselig unter seinen bleichen Würmern stand, hatte das Bild gesehen und lachte blöd.

Vom Bären herüber bewegte sich der Zug des Gemeinderates, vor ihm her trug der Weibel, der angedöselt war, so daß der Zweispitz auf seinem Kopfe schwankte, die silberne Losurne.

Hinter dem kleinen Zug schloß sich die Kirchenthüre.

Da warfen sich die Frauen und Kinder auf die Kniee, ins blühende Gras; das Gesicht gegen die Kirche gewendet, sandten sie die leidenschaftlichen Fürbitten für die Ihrigen zum Himmel, ihr heißes Murmeln schwoll wie Windesrauschen an und ab. Manche weinten, dicht an die Mütter drängten sich die Kinder, die noch kaum wußten, was ihre lallenden Gebete sollten.

Fränzi, Vroni und Josi lagen mitten unter den anderen auf den Knieen und ihre Thränen strömten reichlich. Nahe bei ihnen kniete Eusebi, das flammende Beten der drei bewegte ihn so, daß er seine Stotterzunge vergaß und mit Vroni im Gleichtakt seine Bitten in den Himmel hinaufschickte.

Am weißen Kirchturme, der eine etwas plumpe Nachahmung eines italienischen Campanile war, schlich der

Uhrzeiger mit tödlicher Langsamkeit, so langsam, daß einmal eine Stimme schrie: »Die Uhr geht nicht!« — Aber sie ging. »Erst eine halbe Stunde tagen sie!« jammerten die Weiber.

Plötzlich schrie die Frau des Fenkenälplers auf: »Ich halt's nicht mehr aus,« sie sprang an die Kirchenthüre, sie rüttelte am Schloß, sie schlug wie besessen die Fäuste auf die Füllung der Thüre. Umsonst, die Männer hatten sich eingesperrt.

Noch eine halbe Stunde! — Drei Weiber zugleich poltern an die Thür des Gotteshauses, ein anderes liegt ohnmächtig in den Nelken, die Gebete rauschen nicht mehr, sie rasen zum Himmel.

Da knarrt das Schloß — der Weibel tritt hervor. — Tödliche Stille — »Seppi Blatter hat sich freiwillig gestellt!« — Lautes Weinen bildet die Auslösung der Spannung.

Aus der Kirche ergießt sich die dunkle Schar der Männer. Die Weiber stürzen schreiend auf sie zu und umhalsen sie: »Jetzt wollen wir wieder friedlich zusammen leben und arbeiten! — nie wollen wir zanken!« Und der Bäliälpler und sein Weib, die einander nicht mehr leiden mochten, versöhnen sich.

Bälzi schreit: »Es lebe Seppi Blatter, der neue Garde!« und schwenkt den Hut.

Jetzt kommt Seppi Blatter selber, totenblaß, doch hoch aufgerichtet.

»Vater!« — ruft Josi und hält ihn umschlungen, »ein Held will ich sein wie du — ich gehe mit dir.«

»Du bleibst bei der Mutter!« sagt Seppi bewegt. Fränzi ist an seine Brust gesunken, sie schluchzt, als drehe sich ihr das

Herz in der Brust.

»Du himmelgutes Weib!« Er küßt ihr dunkles schwellendes Haar. »Kommt — kommt!«

Dicht aneinandergedrängt bewegt sich das Vierblatt von Eltern und Kindern am Bären vorbei.

Die Leute ziehen vor ihm ehrfürchtig die Hüte. Auf der Freitreppe steht der Presi. Wie er Seppi Blatter sieht, schwankt er ins Haus. Ihm ist nicht gut. Die Ueberraschung, daß das Aeckerchen bezahlt worden ist und Seppi Blatter freiwillig an die Bretter steigt, hat ihm einen großen Stoß gegeben.

Jetzt wallt das Volk in den Bären. Dem Schrecken darf ein Trunk im stillen folgen. Laut sein ist nicht schicklich, aber in gedämpftem Gespräch stoßen die Dörfler mit den Gläsern an:

»Auf Seppi Blatter, den Freiwilligen, mögen ihm Gott und die Heiligen fröhliche Wiederkehr schenken!«

IV.

Gegen Abend kam Hans Zuensteinen feierlich in die Wohnung Seppi Blatters. In stummer Fassung saß die Haushaltung da, Frau Fränzi wie ein Marterbild, Vroni mit den Thränen kämpfend, Josi voll Neugier und freudiger Zuversicht.

»Seppi Blatter,« sagte der Garde, »es ist alles geordnet, die bestellte Mannschaft mit den Reifen und den Känneln nach dem Glottergrat unterwegs. Sie übernachten in der oberen Balm[15], die Führung der Posten übernehme ich selbst, wie's in meiner Pflicht liegt, und was von uns aus zu Euerm Dienste gethan werden kann, wird treulich und gewissenhaft besorgt. Und so Gott und die Heiligen wollen, Seppi Blatter, daß Ihr gesund zurückkommt, so gehen also der Gardenhut, Schwert und Binde in Eure Hand. Es sind Ehrenzeichen, die ich nicht jedem abtreten würde. Euch aber schon und gern. Vierzehn Jahre war ich auf dem Posten, fast zu lange, und ich habe Arbeit genug auf Acker und Maiensäße und im Weinberg.«

[15] *Balm* bedeutet eine Stelle, wo der Felsen des Gebirgs überhängt.

Seppi Blatter errötete. Als Garde war er und sein Haushalt jeder Not überhoben, aber bescheiden sagte er: »Ich werde das Amt wohl nicht versehen können, ich habe schon die Hände, aber nicht den Kopf dafür.«

»Der findet sich schon, wenn Ihr einmal dabei seid — im übrigen ist's im Gemeinderat gut gegangen. Es wäre ungeschickt gewesen, wenn der Vertrag der Losgemeinde hätte vorgelegt werden müssen. So sieht es besser aus, auch für Euch, noch mehr für den Presi und dient dem allgemeinen Frieden. Der Presi hat sich mit Euch einfach verrannt, aber, wie er ist, wenn die vorderen Räder des Wagens in den Kot gefahren sind, so hat er die Gnade nicht, 'Hüst' zu rufen. Nein, wenn die heilige Jungfrau mit der ewigen Seligkeit auf dem Wagen säße, die Hinterräder müssen auch hinein. Aber gewohlt hat's ihm, wie ein anderer an die Deichsel gestanden ist und kehrt gemacht hat.«

»Ihr, Garde!«

»Mich haben die hundertachtzig Franken nicht gereut. Nur eins. Ueber diese Vertragsgeschichte muß Gras wachsen. Es ist wegen des Presi. Wenn sie bekannt würde, so wäre sie ein Fleck auf seiner Ehre. Ihr werdet, wenn Ihr einmal als Garde mit ihm zu verkehren habt, sehen, daß er gar nicht so ungrad, nicht so hart ist, wie er scheint, obgleich ihn von Zeit zu Zeit der Teufel reitet und dann nichts mit ihm anzufangen ist.«

Der Garde stand auf: »Also um ein Uhr.«

Als Seppi und Fränzi Blatter ihm das Geleit unter die Hausthüre gaben, blies der Senn auf der Fenkenalp durch seinen Milchtrichter den Heligen-Wasser-Segen:

»Die heligen Wasser behüte uns, Gott,
Behütet sie, ihr lieben Heiligen!
Sankt Peter nimm den Schlüssel zur Hand,
Thu' auf dem Seppi Blatter die Wand,
Führ' den Seppi auf dem bösen Weg,
Schließ' seinen Fuß fest an den Steg,
Du hast den Schlüssel und Gottes Gewalt,
Sorg', daß der Seppi Blatter nit fallt!
Die heligen Wasser behüte uns Gott,
Und ihr liebe Heilige alle!«

Das klang und wogte durch die geröteten Berge, die den Wiederhall zurückwarfen, als sängen Himmel und Erde. Und Fränzi umarmte ihren Mann.

Rückblickend sagte der Garde, der schon einige Schritte gegangen: »Wenn Ihr ein paar Stunden schlafen könnt, Blatter, so thut es!«

Und als er den anderen aus Hörweite gegangen war, knurrte er: »Das Wetter ist entsetzlich schön, kein Wölkchen am Himmel.« — —

Mitternacht! Das Glöckchen von St. Peter läutet. Jetzt wissen die Bewohner, die vom Schrecken des Tages ausruhen, daß der Pfarrer und der Mesner mit den Sakramenten zu Seppi Blatter gehen. Nichts drängt die Gefahr, die an den Weißen Brettern lauert, so brennend vor die Augen, wie die Thatsache, daß selbst die allbarmherzige hoffnungsreiche Kirche den halb verloren giebt, der an die Felsen steigt.

Sie reicht ihm ihre Tröstungen.

Der Priester spricht zu Seppi Blatter: »Du hast gebeichtet und den Leib des Herrn gegessen. Du gehörst nicht mehr dieser Welt, lege ab die irdischen Gedanken und sinne auf deine Seligkeit. Giebt dich Gott in seiner grenzenlosen Güte der Erde zurück, so dank' es ihm ewiglich.«

Da pocht es ans Fenster. Josi, der hinausblickt, sieht drei große gelbe Augen, die gegen das Haus leuchten, die Windlichter für den Marsch durch den dunklen Wald. Er sieht ein Trüppchen Männer.

»Vater, ich will mit dir gehen!« fleht er.

»Bist ein thörichter Bub[16].« Rauh sagt es Seppi Blatter. Josi weiß, es ist nicht böse gemeint, aber die Thränen treten ihm in die Augen.

> [16] *Bube*, schweizerdeutsch, so viel wie Knabe ohne die Nebenbedeutung des Verächtlichen, die das Wort im Schriftdeutschen angenommen hat.

Da pocht es zum zweitenmal scheu wie vorhin, als fehle denen draußen der Mut, stark zu klopfen.

Lautes Weinen erhebt sich in der Stube — unter der Thür erscheint der Garde, er zieht das dicke Nürnberger-Ei aus der Tasche. »Im Augenblick ist es eins!«

Garde und Pfarrer ziehen sich zurück, die Haushaltung Blatter ist allein. Geduldig warten die Männer, da kommt vom Kirchturme herüber der schwere scharfe Einsschlag.

Seppi Blatter tritt unter die Hausthüre: »Ich bin bereit!« Fest und mannhaft soll es klingen, aber es rasselt, daß es den Männern schier die Brust zerreißt. Die Windlichter verschwinden gegen den dunkeln, schauernden Alpenwald empor, sie sind nur noch winzige gelbe Punkte.

Halberstickte Stimmen rufen in die Nacht: »Vater, behüt' dich Gott, Vater!« — Und hoch aus dem Wald kommt noch einmal seine Stimme zurück.

»Er jauchzt, er hat Mut!« versetzt Josi mitten in Thränen.

»Fränzi! hat er geschrieen — der Mutter hat er gerufen!« Vroni will's sagen, aber sie kann nicht sprechen vor Weh.

Fränzi und die beiden Kinder sitzen in der Stube, gelähmt und stumm — sie weinen nicht mehr — sie starren vor sich hin.

Der alte Pfarrer hockt auf der Bank nebenan, den Mesner hat er fortgeschickt. Der flackernde Kienspan beleuchtet die Strähnen weißen Haares und die hundert feinen Fältchen seines bäuerlich ehrwürdigen Gesichts. Er kann Fränzi jetzt nicht verlassen, aber er schweigt. Wozu reden?

Mit gesenkten Lidern, die mageren Hände ineinander gekrampft, sinnt er. Indem er die Menge schwerer Gänge überdenkt, die ihm die Pflicht in vierzig Jahren überbunden, geht sein eigenes Leben in traumhaften Bildern an ihm vorbei. Er hat gekämpft und gelitten. Als er im Uebereifer des unerfahrenen Vikars den fremden Naturforscher für einen Abgesandten des Teufels genommen hatte, da regnete es Hohn auf ihn und bitter erkannte er, daß man, um als Pfarrer durchzukommen, von der Welt ebenso viel wissen muß, wie vom Himmel und der Hölle. Aus der Stadt, wo der Gelehrte hauste, der ihn mit einer übertriebenen Schilderung der Ankunft in St. Peter der Lächerlichkeit preisgab, ließ er Bücher kommen. Er las sie und wurde irre am Glauben. In der Verzweiflung verbrannte er die Schriften, bei dem alten Amtsbruder in Hospel suchte er Hilfe, kehrte in den Glauben zurück und seit dreißig Jahren war er von inneren Anfechtungen frei. Er pflegte sein Amt, wie ihm von oben geboten war, nur mit einem Zusatz: dem Teufel- und Dämonenglauben, der ihn so genarrt, war er abhold, ebenso dem Aberglauben. Wo gab es dessen mehr als im Glotterthal? Er kränkte sich, daß seine Herde fast stärker als an die Heilswahrheiten der christlichen Religion an Vorstellungen festhielt, die heidnischen Ursprungs waren, so an der hartnäckigen Einbildung, daß die Abgestorbenen zur Sündenreinigung nicht ins Fegefeuer, sondern in den Schnee der Gletscher kommen, er ärgerte sich am Totenkult, der zu St. Peter in tiefer Heimlichkeit blühte, und an Johannes, dem falschen Kaplan, der, indem er sich an die Weiber hielt, das Dorf in einen immer tieferen Aberglauben stieß.

Das war sein Schmerz noch in alten Tagen, wo er doch gelernt hatte, Leute und Leben zu nehmen, wie sie sind, und, wenn ihm etwas über die Leber kroch, sich zu seinem Bienenstand zurückzuziehen.

Vroni war mit einer Thräne an der Wimper eingeschlafen, die Schrecken der gestrigen und heutigen Nacht forderten Auslösung.

Josi weckte den Pfarrer aus seinem Brüten: »Es tagt, jetzt sind sie schon über dem Wald.«

Der Pfarrer erwiderte: »Um sechs Uhr ist Heligen-Wasser-Prozession, wenn es euch recht ist, so gehe ich jetzt heim.«

Da hob Fränzi das schmerzlich verträumte Haupt: »O geht nur. Ich will wachen, ihr aber, Kinder, müßt noch etwas ruhen!« Sie brachte die in einen bleiernen Schlummer gesunkene Vroni zur Ruhe.

Sie aber wachte.

Der Morgen war empfindlich kühl, der Himmel rein, die Felsen der Krone standen wie die Mauern eines Münsters, ihre Firnen funkelten wie frischgegossenes Silber, im Thal hing der Tau an Baum und Strauch. Ueber den Stutz herauf erklang das Glöcklein der Lieben Frau an der Brücke.

Die Windungen des Stutzes hinab bewegt sich die Wallfahrt.

Die alte Kirchenfahne, auf der St. Peter mit dem Schlüssel etwas ungeschickt hingemalt ist, knistert leise. Der Mesner führt sie. Die weißen kurzen Ueberhemden der paar Kreuzträger schimmern. Unter einem vom Alter gelblich angelaufenen Himmel, der sich mit dem stahlblauen Firmament nicht messen kann, und beim Zug über den Stutz hinunter manchmal bedenklich schief zu stehen kommt, schreitet der Pfarrer. Er trägt das Barett und ein langes Chorhemd, er schwingt den Rosenkranz und betet der Gemeinde mit lauter Stimme vor. Die vier Stangen des Thronhimmels werden vom Presi und drei Gemeinderäten gehalten, denn wenn jener schon ein verdächtiger Sohn der Kirche ist, erfüllt er aus Klugheit alles treulich, was sie nach Sitte und Brauch von ihm fordert. Hinter dem Thronhimmel trippelt die Jugend mit hellen Stimmen, unter ihr Josi, Vroni, Eusebi und die zierliche Binia, die mit ihren dunklen Augen verfahren in die Welt blickt, dann die Frauen und Männer.

So geht die Wallfahrt immer, wenn ein Mann an die Weißen Bretter steigen muß.

Wie die Teilnehmer die Felsen sehen können, spähen alle einen Augenblick dort hinauf, aber an den hellschimmernden Wänden ist noch nichts weiter zu entdecken, als daß die Kännel fehlen. Das Wasser der Glotter hat sich durch die schauerlichen Eistrümmer gefressen, die in der Schlucht liegen, und einzelne der niedergefegten Kännel ragen aus ihnen hervor.

Die Prozession zieht am Schmelzwerk vorbei über die Brücke zur Kapelle und kniet vor ihr nieder, aber die Gebete rauschen nicht so heiß wie gestern um die Dorfkirche. Es handelt sich heute nicht um den eigenen Mann, sondern um Wildheuer Seppi Blatter. Gewiß ist die Fürbitte für ihn heilige Pflicht, aber bis sein Werk gethan ist, bis das

Glöcklein aufhört zu bimmeln und zu mahnen, kann man den Himmel noch genug anrufen.

Die Männer gehen oder schleichen sich hinweg und zurück gegen den Stutz, die Knaben folgen dem Beispiel, nach einiger Zeit besteht die Gruppe der Betenden vor der Kapelle nur noch aus einem Häufchen Weiber, die um Fränzi knieen, die Neugierigen aber sammeln sich im Teufelsgarten, oder etwas höher am Schmelzberg, und starren an die Weißen Bretter hinauf.

Der Presi trägt eine rote Fahne, seitwärts von den Weißen Brettern schimmert auch eine solche, eine dritte vermag man auf der mittleren Spitze der Felsen zu erkennen.

»Der Garde hält sie!« Josi, der, die Hände in den Hosensäcken geballt, unter den Männern steht, hat Zutrauen zu ihm.

Sonst sieht man noch nichts. Da regt sich die oberste Fahne. Es schwebt etwas von oben die gräßlichen Felswände hinab, das wie ein Strohhalm aussieht, der an Bindfäden hängt. »Sie sind am Werk!« Strohhalm um Strohhalm senkt sich aus der Höhe, manchmal bleibt einer zu hoch, manchmal kommt einer zu tief. Der Presi schwingt je nachdem die Fahne, bald stark abwärts, bald fest aufwärts, und wenn sich die Halme verschoben haben, so schwenkt er die Fahne seitwärts. Oft entsteht Unordnung in den Halmen, dann schweben sie auf die Fahnenzeichen wieder aufwärts und kommen hübsch hinunter. Auf dem ersten Strohhalm bewegt sich ein kleines drolliges Wesen.

»Das ist der Vater!« denkt Josi und freut sich, daß er solch einen Vater hat. Die Augen des Knaben sind flehentlich auf den Glottermüller, der das Gemeindefernrohr in den Händen hält, gerichtet.

»Darfst einmal durchgucken!« quiekt der kahlköpfige

Müller, der eine Stimme wie ein Weib hat, »schau nur, wenn ihr das Mehl schon lieber in Hospel holt als bei mir.«

Jetzt hält es Josi! Durch das Glas scheinen die Bindfaden Seile, die Strohhalme Kännel, auf einem davon steht ein Mann. Man kann sein Gesicht nicht erkennen, aber man sieht jede Bewegung der Glieder, durch das Rohr scheint alles nah und man erkennt erst recht, was für fürchterliche Felsen die Weißen Bretter sind. Bis in alle Höhen keine Planke, nirgends eine Rinne, wo ein Büschel Gras hervorwachsen könnte. Senkrecht sind sie, kahl und nackt, entsetzlich glatt und hart. Nur in den Wildleutfurren ist weiches Gestein, da ragen wie von Geistern gesetzt die Klippen und Türme des harten Felsens, während der weichere Stein im Laufe der Jahrhunderte abgewittert ist.

Das alles sieht Josi mit klugem Auge, aber nun strecken sich die Hände anderer nach dem Glas. Er reicht es weiter. Das Bild seines Vaters hat er fest gefaßt, seiner Lebtag wird es ihm in Erinnerung bleiben, wie der Mann dort oben zwischen Himmel und Erde auf den schwankenden Känneln steht und sich von einem zum anderen schwingt. Immer deutlicher wird übrigens auch ohne das Fernrohr seine Gestalt, sie tritt aus dem Schatten, den der Schmelzberg bis jetzt auf die Wand geworfen hat, in die Sonne, die auf die Weißen Bretter zu leuchten beginnt. Der Vater prüft die gewaltigen eisernen Kloben, die Matthias Jul so fest in die Felsen vermörtelt, verkeilt und verankert hat, daß sie jetzt noch Jahrhunderte halten werden. Sie sind alle gut. Viele der leichten eisernen Reife, die durch die kurzen verdickten Enden der Kloben gehen, sind von der Gewalt der Lawine zerrissen und müssen ersetzt werden, manche haben nicht gelitten, sondern die Kännel sind einfach aus ihnen herausgeschleudert worden. Mit einer Stange, an der ein eiserner Haken ist, holt Seppi die neuen Schlaufen ein, die an einem Seil an der Wand herniederhangen. Das Einpassen in die Kloben geht leicht, die Nietenköpfe des einen Endes passen in die Löcher des anderen Endes, mit einem einzigen Griffe schließen sich die Reife. Im Lauf der Zeiten hat man manche Vorteile gelernt, die Bearbeitung des Eisens und die Handgriffe beim Legen der Leitung sind eine besondere Wissenschaft der Leute von St. Peter, ein Stück bäuerlicher Ingenieurkunst. Und dafür, daß immer ein genügender Vorrat von Seilen, Känneln und Schlaufen da ist, sorgt der Garde; in Dingen, die das helige Wasser angehen, giebt es keine Knauserei und keinen Widerspruch.

Die Stunden wandern und die Spannung der Zuschauer ermattet. Seppi Blatter arbeitet sicher. Von Zeit zu Zeit erneuert das Glöcklein der Kapelle sein Bimmeln, es mahnt. »Betet, betet für den Mann, der einsam an den Felsen schwebt!« Bis am Abend darf die gemeinsame Fürbitte nicht aufhören. Die Frauen, die auch heraufgeschlichen sind, um an die Weißen Bretter zu sehen, eilen wieder zur Kapelle, einzelne Männer folgen: »Man darf nicht nachlässig sein in einer so ernsten Angelegenheit, wegen Seppi Blatter nicht und wegen seiner selbst nicht; man könnte einen Schaden auflesen, wenn man nicht aus vollem Herzen für ihn fleht.«

Der Presi, der die Signalfahne seit einiger Zeit dem Glottermüller übergeben hat, hält scharfe Ordnung; er jagt die müßigen Weiber zur Kapelle hinunter: »Plärrt doch lieber, als Maulaffen feilzuhalten!« Den Männern, die auch jetzt ihr Pfeifchen anstecken wollen, schnauzt er zu: »Himmelsakrament, wer denkt ans Nebeln, solang einer da oben hängt!« und Bälzi, der das Rauchen doch nicht läßt, schlägt er die Pfeife aus dem Mund.

Binia steht etwas verloren zwischen den Leuten. Sie ist nicht so behend wie sonst und ihr Gesichtchen blaß. Die dunklen Augen schauen auf den Teufelsgarten. Das ist nicht mehr der wilde unberührte Blumenjubel der letzten Tage. Die

Männer haben ihn mit ihren schweren Schuhen niedergetreten, die Mädchen haben ihn abgerauft, die Buben haben den Königskerzen die Köpfe abgeschlagen und wälzen sich jetzt scherzend auf der verdorbenen Pracht.

Binia sieht Josi, Josi sieht sie; aber die beiden Kinder, die sich so gut waren, wissen nichts mehr miteinander anzufangen — es ist etwas zwischen ihnen, das vorgestern noch nicht war.

»Bini, was machst auch für ein barmherziges Gesicht?« Sie schrickt zusammen. Der Vater! Freundlich sagt er: »Du wirst gar verbrannt in der glühenden Sonne, geh ein bißchen an den Schatten!«

Folgsamer als je gehorcht sie. Sie wandelt zur Ruine hinüber. Dort stehen und sitzen Männer, der Kaplan Johannes, Bälzi, der Gemeindeweibel und andere. Die Schnapsflasche geht in der Runde, die Männer essen einen Imbiß von der Hand, sie plaudern und lassen sich's wohl sein und sehen die Augen Binias nicht.

»Heut' giebt's keine Tafel zu malen, Kaplan, Seppi schafft gut,« sagt der Weibel, der einen großen schönen Bart, aber einen schielenden Blick hat.

»Macht nichts — ich bin nicht gern der Unglücksrabe,« antwortete der Kaplan mit seiner hohlen Stimme.

»Ich glaube beim Eid, Seppi Blatter fällt — die elende Hitze — und erst dort oben — man wird da unten dumm, dort oben aber wird einer verrückt — die Männer, die stürzen, thun's, weil sie vom Sonnenstich wahnsinnig geworden sind.« Bälzi nahm einen Schluck.

»St. Jörg und einundzwanzig, das wär' ein Unglück — die Frau und die zwei Kinder!« So der Weibel.

Bälzi darauf: »Der Presi bekäme auch einen Schuh voll!«

»Wieso?« fragt Peter Thugi, der ein rechter Mann und der Aelteste einer weitverzweigten Familie ist.

Bälzi erwidert: »Das glauben doch nur Kinder, daß Seppi Blatter freiwillig an die Bretter gegangen ist. Man hat der Gemeinde Sand in die Augen gestreut. Ist's nicht wahr, Weibel?«

Dieser zwinkert zustimmend mit den Augen, aber er schweigt.

Bälzi, dessen Blick vom Schnaps etwas verglast ist, lacht. »Der Presi hat mir die Pfeife zerschlagen, auf die Garibaldi gemalt ist. Sie war noch vom Vater selig. Aber jetzt schone ich ihn auch nicht mehr.«

Er erzählt den Lauschenden das Gespräch im Bären: »Und ich will ein brennender Mann werden, wenn's nicht wahr ist, er hat dem schlafenden Seppi Blatter die Feder in die Hand gesteckt und sie ihm geführt.«

Die Umstehenden fahren zurück. »Kaplan, was sagt Ihr dazu?«

Der Schwarze antwortet, da — ein gellender Schrei.

»Gott's ewiger Hagel, des Presis Kind!« So rufen sich die Männer in peinlicher Ueberraschung zu. Das Mädchen, das hinter einem abgestürzten Mauerteil gekauert ist, springt wie besessen davon, es eilt am Vater vorbei, es keucht den Stutz empor, es rennt ins Dorf zurück.

Wie der Presi nach ein paar Stunden nach Binia fragt, da sagt man ihm: »Sie ist heim zu Susi!« Da schüttelt er das Haupt und seufzt: »Sie ist dieser Tage so seltsam.«

Damit, was Bälzi über die Hitze sagte, hatte er recht.

Die Sonne! die Sonne! Die Luft im Thal zwispert, von den Weißen Brettern herunter kommt ein so heißer Strom, daß ihn selbst die erfrischenden Schwäle, die aus der Schlucht aufsteigen, nicht zu kühlen vermögen. Wie Blei fließt er in die Glieder, wie Spinnweb legt er sich um die ermattenden Sinne.

Der Mann, der über dem versammelten Dorf zwischen Himmel und Erde schwebt, steht im wachsenden Brand des Juninachmittags. Die Sonnenstrahlen liegen so auf den Weißen Brettern, daß die Augen schmerzen, wenn man eine Weile hinsieht. Sie flimmern, als sehe man, wie Licht und Hitze aus den Felsen strömen.

Ja, bei bedecktem Himmel könnte Seppi Blatter sein Werk wohl vollenden, aber in dieser mörderischen Glut, die Augen und Gehirn sengt. Der Sonnenstich!

Man sieht, daß er leidet. Seit einiger Zeit hat er die Kapuze seines Hirtenhemdes zum Schutze vor der Sonne um den Kopf gezogen. Die Aufregung wächst, die Frauen vor der Kapelle beten lauter. »Er kann's nicht vollenden,« hört man. »O, Seppi ist zäh,« antworten andere.

Jetzt ist die Arbeit soweit gediehen, daß Seppi mit dem Einlegen der Kännel beginnen kann. Immer noch schweben sie, einer um den anderen, viele Kirchtürme hoch, herab, und einen um den anderen stößt Seppi Blatter, auf ihm stehend, in die Reifen, löst die Seile der eingehängten, schwingt sich zum folgenden, und an den Felsen zeichnet die wieder erstehende Leitung eine dunkle Linie. Oft aber verzögert sich das Werk. Die sinkenden Kännel verfangen sich in den Seilen der nächsten, dann löst sie auf ein Zeichen aus dem Thal ein Zug aus der Höhe aus, und wenn sich ein Kännel befreit, schwankt das ganze Werk, als müsse es den Mann dort oben herunterschütteln wie einen Apfel vom sturmgerüttelten Baum. Oder Seppi Blatter löst die Kännel, die sich verfangen haben und sich in seinem Bereich befinden, selber aus, dann fliegen sie von der Felswand ab in die freie Luft und wieder schief zurück, daß er sich blitzschnell ducken muß, damit sie ihn nicht durch einen Schlag an den Kopf von seinem schmalen Stande werfen.

Manchmal bei einem der entsetzlichen Schauspiele wagen die Zuschauer, die doch des Schreckens gewöhnte Bergleute sind, nicht zu atmen, die meisten Frauen, die das Schwanken des Gerüstes sehen, fliehen entsetzt zu der Kapelle zurück.

Selbst die harten Männer erliegen der furchtbaren Spannung. »Presi, gebt doch das Zeichen zum Abbruch. Morgen ist wieder ein Tag!«

Aber die Mehrheit ist der Ansicht, man solle, wenn Seppi Blatter nicht selber den Abbruch wünsche, in Gottes Namen mit dem Werk fortfahren, es sei auch mißlich, die Mannschaft auf dem Glottergrat im Freien übernachten zu lassen.

Dann und wann ruht Seppi Blatter eine Weile und stärkt sich an Speise und Trank. Besonders lang um vier Uhr des Nachmittags, ehe er die Führung der Leitung durch die größere Wildleutfurre in Angriff nimmt.

Josi, der vom frühen Morgen nicht von seiner Stelle gewichen ist, ist ins Gras gesunken und verbirgt sein Gesicht darin. Das starre Hinaufsehen, die Hitze, das Entsetzen! Der Taumel hatte sich seiner bemächtigt, ihm ist, glühendes Eisen senge sein Hirn, ruhelos wälzte er sich.

Fränzi und Vroni, die fast ununterbrochen vor dem Muttergottesbild gekniet sind, sehen das Leiden des Knaben und erbarmen sich seiner, obgleich das ihre nicht kleiner ist.

Eusebi, der scheue Stotterer, steht in der Nähe und schaut

mitleidig auf ihn.

Seine Mutter, die stolze Gardin, will ihn mit zur Kapelle nehmen: »Man würde meinen, du gehörtest auch der Wildheuerin Fränzi!« Der blöde Knabe sagt: »L—l—os[17], M—m—mutter, ich w—w—will da—da bl—bleiben!«

[17] »*Los!*« — schweizerdeutsch, »Höre!«

Sie läßt ihn, sie kann gegen ihn nicht hart sein, obschon es sie gerade heute ärgert, daß sie so ein häßliches Kind hat und die anderen so blühende Jugend. Eben Fränzi.

Seppi Blatter ist wieder an der Arbeit. In der großen Wildleutfurre! An einem Seil schwingt er sich mit mächtigem Satz in das Innere der schrecklichen Kluft und hängt an ihren Klippen. Fahnenzeichen! — Mehrere Kännel senken sich in die Schlucht und schweben frei. Und mit mächtigem Schwunge holt er jeden einzelnen ein. Er verschwindet damit im Innern der Kluft, wo man seine Thätigkeit nicht sehen kann. Kännel um Kännel zieht er ein, jetzt wird die wachsende Leitung am Rand der Schlucht wieder sichtbar, das Fürchterlichste ist gethan. Aber je länger, je unsicherer werden Seppis Schwünge, zwei-, dreimal sieht man ihn ansetzen, bis er das Ziel erreicht.

Sechs Uhr! Erfrischende Kühle strömt durchs Thal, lebhafte Bewegung ist unter dem Volk.

Seppi Blatter hat über die ganzen Weißen Bretter hin die Kännel gelegt, der Rest, der ihm zu thun bleibt, ist leicht.

Da stupft Eusebi den daliegenden Josi: »Sch—sch—schau! f—f—fer—fertig!«

Josi schnellt auf, lächelt verträumt, sucht mit seinen rotgeschwollenen Augen die Höhe und sieht, wie der Vater eben das zierliche Wasserrad einsetzt, das den Merkhammer hebt und auf ein Brett fallen läßt, so daß sein Schlag das ganze Thal durchtönt.

Ein Fahnenzeichen gegen den Stutz empor, Männer, die am Eingang der Leitung stehen, öffnen die heligen Wasser. In wenigen Augenblicken werden sie durch die neuen Kännel fließen. Bald wird der Merkhammer das erste Zeichen geben.

Eine ungeheure Spannung hat sich des Völkleins bemächtigt, vor der Kapelle kniet niemand mehr als die Wildheuerin Fränzi und Vroni.

»Wollt Ihr's nicht hören?« fragt eine Nachbarin, aber so lange Seppi an den Weißen Brettern ist, darf man in der Fürbitte nicht müde werden. Und Fränzi und Vroni beten.

Da horch: »Tick tack, tick tack.« Mit wachsender Schnelligkeit kommt's aus der Höhe, der Merkhammer schlägt, andere Hämmer, die weiterhin in die Leitung eingeschaltet sind, erheben ihr Spiel, das Echo ist erwacht, das Thal hat seine Musik wieder, eine einförmige Musik, die doch wie ein Psalm in die Ohren klingt. Sie bedeutet Erlösung aus dem Schrecken, Segen und Fruchtbarkeit.

Wie der Müller berauscht vor Freude aufhorcht, wenn nach langer Trockenheit sein Rad wieder klappert, so lauschen die Leute von St. Peter dem Hackbrettspiel der heligen Wasser und drücken sich vor Freude die Hände.

»Ja, Seppi Blatter ist ein Mann! — Es lebe der neue Garde!«

Der alte Pfarrer hebt segnend sein Kreuz gegen die wiederhergestellte Leitung empor, das Glöcklein, das einen Augenblick zu bimmeln aufgehört hat, setzt wieder ein, es ruft zum Dankgottesdienst, und die Berge leuchten, vom Abendrot umspielt, wie Lichter der Andacht.

Am schönsten leuchtet Josis Gesicht!

Hoch an den Weißen Brettern sind nur noch zwei oder drei

Stricke zu lösen und die Arbeit, die gefahrvolle, ist glücklich gethan. Bald wird man auf den Felsentafeln nur noch die Linie der Kännel sehen.

Der Gottesdienst geht seinen Weg, da gellt ein einzelner Schrei: »Seppi!«

Der Schrei verzehn- und verhundertfacht sich — ein dunkler Körper fällt und wird größer im Fallen, er gleitet wie ein Schatten die Weißen Bretter hinab.

Seppi Blatter ist am Ende seines Werkes abgestürzt. Der Gottesdienst schweigt.

Josi ist brüllend wie ein Stier aufgesprungen und will sich in die Glotter stürzen, in der sein Vater vor seinem Blick verschwunden ist. Da halten ihn im letzten Augenblick starke Arme zurück. »Gottloser Bub!« Er beißt, er kratzt, er schlägt um sich, aber die junge Kraft erlahmt, röchelnd liegt der Knabe im Gras.

Was war die Ursache des Sturzes? — Hunderte haben hinaufgeblickt, aber wenige wissen etwas Sicheres zu sagen. Der Glottermüller, der wieder das Fernrohr geführt hat, versichert, Seppi habe bis zum letzten Augenblick frei stehend gearbeitet, da schwankte er, faßte das Seil, das ihn in die Höhe ziehen sollte, es senkte sich ein wenig, er ließ es los, im gleichen Augenblicke aber wurde es von der Mannschaft, die den Ruck Seppis für ein Zeichen genommen, in die Höhe gezogen, die Schleife am Ende des Taues legte sich dabei um das Bein, das er in die Luft gestellt hatte, die Arme des müden Mannes suchten den oberen Teil des Strickes zu spät, da schleuderte ihn das steigende Seil, das ihn am Fuß gepackt hatte, in die Tiefe.

Von allen, die Zeugen des Unfalls gewesen waren, war keiner so blaß wie der Presi.

Der Schein an den Bergen war erloschen, nur noch die letzten Streifen der Abendröte beleuchteten die traurige Heimkehr der Leute von St. Peter. Sie führten eine an Gott und Menschen irre Familie in ihrer Mitte, und im Schimmer der Mitternachtssterne kam ein zweiter dunkler Zug, dem Kaplan Johannes mit einem Kienspanfeuer, das auf einer Pfanne brannte, den Weg erleuchtete.

Dieser Zug trug die Leiche Seppi Blatters, des Helden der heligen Wasser.

V.

Die Wasser rauschten und die Merkhämmer schlugen.

Mit herzlicher Teilnahme wurde Seppi Blatter bestattet. Vom Morgen an stand der Sarg neben der Thüre des Häuschens, wo der Verunglückte mit den Seinen friedlich gewohnt hatte. Auf dem Totenbaum lag der Federhut, das Schwert und die Binde des Garden. Ein silberner Becher stand auf dem Sarg. Als die Leidtragenden kamen, hob ihn jeder, trank einen kräftigen Schluck und sprach: »Lebe wohl, Seppi Blatter, möge es dir wohl thun in der Ewigkeit!« Und wenn zwei oder drei aus dem Becher getrunken hatten, so füllte ihn der Weibel wieder mit goldenem Hospeler nach.

O, man durfte sich den Hospeler schon mit andächtigen Sinnen zu Gemüte führen. Die Begierde nach eigenem Wein hatte St. Peter in die Fron der heligen Wasser gebracht. Im Feuer des Trunkes kreiste das Blut der Gestürzten.

Als der Presi erschien und zum Becher griff, schielten alle mit verhaltener Neugier nach ihm. Sie meinten, es müßte sich etwas Besonderes begeben. Aber der stolze, kraftvolle Mann hob den Becher mit Würde und fester Hand und trat mit ruhiger Gelassenheit in ihren Kreis.

Der Garde war viel bewegter; die nervige eiserne Hand bebte, als er Seppi Blatter Lebewohl sagte. Ihm war, er müsse sich die grauen Haare zerraufen, weil er ihn nicht von seinem plötzlichen Entschluß zurückgehalten hatte.

Man brachte die Gedenktafel, die Kaplan Johannes im Auftrag der Gemeinde gemalt hatte, und legte sie auch auf den Totenbaum. In frischen Farben leuchtete die Inschrift:

»An den heligen Wassern ist bei Reparatur erfahlen und

wohl versehen mit den hl. Sakramenten gleich tot gewesen der ehrsame Seppi Blatter von St. Peter. Gewählt worden zum Garden. Hat aber nicht angetretten. Sein Lebenslauf ist 40 Jahr und 7 Tag. R. I. P.

Mein lieber Freund, ich bitte dich,
Geh nicht vorbei und bett' für mich.«

Jetzt trug man Seppi Blatter zu Grabe. Als sich die Gemeinde vom Kirchhof verlief, gingen nur wenige, die an der Beerdigung teilgenommen hatten, in den Bären. Dem Presi war's recht. Er wollte noch nach Hospel hinausreiten und sattelte eben das Maultier. Er hatte plötzlich das Bedürfnis, Frau Cresenz recht bald als Hausfrau in den Bären zu führen. Mit der alten Susi war's nicht mehr gethan, ihr Kropf wurde ihr je länger je hinderlicher bei der Arbeit, sie pfiff daraus wie eine ungeschmierte Säge und ob sie fast nicht zu Atem kam, keifte sie gleichwohl an einem Stück.

Er wollte mit Cresenz über den Hochzeitstag reden.

»Susi, wo steckt denn Bini wieder?« rief der Presi.

»Sie hat sich wieder irgendwo versteckt. Verhext ist das Kind — verhext!« jammerte Susi, »und sie war sonst ein so liebes, artiges Vögelchen, das den ganzen Tag gehüpft ist. Wer hat es ihm nur angethan?«

»Ihr seid ein Kalb; Susi, bringt mir Binia nicht mit dem Hexenzeug ins Geschwätz, sonst seid Ihr den letzten Tag im Haus!«

Damit ritt der Presi davon, Susi heulte: »Nichts mehr sagen darf man, nichts! Wie ein Schuhlumpen ist man geachtet. Gewiß bleib' ich nur wegen des Kindes.«

Schon ein paar Tage aber versteht sie Binia nicht mehr. Seit der Wassertröstung sitzt das Mädchen irgendwo in einem

Winkel des Hauses, immer da, wo man sie nicht sucht, zerrt mit den Fingern der einen Hand an den Fingern der anderen, beißt in die Fingerspitzen und starrt mit den großen dunklen Augen ins Leere, wie wenn sie etwas sehen würde, was nicht ist, etwas Grauenhaftes, Entsetzliches! Susi hatte sie mit der Wallfahrt zur Lieben Frau an der Brücke geschickt, aber am Mittag kam das Kind in der warmen Sonne schlotternd zurückgelaufen, nicht in die Stube, nein, es rannte die Treppen hinauf bis unter das Dach. Als Susi es suchen ging, da saß es mitten unter altem Gerümpel des Estrichs, einen zerlumpten Rock seiner Mutter selig um das eigene Kleid gelegt. Es wimmerte leise, leise. Nur etwas verstand Susi, was das Kind immer wieder vor sich her stammelte:

»Die Hand wird ihm aus dem Grab wachsen!«

»Sage, Vögelchen, du unglückliches, wem wird die Hand aus dem Grab wachsen. Wer sagt es?«

Da warf die Kleine das Köpfchen mit dem ganzen Jähzorn zurück, den sie vom Presi geerbt hat: »Susi, das ist schlecht von dir, daß du horchst, was ich rede.« Sie fürchtete sich vor dem Kind; es war, als wolle es wie ein wildes Tier aufspringen und sie zerreißen.

Binia, die nicht schlief, hörte am Abend spät noch auf dem Flur von dem schrecklichen Ausgang des Tages reden. Im Hemd kam sie in die Küche gelaufen, klammerte sich an Susi und schrie: »Verzeih mir, Susi, — bleibe bei mir — ich fürchte mich — ich fürchte mich gräßlich.«

Da wachte die Magd am Bett der Kleinen. Als Binia die Augen schon einige Zeit geschlossen hatte, schlug sie sie wieder auf und flüsterte: »Wenn mich der Seppi Blatter schon 'Schlechthundekind' gerufen hat, so muß ich, wenn ich groß bin, Josi Blatter doch heiraten.«

Die entsetzte Susi schmeichelte: »Schlafe, schlafe, Schäfchen; wenn du groß und ein schönes Mädchen sein wirst, kommen um dich viele Burschen fragen.«

Drauf Binia: »Ich liebe aber nur Josi. Weil der Vater Fränzi nicht genommen hat, muß ich halt den Josi nehmen.«

Seither war Susi überzeugt, das Kind sei besprochen und verhext.

Dem wollte sie schon auf den Grund kommen. Als der Presi fortgeritten und die letzten Gäste gegangen waren, suchte sie das Kind. In seinem Kämmerchen kniete es am Bett.

Sie war wohlwollend zu ihm. Es aber stellte sehr sonderbare Fragen: »Du, Susi, hat mein Vater meine Mutter stark lieb gehabt?« — Wie kam es auf diese Frage? Seit drei Jahren war die selige Beth tot. Als das Kind in sie drang, antwortete Susi: »Natürlich, du Närrchen, hat der Vater die Mutter lieb gehabt.«

Das Kind fuhr mit dem Köpfchen aus dem Kissen, richtete mit unaussprechlicher Verachtung die Augen auf sie: »Du lügst, Susi, er hat sie gar nicht geliebt. Ich frage dich nichts mehr!«

Susi ging im Bewußtsein, daß sie gelogen habe, schamrot aus dem Kämmerlein.

Aber die Neugier trieb sie zu Binia zurück. Sie fuhr das Kind barsch an: »Binia, wer hat dich besprochen — du bist besessen.«

»Laß mich,« schreit Binia, »ich bin krank — geh!«

Susi läßt sich nicht abweisen: »Der Kaplan Johannes schlarpt eben mit dem Bettelsack durchs Dorf, der soll dich heilen. Ich rufe ihn!«

»Nein, — nein« — kreischt die Kleine und zittert am ganzen Leib, und wie Susi eine Bewegung gegen die Thüre macht, fällt sie ihr um die Kniee.

»Ums Himmels willen rufe den Kaplan nicht.«

Susi drauf: »Gelt, der ist's, der dich besprochen hat! Jetzt haben wir's schon — dich und Josi. Ist Josi bei dir gewesen?«

»Ja, wir sind auf der Brücke gekniet — das war aber nur Scherz. — — Nein, dir, erzähl' ich's nicht, du lügst und bist so dumm.«

Und das Kind hat wieder den Trotzkopf aufgesetzt.

Da bekreuzt sich die abergläubische Magd und geht: »Aber dem Presi darf man nichts sagen — nichts!«

Wie sie fort ist, schluchzt und röchelt Binia. Niemand hat ihr etwas zu leide gethan, sie hat nur gehört, was Fränzi und der Vater geredet, sie hat nur gehört, was Kaplan Johannes zu den anderen Männern sagte: »Die Hand wird ihm aus dem Grabe wachsen.«

Alles das ist aber so schrecklich für ihr kleines, feuriges Herz. Sie hat gemeint, einen so trefflichen Mann wie ihren Vater gebe es nicht mehr. Ob er sie schon manchmal anschnauzte, war sie stolz gewesen auf ihn, sie hatte ihn so unendlich lieb und wenn er nur einmal ein wenig freundlich mit ihr redete, — o, dann hätte sie am liebsten die kleinen Arme um seinen Hals geschlungen und ihn vor Freude und Seligkeit in die Wange gebissen. Und jetzt weiß sie so Entsetzliches von ihm. Er hat die tote Mutter nicht geliebt, er hat Fränzi einen Kuß geben wollen, der Schämdichnicht.

Dann das Gräßliche, wie die Unterschrift Seppi Blatters

entstanden ist, die Unterschrift, wegen der dem Vater die Hand aus dem Grab wachsen soll!

Das ist zu viel für ihr Köpfchen, es hämmert darin, als sollte es zerspringen. Ja, ja, die Fränzi hat recht, es ist ein Unsegen auf sie gekommen. Darüber möchte sie mit jemand reden, aber nicht mit Susi, die lügt, weil sie ihr alles ausreden will. An eine liebe Brust möchte sie sich lehnen und weinen. Sie denkt an Fränzi, die mit ihrer Mutter gut befreundet gewesen ist, Fränzi hat auch sie lieb, Fränzi lügt nicht. Ja, mit Fränzi will sie reden.

Aber sie darf nicht zu Fränzi gehen! Warum nicht? Sie weiß es im Wirrwarr ihrer Gedanken nicht, es ist ihr aber, wie wenn Blut und Feuer zwischen ihr und Fränzi, zwischen ihr, Vroni und Josi lägen.

Und aus dem Gefühl tiefer Hilflosigkeit schreit sie: »Mutter — Mutter — liebe tote Mutter!« — —

Mit einigem Herzklopfen ritt der Presi auf seinem Wege nach Hospel über die Unglücksstätte, sein kluger Verstand sagte ihm wohl, die Kaufbriefgeschichte sei damit, daß an den Weißen Brettern der Hammer wieder töne, noch nicht erledigt. War er mit Blindheit geschlagen gewesen, daß er die tolle Angelegenheit nicht sofort am anderen Morgen geordnet hatte?

Nun zuckte und wühlte sie im Dorf, er hatte es aus den verlegenen Mienen der Männer gelesen, die an der Beerdigung Seppi Blatters teilnahmen.

Er schwitzte — er sehnte sich nach Hospel, die Welt schien ihm dort freier — hier legte sich etwas wie Zentnerlast auf die Brust — es war zum Ersticken. Gut, daß er jetzt die Weißen Bretter, den Teufelsgarten mit den zertretenen Blumen, das Schmelzwerk und die Kapelle hinter sich hatte.

Der hundertstimmige Schrei beim Sturz Seppi Blatters gellte ihm noch in den Ohren.

»Ta-ta-ta. Ich bin der Presi!« denkt er.

Er kommt in das Kreuz nach Hospel, aber Frau Cresenz zeigt sich gar nicht und der stolze Kreuzwirt, der behäbigste Gastwirt am Weg von der Stadt bis zum Hochpaß, sein zukünftiger Schwager, empfängt ihn frostig.

»Was hast, Kreuzwirt, warum magst mir nicht recht die Ehre geben?«

»Von dir läuft ja die Schande auf allen Straßen. Und Seppi Blatter ist so ein braver Mann gewesen. Ist's wahr, daß du ihm, wie er betrunken gewesen ist und geschlafen hat, die Feder geführt hast?«

Da schlägt der Presi die Faust auf den Tisch, springt auf: »Vor Gericht müssen mir die räudigen Hunde — Wer hat's gesagt?«

»Von rechtschaffenen Leuten ist's hier im Kreuz verhandelt worden, aber, daß ich dir die Namen nenne, giebt's nicht.«

»Es ist eine elende Verleumdung. Horch, Joch, wie's zugegangen ist. Man hat einen Mann haben müssen, mit dem Losen ist's gar eine mißliche Sache.« Der Presi erzählte und schloß mit der Frage: »Was sprichst jetzt?«

»Ich sage, daß die Geschichte nicht sauber ist! Geplagt hast du Seppi, das giebst ja selber zu. Wo hast du dir das Herz hergenommen, ihn grad an dem Tag, wo du dich mit der Cresenz verlobt hast, mit dem Kaufbrief zu kreuzigen? Das gefällt uns nicht. Wenn du Seppi Blatter die hundertachtzig Franken aus Anlaß deiner Verlobung geschenkt hättest, so hätte es mich und die Cresenz gefreut. Man hätte dann aus dir etwas Glück gespürt. Jetzt aber kränkt sich Cresenz.«

Der Presi wurde ganz klein — das traf. Er wußte wohl, daß er sonst der Gescheitere war als der vornehme hohle Kreuzwirt. Aber jetzt hatte der recht! Und er murrte verlegen und stoßweise.

Der Kreuzwirt fuhr fort: »Warum fragst du nicht, wo sie bleibt? Weil du dich schämst, weil du weißt: es ist ein Schandfleck auf deiner Ehre!«

»Ein Schandfleck auf meiner Ehre!« wiederholte der Presi. Sein Gesicht war blutleer und seine Hand langte mechanisch nach dem Zündhölzchenstein.

»Laß den Stein liegen,« sagte der Kreuzwirt ruhig, »es ist jetzt genug an Gewaltthätigkeit. Cresenz aber will sich besinnen, ob sie Bärenwirtin von St. Peter werden will. Sie schreibt dir darüber in den nächsten Tagen.«

Als der Presi heimritt, kam er sich vor wie ein vom Hagelwetter erschlagener Baum. Die Wut über die Verleumdung tötete ihn fast. »Die schlechten Hunde — die elenden Tröpfe — — Ist die Wahrheit nicht genug?« stammelte er vor sich hin.

Er sah die blauen, großen, vorwurfsvollen Augen Fränzis, die schönen und guten Augen. O, wie er sie jetzt haßte!

Schweißgebadet ritt er durch die Dämmerung. Jetzt sah er Seppi Blatter, aber nicht den geringen Wildheuer, der gequält am Wirtstisch saß. Nein, den Wasserstreiter, der freiwillig an die Bretter gestiegen war. Der schaute ihn herausfordernd an, immer als hätte er die Frage auf den Lippen: »Presi, wollen wir zusammen einen Hosenlupf[18] machen?«

[18] *Hosenlupf,* ein beliebter Ringkampf der Aelpler.

»Ich hab's nicht durchgezwungen — das weißt — bist ja selber gegangen,« schnauzte der Presi.

Und als ob er mit einem anderen im Zwiegespräch wäre, sagte er nach einer Weile: »Ja, das gebe ich zu — ich habe dich geplagt — es ist dumm gegangen an jenem Abend.«

Bei der Kapelle stieg er nicht ab, um ein Gebet zu verrichten, wie es die fromme Sitte heischt; er sah die frische Tafel Seppis, die während seines Aufenthaltes zu Hospel in das kleine Gotteshaus gestellt worden war, ihre Goldfarbe glänzte frisch — frech, dachte der Presi und im Vorbeireiten rief er: »Daß du mich nicht gar zu stark klemmst, Seppi Blatter, sonst —! Weißt, ein wenig leid' ich's schon, hab's auch verdient — aber wenn du mich zu stark schuhriegelst — du weißt, Fränzi, Vroni und Josi sind noch nicht in der Ewigkeit.«

»Halt 's Maul, räudiger Pfaff!« schrie er, als er am Schmelzwerk vorüberjagte und den Kaplan Johannes singen hörte. Unaufhaltsam vorwärts, den Stutz hinauf drängte er das arme Tier mit seinen Flüchen und kam früher, als ihn jemand erwartet hatte, nach Haus.

Im Bären saß tiefbekümmert der Garde. Er wartete nicht lang mit seinem Bericht. Das Amt war auf ihn zurückgefallen — für einstweilen, hatte man im Gemeinderat gesagt — das bedeutete aber in St. Peter für Lebzeiten.

»Presi, ich hab's zum Guten leiten wollen, aber die Sache steht bös. Die Geschichte der Unterschrift Seppis geht vertrüdelt und verdreht durchs Dorf. Es sind darum auch keine Leute im Bären.«

»Die Gemeinde wird nicht die ganze Zeit saufen müssen, ich

verlange es gar nicht,« höhnte der Presi, »wenn sie wildeln und wüst thun wollen über mich, so ist es mir schon lieber, sie erledigen es draußen, als mir unter der Nase. Das könnte unlustig werden.«

»Möchtet Ihr in diesen Tagen nicht einmal die Fränzi aufsuchen und mit ihr im guten reden?«

»Damit die Leute mit den Fingern auf mich weisen und sagen: 'Den hat das Gewissen gedrückt!'«

»Wir haben jetzt gewiß allen Anlaß, gegen den Haushalt rücksichtsvoll zu sein.«

»Aber ich nicht — ich nicht! Lieber werde ich ein brünniger Mann[19].« Der Presi wischte sich den Schweiß, der immer noch auf seiner Stirn perlte, er war so müde wie lange nicht mehr. »Ueber diese Geschichte wird schon Gras wachsen!«

> [19] *Brünniger Mann*, in der Volksvorstellung ein Mann, der nach seinem Tod des Nachts brennend umherwandelt.

»Lange keines,« knurrte der Garde, stand auf und ging. —

»Endlich Ruhe.« — Auf der Straße verlor sich der schwere Schritt des Garden und der Presi stützte den Kopf in beide Hände und ließ nachdenklich die Lider auf die Augen fallen.

Aber er brachte das Bild nicht weg. »O, es ist entsetzlich, einen Mann einen ganzen Tag kämpfen zu sehen — das geht nicht fort. — Du bist ein schlechter Hund, Seppi Blatter, daß du mir das angethan hast und, wie du schon fertig warst, noch herunterflogst.«

Der Presi ging in seine Kammer. — —

Ueber den Unglücksfall an den heligen Wassern und die ihn begleitenden Umstände wuchs lange kein Gras. Durch alle Gespräche zitterte der Nachhall, weniger die Klage um Seppi Blatter selbst, als die Neugier, wie er veranlaßt worden sei, an die Weißen Bretter zu steigen. Allein nachdem es einige Wochen bös über den Presi gegangen war, so daß er es für gut fand, mit den Leuten so herzbeweglich artig zu reden, wie nur er es verstand, schlug die Stimmung um. Die Geschichte sei vielleicht doch nicht so schlimm. Bälzi habe sie im Anfang nur aus Wut so ehrenrührig für den Presi erzählt, und er sei ja ein ganz unzuverlässiger Mensch, der Presi aber sei, wenn er die Laune habe, ganz gutherzig und habe schon manchem, der sich nicht mehr zu raten und sich zu retten wußte, aus der Klemme geholfen. »Und,« gaben die Leute zu, »er ist halt doch der Gescheiteste unter uns allen.«

Am meisten Beruhigung fanden die von Sankt Peter in der Sommerarbeit, die sie schwer ins Joch schlug und sie auf Aecker, Alpen und in die Weinberge zerstreute.

Der Stimmungsumschlag erstreckte sich bis nach Hospel. Von Frau Cresenz kam eines Tages ein Briefchen und am folgenden Tag ritt sie, vom Kreuzwirt begleitet, den Silberschild der Hospelertracht vor der Brust, das kokette Filzhütchen auf dem Haupt, vor den Bären.

Der Presi empfing den Kreuzwirt und seine Schwester nicht zu freundlich, denn die Beleidigung vom letzten Besuch saß ihm noch wie ein Dorn im Fleisch, aber mit einem Scherzwort zog Frau Cresenz den Stachel heraus, und gegen liebenswürdige Frauen war der sonst unbeugsame Mann nachgiebig.

Und Frau Cresenz war hübsch. Aus ihrem vom Ritt leichtgeröteten Gesicht schauten muntere graue Augen, sie hatte kluge und angenehme Züge, eine kühle Sprechweise und war in ihren Bewegungen, obgleich ihr Körper fast zu stattlich war, von unleugbarer Anmut.

»Die steht dem Bären wohl an,« schmunzelte der Presi in

sich hinein und zeigte den beiden das Haus.

»Ja, da muß vieles anders und ordentlicher werden, da gehört wirklich wieder eine Hausmutter hin.« Und die hübsche Frau Cresenz lächelt dem Presi gutmütig verständnisvoll zu.

Etwas beschämt sagt er: »Wir haben bis jetzt halt nur ein Bauernwirtshaus geführt. Das muß natürlich für die Fremden alles anders eingerichtet sein!«

Als die drei die Treppe aufwärts in den zweiten Stock stiegen, trat die alte Susi, die Röstpfanne, aus der der Kaffeeduft aufstieg, in den runzeligen Händen, neugierig unter die Küchenthüre und sah ihnen nach. Da machte Frau Cresenz am Geländer der Treppe einen Fingerstrich und zeigte den Staub hinter dem Rücken des Presi dem Kreuzwirt.

Nun war die Alte teufelswild und faustete hinter der kleinen Gesellschaft her: »Nein, bei der bleibe ich nicht.«

Der Presi hatte mit seinen Gästen den Estrich erreicht. Plötzlich ertönte schallendes Gelächter der Frau Cresenz. Aus einem von allerlei Gerümpel gebildeten Winkel starren sie zwei große Kinderaugen an, ein ängstliches Gesicht schaut aus einem alten zerrissenen Tuch, das malerisch über den Kopf geworfen ist.

»Ist das Binia? Ach, das Kind habe ich ganz vergessen. — Komm, du artiger Fratz.« — Die Kleine sieht die Augen des Vaters aufmunternd auf sich gerichtet und kriecht hervor. Da reißt ihr Frau Cresenz lachend das Tuch ab: »So, jetzt siehst du menschenähnlich aus, nun gieb mir die Hand.«

Sie sagt es mit kühler Freundlichkeit, aber der erschrockene scheue Wildling rennt an ihr vorbei und wirbelt die Treppe hinunter. Die alte Susi ruft ihr zu: »Hast die neue Mutter gesehen, die hochmütige?«

»Die neue Mutter!« Nun muß sie auch darüber denken. Und das kleine Köpfchen brennt doch schon von allem anderen, worüber ihm niemand Auskunft giebt. Der Vater hat mit der Frau so lieb geredet. Nie, nie hat er so mit der seligen Mutter gesprochen und auch nicht mit ihr. Doch, aber es ist schon so lange her. Sie schleicht sich auf den Zehenspitzen in ihr Kämmerchen empor. Denken — denken will sie.

Gegen Abend hört sie die Fremden fortreiten, das fröhliche Lebewohl, das der Vater Frau Cresenz zugerufen hat, tönt ihr in die Ohren. Ihr aber thut der Kopf so weh, ihre Zähne klappern, sie kriecht ins Bett.

Da hört sie die Tritte des Vaters. Gewiß kommt er sie zu züchtigen.

Sie mochte seine Absicht erraten haben, aber in den Zorn mengte sich die Vatersorge. Binia war zwar immer ein eigenartiges Kind gewesen, oft nachdenklich, oft ausgelassen lustig, aber seit einiger Zeit war sie so blaß und scheu und allen ein Rätsel.

Wäre er abergläubisch gewesen, er hätte geglaubt, die Drohung der Fränzi sei schon in Erfüllung gegangen, Unsegen sei auf dem Kinde.

Wie er sie nun am hellen Tag mit gläsernen Augen im Bette liegen sah, entwaffnete die Sorge den letzten Zorn.

Er setzte sich ans Lager, nahm die fiebernde Hand der Kleinen ganz vorsichtig in seine Pratze und als sie, sich von ihm abwendend, leis wimmerte, legte er ihr die andere Hand auf das seidenweiche dunkle Haar. Das Kind zuckte zusammen.

»Was machst du für Streiche, liebe Maus? Du hast eine heiße

Stirn, bist ja ganz krank. — Binia — Gemslein — liebes Gemslein, schau mich einmal an.«

Sorge und Bangigkeit sprachen aus seinem Ton.

Als das Kind die sanften und lieben Worte des rauhen Vaters hörte, die es wie ein Klang aus fernem schönem Traum umwarben, überließ es ihm das heiße Händchen, das es ihm hatte entziehen wollen, und halb freudig, halb ängstlich blinzelte es mit den großen Augen nach ihm.

»Hast du mich nicht mehr lieb, Bini?«

»O doch — doch — Vater,« klang das feine Stimmchen, »aber — —« Sie schauerte.

»Rede nur, Maus!«

»Ich habe dich so viel zu fragen. Thust du mir nichts, wenn ich etwas frage?« Der zarte Körper zitterte.

»Nein, frage nur — bist ja meine Maus!«

»Warum bist du auch so lieb und gut jetzt, Vater?« Das tönte so fein und scheu und ein bleiches Lächeln flog über die Lippen des Kindes.

»Ich habe dich ja immer lieb gehabt, Gemslein. Weißt nicht mehr, wie ich dich auf dem Arm getragen habe? Und weißt noch, wie ich dir manchen Kram von Hospel mitgebracht habe?«

An diesen Gedanken spann das Kind weiter.

»Ja, die Mutter und ich haben jedesmal auf dich gewartet, bis du am Abend heimkamst. Und dann hast du mich noch ein wenig auf die Kniee genommen und ich habe darauf reiten dürfen. Die Mutter hat mich dann zu Bett gebracht und hat meine Hand genommen wie du jetzt und wir haben gebetet: 'Lieber Gott, lieber Herr Jesus Christus! Erhalte den lieben Vater gesund.' Und dann hat sie die Kissen an mein Köpfchen gedrückt: 'Schlaf, schlaf, du liebes Engelchen.' Und manchmal ist eine Thräne auf meine Wange gefallen, aber am Morgen, wenn ich sie gesucht habe, war sie fort.«

Rührend, als ob das fiebernde Kind gegen das Weinen kämpfte, klang das Stimmchen, der Presi hatte den Kopf gesenkt, und als er nichts antwortete, fuhr das Kind fort:

»Seit die Mutter tot ist, besucht sie mich jede Nacht. O, sie ist so schön, sie ist ganz weiß und hat Flügel an den Schultern. Und wenn sie sieht, daß ich ihr altes Sonntagsbrusttuch bei mir im Bett habe, so lächelt sie wunderschön. Nur das Tuch muß ich haben, dann kommt sie. — Aber, Vater, warum hat die Mutter auch so viel geweint, als sie lebte?«

Der Presi war unruhig geworden, die Zärtlichkeit des Fiebergeplauders regte ihn auf.

Das Mündchen aber lief und lief: »Wie ist es schön gewesen, als ich noch klein war. Josi und Vroni sind immer gekommen, er hat mich dann auf dem Rücken getragen, und dafür hast du ihnen Kirschen vom Baum gerissen.«

»Was hast vorhin fragen wollen, Bini?« unterbrach der Vater barsch das plaudernde Kind.

»Thust du mir nichts?«

»Dumme Maus, du!« Sein Ton war wieder freundlich.

Die Augen des Kindes öffneten sich — es richtete sich im Bettchen halb auf und zitternd, traumhaft kam's:

»Du, Vater, wenn ich groß bin, darf ich dann die Frau Josi Blatters werden?«

Da verzerrte sich das Gesicht des Presi. — Der Zug

hoffnungsvollen Zutrauens auf dem fiebergeröteten Kindergesicht erlosch, es stopfte den Mund mit dem gekrümmten Finger, die Augen wurden schreckhaft groß, und seine Gedanken taumelten nach einem Rettungsanker — es schlang das Aermchen um den Vater, es schrie:

»Ich hab' nicht das sagen wollen, Vater — nein — ich habe fragen wollen: Ist es wahr, daß dir die Hand aus dem Grab wachsen wird?«

Da verglasen sich auch die Blicke des Presi, er ächzt — und ächzt. Plötzlich brüllt er: »Wer sagt das? — Sagt es Fränzi?«

Vor Furcht weiß das Kind nicht mehr, was es sprechen soll, was es spricht.

»Fränzi — Vroni — nein — Josi — oder nein —« Es will weiter reden.

Aber der Presi schlägt ein so schauerliches Lachen an, wie wenn etwas in ihm risse. Das Kind schweigt.

»Und den willst du heiraten! — Da also packst du mich, toter Seppi Blatter. Deinem Buben will ich's eintränken.«

Er faustet sinnlos gegen die Wände: »Jetzt wollen wir sehen, ob ein lebendiger Presi nicht über einen toten Wildheuer Meister wird.« Er will sein krankes Kind schlagen, aber es hat sich tief unter die Decke verkrochen und hält sie mit krampfhaften Händen fest.

Unter der Thür steht Susi, die irgend etwas berichten will; und schlägt die Hände über dem Kopf zusammen.

Der Presi schwankt aus der Kammer.

Ein Riß war von dieser Stunde zwischen Vater und Kind. Binia lag einige Tage krank, der Presi kümmerte sich nicht um sie; als sie mit blassen Wänglein wieder in der Stube erschien, übersah er sie und vermied lange Wochen sie anzureden, als er es endlich wieder that, da war es nur in Gegenwart Dritter und seine Worte beschränkten sich auf kurze Befehle und gleichgültige Dinge.

Daran änderte auch die Hochzeit mit Frau Cresenz, die im Herbst stattfand, wenig.

VI.

St. Peter ruht mit seinen Holzhäusern halb versunken im Schnee, wie die Federkissen eines Brautfuders liegt er auf den Dächern, die Glotter gurgelt unter dem Eis. Am Mittag stechende Sonne, blauer Himmel, ein Licht von den Bergen, daß man die Hand über die Augen decken muß, triefende Dächer und sonnenwarme Luft, des Nachts bittere Kälte, so daß der Schnee im Flimmern der Sterne wie Millionen erbarmungslose Glassplitterchen funkelt.

Die Lichter leuchten freundlich aus den kleinen Fenstern ebenhin in den Schnee. Von Haus zu Haus huscht es und eilt es. Bursche und Mädchen, jung und alt sitzen um die Lewatöllampe zusammen, die Frauen spinnen den Flachs, die Mädchen flechten mit raschen Fingern Strohbänder und nähen Hüte, die Männer schnitzen an Holzschuhböden herum und nebeln mit den Pfeifen.

Man redet nicht viel, die von St. Peter sitzen gern still und feierlich im Kreis. Am häufigsten noch hört man das Weib des Fenkenälplers, das von Zeit zu Zeit von ihrem Mann einen Zug aus der Tabakspfeife bettelt.

»Fenkenälpler, kauft der Vre doch ein artiges Klöbchen,« lacht der krummmäulige Bäliälpler. »Wenn die Weiber rauchen, so schadet's dem Hausfrieden nichts — das meine raucht jetzt auch schon ins siebente Jahr.«

»Es ist halt doch nicht schön,« meinte die fröhliche Bertha Thugi, eine Neunzehnjährige, die neben ihrem jüngeren Bruder Peter, dem Enkel des alten Peter Thugi, sitzt, »daß bei uns so viele Weiber rauchen wie Kamine. Mir gefallen Fränzi und die Gardin — sie rauchen nicht.«

»Jetzt will die das Rauchen der Weiber abschaffen, wie die neue Bärenwirtin den Schnaps.«

Die fromme, geizige Glottermüllerin, die den Mühlknecht hungern läßt, mault: »Recht ist's. Zuerst haben die Männer gar nicht gewußt, wie die neue Frau Presi genug rühmen. Schön und leutselig sei sie. Jetzt hat man's. Nicht einmal ein Gläschen Gebranntes mag sie ums gute Geld den Leuten gönnen. Sie meint wohl, in St. Peter seien alle vergüldet wie der Presi.«

Der Bäliälpler mit der Bogennase und dem krummen Maul aber brummt: »Was mir gar nicht gefällt, sind die Handwerksleute von Hospel, die jetzt die ganze Zeit im Bären lärmen. Er war doch von jeher ein schönes Haus. Aber wißt ihr? Fremde Weltleute, Deutschländer, Franzosen, Englische und Hispaniolen, wie's seit ein paar Jahren zu Grenseln, Serbig und im Oberland sommers über hat, sollen mit ihren Weibern, Hunden und Katzen in den Bären kommen und darein sitzen. Was meint ihr? Wozu ist an der Straße eine Thür ausgebrochen worden und wird eine Stube gemacht? In diese Truhe können die von St. Peter hocken und oben, wo wir bis jetzt gesessen sind, in der schönen großen Stube, rutschen die fremden Maulaffen herum, die den Unterschied zwischen einem Gemsbock und einem Kalb nicht kennen.«

»Protestieren soll man! — Aber die Gemeinderäte, der Garde ausgenommen, haben's wie unsere Maultiere, sie machen so.« Der glatzköpfige Glottermüller, der eine Stimme hat wie ein Weib, aber selbst schon lange gern Gemeinderat geworden wäre, nickt mit dem Kopf, bis alles lacht. Und plötzlich ruft er, daß alle aufblicken:

»Die Gemeinde soll man anfragen, ob wir Fremde in St. Peter dulden wollen oder nicht. Das behaupte ich.« Wichtig blickt er um sich.

»Der Pfarrer ist dagegen. Eine Todsünde sei's, Fremde nach St. Peter zu rufen. Anstecken mit großen Fehlern und Sünden würden sie uns und Schaden bringen an der heiligen Religion.«

So der Bockjeälpler, der zwischen dem Reden immer schnalzt.

»Hört! — hört!«

»Es ist nicht bloß deswegen!« meint der alte großbärtige Peter Thugi, der bisher fleißig an seinen Löffeln und Kellen herumgeschnitzt, den Abend noch kein Wörtchen gesagt hat und mit seiner tiefen Stimme sehr langsam spricht, »es ist wegen der Dinge, von denen man nicht unnötig reden soll — wegen der armen Seelen!«

Das Wort bringt eine merkwürdige Bewegung hervor.

Alle Arbeit ruht, schweigend und feierlich schaut man nach dem alten Manne und wer raucht, legt die Pfeife weg.

»Wenn nur Fränzi da wäre,« fährt er fort, »sie könnte es besser erzählen als ich, wie an den Firnen der Krone tausendmal tausend abgeschiedene Seelen im Eise stehen und sehnsüchtig auf ihre Erlösung warten. Um ihre Gebete zu verrichten, brauchen sie Frieden und Ruhe. Vom Thal herauf mögen sie nichts hören als das heilige Glockengeläute. Lachen, leichtfertiges Reden und großer Lärm thut ihnen weh. Namentlich beleidigt es sie, wenn die Leute neugierig auf die Gletscher und Firnen steigen. 'So weit die Welt grün ist, ist Lebendigenland, wo sie weiß ist, ist Totenland.' Das haben sie schon manchem Gemsjäger gesagt, der sein Tier ins weiße Revier verfolgte. Wenn nun aber die Fremden, die nichts von den armen Seelen wissen, alle Tag tanzen und Sonntag machen? Ich will's euch sagen: Es kommt ein mächtiges Unglück über St. Peter.«

Der Erzähler schweigt; alle erwarten, daß er wieder beginne — niemand redet, der Bäliälpler nur mahnt: »Erzählt, Peter Thugi!«

Da fährt Peter Thugi geheimnisvoll fort:

»Es hat eine Zeit gegeben, wo es in St. Peter so weltlich zuging, wie es wieder geschehen wird, wenn die Leute aus den Weltländern kommen. Alle Tage waren Lustbarkeiten, sündiges Reden und Wollust. Das war, als noch die Knappen im Schmelzwerk saßen. Da hat im Bären jeden Abend eine Musik aufgespielt und immer war mit lustigen Weibsbildern Juhe und Juheien. Als nun die von St. Peter, die solche Weltlichkeit duldeten, zu Pfingsten in die Kirche kamen, saßen in den vordersten Bänken auf der Weiberseite zwölf weiße Vorstehbräute[20], die niemand erkannte. Wie der Gottesdienst vorüber war, schritten sie hinauf durch die Alpen zu den Firnen der Krone. Vor einer Hütte, die jetzt schon lang nicht mehr steht, begegneten sie dem frommen Sennen Sämi, der nicht mehr gehen konnte und auf der Bank bei der Thüre saß. Da fragten sie ihn ängstlich, ob wohl die Leute von St. Peter aus ihren betrübten und traurigen Gesichtern gemerkt haben, warum sie zur Kirche gekommen seien. Der alte Sämi spürte aus ihrem Ton, daß es etwas sehr Ernstes sei und meinte, ihm können sie es schon verraten. Sie seien arme Seelen von der Krone, antworteten sie, und haben die von St. Peter warnen wollen, daß sie das tolle Leben im Dorf nicht länger dulden. Wenn sie es aber weiter litten, so würde St. Peter von Lawinen verschüttet, denn die vielen tausend armen Seelen, die jetzt mit ihren Leibern dem Firn Halt geben, würden auswandern und dann stürze der Schnee der Krone aufs Dorf. Sie hätten auf ihre Bitten die Erlaubnis bekommen, daß sie die von St. Peter warnen dürfen, er möge es ihnen sagen, wenn es die Leute sonst nicht gemerkt haben. Sie dürfen doch nie mehr kommen und die Mahnung gelte für ewig. Erleichtert gingen die armen Seelen ihres Weges und sangen vor Freude, daß sie die Botschaft einem so braven Manne wie Sämi hatten ausrichten können. Sämi aber schickte Bericht ins Dorf über das merkwürdige Erlebnis, und siehe da — alle die in der Kirche gewesen, erkannten die Vorstehbräute. Es waren gestorbene Mädchen von St. Peter. Die Leute trieben die Musikanten und die leichten Weibsbilder fort, und seither weiß man in unserem Dorf, was geschieht, wenn Wohlleben und Ueppigkeit wieder kommen.«

[20] *Vorstehbräute*, Kommunikantinnen.

Der Kreis der andächtigen Zuhörer und Zuhörerinnen schauderte.

»Der Presi bringt noch über uns alle gleiches Unglück wie über Seppi Blatter!« unterbrach die böse Zunge des Glottermüllers das Schweigen.

»Pst!« klang eine Weiberstimme aus dem Hintergrund durch den blauen Tabaksnebel, »Bälzi weiß, wie der Presi den Leuten ein Schloß an den Mund legt, die etwas wider ihn sagen.«

Die Gesellschaft hätte lieber noch mehr Geschichten von den Toten gehört und neigte nicht mehr zum Schwatzen.

Bertha Thugi, die von der Erzählung ihres Großvaters bewegt war, meinte: »Laßt uns doch die Wildheuerfränzi holen, sie weiß alle Geschichten des Gebirges, die von den Lebendigen sowohl wie die von den Toten, sie weiß die Ueberlieferungen und Sagen, sie hat manchmal bis um die Mitternacht erzählt, so daß alle zitterten und man fast nicht mehr heimgehen durfte.«

»Fränzi ist aber nie ungebeten erschienen, sie hat aus ihrem Erzählen immer eine Kunst gemacht, die geehrt sein wollte. Und jetzt lehnt sie alles Erzählen ab. Sie habe keine Lust mehr zum Reden. Ich verstehe es nach dem großen Unglück wohl.«

So der alte Peter Thugi, und schweigend lichtet sich allmählich der Kreis, die Totensagen summen in den Köpfen, die Sagen Fränzis.

Würdig erträgt sie den Tod ihres Mannes. Als er stürzte, hatte sich ihr wohl ein Schrei entrungen, ein entsetzlicher Schrei, als müßten auch ihr Leib und Seele auseinanderbrechen. Und in den ersten Tagen lebte sie in dumpfem Brüten dahin. Dann aber erhob sie sich plötzlich und ging an ihre Arbeit wie sonst. Niemand hat sie je weinen gesehen, niemand je klagen gehört. Nur die Strähnen gebleichten Haares in der dunklen Fülle verrieten, daß sie gelitten hatte. Den Schmerz hatte sie in den unergründlichen Tiefen des Glaubens begraben.

»Vroni und Josi, tragt niemand etwas nach, es hat im Leiden und Sterben eures Vaters eine höhere Hand gewaltet, und grübeln ist sündhaft.« So mahnte sie, wenn die Kinder vor Beelendung über den Tod des Vaters fast zerflossen.

Ihrem kleinen Haushalt ging es seit dem schrecklichen Ende Seppi Blatters nicht schlechter als zu seinen Lebzeiten. Es war, als hätte das Unglück des Vaters Josi, den vierzehnjährigen, mit einem Schlage um viele Jahre gereift. Das freundliche Knabengesicht mit den klugen dunklen Augen war ernst und trotzig geworden, um ein Lächeln gab der früher gesprächige Bursche nicht viel, menschenscheu vermied er das Dorf. Ohne daß ihm jemand die Notwendigkeit klar gemacht hätte, schleppte er im Lauf des Sommers genug Wildheu von den Planken, um die paar Ziegen durch den Winter zu bringen, so daß die Mutter manchmal mahnte: »Ueberthu dich nicht, du zäher Bub.«

Der Acker hatte reichlich Frucht getragen. Als man Anfang

Winter das Korn im großen Backofen des Garden gleich fürs ganze Jahr verbuk, da ergab es so viel große Laibe, daß die Kinder bis zur nächsten Ernte nicht nach Hospel hinauszuwandern brauchten, um Mehl zu holen.

Das war gut, woher das Geld nehmen?

Es waren drollige Mahlzeiten, die Mutter und Kinder hielten. Josi, der die Stelle des Hausvaters übernommen hatte, zertrümmerte mit Hammer und Hackmesser das vom langen Liegen steinharte Brot. Die dunklen Splitter stoben nur so davon, und ebenso stoben sie vom Käse, den noch der Vater bereitet hatte. Vroni fing die Brocken auf, indem sie die offenen Arme ausbreitete, und lachend knusperten die Kinder an den braunen Stücken, die dem Gestein des Gebirges zum Verwechseln glichen.

»Beiße dir keinen Zahn aus, Vroni!« scherzte Josi. Dann wies sie ihm ihre Perlenreihe zwischen kirschroten Lippen, er zeigte als Antwort sein blitzblankes Gebiß und zum Schluß der Mahlzeit nahm er die Tessel, einen Holzstab, der auf dem Tisch lag, und schnitzte einen Kerb hinein, bald auf Vronis, bald auf seiner, bald auf der Mutter Seite, damit man wisse, wer das Tischgebet verrichtet hatte.

Ein kleines, inniges Glück, dem die Trauer, die es durchbebte, Bestand verbürgte. So hätte man den Haushalt Fränzis nennen mögen. Die Geschichten, die sie nicht mehr in die Kreise der Burschen und Mädchen tragen mochte, erzählte sie Josi und Vroni. Dann geschah es wohl, daß Josi müde vom Tag einschlief, während Vroni gespannten Ohres lauschte.

Oft sangen die drei das einzige Lied, zu dem sie eine Melodie wußten, den einzigen weltlichen Gesang, den es im Glotterthal gab. Fränzi hatte ihn zur Zeit, als sie mit Seppi selig verlobt war, auf dem Markt zu Hospel von einem

fahrenden Spielmann gehört und gekauft. Sie nannte ihn
»das Kirchhoflied«. Der Sang lautete:

»Es liegt das Dorf im Abendstrahle,
Die Berge glühen Dom an Dom,
Im Frieden steh'n des Kirchhofs Male,
In wilden Wellen rauscht der Strom
An ihm dahin zur weiten See,
Wie klingt die Flut vor Wanderweh!

Das Steingenelk, die Königskerzen
Erblüh'n voll Pracht im heiligen Rund,
Sie steigen aus gebroch'nen Herzen
Und jede Blume ist ein Mund.
O, wie das weint, o, wie das lacht,
Dem Flüstern horcht die Sommernacht!

Des Dorfes Abgeschied'ne reden,
Es reden toter Bursch und Braut,
Man kennt und nennt im Ringe jeden —
Da klagt ein Knöspchen frischbetaut:
'Wir sind im Thal — nur einer fehlt,
O, wie sich der in Heimweh quält.'

Gebräunter Bursch ist fortgezogen,
Den Mund so rot, den Blick so hell,
Dahin mit Wellen und mit Wogen
Gewandert ist der Frohgesell,
Doch, als er stand an blauer See,
Da schrie sein Herz nach Berg und Schnee.

Du armer Knabe! Schlaf am Meere!
Sieh, Gottes sind so Flut wie Firn,
Sieh, Gottes sind die Sternenheere,
Er schickt den Tropfen, der die Stirn
Mit frischem Gletschergruß umspült,

Der dir das heiße Heimweh kühlt!«

Hatte Vroni ihr Kämmerlein aufgesucht, so hörte sie die Mutter noch eine Weile in der Stube hantieren. Das letzte war immer, daß Fränzi die Thüre oder ein Fensterchen öffnete und irgend einen Bissen auf den Tisch stellte. Wenn am Morgen die Kinder kamen, waren die Fenster verschlossen, der Bissen verschwunden.

»Wozu das, Mutter?« fragte Vroni ahnungsvoll.

»Für die armen Seelen, für den Vater, wenn er unter ihnen ist.«

»Der Vater ist ja mit den heiligen Sakramenten in den Tod gegangen.«

»Wer ist sicher, daß er an den heligen Wassern nicht doch noch etwas gedacht oder gethan hat, was er büßen muß. Ein Tag hat tausendmal tausend Augenblicke und in jedem können wir zur armen Seele werden. Gäbe es sonst so viele Abgeschiedene, die in die Gletscher eingefroren sind, daß man nicht über das Eis gehen kann, ohne daß man ihnen auf die Häupter tritt? Die Krone ist voll Wehklagen der Frierenden, in den Gletscherspalten hört man sie weinen und diejenigen, die hoch auf den Bergen armen Seelen begegnet sind, werden nimmer froh, sie verlieren das Lachen und die roten Wangen. Ihr habt Abrahämi nicht mehr gekannt. Er war ein Gemsjäger. Einmal, als er hinter einem Felsblock auf eine Gemse lauerte, sah er plötzlich zwei arme Seelen. Die eine kämmte ihr welliges Haar, die andere sang, denn beide waren bald erlöst und freuten sich der warmen Sonne. Es waren vornehme Mailänderinnen, die in ihrem Leben vor vieler Weltfreude vergessen hatten, Armen Gutes zu thun. Sie erzählten Abrahämi ihr verfehltes Leben so beweglich und ihre Schönheit war so groß, daß er vor Mitleid und Liebe fast verging. Sie baten ihn, er möge im

Thale nicht erzählen, daß sie so schwer büßen, denn es könnte sonst die Nachricht davon bis nach Mailand zu ihren Verwandten gelangen, und das wäre ihnen nicht lieb. Als aber Abrahämi, der Gemsjäger, ins Thal kam, konnte er es nicht verschweigen, was für schöne Frauen er auf dem Gletscher gesehen habe. Da wurden seine Füße und seine Zunge lahm und viele Jahre saß er so auf dem Dengelstein vor seinem Hause und schaute in Sehnsucht nach den Firnen der Krone, ob er die schönen Frauen nicht erspähen möchte. Eines Tages flogen zwei schneeweiße Tauben über das Thal. Das waren die erlösten Seelen. Abrahämi mochte wieder aufstehen und reden, doch lachen hat er nie mehr mögen, sondern immer gesagt: 'Kränkt keine arme Seele.'«

So erzählte Fränzi und in Vroni erklangen die Glocken des Glaubens, daß ihr ganzes Wesen erfüllt würde mit den Ahnungen der Sage. Und war Josi trotzig und finster, so blühte in ihrem frischen, von blondem Haar umspielten Gesicht stillinniges Leben auf.

Wenn in der Nacht der Wind durch die Felsen weinte, die weißen Nebel am mondbeschienenen Berghang schwebten, dann glaubte auch sie die Züge jener Toten zu sehen, die von den Gletschern ins Thal steigen und es durchwandeln.

»Mutter, aber haben sie schon am Brot oder an der Milch gerührt?«

»Nein, Vroni, die armen Seelen essen nicht und trinken nicht; wenn sie nur den guten Willen sehen, so sind sie schon satt und freuen sich, daß sie nicht vergessen sind, denn nichts auf der Welt thut ihnen so weh, wie wenn niemand ihrer gedenkt.«

Einmal, als Vroni schon schlief, kam über den hohen flimmernden Schnee wahrhaftig eine arme Seele durch die Nacht geschwebt und gewandelt, eine leichte, schlanke

Kindergestalt, doch stieg sie nicht den Alpweg herab, sondern huschte herüber von der schlafenden Kirche, die ihren Turm gespenstisch in die nächtliche Winterlandschaft reckte.

Fränzi erschrak. Wenn man eine arme Seele sieht, soll man nicht neugierig sein, es kann sie kränken. Sie zog sich vor der Wandelnden tief in ihr Stübchen zurück und betete den Segen.

Da horch! Vor dem Fensterspalt bittet und bettelt ein süßes, feines Stimmchen: »Fränzi, liebe Fränzi. Darf ich zu Euch hereinkommen?«

Einen Augenblick staunt Fränzi, dann sagt sie überrascht: »Weiß Gott, das ist Binia!« Sie öffnet die Thüre und zieht das schlotternde Kind, das zum Schutz vor der grimmigen Kälte den Kirchenmantel der seligen Beth um die Glieder geschlagen hat, in das Stübchen.

»Ums Himmels willen, Bini, was willst du bei dem harten Frost und bald um Mitternacht. Hat es im Bären ein Unglück gegeben?«

Da lächelt Binia leise und schalkhaft, setzt sich dicht zu Fränzi auf die Bank, nimmt mit einer scheuen Liebkosung ihre Hand, schlägt den Blick nieder und sagt: »Nein, im Bären schläft alles, nur ich habe noch gewacht und an mein seliges Mütterchen gedacht. Wie ich den Schlaf nicht habe finden können, bin ich still aufgestanden, die Treppe hinuntergetappt, durch das Fenster des Untergadens[21] hinausgeklettert und bin zu Euch gekommen.«

[21] *Untergaden*, schweizerdeutsch, Vorratskammer im Erdgeschoß.

»O Gott und alle Heiligen! Nicht einmal recht angezogen bist du, könntest dir ja den Tod holen in dieser Nacht.

Warum kommst auch nicht am schönen Tag?«

Da verzieht sich das Gesichtchen des Kindes schmerzlich, zögernd sagt es: »Ich meine, der Vater hätte es nicht gern, wenn er's wüßte. Und ich weiß nicht, habt Ihr's gern, wenn ich zu Euch komme und Vroni und Josi? Ich habe Euch vieles zu fragen, Fränzi.«

»Närrchen, du liebes, warum sollten wir uns nicht freuen, wenn du kommst?« Fränzi fuhr dem schüchternen Kinde liebkosend durchs dunkle fliegende Seidenhaar. »Aber wenn's dein Vater nicht gern hat, so ist's doch gescheiter, du gehst gleich wieder heim.«

Da glitt das Kind hinab von seinem Sitz zu den Füßen Fränzis, umschlang ihre Kniee und flehte weinerlich: »Nein, Fränzi, nein, sterben müßt' ich und den Kopf würde es mir zersprengen, wenn ich jetzt nicht mit Euch reden könnte.«

»Nun, so laß es heraus, was so in dem armen Köpfchen brennt, daß es gar nicht mehr schlafen kann,« sagte Fränzi mild und zog Binia zu sich empor.

Es war aber, als blieben die Worte der Kleinen im Halse stecken.

»Ist's denn etwas so Schreckliches, Bini?«

»O Fränzi, wie Ihr an der Wassertröstung so ernst mit meinem Vater auf seiner Stube geredet habt, da saß ich auf dem Ofen, ich habe alles gesehen und gehört.«

Wunderfein erbebte das Stimmchen.

Nun war's an Fränzi, zu erbleichen. Sie sah das Kind nicht mehr, sie sah nur das furchtbare Erlebnis jener Stunde — entgeistert blickte sie vor sich hin. Sie bat: »Kind, armes Unglücksvögelchen, rede, — rede! Gott und die Heiligen mögen mir helfen, daß ich dir recht Antwort stehe. Vielleicht ist's gut, daß du gekommen bist.«

Da rann das Geständnis des gepreßten und geklemmten Kinderherzens, erst scheu und zögernd, gleichsam nur in Tropfen hervor, strömte dann heiß und leidenschaftlich und unter vielen Thränen. Nur von Josi sagte Binia nichts, sonst alles.

»Du süßer, lieber Vogel, so böse Dinge klopfen in deinem Herzchen.«

Fränzi hatte genug zu thun, um ein klein wenig Ordnung in die verwirrte Kinderseele zu bringen. Sie löste Binia alle Fragen auf, nur eine konnte sie ihr nicht lösen: Wie es möglich ist, daß ein Kind Vater und Mutter gleich heiß liebt, daß der Vater die Mutter aber nicht gut leiden mag.

»Ihr seid sicher, daß dem Vater die Hand nicht aus dem Grabe wachsen wird, wie der wüste Kaplan gesagt hat?«

Feierlich nahm Fränzi die Hand des Kindes und ihre Augen begegneten dem dunklen Sternenpaar Binias: »Ja. Nicht die böse Unterschrift hat meinen seligen Seppi an die Weißen Bretter geführt, als ein Freiwilliger ist er gegangen. Es hat sich alles gewandt und dein Vater ist unschuldig an seinem Tod.«

Binia dankte mit einem innigen Aufleuchten des Blicks: »Es ist kein Unsegen auf mir?«

»Deine selige Mutter wacht vom Himmel über dir und jede Nacht bin auch ich in Gedanken bei dir.«

Da küßte Binia die arbeitsharten Hände der mütterlichen Trösterin mit brennendem Mund.

Noch hatte das neugierige Kind viele Fragen, die Antwort forderten.

»Ihr denkt, der Vater habe mich doch lieb? — O, Fränzi, wenn Ihr wüßtet, wie ich ihn liebe.«

»Natürlich, du kleine Ungläubige — jeder Vater hat in seinem Herzen ein Plätzchen für sein Kind, und wenn es zu tiefinnerst versteckt wäre! Sei liebevoll und demütig gegen den Vater; auf Kindern, die gegen ihre Eltern ehrfürchtig sind, steht die Verheißung, daß es ihnen wohl ergehe.«

»Ich demütig — das ist schwer. — Wohl, wohl, ich will demütig sein!« flüsterte Binia mit feinem Stimmchen und gesenkten Lidern, »aber —«

»Was für Rätsel hast du denn noch, du grüblerisches Kind?«

»Ich habe jetzt zwei Mütter, eine tote, die mir lieb über alles ist — und eine lebendige. Wie soll ich's da halten? Kränke ich die tote nicht, wenn ich gut zu der lebendigen bin?«

»Richte in deinem Herzen einen Altar auf für die tote, schmücke ihn mit Blumen der Liebe; der lebendigen aber diene als gutes Kind, denn, Binia — Frau Cresenz ist eine wackere Frau.«

Binia schwieg mit gesenktem Kopf.

Da drang von der Kirche herüber der Einuhrschlag, er mahnte Fränzi an die schwere Stunde, wo Seppi für immer Abschied genommen hatte.

»Und nun sollte ich auch dich herzlich um etwas bitten, Vögelchen. In grenzenlosem Leid hat dich der selige Seppi beschimpft. Vergieb ihm, Binia!«

Statt jeder Antwort preßte das Kind das Köpfchen an die Brust der Frau, nicht anders, als wäre sie die Mutter.

»O, Fränzi, ich höre Euer Herz — das ist so ein liebes, warmes Herz.«

»Ja, aber jetzt geh' — jetzt geh', du Nachtwandlerin, ich kann dein Bleiben nicht mehr verantworten.« Als Fränzi schon die Thüre aufschließen wollte, bettelte Binia: »Zeigt mir doch noch Vroni, wie sie schläft — o, wie manchmal hat's mich an der ganzen Seele und am ganzen Leib zu ihr gezogen.«

Fränzi lächelte, sie führte die Bettlerin zu Vronis Lager, und Binia preßte einen Kuß auf die roten Wangen der Freundin, die tief atmend auf den gelösten Strähnen ihres Goldhaares ruhte.

Die Schlafende regte sich, leise traten die beiden nächtlichen Besucherinnen aus dem Kämmerchen zurück.

»Willst Josi auch noch sehen?«

»Ja, gern,« hauchte Binia und eine Blutwelle ergoß sich über ihr feines Gesichtchen. Sie stiegen die schmale Treppe empor. Im Licht, das Fränzi durch die Finger auf den Schläfer fallen ließ, sah Binia die Furche der Willenskraft, die sich von der Stirne zur Nase Josis zog und das junge Gesicht schon halb männlich erscheinen ließ. »Aber schön,« dachte Binia bei sich selber, »ist Josi doch, so schlank, so braun.«

Da fiel ihr plötzlich schwer aufs Gewissen, wie sie den arglosen Schläfer wider ihren Willen, doch ohne die Fähigkeit, den Widerruf vorzubringen, bei ihrem Vater verleumdet hatte; sie zitterte und sagte kleinlaut: »Fränzi, ich muß gehen! Ich dank' Euch tausendmal, liebe Fränzi.«

Und über den mondbeschienenen Schnee lief Binia flink wie eine Gemse dem unter schweren Winterlasten seufzenden Dorfe zu.

»Ob ich's wohl noch erleben und sehen werde, wohin dich dein Weg führt, du Kind mit den vielfragenden Augen und dem Rätselherzchen?« Mit diesem Gedanken sah Fränzi der schlanken Gestalt nach, die in den schweren nächtlichen Schlagschatten der Häuser verschwand.

Als Vroni am nächsten Morgen sich zu Tische setzte, erzählte sie mit strahlendem Gesicht, sie habe so lebhaft von Binia geträumt, wie wenn sie selber bei ihr am Bett gestanden hätte. Mutter Fränzi lächelte, sie weihte die Kinder so stark in das Geheimnis des nächtlichen Besuches ein, als sie für gut fand. Josi aber sagte: »Das ist mir alles gleichgültig, wenn mir die Giftkröte nur nie mehr über den Weg läuft.«

Vroni lachte und drohte mit dem Finger: »Josi, Josi, ich erzähle es der Mutter, was draußen im Teufelsgarten geschehen ist.«

Mit zornrotem Gesicht stand er auf: »Ich will nichts mehr wissen vom Kind eines schlechten Hundes, dem Vater selig bin ich's schuldig.« Er schlug die Thüre ins Schloß und ging die Ziegen füttern. Fränzi war neugierig, was draußen im Teufelsgarten geschehen sei, als ihr aber Vroni gebeichtet hatte, sagte sie kein Wort.

Die Geschichte machte ihr einige Tage schwer.

Für Vroni blieb der unerwartete nächtliche Besuch Binias das große freudige Ereignis des Winters, sie hoffte, die Freundin würde wieder kommen, und erwartete sie mit wachenden Augen Abend für Abend.

Binia kam aber nie wieder, Vroni und die Mutter bemerkten es jedoch wohl, wie sie manchmal aus der Ferne sehnsüchtig nach ihnen und ihrem Häuschen blickte, wie sie dann aber die Angst, sie würde vom Vater bemerkt, fortjagte.

Um Josi stand's nicht gut.

Wenn er Holz im Walde sammelte, so setzte er sich oft auf

die fertige Bürde, stützte den Kopf in die beiden Hände und im winterlichen Walde, der unter der Schneelast knackte, zogen mit furchtbarer Lebendigkeit die Bilder noch einmal vorüber, wie sein Vater an den Weißen Brettern gelitten hatte und gestorben war. Der Gram um den Vater machte ihn je länger je mehr zu einem düsteren Groller. Der verbissene Arbeiter war zuweilen hart und grob gegen Vroni, finster gegen die Mutter, und das kleine, innige Glück des Haushaltes erhielt durch ihn manchen Stoß.

»Sie sind alle, alle schuld, die von St. Peter, am meisten der Presi,« grollte er.

Eines Tages ging er doch durchs Dorf und stand plötzlich vor dem verhaßten Mann. Da schrie der Presi ihn an. »Wie darfst du dich noch unter rechten Leuten zeigen, du Lausbub, du!« Jetzt war Josi im Innern mit dem Presi und mit denen von St. Peter fertig.

»Besser ungerecht leiden als ungerecht thun,« erwiderte Fränzi mit einem tiefen Seufzer, als der Bursche sein Erlebnis unter Thränen des Zorns berichtete.

Allein er gab sich damit nicht zufrieden, er hatte einen furchtbaren Haß gegen den Presi gefaßt.

»Anzünden! den Bären anzünden,« brüllte es in der Brust des Schwerbeleidigten, der Gedanke setzte sich darin fest, daß, wie gräßlich es sei, der Bären eines Tages verbrennen müsse.

Aber Binia! — Bah, Binia! — Warum sollte er den Bären nicht anzünden?

Oft warf er die Zündhölzchen, die er mitgenommen hatte, um im Wald ein Feuer anzumachen, mit zitternden Fingern von sich. Aber die Furcht, daß er eines Tages das Entsetzliche doch thun würde, quälte ihn.

Hätte Josi mit kühlem Blut geurteilt, so würde er sich gestanden haben, daß die Leute von St. Peter den Groll nicht verdienten, den er auf sie warf. Sie erwiesen der verwaisten Familie jene Achtung und jenes stille Wohlwollen, das würdig ertragenes Unglück überall findet, sie vergaßen es nicht, daß Seppi Blatter im Gemeindedienst gefallen war, und hätte es dessen bedurft, so würde Fränzi immer die Hilfe gefunden haben, die notwendig gewesen wäre, den kleinen Haushalt aufrecht zu erhalten.

Zuweilen streckte der Garde das hünenhafte Haupt mit einem freundlichen Gruß in die Thüre. Er war seit dem Tode Seppi Blatters Vormund der Kinder, redete aber Fränzi nichts in die täglichen Hantierungen, sondern ging mit zufriedenem Knurren, einem besonderen Gruß an sein Patenkind Vroni und mit dem Bewußtsein davon, daß da Vogtmühen[22] überflüssig seien.

[22] *Vogt*, schweizerdeutsch, Vormund. Vögtling, Mündel.

Ein fast täglicher Gast im Haus Fränzis war der stille, blöde Eusebi, der die Gewohnheit hatte, sich auf einen Schemel zu setzen, nichts zu sagen, mit ein paar Hölzern zu spielen und zu hören, was geplaudert wurde. Da saß der fünfzehnjährige Schwachkopf unbeweglich, aber bei jedem freundlichen Wort ging ein Aufleuchten über sein Gesicht. Vroni und Josi mochten ihn wohl leiden, ja jene liebte ihn schwesterlich.

Eines Tages zog sie ihre alte Schulschiefertafel heraus und malte mit ihm Buchstaben. Und siehe da, die kleine freundliche Schulmeisterin brachte den armen Jungen, der wegen Blödsinn die Schule nicht hatte besuchen können, zum Schreiben.

»Eusebi, komm nur fleißig zu uns, dann lehre ich dich alles, was ich selber kann, wir lautieren und stellen Redeübungen an, bis du nicht mehr stotterst.«

»Bist ein liebes V—vroneli,« stackelte er.

Einmal, als Josi den beiden lange zugesehen und zugehört hatte, sagte er: »Mutter, die Vroni bringt den Eusebi zuwege. Ganze Sätze redet er mit ihr und stößt nirgends mehr an.«

»Geb's Gott!« antwortete Fränzi.

Auch Binia erhielt einen Spielgefährten ins Haus.

Thöni Grieg war der achtzehnjährige Neffe der Frau Cresenz und des Kreuzwirts in Hospel. Er hatte bis dahin das Kollegium in der Stadt besucht, und wäre es nach der Ansicht seiner nächsten Verwandten gegangen, so hätte er Jurist werden müssen. Er hatte aber das Pech, daß er wegen loser Streiche von der Schule gewiesen wurde. Da beschloß man im Familienrat, ihn Frau Cresenz und dem Schwager

Präsidenten zur weiteren Erziehung und Ausbildung zu übergeben. Der Aufenthalt im abgelegenen St. Peter sollte eine empfindliche Strafe für ihn sein, die Hand des Presi war hart genug, den Jungen im Zaum zu halten, und dabei hatte er im Bären doch Gelegenheit, den Hotel-, den Fremden- und Postdienst kennen zu lernen.

Der Presi machte zuerst ein schiefes Gesicht zu dem Erzieheramt, das ihm seine neue Verwandtschaft zudachte, aber um Frau Cresenz willen biß er in den sauern Apfel.

Und siehe da, als Thöni kam, erwiesen sich alle Befürchtungen und jedes Mißtrauen als ungerechtfertigt.

Der »schöne Thöni«, der »lustige Thöni«. Bald klangen die Worte durchs Dorf. Er war ein schlank gewachsener, sauberer, anstelliger Bursche, der immer gut gekleidet ging, städtische Manieren zur Schau trug und lebhaft und drollig zu plaudern wußte.

»Was hast du denn gemacht, Thöni, daß sie dich aus dem Kollegium gejagt haben?«

»Gewiß nicht viel, Herr Präsident. Heimlich Bier getrunken, wenn ich Durst hatte, mit ein paar anderen dem Zeichenlehrer eine Katzenmusik gebracht und am gleichen Abend vor der Wohnung des Professors des Französischen, der ein schönes Töchterlein hat, ein bißchen gesungen.«

Mit der offenherzigsten Miene der Welt machte Thöni sein Bekenntnis.

»Donnerwetter, erst achtzehnjährig und schon die Mädchen ansingen! Wohl, wohl, du kannst es mit der Zeit auf einen grünen Zweig bringen.«

Der Presi lachte laut, doch wohlwollend, denn er war selbst ein feuriger Bursche gewesen.

Als großer achtzehnjähriger Herr übersah Thöni zuerst die dreizehnjährige Binia halb, dann entdeckte er, daß sie ein allerliebstes Gesichtchen habe, er spürte ihr rasches, heißblütiges Naturell heraus, und wenn ihn niemand beobachtete, reizte er das Kind zu seiner Unterhaltung auf das heftigste.

»Du Wildkatze, weise mir deine blanken Zähne!« Binia wehrte sich tapfer. »O, die sind viel zu gut, als daß ich sie einem fortgejagten Kollegianer zeigen würde.«

»Du giftige Katze!« Und der Bursche langte mit der Hand aus, als ob er dem Mädchen eine Ohrfeige versetzen wollte, aber das ließ er klugerweise bleiben.

Ueber ihrem Zank stieg von Hospel herauf der Frühling ins Thal, die Lawinen krachten und gingen durch die gewohnten Runsen. Das Spiel der Klappern an den heligen Wassern, das winters über geruht hatte, erwachte nach einem Frühlingsgang des Garden wieder und in St. Peter stritten die Leute immer noch und heftiger, ob man die Fremden ins Thal kommen lassen wolle oder nicht.

Der Pfarrer predigte dagegen, der Garde sprach dem Presi ins Gewissen, unbeirrt ging er seinen Weg; während man stritt, kam der Sommer, und es erschienen, vom Kreuzwirt in Hospel dahin gewiesen, die ersten Fremden im Bären von St. Peter.

Die armen Seelen gaben kein Zeichen und die der Krone stürzten nicht aufs Dorf.

VII.

»Das Dörfchen unter dem Donner der Lawinen.« — »Das unberührte Idyll, aus dem noch keine Kellnerserviette die Poesie gestäubt hat.« — »Das Thal des altertümlichen Volkslebens und der originellen Sitten.«

Die Schlagwörter flogen nur so. Wie aus einem Taubenschlag flatterten aus dem Bären mit jedem Morgen Gäste und Gästinnen durch das Dorf auf die Maiensässen und die Alpweiden und mit Blumen beladen am Abend zurück. Jeder kam sich wie ein kleiner Columbus vor, jede wie eine Columbussin, die Glücklichen vergaßen ganz, daß sie der Kreuzwirt von Hospel nach St. Peter gewiesen hatte, und genossen unbeeinträchtigte Entdeckerfreuden. Wie hatte man die Krone, diesen kühnen und gewaltigen Hochbau des Gebirges, so lang übersehen können? Und die schlanke, zierliche Nadel des Bockje, auf dessen Spitze eine Tiergestalt zu ruhen schien, nach der Volkssage ein Steinbock, der auf der Flucht vor dem Jäger auf die Spitze geraten und, als er nicht weiter konnte, versteinert war. Und dann das Dorf St. Peter mit den geheimnisvollen alten Zeichen und Runen an den Holzhäusern, mit den Scheunen und Städeln, die auf gemauerten Steinsäulen ruhten, so daß es beinahe wie ein aus alter Zeit übriggebliebener Pfahlbau aussah.

Nicht zuletzt liebten die Gäste den Bären, das Urbild eines alten schönen Bergwirtshauses, befreundeten sie sich mit der immer liebenswürdigen Bärenwirtin, bewunderten sie den Bärenwirt, die hünenhafte Prachterscheinung eines Bergbewohners, einen Mann, der, wie eng sein Gesichtskreis sein mochte, von fast bedrückender Gewalt des Wesens war. Wer eines Führers bedurfte, nahm den lustigen Thöni mit, der, gefällig und kurzweilig, sich an das Wesen eines jeden anschmiegte und als ein fröhlicher Junge von einer gewissen Bildung auch das Wohlwollen der Frauen genoß.

»Hier ist es schön, entzückend schön,« schwärmten die Sommerfrischler und flüsterten sich zu: »Nur nicht ausbringen, was für ein Dorado wir gefunden haben, kennt erst die Welt St. Peter, dann seht nach, was im Bären die Forellen kosten.«

Weniger zufrieden waren die Dörfler.

Zuerst staunte man billig über die Weltleute, dann sagte man: »Wozu die Fremden? Zwar sind die Firnen und Gletscher der Krone noch nicht gefallen. Aber was noch kommen wird, weiß man nicht. Und man hat, seit die Welt steht, im Glotterthal zu essen gehabt, ohne ungebetene Gäste.«

Ueberall streckten die Sommerfrischler die Köpfe durch Fenster und Thüren, sie erkundigten sich nach Dingen, die niemand etwas angingen als die von St. Peter selbst. Die fremden aufgeputzten Weiber glaubten den Frauen des Dorfes gute Ratschläge über Wohnungslüftung und Kinderpflege geben zu sollen, sie zuckten zu manchen Dingen, die sie sahen, die Schultern und liefen durch die Aecker und Maiensässen, als ob das Land im Glotterthal herrenlos wäre.

Ein rotwangiger Springinsfeld, der sich kleidete wie ein Bajazz bei den Buden, die man an den Märkten zu Hospel sieht, stellte sich mit seinem Eisbeil vor ein paar Frauen, die auf dem Acker arbeiteten, und fragte: »Na, sagen's 'mal, wo sind denn die schönen Sennen und Sennerinnen, die vom Morgen bis zum Abend auf den Bergen stehen, die Hüte schwenken, jauchzen und jodeln, und ihre Schweizerlieder singen?«

»Meint Ihr, wir seien solche Narren!« antworteten die Weiber, »werken müssen wir, daß die Rippen auseinanderbrechen möchten. Aber hudlig[23] sind wir nicht.«

> [23] *hudlig*, schweizerdeutsch, so viel wie ehrlos, sittlich geringwertig, bettelhaft.

»Ja, die Fremden sind ein verrücktes Volk,« meinte der Fenkenälpler, die dicke Bäliälplerin aber jammerte und zürnte: »Was mir geschehen ist! Kommt, wie ich an nichts denke und meiner Wege gehe, so eine Nichtsnutzin auf mich zu und sagt: 'Frau, Ihr raucht einen bösen Knaster, Ihr verderbt die reine Alpenluft — legt doch lieber die Pfeife weg — es schickt sich an uns Frauen ja gar nicht, daß wir Pfeifen rauchen.' Da habe ich aber — reine Alpenluft hin und reine Alpenluft her — ihr zu leid so genebelt, als ob die Hasen backen[24] würden.«

> [24] »*Die Hasen backen*«, sagt das Volk, wenn nach langem starkem Regen die Nebel aus den Wäldern steigen.

»Tausendmal recht habt Ihr gehabt,« erwiderte der Fenkenälpler. »In St. Peter sind wir noch Meister — und wir lassen die Fremden ja im Frieden herumkalbern!«

Schlimmer noch. Die Weiber von St. Peter wollten nicht mehr in den Leinenhosen, die sie sonst sommers über zur Arbeit trugen, durchs Dorf auf Alpe und Feld gehen. Die Fremden schauen sie so neugierig an und lachen über das Kleid, klagten sie.

»Wenn ich einmal einen lachen sehe, bekommt er Ohrfeigen,« quiekte der Glottermüller.

Der Presi aber rieb sich im Herbst die Hände: »Ta-ta-ta, das Fremdenwesen geht gut. — Schwager Kreuzwirt, ich danke Euch.«

Die Dörfler mochten schimpfen, er war hellauf, wie seit Jahren nicht mehr; er schlang den Arm um die Hüfte der stattlichen Frau Cresenz: »Gut ging's!« Sie streifte seinen Arm ab und lachte: »Ihr seid doch kein Jüngling mehr, Präsident.«

Das Ehepaar redete sich mit »Ihr« an, die Frau nannte ihren Eheherrn auch nie »Presi«, sondern »Präsident« und die Gäste waren noch höflicher. Sie riefen ihn »Herr Präsident«. Das klang ihm freilich schöner in die Ohren als das dörfliche »Presi«.

Manchmal ärgerte er sich, wenn Frau Cresenz wie heute so kühl war, manchmal aber schmeichelte er ihr erst recht.

»Etwas Klügeres als Euch zu heiraten, hätte ich nicht thun können. Ihr seid die Wirtin, wie sie im Buche steht, Ihr seid freundlich mit allen Gästen, doch mit keinem zu viel, Ihr führt ein gutes Hausregiment. Aber wißt, ein bißchen zärtlicher hätte ich Euch schon gern. Habt Ihr denn gar nichts vom Thöni, hinter dem muß man ja immer mit dem Donnerwetter her sein, daß er nicht beständig an den Schürzen der Mägde hängt.«

»Nein, ich mag das Scharwenzeln und Thörichtthun nicht leiden. Das habe ich schon meinem seligen Ersten immer gesagt.«

»Mir aber geht's merkwürdig!« erwiderte der Presi fast ernst. »Die Beth selig hat mich manchmal mit ihren braunen Augen so barmherzig angeschaut und still gebettelt, ich möchte ihr etwas Liebes sagen oder mit der Hand übers Haar fahren, oder sie nur ein bißchen schlimm ansehen. Ich aber habe es nicht übers Herz gebracht. Doch jetzt möchte ich gern — und jetzt wollt Ihr nicht.«

Frau Cresenz, der kühlen Frau, wurde es bei solchen Gesprächen unbehaglich zu Mute, etwas hilflos sagte sie:

»Ich schaue doch immer zum Frieden.«

»Ihr seid recht, Ihr seid mehr als recht, Präsidentin. Wenn ich nur denke, wie Ihr Bini gezogen habt, den verlotterten Wildfang.«

»Sagt, Präsident, das bleibt aber eine sonderbare Geschichte, wie das Kind sich plötzlich bekehrt hat. Wißt Ihr noch, es war in der Nacht kurz vor Neujahr, als ich immer behauptet habe, es habe gegeistert im Haus. Da kam am Morgen die Wildkatze geschlichen. 'Ich will Euch jetzt Mutter nennen und ganz artig sein.' Und sie schmeichelte um mich wie ein Kätzchen. 'Hast dein Trotzherz gebrochen?' fragte ich. Da wird sie rot und sagt: 'Ja — die selige Mutter hat halt mit mir geredet und gewünscht, daß ich Euch folge.'«

»Ja, wenn die Beth selig dem Kind gute Gedanken giebt, so laßt sie nur durchs Haus wandeln,« lachte der Presi.

»Ich glaube selber, Bini sei enthext.«

Das Gesicht des Presi verfinsterte sich: »Präsidentin, redet nicht so dumm.«

»He,« sagte Frau Cresenz verlegen, »die alte Susi lag mir, ehe sie zu ihren Verwandten nach Tremis zog, immer im Ohr, Bini sei vom Kaplan Johannes besprochen — ich solle sie von einem Kapuziner entzaubern lassen. Und ich habe es selber geglaubt, weil sie die erste Zeit gar so bösartig gewesen ist.«

Der gute Humor des Presi war verdorben.

»Aber Ihr mögt ihr ja selber nicht recht ein gutes Wort gönnen,« warf Frau Cresenz beklommen ein.

»Das ist etwas anderes,« schnauzte der Presi, »aber ich leide es nicht, daß man Bini zu einem Hexlein stempelt.« Er stand auf und machte einen Gang durchs Haus von zu unterst bis zu oberst.

Seine Gedanken waren beim letzköpfigen Pfaffen, der Binia besprochen haben sollte. Er mochte den Halbnarren trotz dem thörichten Gerede nicht übel leiden.

Kaplan Johannes, der in St. Peter nur so zugelaufen war, wie in einem Hause sich etwa ein herrenloser Hund oder eine Katze einnistet, war schlauer als die Dörfler allesamt. Er hatte sich die durch die Fremden veränderten Verhältnisse rasch zu nutze gemacht. Er lief etwas weniger den Bauern- und Alpweibern nach, er tauschte für seinen Kräuterthee, der gegen das Doggeli[25] schützen, Kreuzschmerzen vertreiben und das Lungenfieber heben solle, etwas seltener Brot, Käse und Speck ein, dafür begann er am Wege beim Schmelzwerk einen kleinen Mineralienhandel und verkaufte den Gästen die glitzernden Siebensachen von Krystallen und Erzen, die man im Gebirge um St. Peter findet, zu ansehnlichen Preisen.

[25] *Doggeli*, schweizerdeutsch, Alpdrücken.

»Woher er sie nur hat?« fragte sich der Presi. Und dann sagte er sich: »Gelegentlich muß man ihn doch fortschaffen. Am Abend gröhlt und plärrt der Narr im Schmelzwerk, daß nach Einbruch der Nacht kein Mensch mehr den ohnehin verrufenen Weg zu gehen wagt. Auch laufen von ihm immer erfundene oder wahre Geschichten, daß er an die Weiber ungebührliche Zumutungen stelle. Ein widriger, unheimlicher Geselle ist er schon, und die häufigen Anfälle von Fallsucht, die er hat, machen ihn nicht angenehmer. Es ist übrigens, als könne er sie selbst künstlich hervorrufen, sie pflegen ihn zu überfallen, wenn ihm jemand eine Gabe verweigert, und bloß um das schreckliche Bild nicht in der Stube zu haben, schenken ihm manche Leute, was er begehrt. Der Bäliälpler hat freilich ein besseres Mittel erfunden. Er hatte den letzköpfigen Pfaffen, als er schäumte und zappelte, mit kaltem Wasser überschüttet. Da war der Narr heulend davongelaufen und nie wieder gekommen.

»Ba! Warum den schriftenlosen Vagabunden forttreiben. Die Gemeinde hängt daran, daß jemand bei der Lieben Frau an der Brücke die üblichen Glockenzeichen giebt, dazu ist Johannes gut genug. Und der Pfarrer, der gegen den Fremdenverkehr gepredigt hat, muß auch seinen Pfahl im Fleische haben, das ist lustig!«

So dachte der Presi. Wie er vom Keller auf den Estrich gelangt war, kam ihm Binia nachgelaufen: »Vater, der Garde ist da.« Nun ging ein Zug der Ueberraschung und ehrlicher Freude über seine eherne Stirne und um seinen willensstarken Mund. Er hatte sich schon lange heimlich gekränkt, daß der Garde, seit Sommerfrischler kamen, den Bären mied. Ohne den Garden aber, den einzigen Mann im Dorfe, den er aus Herzensgrund achtete, konnte er fast nicht leben.

Nun grüßte er ihn in der großen Stube rasch und herzlich.

»Ich mag mich halt im Sommer nicht unter die Fremden setzen,« knurrte der breite, schwerfällige Freund, »und in das neumodische geringe Stübchen ebener Erde müßtet Ihr mich schon erst später einmal tot hineintragen, lebendig gehe ich nicht über seine Schwelle.«

»Wir wollen wieder einmal anstoßen wie früher, nehmt die Welt, wie sie ist,« lachte der Presi. »Zum Wohl, Garde!«

»Presi,« und der Garde blinzelte belustigt, »Ihr versteht es, gutes Wetter zu machen.«

Nun waren die beiden Männer im Zug. Als das Gespräch eine Weile gegangen, murrte der Garde:

»Ich geb's ja gern zu, daß unter den Fremden viele ehrbare

und rechtschaffene Leute sind, es wäre traurig, wenn's anders wäre, aber es bleibt halt dabei, die Fremden verstehen uns nicht, wir sie nicht. Seit sie kommen, ist eine verborgene Unruhe im Dorf, niemand weiß, wo hinaus es will.«

»Ta-ta-ta. Wo hinaus?« eiferte der Bärenwirt. »Daß sich die Leute an sie gewöhnen — in Grenseln und Serbig haben sie auch zuerst die Hände hinter den Gästen geballt, jetzt aber stehen sie an allen Straßen, verkaufen ihnen Edelweiß, tuten auf dem Alphorn und juheien sie an.«

»Eben, eben,« zürnte der Garde, »sie sind hudlig geworden. Presi — ich habe ruhiges Blut, aber das erste Mädchen in St. Peter, das sich an den Weg stellt und die Fremden ansingt, nehme ich bei den Zöpfen, führe es zu seiner Mutter, und der sage ich alle Schande. So lang ich lebe, darf unsere Gemeinde nicht hudlig werden.«

Er schlug mit seiner Faust auf den Tisch.

»Aber, Garde, ich will ja das auch nicht,« besänftigte der Bärenwirt.

»Es kommt halt von selbst, ob Ihr wollt oder nicht — aber das glaube ich auch,« der alte eiserne Sprecher lachte grimmig, »ehe das Dorf hudlig wird« — eine Flamme schoß aus seinen Augen — »ehe das Dorf hudlig wird, geschehen böse Dinge — giebt es Aufruhr und Unglück.«

»Seid doch kein Rabenvogel! Die Leute finden ja mit der Zeit durch die Fremden einen schönen Verdienst.«

Der Garde schüttelte den Kopf, langsam und feierlich sagte er: »Ihr kennt unser Völklein. Das paktiert nicht, das schweigt, das seufzt und schimpft im stillen, das ballt die Fäuste im Sack, das besinnt sich siebenmalsiebenmal, das betet, duldet und trägt, — aber wenn's ihm zuletzt aus der

Seele in die Knochen fährt, — dann würde ich mich lieber vor hundert wütende Bullen stellen als vor die Gemeinde.«

Dem Presi war nicht wohl bei dieser Rede, der Garde aber fuhr in seiner feierlichen Art fort:

»Denkt Euch, es gehe einmal einer von den unseren, bestochen durchs Geld, mit einem Fremden auf die Krone. Was geschieht? In einer Nacht brennt ihm die Hütte nieder. Entweder es kommt nicht aus, wer der Brandstifter ist, dann trägt die Gemeinde die Schande. Oder er kommt aus und die Landjäger holen ihn. Dann, Presi, würde ich um den Bären Sorge tragen.«

»Garde, malt den Teufel nicht an die Wand, ich ertrage es nicht.« Der Presi war hastig geworden und verwarf aufstehend die Arme. »Keiner würde dem Bären etwas zu leide thun — keiner — als etwa der Lausbub der Fränzi.«

»Die gottlose Rede nehmt zurück. — Josi ist ja so ein ehrbarer Bursche. Das habe ich aber schon lange gemerkt, daß Ihr Gift auf ihn habt. Jetzt frage ich als Vogt des Buben: Was habt Ihr wider ihn?«

Der Garde stellte sich vor den Presi, aber auch diesem leuchtete es bös auf im Gesicht: »Der? — Wißt Ihr, was der über mich gesagt hat? — Die Hand müsse mir aus dem Grab wachsen! So wagt er sich an Leute von Amt und Ehre.«

»Wann? wo? zu wem hat er's gesagt?«

»Zu Binia hat er's gesagt.«

Der Garde wiegte den schweren Kopf. »Bini lügt nicht. Ich will dem Donnerhagel das Hirn säubern.«

Mit zündelrotem Kopf lief er davon. Binia, die durchs Haus strich, hatte auf das laute Wesen der Männer in der Küche das Schiebefenster gegen die Stube geöffnet, um neugierig zu hören, was denn los sei.

Jetzt war sie unglücklich, wie ein aus dem Nest gefallener Vogel: »Mutter — Mutter — selige Mutter.«

Ihre Hände verkrampften sich ineinander, ihre Augen wurden groß.

Was hatte sie in einem Augenblick der Verwirrung Josi Schreckliches angethan!

Wenn sie der Vater einmal wieder mit der vollen Lichtfülle seiner Blicke ansah, dann peitschte sie der Gedanke, sie müsse vor ihm niedersinken und sprechen: »Vater, sei doch nicht so thöricht, daß du einem Kind, was es im Fieber geredet, glaubst. Es hat gelogen, gräßlich gelogen, in seiner Verwirrung. Nicht Josi Blatter, nein, der Kaplan Johannes hat das Entsetzliche gesagt! Und ich glaube es nicht — gewiß Gott, glaube ich es nicht.«

O, sie erinnerte sich wohl, was sie damals in ihren großen Schmerzen ihrer Krankheit gefaselt hatte. Die Erinnerung daran brannte sie wie höllisches Feuer, aber jedesmal war der Entschluß zum Bekenntnis erst im Werden, wenn der Blick des Vaters schon wieder eisig und vernichtend wie sonst geworden war.

Er verzieh ihr jene Fieberbeichte nie.

Hätte sie die Erinnerung an das, was sie über Josi gesagt hatte, nicht immer gebrannt, so wäre sie beinahe ein glückliches Persönchen gewesen.

Wie anders war's jetzt als damals, da sie die Verzweiflung durch die Mitternacht und den hohen Schnee zu Fränzi gejagt hatte. Sie hatte das trotzige Köpfchen gebändigt, nur hin und wieder ging noch ihr wildes Blut mit ihr durch, erlag sie noch den Anfällen schmerzlichen Grübelns. Ihrer seligen Mutter hatte sie, wie Fränzi ihr geraten, einen Altar im Herzen errichtet, der neuen gehorchte sie, ohne tiefgründige Liebe zwar, aber doch in herzlicher Achtung.

Oft hatte sie das Heimweh nach Fränzi, ihr feuriges Herz glühte in ehrfürchtiger Liebe für sie. Die hätte sie gern zur Mutter gehabt. Aber wegen des Vaters wagte sie nie mehr einen Besuch bei ihr.

Klagen wollte sie nicht.

Die immer gemütliche kühle Frau Cresenz, der Lächeln und Lachen Lebensberuf war, die kaum mehr wußte, daß sie lächelte und lachte, war freundlich gegen sie. Sie sorgte namentlich, daß sie in Gebärde und Bewegung, in Redensart und Kleid so vor die Gäste trat, wie es sich nach ihrer Meinung für das Bärentöchterlein von St. Peter schickte.

Es kamen aber immer wieder Augenblicke, wo Frau Cresenz die Kraft versagte. Wenn Binia ihr dunkles Augenpaar groß und fragend in die Welt stellte, schalt sie: »Kind, schau doch anders, es wird einem angst und bang vor deinen sonderbaren Lichtern. Wohl, wohl, die sind dazu angethan, einmal das Mannsvolk verrückt zu machen.«

Binia war es manchmal, als möge die Stiefmutter sie wegen ihrer Augen nicht leiden, aber noch unartiger war Frau Cresenz, wenn sie über kleine Herzensangelegenheiten mit ihr reden wollte.

»Dummes Kind, sprich nicht so geheimnisvoll — es ist gar nicht nötig, daß man alles in der Welt erkernt und ergrübelt, es ist sogar ungesund — recht thun, freundlich sein mit den Leuten, hie und da auch, wenn's einem nicht drum ist, damit kommt man durchs Leben.«

Wenn die neue Mutter so redete, schnürte es Binia die Brust zusammen. »Freundlich sein, wenn's einem nicht drum ist.

Das versteh' ich nicht.« Traurig schüttelte sie das Köpfchen. Diese Kunst besaß aber die Stiefmutter, gerade darum konnte sie dieselbe nicht von Herzen lieben. Sie spürte, es war nichts Tiefes, Kernhaftes in dieser glatten, liebenswürdigen Frau.

Da gefiel ihr der Vater in seiner rauhen Wildheit doch viel mehr. In ihm lag, das spürte auch sie, eine übermächtige, ungezügelte, wahre Kraft. Er schleuderte die Beleidigungen ohne Besinnen hin, es war fast niemand im Dorf, den er mit einem raschen Wort nicht schon tödlich verletzt hatte, aber ein voller freundlicher Blick aus seinen dunklen Augen, ein gutes Wort — und alle, die ihn haßten, waren entwaffnet.

Und wie die Fremden von ihm sprachen. Sie hörte immer noch den ernsten alten Doktor, der so eifrig mit seinem Nachbar plauderte, daß er nicht merkte, wie sie mit einem Gericht herzutrat:

»Eine so gewaltige Gestalt wie der Herr Präsident, glaube ich, ist fast eine Ueberlast für ein Dorf wie St. Peter. Den hätte die Geschichte brauchen können, um einen großen Bauernführer aus ihm zu schnitzen.«

Eines schnitt Binia wie ein Messer ins Herz, nämlich wenn der Vater mit den fremden Frauen und Kindern redete. Wie klang das lieb und gütig, wie war er aufmerksam gegen sie. Die Kleinen und die Backfische hingen an ihm und einmal hörte sie eine fremde schöne Tochter sagen: »Mama, der Herr Präsident ist doch der herrlichste Mann, den wir auf unseren Reisen kennen gelernt haben.«

Da entglitt ihr der Früchteteller, mit dem sie zudienend um die Tafel schritt.

Sie sah, wie der Vater höhnisch die Schulter zuckte. — Am Abend betete sie: »O Mutter — Mutter — sage ihm doch einmal im Traum, wie heiß ihn mein Herzchen liebt.«

Es lag Segen auf ihrem glühenden Wunsch. Nicht von heute auf morgen, aber von Sommer zu Sommer.

Binia wuchs und blühte auf, die Fremden hatten die helle Freude an der feinen klugen Vierzehn-, dann Fünfzehnjährigen.

Wie schön war das Leben! Sie hörte es gerne, wenn die Gäste über allerlei plauderten und urteilten. Wie weit und groß mußte die Welt über Hospel hinaus sein. Sie wunderte sich manchmal, wie artig die vornehmen und gescheiten Leute zu ihr waren, besonders junge Mädchen, die nach St. Peter kamen und ihr so lieb wurden, daß ihr das Wasser in die Augen schoß, wenn sie am Ende des Sommers wieder weggingen. Was aber schwatzten die klugen Männer Thörichtes zusammen. »Sie alpige Rose[26], Sie sonderbares Herzensmädchen mit dem leichten, schwebenden Gang, haben Sie eigentlich Ihre Augen grad in der Hölle und Ihr Lächeln im Himmel geholt?«

[26] *Alpige Rose*, eine Art Heckenrose, die in den Bergthälern wächst.

Binia fühlte es aber wohl: Wie die Gäste so freundlich zu ihr wurden, wandte sich ihr auch die Liebe des Vaters in neuer Wärme zu und er wurde heimlich stolz auf sie.

Er kniff sie manchmal in die Wange: »Bini, fröhlicher Vogel, hast du mich lieb?«

»O Vater!« — Stirn und Wangen glühten wie Pfirsiche, ein heiliger Strahl des Glücks kam aus ihren dunklen Sternen und ihre schlanken Arme umklammerten ihn, bis er mit herzgewinnendem Lächeln und glänzenden Augen sagte: »Geh, thue deine Arbeit! Bist ein Mädchen wie von den Tauben zusammengetragen.«

Jetzt hätte sie es ihm schon verraten können, daß er über

Josi ganz falsch berichtet sei. Eine dunkle Gewalt hielt sie indessen zurück, die Furcht, daß sie, sobald sie den Namen des guten Jungen ausspreche, die Liebe des Vaters wieder verscherze. Er war so furchtbar heftig. Und mit angstvollem Herzen schwieg sie, die Zeit der Verstimmung war zu schmerzlich gewesen.

Sie verwunderte sich, als der Garde einmal mitten in der Fremdenzeit in den Bären gestoffelt kam, ernst und zornig, wie ihr schien.

Eine Weile saß er mit dem Vater zusammen, sie hörte aber nur die Worte: »Wenn Euch das Gewissen schlägt, so macht den bösen Schimpf rasch gut — ich glaube — ich glaube — die Fränzi lebt nicht mehr lang.«

Elend wie noch nie eilte sie fort. Sie beobachtete in den folgenden Tagen den Vater. Er war still und trübselig, und am anderen kam sie gerade dazu, wie die Mutter zu ihm sagte: »Ihr hättet die arme Frau wohl ruhig ihres Weges gehen lassen können, die ganze Gemeinde ist wild über Euch. Wozu ihr wüste Namen nachrufen?« Worauf der Vater nur dumpf erwiderte: »Sie hat mich halt auch einmal schwer beleidigt.«

Wie abscheulich er ist! Binia that das Herz weh, sie weinte im stillen, sie wußte, daß der Vater nur so böse gegen Fränzi war, weil er sich vor ihr schämte.

Ihr Frohsinn litt aber nicht nur unter dem herzlichen Erbarmen mit Fränzi, der lieben guten, unter den Selbstvorwürfen wegen Josi, sondern auch aus Aerger über Thöni, der mit allen Mägden anbändelte und Späße trieb, ihre Verachtung aber mit allerlei Zänkereien erwiderte.

Er bekam als Fremdenführer bald einen Mitbewerber. Bälzi, der Wildheuer mit dem Ziegenbart, der zuerst am meisten über die Fremden geschimpft hatte, fand, daß das Spazieren mit den Sommergästen eine weniger anstrengende und gefährliche Arbeit sei als das Mähen des herrenlosen Grases auf schwindliger Felsenplanke. Wie häufig ereignete es sich, daß ein spielendes Windchen das kaum getrocknete Heu wie eine kleine Wolke aufhob und auf Nimmerwiedersehen über alle Berge trug. Er kaufte sich ein neues Wams, ein Seil und einen Gletscherpickel. Damit stolzierte er vor dem Bären auf und ab, bot sich den Fremden als Führer an, und wenn ihn einer fragte, ob er auch schon auf der Spitze der Krone gestanden habe, sagte er im Brustton des Biedermannes: »Aber Herr, die kenne ich ja so gut wie die Westentasche, in der ich die Zündhölzchen trage.«

Es war aber ein ausdrücklicher Befehl des Presi, daß man die Fremden abhalte, auf die Krone zu steigen. Er war fast unnötig. Die Gäste sahen es dem Salonbergführer Thöni und dem schlotterigen Bälzi wohl an, daß man sich ihnen nicht für so gefahrvolle Bergbesteigungen anvertrauen durfte.

Doch tauchten in der Sommergesellschaft oft Fremde mit dem vermessenen Wunsche auf, die Krone zu erklettern.

Thöni war im Anfang mit dem ungebetenen Partner nicht zufrieden, aber schon im zweiten und namentlich im dritten Sommer zeigte es sich, daß beide Beschäftigung genug fanden, besonders da Thöni auch sonst, das eine Mal durch die Post, die während des Sommers einen lebhaften Verkehr und jetzt einen Telegraphen besaß, das andere Mal durch die Maultiertreiberei und die Lebensmittelzufuhr von Hospel nach St. Peter in Anspruch genommen war.

Der Presi billigte die neue Beschäftigung Bälzis stillschweigend, er sagte den anderen: »Seht ihr's, man braucht nur zuzugreifen wie der Kaplan Johannes und Bälzi, dann hat jeder durch den Fremdenverkehr seinen angenehmen Verdienst.«

Die halsstarrigen Bauern und Aelpler waren aber nicht zu überreden, nur murrend, schwer und langsam gewöhnten sie sich daran, solange die Sommergäste da waren, die Amtsgeschäfte, den Vieh- und Käsehandel mit dem Presi im unteren Stübchen zu besorgen.

Bälzi ging es einmal schlecht. Aus Rache, daß er sich in den Dienst der Fremden gestellt, bereiteten ihm die schwärmenden Nachtburschen ein kaltes Bad in der Glotter.

Aber auch manche Vorurteile gegen die Sommerfrischler verschwanden im Laufe der drei Jahre, die sie nun schon ins Thal kamen.

Einzelnen Dörflern begann der Zustand zu behagen, es war im Bergthal entschieden kurzweiliger geworden, und unter den Gästen, die erschienen, gab es Leute, die sich ehrlich bemühten, sich mit ihnen auf einen freundlichen Fuß zu setzen und die eigenartigen Verhältnisse des Thales zu begreifen. Für solche Gäste hatten, soweit sie ihr Mißtrauen gegen die Fremden ablegen konnten, auch manche von St. Peter einiges Verständnis. Sogar der Pfarrer eiferte minder gegen sie, als er sah, daß es unter ihnen kenntnisreiche Bienenfreunde gab, die der Zeidlerei im Hochthal eine warme Wißbegier entgegen brachten, und die Damen bei ihm die Leinensäcklein voll weißen Alpenhonigs, die unter den Fenstern des Pfarrhauses hingen, kauften und mit großem Ruhm über seine Güte wiederkamen.

Sommer um Sommer wuchs die Zahl der Gäste.

In der That! Wie viel bot dem das Glotterthal, der nicht nur für die Felsendome und Firnen der Krone, sondern auch für das Volksleben ein offenes Auge und Herz besaß. Da lebte ein Völkchen, das zwar nicht die Hirtenunschuld zeigte, die manche Schwärmer in den abgelegenen Alpenthälern suchen, ein Völklein, bei dem es so stark menschelte wie überall in der Welt, das aber doch einige besondere Eigenschaften hatte. Diese Bauern und Aelpler behalfen sich in allen Dingen selbst. Unter ihnen gab es keine Handwerker. Maurer, Zimmermann, Schindler und Dachdecker, Schneider und Schuster war jeder sich selbst. Den Lein und die Wolle, in die man sich kleidete, zog, bleichte, spann und wob man selbst; das Brot schmeichelte man, wenn es nicht in einem Jahr ging, in zweien den steinichten Aeckerchen ab und ob sich die hellgoldenen Roggenähren kaum recht aus dem Boden reckten, sie gaben ein schmackhaftes dunkelbraunes Brot, und ein Schluck Hospeler darauf war Gottes Wohlthat. Brot und Wein schmeckten auch den Fremden.

Der Presi lachte, arbeitete und es ging ihm gut. Bevor aber die Fremden zum viertenmal kamen, verbreitete sich im Dorfe die Nachricht, daß Fränzi todkrank sei.

Noch einmal sah Binia die mütterliche Freundin, aber sie lag schon mit spindeldürren Händen zu Bett und war blaß wie der Tod. Lieb und gut freilich war sie zu ihr wie immer: »Binia, liebes Kind, ich sterbe mit dem heißen Wunsch, daß du glücklich werdest.«

Wie entsetzlich wütete aber der Vater, als er vernahm, daß Frau Cresenz, die immer eine gewisse Teilnahme für die Witwe des zu Tode gestürzten Wildheuers bewiesen hatte, sie heimlich mit ein paar Flaschen guten Weines zu Fränzi geschickt hatte: »Gottes Donnerwetter! Daß sie mit dem Lotterbuben wieder anbändeln kann!«

Mißtrauisch beobachtete er sie.

Als Fränzi bald darauf starb, verschwamm vor den Augen Binias die Welt, sie dachte: »Jetzt nehmen die Engel Gottes die Notenblätter zur Hand und singen zu ihrer Ankunft im Himmel.«

Der Tod der armen Frau versetzte den Vater in gärende Aufregung. Man spürte es: Entsetzlich neu standen die Dinge, die sich vor vier Jahren zugetragen, vor ihm — der Abend mit Seppi Blatter — die Unterredung mit Fränzi — Seppis Sturz an den Weißen Brettern — das kranke Kind mit seinen tollen Worten.

Und in der Nacht nach Fränzis Tod hatte der Presi einen furchtbaren Traum.

Mit wunderbarer Deutlichkeit sah er den jungen Josi Blatter und Binia hoch an den Weißen Brettern. Er fragte seine Tochter: »Wie kommst auch du da hinauf?« Da stand plötzlich ein Dritter vor ihm und hob das Grabscheit Seppi Blatters über den beiden zu wuchtigem Schlag. Statt der richtigen Inschrift aber lautete der Spruch auf dem Täfelchen des Scheites: »Was für die heligen Wasser verbrochen worden ist, wird an den heligen Wassern gesühnt.« Und unter dem Schlag des Scheites blutete Binia.

Das war der Traum! Er wollte rufen: »Thut Binia nichts! Ich habe Seppi Blatter nicht hinaufgeschickt.« Da erwachte er schweißtriefend in dem Augenblick, als der Postbote, der alle Woche dreimal in der Morgenfrühe mit den Postsachen nach Hospel ritt und sie am Abend von dort zurückbrachte, an die noch geschlossene Hausthür pochte.

Nur ein einfältiges, widerwärtiges Träumlein! Der Presi war nicht abergläubisch, als nun aber Binia in der zwingenden Anmut ihrer sechzehn Jahre, frisch, mit leuchtenden Kinderaugen unter dunklen Wimpern, einen warmen »Guten Tag, Vater!« auf den Lippen, in die Stube schwebte, da riß er sie stürmisch in seine Arme, und als er unter der knospenden Mädchenfülle das rasche Pochen ihres heißen Herzens fühlte, durchrieselte ihn die Angst.

»Binia, lieber, lieber Vogel, versprich es mir, daß du nie, nie mit Josi Blatter zusammenhältst, in deinem ganzen Leben nie!«

Sie brach an seiner Brust in Thränen aus: »O Vater, ich hab' es dir schon lange bekennen wollen, Josi Blatter ist ein ehrbarer Bub. Er hat das, was Ihr meint, gar nicht gesagt. Gewiß Gott im Himmel nicht!«

Er stutzte — er starrte sie an — er riß sie mit der ganzen Gewalt seines Armes von seiner Brust hinweg, daß die leichte Gestalt an die Wand taumelte.

Und entsetzt kreischte er: »Schon so weit bist du, Seppi Blatter, daß mein Kind für deinen Buben lügt?!«

VIII.

Das Haus des Garden, das gleich am Eingang des Dorfes, etwas abseits vom Thalweg, gegen den Glottergrat hinausschaut, ist nächst dem Bären das stattlichste von St. Peter. Außer einer Grundmauer aber, auf der die unterste Reihe kleiner heller Fenster ruht, ist kein Stein an dem Bau. Ein ländliches, sonnenverbranntes Holzhaus, auf einem Brett über den Fenstern ein halb Dutzend goldener Immenstöcke, dann wieder Fenster im braunen, von der Sonne zerrissenen Gebälk und gleich darüber das steinbeschwerte, an den Enden durch Sparren fest aufs Gebälk geklammerte Schindeldach. So steht es da. Das glühende Rot der Nelkenbüsche wächst aus Töpfchen und Kistchen vor seinen Fenstern, verblaßte Malereien schmücken seine Holzfelder, zwei gekreuzte Schwerter, das Hauszeichen der Zuensteinen, Winkel, Triangeln, Kreuze und Bundhaken, die den Aelplern in einer Art Geheimschrift die Gerechtsame des Hauses an Weide und Wasser verurkunden, auch ineinandergeschobene Dreiecke, Schlüssel und Feuerschlangen, die der Bauherr vor hundert Jahren mit schlichter Kunst hingemalt hat, damit keine bösen Geister den Eintritt in die Heimstätte finden.

Die Sorge, die nicht nach Schutzbildern fragt, ist aber unvermutet ins Haus getreten. Vor ein paar Wochen hat bei Ausbesserungsarbeiten an den heligen Wassern ein fallendes faules Holzstück den Garden am Kopf leicht verletzt, und vor wenigen Tagen ist aus der Wunde, die schon geheilt schien, die Gesichtsrose entstanden. Mit einem unförmlich verschwollenen Kopf, ein Tuch um die Stirne geschlagen, mit rot unterlaufenen Augen, wälzt sich der arme Mann und stöhnt: »Grad jetzt bei der vielen Arbeit — und grad jetzt, wo Fränzi gestorben ist! Wohl, wohl, die werden im Gemeinderat schön mit den Kindern wirtschaften. Nicht einmal die letzte Ehre habe ich ihr geben können.«

»Alter, fahre doch nicht so im Bett hin und her,« jammert die Gardin, die hochgewachsene Frau mit dem verschwiegenen herben Gesicht, und frischt das Tuch mit Wasser an. »Es sind ja noch vier Gemeinderäte. Die können die Geschäfte auch einmal besorgen.«

»Das macht alles der Presi — und der hat immer einen Zahn auf Fränzi und ihre Haushaltung gehabt.« — — Einen Augenblick schlummert der Garde, dann fängt er wieder an: »Du, Frau, wie ist Fränzi eigentlich gestorben?«

»Wie Vroni erzählt hat, die fast nicht hat reden können vor Schluchzen, leicht und schön.«

»Die Frau — sie war ja erst ein bißchen über vierzig — ist leicht gestorben, sagst du — leicht von ihren Kindern weg?« stöhnt der Garde verwundert.

»Ich meine, wie einmal das Schlimmste überwunden gewesen ist. Am Morgen, bevor sie gestorben ist, hat sie zu den Kindern gesagt: 'Mich hat der Vater beim Namen gerufen, jetzt glaube ich auf meine Seligkeit, daß ich sterben muß.' Eine Predigt hat sie ihnen gehalten, da steht ihr die Sprache still, Josi holt den Pfarrer, sie nimmt die Sakramente, sie schaut ruhig vor sich hin und ist wie ein Licht erlöscht.«

Einen Augenblick herrscht Ruhe. Da schlägt die Uhr im Arvengehäuse mit langsamen hellen Tönen Fünf.

»Schlafe jetzt, Alter,« mahnt die Gardin, »denke, wie's Fränzi gegangen ist, sie hat sich im vorigen Winter bei der Armseelenwacht erkältet, hat nicht dazu gesehen, da ist der große Husten gekommen, der sie gelegt hat.«

Der Garde aber ächzt und stöhnt lauter. »Eben jetzt beginnt im Bären die Gemeinderatssitzung, die über das Los Josis und Vronis entscheidet. Du, Frau, Vroni wollen wir zu uns nehmen. Sie hat's um Eusebi verdient. — Die ganze Schule hat sie mit ihm nachgeholt. Und sie ist mein Patenkind.«

Die Gardin, die stolze Frau kämpft innerlich, sie will nicht Ja sagen, aber den schwerkranken Mann noch weniger mit einem Nein aufregen.

Zum Glück schlummert er, während er auf Antwort wartet, ein. — —

Nachdem Fränzi gestorben war, schickte der Presi den Schreiber als Stellvertreter des erkrankten Garden in die Wohnung der Waisen. Dieser verrichtete bei der toten Fränzi, die in den abgemagerten Händen einen Blumenstrauß hielt, ein Gebet, gab den Kindern ein paar kühle Trostworte und sagte ihnen, sie möchten am Tag nach dem Leichenbegängnis abends fünf Uhr im oberen Bärenstübchen erscheinen, damit der Gemeinderat mit ihnen über ihre Zukunft rede. Dann verständigte der Presi die Gemeinderäte, daß sie zu der anberaumten Sitzung erscheinen. Es kam aber, wie er ausgerechnet hatte. Die Gardin schickte Bericht, ihr Mann liege tief im Bett, man dürfe mit ihm kaum von der Angelegenheit sprechen. Der Armenpfleger war mit einem Trupp Vieh ins Welschland hinübergegangen und kam erst in vier oder fünf Tagen zurück. Der Gutsverwalter, der eben das Wasser in seinen Weinbergen zu Hospel besorgte, erklärte sich im vornherein mit den Beschlüssen, die gefaßt würden, einverstanden, und der Kirchenvogt meldete, die Stunde sei für ihn so ungeschickt, daß er vielleicht erst etwas später kommen könne. Die anderen sollen nur anfangen mit den Bauern zu verhandeln, die Lust hätten, Josi und Vroni in ihren Dienst zu nehmen.

Im Stübchen saßen um fünf Uhr abends nur der Presi und der Schreiber, ein kleiner, alter, kahlköpfiger Mann mit großer Hornbrille, ausgemergeltem knochigem Gesicht und spindeldürren langen Fingern.

»He, Schreiber, ist das wieder eine Sitzung. Kein Gemeinderat ist da!«

»Fränzi hätte aber auch nicht zu einer ungeschickteren Zeit sterben können,« erwiderte der Schreiber pfiffig, »jetzt, wo niemand weiß, wie der Arbeit wehren.«

»Ja, meint Ihr, die Geschichte komme mir gelegen, so grad, wo die ersten Gäste eintreffen!«

»Ihr nehmt's eben ernst mit dem Amt, Presi!«

Der Geschmeichelte murrte: »Ja, und des Teufels Dank habe ich auch. Ich mach's, und wenn die Sache gethan ist, geht das Schimpfen los und ganz Sankt Peter brüllt, ich sei ein gewaltthätiger und eigenmächtiger Sarras.«

Beide lachten, dann fragte der Schreiber: »Hätte man über die Kinder nicht eine Steigerung abhalten sollen?«

»So, damit die Leute sagen, der Presi suche immer nur Gelegenheiten, daß im Bären fleißig getrunken werde. Ich weiß schon, was man über mich redet. Und dann? Wer käme zu dieser strengen Werkzeit an eine Gant? Die Kinder Fränzis sind, denk' ich, auch nicht so begehrt. Im übrigen, Schreiber, könnt Ihr wieder gehen, ins Protokoll setzt einfach, ich hätte Vroni aus Liebe und Barmherzigkeit zu mir ins Haus genommen und Josi habe der Gemeinderat als Knecht zu dem früheren Wildheuer und jetzigen Bergführer Bälzi gegeben.«

»Zu Bälzi!« Dem Schreiber fiel die Hornbrille von der Nase.

Der Presi lächelte überlegen.

»Ihr könnt eine Bemerkung in dem Sinn dazu setzen, Bälzi sei der einzige, der sich um Josi beworben habe, und da er in der letzten Zeit ein ordentlicher Mann geworden sei, so habe der Gemeinderat aus Mitleid für seine große Familie ein mildes Werk gethan und ihm den Buben auf Zusehen hin, wenigstens aber über den Sommer, als Knecht zum Wildheuen gegeben. So, jetzt könnt Ihr gehen, ich habe mit den Kindern besonders zu reden, schickt mir zuerst den Buben herein!«

Mit einem kaum merklichen Kopfschütteln packte der Schreiber seine Sachen zusammen.

Draußen im Flur saßen die Geschwister in ihren abgestorbenen Sonntagsgewändchen. Vor ihnen stand Bälzi und redete, die Hände lebhaft verwerfend, auf Josi ein, der mit zusammengezogenen Brauen verächtlich von ihm wegschaute und ihm kein Wort erwiderte. Vroni hatte verweinte Augen.

Jetzt stand Josi vor dem Presi, der überrascht war, was für eine finstere Festigkeit im Gesicht des Achtzehnjährigen lag. Neugierig glitt sein prüfender Blick über den Burschen und dann ließ er ihn, ohne ihn anzureden, noch eine Weile stehen, indem er gegen das Fenster blickte.

»Der Bursche,« dachte er, »ist in seiner Schlankheit und Kraft, mit dem braunen, gescheiten Gesicht, mit den Blitzaugen verdammt hübsch. Es giebt kein wirksameres Mittel, die Gedanken Binias, ohne daß sie eine Ahnung hat, von ihm abzubringen, als daß sie ihn recht niedrig und in schlechter Gesellschaft sieht — grad mit Bälzi. So viel guten Sinn hat das Kind.«

»Herr Presi,« unterbrach Josi, der wie auf feurigen Kohlen stand, die Ueberlegungen des Bärenwirtes, »Vroni und ich haben gemeint, wenn wir nur in dem Häuschen bleiben könnten, wir wollten schon —«

»Thorheiten,« schnitt ihm der Presi das Wort ab und maß ihn mit dem Ausdruck des höchsten Unwillens, »warte, bis ich dich etwas frage, und ein Bursch wie du, Josi, der über mich und andre die größten Gemeinheiten sagt, muß einen Meister haben.«

Mit glühendem Haß betrachtete er den sauberen Jungen.

Josi standen die Flammen der Entrüstung im Gesicht: »Herr Presi, ich weiß schon, was Ihr meint, die Mutter selig und der Garde haben mich darüber zur Rede gestellt, aber es ist, weiß Gott, nicht wahr! Ich habe es nicht gesagt.«

»Soll ich dir jemand gegenüberstellen, der's gehört hat?« erwiderte der Presi mit kalter Verachtung. — »Binia hat's gehört, wie du es im Schmelzwerk draußen gesagt hast,« fügte er nach einem Augenblick der Ueberlegung bei.

»Bini. — Bini! — — Laßt Bini auf die Stube kommen!« Josi zitterte vor Zorn am ganzen Leib.

»Es nützt nichts mehr, es ist vom Gemeinderat schon entschieden, daß du zu Bälzi gehst.«

Der Presi rief im gleichen Augenblick Bälzi in die Stube und hielt nun beiden eine donnernde Rede, wie sie sich als Herr und Knecht miteinander zu vertragen haben. Mit einer Handbewegung entließ er sie. Vroni kam an die Reihe und freundlich gewährte der Presi dem verschüchterten Kind die Bitte, daß sie erst dem Garden Lebewohl sagen gehe, ehe sie als Magd in den Bären trete. »Ich lasse ihm gute Besserung wünschen und werde ihn in den nächsten Tagen besuchen.«

Josi, der starke Josi, hatte, als er mit Bälzi die Treppe hinunterging, vor Zorn und Schrecken die Thränen in den Augen, ihm war, als habe man ihm mit einem Hammer auf den Kopf geschlagen. Bälzi aber sagte gutmütig: »Greine doch nicht, wir wollen lieber einen Schoppen zusammen trinken und auf gute Freundschaft anstoßen, ich will dir gewiß kein strenger Meister sein.« Josi trank nicht. Als er vom Wirtstisch aufschaute, stand Binia mit einem Ausdruck grenzenlosen Mitleides unter der Thüre, fast als wolle sie auf ihn zueilen, aber er sah vor eigenem Leid ihre tiefe Bewegung nicht. Dumpf und mit erstickter Stimme rief er: »Du Giftkröte, wie hast du so über mich lügen können!«

»Josi!« Mit einem Schrei des Entsetzens rannte Binia davon.

Vor der Thüre nahmen die Geschwister herzbeklemmenden Abschied voneinander. »Rede mit dem Garden!« mahnte und tröstete Vroni, »er meint es gewiß gut mit dir.« Josi schüttelte aber traurig den Kopf; seit ihn der Garde wegen der Verleumdung des Presi scharf angefahren, hatte er auch zu ihm das Zutrauen verloren. Geheimnisvoll sagte er: »Sieh, Vroni, ich weiß schon, was ich thun werde.«

Bälzi drängte. Stolz wie ein Hahn führte er seinen Knecht, den ersten, den er hatte, durch das Dorf, Josi aber ließ den Kopf hängen, er schämte sich seines Meisters.

Vroni berichtete dem ungeduldigen Garden.

»Kind, du gehst nicht als Küchenhelferin in den Bären,« keuchte er, »tritt in die andere Stube, ich halt's nicht mehr aus im Bett.«

Sie hörte, wie er in einer Wut aus den Federn sprang.

Einige Augenblicke später stand er zum Ausgehen gerüstet vor ihr. Aber wie? Durch schmale Spalte nur schauten seine rotunterlaufenen Augen, das hochgeschwollene Gesicht glänzte, aus den Blasen auf den Wangen floß das Wasser in den Bart und die Lippen waren aufgerissen.

»Garde,« sagte Vroni bestürzt, »wollt Ihr nicht warten, bis die Gardin kommt?«

Jammernd eilte diese zu dem schwankenden Manne und mahnte, er wütete aber immer zu: »So geht's nicht in St. Peter, das leide ich nicht, bei meiner Seligkeit leide ich es nicht. Presi, ich glaube es selber, die Tatze muß dir aus dem Grab wachsen. — Du bleibst bei uns, Vroni, du gehst nicht in den Bären!« Liebkosend fuhr er ihr durchs blonde Haar.

»O Pate,« lächelte das Kind aus allem Elend und die blauen Träumeraugen ruhten voll innigen Vertrauens auf dem entstellten Gesicht, dann wandte sie sich fragend an die Gardin.

Allein die hatte für nichts Gedanken, als ihren Mann zurück ins Bett zu bringen, sie hielt ihm in ihrer Not den Spiegel vor das Gesicht. Er fuhr erschrocken zurück. »Teufel, so sehe ich aus — da kann ich allerdings nicht ins Dorf gehen. Nun, ein paar Tage mag es Josi schon bei Bälzi aushalten.«

Die Aufregung hatte dem Kranken geschadet, er verwirrte sich, er kommandierte im Bett unaufhörlich wie am Glottergrat, als Seppi Blatter an den Weißen Brettern stand: »Drei Fuß nachgeben!« — »Links anhalten!« — »Zu viel!« — »Etwas rechts!« — »So ist's recht!« — Zwischenhinein schimpfte er auf den Presi, dann fragte er wieder: »Ist Vroni wirklich da — bringe sie doch herein, wenn sie da ist.« Mit Seufzen schickte sich die Gardin in den Zuwachs, den ihr Haus erfuhr.

Als am anderen Tag der Presi durch Thöni eine Nachfrage wegen Vroni schickte, erwiderte der Garde: »Sagt dem Presi, der Teufel werde ihn holen, bevor Vroni in seine Küche kommt.«

Thöni machte ein langes Gesicht und der Presi fügte sich.

In seiner schweren und langwierigen Krankheit ließ sich der Garde die nötigen Dienste am willigsten von Vroni gefallen, die ihn mit ihrer sonnigen Heiterkeit am meisten beruhigte.

Sie hatte ihr schönes Heim.

Ein Zug der Bedächtigkeit ging durch alles, was im Haus des Garden gesprochen und gethan wurde; es war, als sei auch in der Woche ein Abglanz vom Sonntag darin, und wenn die Sonne durch die Fenster schien, sich im blanken Kupfer- und Zinngeschirr spiegelte, war es Vroni feierlich zu Mut. Die Bäuerin, der Großknecht Meinrad, der Viehbub Bonzi und die Magd Resi, alle arbeiteten fleißig, doch ohne Hast; während der Garde krank lag, wurden Felder und Vieh grad so gut besorgt, wie wenn er mithelfend hätte beim Werk sein können.

Eusebi hatte zum Verdruß seiner Mutter eine stille närrische Freude, daß nun Vroni im Hause weilte, er ging dem Mädchen auf Schritt und Tritt nach, sah ihm bei seinen Hantierungen zu und half ihm dabei.

Und was sagte der Garde in einem der fieberfreien Augenblicke, die jetzt glücklicherweise wieder kamen, zu seiner Frau, die noch nicht recht wußte, wie sich zu dem hereingeschneiten Gast stellen?

»Ich finde, daß Vroni dem Haus wohl ansteht, es ist immer, als scheine die Sonne darein, wenn doch nur ihr helles Haar glänzt.«

An Vroni aber zehrte der heimliche Kummer um Josi. Sie wußte, was es hieß, bei Bälzi Knecht zu sein. Harte Arbeit an den Flühen, Aufbruch im Morgengrauen, Heimkehr in der Abenddämmerung und — was schlimmer war — wenig Brot, viel Schelte, dazu das Beispiel eines schlechten Haushaltes, in dem häufig gestritten wurde. Denn einen wetterwendischeren Menschen als Bälzi gab es nicht. Er konnte in einem Augenblick die Freundlichkeit selbst sein, im nächsten aber ein Teufel an Bosheit. Dann flogen nicht nur die Worte, sondern was ihm in die Hände geriet. Und Josi, der starke, trotzige, ließ sich gewiß keine Prügel gefallen. Entweder gab's Händel, oder Josi verdarb in guter Freundschaft mit Bälzi.

Ungefähr wie Vroni dachte Binia.

Der wilde, schmerzvolle Zuruf des unglücklichen Burschen hatte sie geschüttelt und gerüttelt.

Vor ihrem Bett kniete sie am Abend: »Mutter — Mutter — ich bin schuld, daß es Josi so schlecht geht — Mutter, sage mir, wie kann ich das große Unrecht wieder gut machen? — Mutter, muß ich dem Vater folgen und gar nicht mehr mit Josi reden?«

Wie sie aber auch das brennende Köpfchen quälte, kam doch kein kluger Gedanke darein.

Sie wußte nur eins. Seit Josi keine Mutter mehr hatte, stand er ihrem Herzen noch näher. Sie meinte immer, sie sollte ihm Fränzi ersetzen, und sie war voll Liebe und Barmherzigkeit für ihn.

Sie klammerte sich an den alten Glauben, daß es Kindern, deren Vater an den heligen Wassern gefallen ist, besonders gut gehe, und ließ ihre Augen leuchten: »Er wird schon einmal sehen, daß ich keine Giftkröte bin!«

IX.

»So geht's zu in St. Peter. Man will nicht mehr für die Hinterlassenen derer einstehen, die im Gemeindewerk gefallen sind. Wie wohl wäre es einem wohlhabenden Bauern angestanden, wenn er Josi zu sich genommen hätte, nicht als Knechtlein, sondern als Sohn, wie der Garde Vroni als Tochter. Lest in den alten Protokollen, wie man für die Kinder derer, die an den heligen Wassern gestürzt sind, stets besonders gut gesorgt hat. Und sie wurden Leute, daß es eine Freude war. Jetzt aber kommt ein neuer Brauch. Auf einen bösen Handel legt man einen bösen Handel, man giebt den Buben rechtschaffener Eltern einem Lumpen. Was wird Josi bei Bälzi? Ein Halunke! Und was hat die Gemeinde davon? Die Schande!«

»Ich hätte ihn auch genommen, der Haushalt Blatter ist immer arbeitsam gewesen.«

»Einen Gotteslohn hätte man dabei verdient. Wahrhaftig, man schämt sich, wenn man denkt, daß der selige Seppi und die selige Fränzi vom Himmel herunter auf die von St. Peter schauen.«

So schwirrte das Gespräch.

Die Gemeinderäte, die ihre Pflicht versäumt hatten, ließen die Köpfe hängen und kratzten sich hinter den Ohren, der Presi aber hielt sich an das Haus voll Fremder und vermied den Verkehr mit den Dörflern.

Er hatte auch seinen Verdruß.

Bälzi, sein Schützling, war mit dem Bergführerberuf auf eine wenig ehrenvolle Art zu Ende gekommen. Ein Gast vermißte sein Taschenmesser, er sah es einige Tage später im

Besitze Bälzis, der ihn auf einer kleinen Gletscherwanderung begleitet hatte; der Gast behauptete, sich deutlich zu erinnern, daß er es bei einem Imbiß am Rand des Eises habe liegen lassen. Bälzi hätte es ihm einfach zurückgeben können, aber er wurde frech und verlangte einen Finderlohn. Da kam's zum Bruch, und der Presi hatte die Vorwürfe seiner Gäste, die nichts mehr von Bälzi wissen wollten.

Bald aber war es am Presi, zu lachen.

Bälzi meldete ihm durch seine Aelteste, Josi Blatter sei aus dem Dienst gelaufen, sie hätten zusammen ein Unwort gehabt.

»Nun wird der Bursche kommen und man wird ihm einen neuen Dienst suchen müssen.«

Josi Blatter stellte sich aber weder dem Vormund noch den Behörden. Niemand wußte, wo er war, niemand wurde aus ihm klug.

Das Gerücht verbreitete sich, er treibe sich auf den Alpen umher. Aber wovon lebte er? Die Leute sagten: »Er zieht den Kühen und Ziegen heimlich die Milch aus dem Euter.«

Der Presi höhnte: »Da seht Ihr den Tagedieb, von dem Ihr mit so viel Erbarmen geredet habt. Ich habe den gekannt.«

Niemand wagte mehr den Buben zu verteidigen.

Allein die Stimmung im Dorf war auch dem Presi nicht günstig. Manchmal schien es wohl, man würde sich an die Fremden gewöhnen, aber die Gäste, die wieder ins Thal gekommen waren, thaten und redeten so manches, was denen von St. Peter bis auf die Knochen ging.

Da war ein dicker Gast, der wie ein Fäßchen daherkugelte und stets mit den Leuten reden wollte, den sie aber in seiner fremden Mundart nur das dritte Wort verstanden. Als er auf den Feldern um das Dorf die Histen, die Holzgerüste sah, an denen die Bauern im Herbst ihren Roggen zum Ausreifen aufzuhängen pflegen, fragte er spöttisch: »Hat man denn in St. Peter so viel Diebe, Schelme und Mörder, daß man alle die Galgen braucht?«

Nun lief das Wort. Von Scherz und Humor wußten die Dörfler nicht viel, ihr Leben war Arbeit und Andacht. »Wir einen Galgen? — Mörder? — Seit Matthys Jul hat im Glotterthal kein Mensch einen anderen getötet. Und Diebe? — Wer schließt des Nachts die Thüre? Kein Haus als der Bären hat ein Schloß mit Schlüssel. Seit Menschengedenken ist kein Diebstahl vorgekommen; die Briefe, die Päcklein und Wertsachen, die es zu besorgen giebt, legt man einfach an den Weg. Hat jemand schon daran gerührt als der Postbote, der sie aufnimmt und nach Hospel trägt? Aber die Fremden wollen uns andere Sitten bringen! Merkt ihr, was für ein neues Leben anfängt? Bälzi hat ein Messer gestohlen, und Josi Blatter ist Aufrührer geworden, es kann schon so kommen, daß wir einen Galgen brauchen.«

»O, der Fremde hat gewiß nur gescherzt.«

»Dann hat er das heilige Brot beleidigt! Wer darf über die Histen, die es reifen, spaßen?«

Bald beleidigte irgend einer die heligen Wasser.

»Man kann nicht schlafen, wenn der Wind thalherauf weht. Das tattert die ganze Nacht. Geben Sie doch der verfluchten Klapperschlange etwas zu fressen, daß das arme Vieh nicht weiter so hungerleidig schättert,« sagte ein anderer.

Die heligen Wasser, an denen so viele wackere Männer zu Tod gefallen sind, die einen Flecken und fünf Dörfer erhalten und ernähren, eine hungerleidige Schlange!

Die von St. Peter bekreuzten sich. »Sünde über Sünde.«

»Und die heilige Religion beleidigen sie!«

Denn durch die Mägde war es bekannt geworden, daß manche Gäste im Bären auch am Freitag Fleisch essen. Der Presi und die Frau Presi gaben es also zu.

»Merkt ihr, wenn wir solche Dinge dulden, so kommt Gottes Züchtigung über uns. Unsere Buben können nicht mehr recht thun — seht Josi Blatter! Und er hat doch so rechtschaffene Eltern gehabt. Hudlig müssen wir durch die neue Zeit zuletzt alle werden.«

Vom Gemeinderat ging die Weisung, jedermann, der Josi Blatter antreffe, möge ihn auffordern, daß er sich der Behörde stelle.

»Josi Blatter, der Rebell,« dann kurzweg »der Rebell«. So sprach man in St. Peter. Sein Umhertreiben erregte Aufsehen und Aergernis. Man war es nicht gewöhnt, daß die jungen Leute sich dem Gehorsam der Behörden, der Kirche und der Dorfschaft entzogen. Dazu gesellte sich die Furcht vor Diebstahl. Aber weder die Sennen, die von den Alpen kamen, noch die Dörfler wußten die Spur einer Entwendung zu melden. Es konnte den Rebellen auch niemand auffordern, zurückzukehren, denn man sah ihn immer nur von ferne, meist an den hohen Felsen über den Alpen, ja viele glaubten, es sei überhaupt ein müßiges Gerede, daß er sich noch in der Gegend aufhalte. Aber heute war es ein Dörfler, morgen einer der kühneren Fremden, die hoch an den Flühen, wo Grünland und Weißland sich scheiden, einen verdächtigen Jungen gesehen haben wollten.

»Wir gehen nicht aus, man weiß nicht, was einem der geheimnisvolle Vagant anthäte!« meinten die Furchtsameren, und unter den ängstlichen Gästen kam St. Peter zum großen Aerger des Presi in den Ruf der Unsicherheit.

Ein Diebstahl — eine Verurteilung — dann wäre Josi Blatter für sein Lebtag im Thal gerichtet und alles zu Ende. Gefängnis nahmen die zu St. Peter furchtbar ernst, es genügten die roten Epauletten eines Landjägers, der alle paar Jahre einmal ins Thal kam, um die Bewohnerschaft in Aufregung zu versetzen.

Gegen Ende des Sommers erwartete der Presi den Rebellen des Diebstahls überführen zu können. Die Sonne schien noch warm, die Glotter aber, deren Wasser stark zurückgegangen war, floß klarer als sonst. Nun glaubte er Anzeichen dafür zu haben, daß aus seiner Fischenz nächtlicherweile Forellen gestohlen würden. Thöni und ein paar Mann legten sich in den Hinterhalt. Um Mitternacht watschelte es in dem Glotterbach, eine Gestalt bückte sich und langte mit den Händen in die Forellenverstecke, man faßte den Dieb — Bälzi!

Ganz St. Peter lachte, daß der Presi seinen ehemaligen Schützling gefangen hatte, sogar mehr, als wenn der Rebell verhaftet worden wäre, denn die Mißgunst gegen den Presi war größer als der Aerger über den unbotmäßigen Jungen.

Am meisten litt Vroni. Ihre letzte Hoffnung, daß Josi wieder auf gute Wege komme, war wie Aprilschnee geschmolzen, der Garde wollte nichts mehr von ihm hören, er war wütend auf sein Mündel. Nicht, weil Josi seinem Meister entlaufen war, das fand er fast selbstverständlich, aber weil er sich seinem Vormund nicht gestellt hatte. Von Zeit zu Zeit fragte er Vroni im Ton des Verhörs, ob ihr Josi noch nie ein Zeichen seiner Anwesenheit gegeben.

Das war's ja eben, was sie am tiefsten kränkte — er hatte sie vergessen.

Sie horchte fleißig in die Nacht, ob sie ihn nicht ums Haus

streichen höre, aber was sie erlauschte, war immer nur das Klagen des Windes in den Felsen.

Hatte er wohl das Thal verlassen und war ohne Abschied über Hospel hinaus in die weite Welt gegangen, wie jener Bursche im Kirchhoflied? Hinweg vom Grab des Vaters und der Mutter.

»Gebräunter Bursch ist fortgezogen,
Den Mund so frisch, den Blick so hell
Dahin mit Wellen und mit Wogen
Gewandert ist der Frohgesell.«

Oder war er einsam irgendwo auf den Bergen verunglückt? — Sie hoffte es fast, denn ein toter Bruder wäre ihr lieber gewesen als einer, der in Unehren lebt. O, was mochten die Mutter und der brave Vater in ihrer Abgeschiedenheit von Josi denken.

Oft fielen die Thränen um ihn auf das Armseelenmahl, das sie für die Toten rüstete. Und doch ging es ihr gut. Die stolze Gardin sprach zwar von oben herab zu ihr, behandelte sie, wenn es der Garde nicht sah, wie eine Magd und predigte ihr Bescheidenheit.

»Ich bin ja gewiß bescheiden,« dachte sie dann, »wenn ich nur im Haus bleiben darf.«

Wenn sie aber besonders niedrige Dienste verrichtete, wenn sie die Jauchetanse an den Rücken hängte oder den Mist der Schweine aus dem Stall zog, dann knurrte der breite Garde: »Du darfst das nicht thun, Vroni; laß das den anderen!«

Eusebi freute sich darüber unbändig und begann den Vater nachzuahmen, indem er sie von den rauhesten Arbeiten zurückhielt, die Gardin aber schmollte: »Herrgott, ist Vroni, weil sie blondes Haar und ein sauberes Gesichtchen hat, denn eine Prinzeß?«

»Die ist mehr als eine Prinzeß, Gardin; merkst du nicht, daß uns Gott das Mädchen eigens zum Trost ins Haus geschickt hat? Sieh dein Schmerzenskind, den Eusebi, an. Denke, wie er noch vor zwei Jahren war und wie er jetzt ist. Stottert er noch? Läßt er die Glieder noch so elend hängen? — Nein, es ist eine Freude, wie der Bursche alles nachholt, was er in sechzehn Jahren versäumt hat.« So mahnte der Garde voll Vaterglück.

»Meinst du, es freue mich nicht auch?« fragte seine Frau, »meinst du, es freue das Mutterherz nicht am meisten — warum bin ich denn so viel gewallfahrtet für Eusebi!«

»Deine Wallfahrten in Ehren, dem Burschen aber haben nichts als Geschwister gefehlt; doch hätten ihn sechs Brüder und sechs Schwestern nicht so geweckt wie die einzige stille Vroni.«

»Nun — nun — ich lasse ja sie gelten, wenn sie nur nicht einen so geringen Bruder hätte.«

»Daran ist der Presi schuld!«

So tauschten Garde und Gardin ihre Meinungen.

Nicht so bald, wie er es zu Vroni gesagt hatte, sondern erst gegen den Herbst hin kam der Presi zu dem langsam genesenden Freunde auf Besuch. Binia begleitete ihn. Aber zwischen den beiden Männern war nichts als Streit und Zank.

»Wenn der Bursche hinter die genagelte Thür in der Stadt kommt, wenn St. Peter diese Schande hat oder wenn er, wie's den Anschein hat, verhungert an den Bergen modert, so liegt's auf Eurem Gewissen, Presi. Ich hätte mit dem Peitschenstiel auf Euch losgehen mögen, als Ihr den Waisenbuben zu Bälzi gabt.«

Da fuhr der Presi auf: »Gott's Donnerhagel! So ist mir noch niemand gekommen! Garde — Garde! — Wißt Ihr noch, was der Lumpenhund gesagt hat?«

»Ihr seid der Presi, seid doch erhaben über ödes Geschwätz. Und nun wollen wir Binia fragen, ob er's wirklich gesagt hat!«

Binia, die sich in der Küche bei Vroni leise nach dem verschwundenen Josi erkundigte, kam auf den Ruf des Presi hochrot vor die entzweiten Männer, und auf ihre Frage funkelte der Mut der Verzweiflung in ihren Sammetaugen, ihre Nasenflügel und Lippen bebten.

»Vater! — Vater! — er hat's nicht gesagt — ich schwör's Euch noch einmal wie am Tag nach Fränzis Tod — er hat's nicht gesagt — sondern der Kaplan Johannes.«

Ihre Stimme klang wie ein zersprungenes Glöckchen, sie stand da wie eine kleine Märtyrerin.

»Wie am Tag nach Fränzis Tod,« wiederholte der Garde und sah den Presi mit zusammengezogenen Brauen scharf an.

Da wurde der Presi bleich vor Scham und Zorn. »Hast du auch nicht gesagt, du wolltest Josi heiraten?« Er stammelte es mehr, als daß er es sprach.

»Wohl, in meiner Verwirrung habe ich so viel geschwatzt, was ich nicht hätte sagen sollen.« Angstvoll und entschlossen zugleich sprach Binia, der Presi aber warf ihr einen Blick zu, als wolle er sie zu Boden schmettern.

»Hinaus mit dir und heute nicht mehr unter meine Augen!«

»Was für einen Mut hat das Kind,« knurrte der Garde beruhigend, als sich Binia geflüchtet hatte, »Presi, tragt dem Mädchen Sorge.«

»Dem Kaplan will ich zünden!« schnob der Presi.

Das kurze Gespräch hatte dem Garden ein Licht aufgesteckt. Darum also haßte der Presi Josi so grimmig, weil Binia ein Auge auf den hübschen Burschen geworfen hatte. Er wiegte, als der Presi gegangen war, den Kopf.

»Kinder — Kinder! — Aber sie wachsen wie die Tannen und

die Tannen sprengen mit den Wurzeln den Fels. Grad so die Jugend mit ihrer Liebe, es muß nur eine echte sein!« Zwischen Binia und Josi lag allerdings nicht nur ein Fels, sondern ein Berg. Und aus Josi wurde der Garde nicht klug. War der Bursche wirklich so empfindlich, daß er wegen eines unverdienten Donnerwetters seinen Vormund verleugnete?

Da steckte ihm Vroni ein zweites Licht auf. Das sanfte Kind beichtete aus freien Stücken, doch als ob sie sich für ihren Bruder tief in die Erde schämen müsse: »Denkt, Pate, heute ging der Kaplan mit seinem Bettelsack am Haus vorbei, und als er mich sah, kam er und sagte, Josi lasse mich grüßen. Es gehe ihm wie einem Herrn.«

Der Garde wußte jetzt, woher Kaplan Johannes die Mineralien für seinen Sommerhandel bezog.

Der Herbst kam, die Fremden reisten von St. Peter fort, mit klingendem Spiel zog das Vieh von den Bergen, voran die mit Enzianen geschmückte Meisterkuh. Jetzt mußte sich Josi, wenn er noch lebte, zeigen. Dem Winter, dem furchtbaren Höhenwinter würde er nicht trotzen, der würde ihn schon zu den Menschen zwingen, da verließen ja selbst die armen Seelen die Höhen, über die der Wind hinpfiff, und schlichen sich nachts in die Häuser, und die ausgehungerten Gemstiere kamen zu den Städeln und schnupperten nach dem aufgespeicherten Heu.

In der Nacht von Allerheiligen auf Allerseelen gab Josi bestimmte Kunde seiner Anwesenheit. Auf den Gräbern seiner Eltern lagen am Morgen Bergastern und standen Kerzen, und die hatte Vroni nicht hingethan.

Sie entzündete sie und es waren ihr zwei Hoffnungsflammen.

Was litt sie um Josi immer noch! Wo sie ging und stand,

flüsterten die Leute: »Die Schwester des Rebellen!« und jetzt fragten sie: »Woher hat er das Geld gehabt für die Kerzen?« Andere trösteten wohl: »Man sieht's, daß er nicht verstockt ist, die Geschichte seines Vaters hat ihm nur den Kopf zerrüttet und der Presi hat ihn mit seiner Schärfe ganz um den Verstand gebracht.« Doch das war ein schlechter Trost.

Der erste Schnee fiel, grimmige Kälte trat ein, Josi erschien nicht als reumütiger Sünder im Dorf. Da waren die Leute überzeugt, daß er nun doch verhungert sei, und erwarteten, daß man im Frühling sein Gerippe in irgend einer Alphütte finden werde.

Kaplan Johannes, den der Garde einmal zur Rede stellte, gab zu, daß Josi eine Weile für ihn Krystalle gesucht habe, aber jetzt sei er, so versicherte er, ohne Ziel in die Welt gewandert.

Das war nicht glaubwürdig, wer in St. Peter geboren ist, geht nicht von St. Peter fort, eher war Josi aus Mangel gestorben.

»Aber vielleicht hat ihn das Kirchhoflied verführt!« seufzte Vroni.

Der Presi kratzte sich im Haar: der Bube, der lieber verdarb als sich ergab, kam ihm unheimlich vor. »Der ist noch zehnmal stärker als sein Vater,« dachte er mit nagendem Verdruß.

Und in den Abendgesellschaften der Dörfler lief dem toten Josi zu Ehren wieder die alte Kaufbriefgeschichte mit allerlei Verzierungen.

Josi aber lebte — elender freilich als ein Tier — er lebte hart am Weg, auf dem die von St. Peter gingen.

Das war sein und des letzköpfigen Pfaffen Geheimnis.

Schon zu Lebzeiten der Mutter, damals, als die ersten

Fremden gekommen waren, hatte ihm Kaplan Johannes aufgelauert und ihn jammernd gebeten, ihm Krystalle und Erze zu verschaffen, damit er sie, zu Pulver verstampft, in seine Arzneien mischen könne. »Ja, freilich,« lachte Josi, der vom Vater her die Fundorte der Mineralien, die man im Dorfe nicht mehr als Spielzeug schätzte, an den Flühen des Bockje und der Krone kannte. Und er brachte dem Kaplan hübsche Stücke, auf denen Tautropfen saßen, die klar wie Thränen sind, blühendes Gestein, wie er es grad beim Wildheuen erreichen konnte. »Gracia et benedictio tibi«, sprach der Einsiedler mit seiner hohlen tiefen Stimme und gab ihm einen funkelnden Franken. Seither blühte in tiefer Heimlichkeit vor der Mutter und Vroni ein kleiner Handel zwischen den beiden. Nicht, daß der Kaplan nun Josi für jeden quellklaren Quarz, für jeden braungoldenen Diamanten der Zinkblende, für jeden Brocken, auf dem die grauglänzenden zierlichen Blätter des Wasserbleis saßen, ein Geldstück gegeben hätte, meist bezahlte er, wenn er die Stücke mit gierigem Blick in den Sack gesteckt hatte, mit Segenswünschen und geheimnisvollen Andeutungen, er würde ihn einmal zu großem Glück führen. Darüber lachte der trockene Bursche, und als er sah, daß ihn der Kaplan betrog und die Drusen verkaufte, stellte er die Lieferungen ein.

Allein der Laurer ließ ihn nicht mehr los. Als Josi den ganzen Groll und Grimm gegen den Presi und das Dorf im Herzen, von Bälzi, der ihn nach hartem Tagewerk hatte schlagen wollen, fortgelaufen war, hatte ihn der Kaplan, der in der Dämmerung mit dem Bettelsack von den Alpen kam, am Fuß einer graubärtigen Wetterlärche überrascht.

Der grinsende Pfaffe, der ihm die tiefste Teilnahme vorspiegelte, entlockte der tobenden Brust des Flüchtlings eine Beichte, die nicht vollständiger hätte sein können. Alles Elend, aller Haß einer von einem schweren Unglück zerschmetterten und mißhandelten Seele lag frei vor dem Schwarzen.

»Sei kein Thor, Josi; stelle dich doch dem Garden nicht, suche mir lieber Krystalle, ich will für deinen Unterhalt sorgen. Hier oder wo wir verabreden, treffe ich dich jeden Tag,« überredete der Kaplan den verirrten Jungen, und von dieser Stunde an bestand eine Art Herzensbund zwischen ihnen.

Furcht und Trotz halfen den Ratschlägen des Kaplans, am folgenden Tag wurde Josi Strahler. Von den Felsen der Krone, wo sich sonst niemand hinwagt, brachte er dem Kaplan die dunklen Morione, vom Bockje die klaren Edelkrystalle, vom Schmelzberg die wunderfeinen Strahlen des Grauspießglanzes und die zierlichen Eisenrosen, die im Stahlschimmer leuchten. Immer trug er die Leiter bei sich, die ihm früher zum Wildheuen gedient, unermüdlich kletterte er zu den Rissen, Höhlen und Kammern der Felswände empor. Es gab aber Tage, oft mehrere hintereinander, an denen sich Krystalle und Erze wie durch einen Zauber vor ihm versteckten, an denen er wohl mit zerschrundenen, aber leeren Händen zu Kaplan Johannes kam. Doch dieser blieb gütig, prophezeite ihm in geheimnisvollen Formeln reiche Ernte am nächsten Tage, schüttelte alles, was der Bettelsack Eßbares enthielt, vor dem Heißhunger des Burschen aus, streichelte ihn und sprach ihm freundlich zu, als wolle er ihn für die große Einsamkeit, in der er lebte, entschädigen, und manchmal war Josi, der unheimliche Kaplan habe ihn leidenschaftlich lieb.

Aber das Heimweh kam. »Vroni! — Vroni!« brüllte es in der Brust Josis, und wenn er tief unter sich einen Menschen über die grüne Alpe gehen sah, so hätte er hinabeilen und ihn umarmen mögen — o, alle von St. Peter, nur den Presi nicht.

Kaplan Johannes sah das Heimweh, ein eigentümliches Lächeln ging über sein finsteres Gesicht: »Josi, es ist ein Landjäger im Dorf, der es vor dir bewachen muß; denke dir, Bälzis Weib hat vor dem Garden beschworen, daß du im Schlaf gesagt hast, du zündest den Bären und St. Peter an. Wegen Ungehorsam gegen die Behörden und Drohung auf Brandstiftung will man dich verhaften, und jede Nacht stehen ein paar Häscher um das Haus des Garden im Hinterhalt, denn man denkt, du kommest am ehesten dorthin, weil du Vroni sehen möchtest. Also hüte dich! Und noch eins! Rühre keinen Halm auf den Alpen an, sonst giebt es eine Treibjagd auf dich und die höchsten Felsen retten dich nicht; sei vorsichtig, Josi. Ich füttere dich ja, Rabe, selbst wenn ich für mich keinen Bissen habe.«

Josi erblaßte — zitterte — also so weit war er: die Landjäger suchten ihn.

In seinem Schuldbewußtsein durchschaute er die Lüge des Kaplans vom Weib Bälzis, das ihn verraten haben solle, nicht recht, er erinnerte sich nur halb, daß er selbst bei der tollen Beichte unter der Wetterlärche etwas vom Bärenanzünden gesagt hatte. Aber nur in der gräßlichsten Erregung.

Nein! — nein! — Mochte ihn der Presi hängen lassen, eine Brandstiftung that er dem Andenken seiner Eltern nicht zu leid.

Bald erhielt er die Bestätigung dessen, was der Kaplan gesagt hatte, aus unverdächtiger Quelle. Er traf unvermutet und so, daß er nicht mehr ausweichen konnte, auf den Viehknecht des Bockjeälplers: »Fort, Rebell,« lachte der gutmütig rohe Mensch rauh und laut, »fünfzig Franken erhält, wer dich lebend oder tot ins Dorf bringt,« doch so, als ob er selber die fünfzig Franken nicht verdienen wollte.

Von diesem Tag an hielt sich Josi allen unsichtbar und lebte in den höchsten Flühen.

Was er litt! — Die Nächte, die entsetzlichen Nächte, während deren er irgendwo auf einer Planke lag, mit ihrem ehernen Schweigen und ihrer Einsamkeit! Tief unten winkten die Lichter von St. Peter wie ein Häuflein Sterne und riefen: »Komm, komm!« Und jeder leise Glockenklang, den die Luft zu ihm emportrug, schmeichelte: »Komm, komm!« Vroni nie sehen — nie auf den Kirchhof treten, wo Vater und Mutter begraben sind — nie in der Dorfkirche beten. Jedes Stück Vieh, das er sah, entlockte ihm fast Thränen, vorsichtig lief er hinzu, streichelte es, küßte es und redete lieb mit ihm. »Gelt, wenn du ins Thal kommst, grüßest du mir Vroni!«

Im gräßlichen Alleinsein wurde Josi beinahe Philosoph. Er liebte seine Krystalle, die wunder- und geheimnisvollen Blumen des Gesteins: »Warum müßt ihr so schön aus der Erde wachsen, du wie ein Röschen, du wie eine Thräne, die ein Engel vom Himmel hat fallen lassen, und du wie ein Haufen Spieße für den Ameisenkrieg. Wer hat dich gemessen und gezirkelt, du kantiger Edelkrystall, wer hat dich mit Rauch gefüllt und die Haarsträhnen durch dich gezogen, du schöner Topas, und dich öden weißen Stein mit Granatkörnern bestreut wie die Mutter selig am Dreikönigstage die Brotmänner mit Wachholderbeeren?«

O Wunder! Selbst die Krystalle drängen sich wie Bruder und Schwester zusammen, sie suchen ihre Gespielen und auf manchem Stein stehen so viele, groß und klein, wie wenn sich am Sonntag die Dörfler auf dem Kirchhof zum stillen Plaudern sammeln.

Nur er war einsam.

Mitten in seinem Elend ahnte er aber, daß alles in der Welt

zum Schönen drängt, daß auch der Mensch leiden und sich öffnen muß, wie der harte Fels, der Krystalle zeugt. Wie ein Fels wollte er werden, wenn er wieder einmal als ehrlicher Bursch unter den Menschen wäre, Krystalle guter Thaten zeugen, alles Rechte würde er thun, was Brauch und Sitte, was die Vorgesetzten forderten, selbst Dienste bei Bälzi.

Doch jetzt nicht ins Gefängnis, lieber sterben!

Der Winter naht! Seit die Fremden fort sind und er keine Mineralien mehr verkaufen kann, ist der Kaplan mürrisch gegen ihn, er bringt ihm das Essen unregelmäßig und oft zu wenig. Da weiß es Josi plötzlich: Er ist der Gefangene dieses halbverrückten und schlechten Mannes, Johannes hat ihn dort unter der Wetterlärche verführt, daß es keine Rettung mehr giebt. Und ein grimmiger Haß gegen den Kaplan zuckt auf in seiner Brust.

Er kann es auf den Alpen nicht mehr aushalten vor Kälte. Ein Ausweg! Fort von St. Peter, fort, wie der Bursch beim Kirchhoflied. Sterben macht nichts, nur nicht ehrlos eingesperrt werden. In der grauenden Frühe des Tages Allerheiligen läuft er, am Schmelzwerk vorbei, wo Kaplan Johannes haust, das Thal hinaus. »Lebe wohl, seliger Vater, — lebe wohl, selige Mutter, — und du, liebe Vroni, mit den schönen blauen Augen.«

Wie er nach Tremis kommt, tummeln sich schon Kinder auf der Straße, sie springen vor ihm schreiend davon: »Ein wilder Mann — ein wilder Mann!« Da fällt es ihm ein: Er kann nicht in die Welt, sein dunkles Haar hängt ihm in Strähnen über die Wangen, seine Kleider sind Fetzen, die Schuhe zerlöchert, als ein Landstreicher würde er aufgegriffen. Auf das Geschrei der Kinder streckt ein altes kropfiges Weib den Kopf aus dem Fenster, Susi aus dem Bären. Sie erkennt ihn und nun regt sich doch in ihr das Mitleid und die Neugier. Sie ruft ihn herein.

Sie hat schon von seinem Rebellentum gehört; indem sie ihm den Kaffee einschenkt, den er gierig trinkt, fragt sie ihn hundert Dinge.

»Ist es wahr, daß du mit Bini verhext und besprochen bist?«

Das behagliche Stübchen und der warme Trunk im Leib stimmen Josi ganz weich: »O, Susi, ich habe gewiß andere Sorgen — ich möchte wieder ein rechter Mensch werden. Seht, morgen ist Allerseelen, und ich bin so arm, daß ich für meinen seligen Vater und die selige Mutter nicht einmal zwei Kerzchen kaufen kann.«

Die tiefe Trauer, die seine Stimme durchbebte, sein elendes Aussehen und seine Verwilderung weckten das Erbarmen Susis, sie schenkte ihm zwei Wachskerzen und redete ihm mit ihrer pfeifenden Stimme mütterlich zu, daß er sich dem Garden stelle, es gehe ihm gewiß nicht so böse.

»Ich will's thun, Susi.« Aber wie er über die verlassenen Alpen des Schmelzberges, auf denen die letzten Sonnenlichter des Jahres spielen, die letzten Blumen blühen, mit weitem Umweg nach St. Peter geht, kämpft er wieder.

Erst tief in der Nacht schleicht er sich ins Dorf. Er kniet zwischen den Kreuzen an den Gräbern der Eltern nieder, er steckt die Kerzen und Astern auf die Hügel. Da kommt der Nachtwächter singend vom Oberdorf. Es ist der breite Brummbaß des Fenkenälplers, der in der Kehrfolge der Bürger den Dienst hat. Er möhnt:

»Es ist nicht unsere Gerechtigkeit,
Daß Gott uns so viel Gut's erzeigt,
Es ist seine Gnade und Güte,
Ihr lieben Heiligen schützt uns vor Gefahr,
Vor Brand und Laue besonderbar,
Und dann, ihr Lieben, bitten wir noch,

Sperrt den Rebellen endlich ins Loch!«

Der letzte Zusatz ist eine freie Erfindung des Sängers. Josi aber schreit: »Hörst du's, Vater — hörst du's, Mutter, so geht es mir! — Ich lasse mich aber nicht einsperren!«

In wildem Weh brüllt er es und rauft das Kirchhofgras, als wolle er hinabflüchten zu den Toten.

»Das alles haben der Presi und Binia über mich gebracht.«

Schon sieht er, wie man ihn gefesselt durch das Dorf führt, auf der Freitreppe steht der Bärenwirt mit einem Hohnlächeln.

Da geht es ihm wie dem Fuchs, der vom Hunger gepeitscht, in die Falle kriecht, von der er weiß, daß sie ihn verderben wird — er flieht vom Dorf zu Kaplan Johannes, den er doch haßt wie den Tod.

Mit einem höllischen Lächeln gewährte der Letzköpfige dem Ausreißer Schutz und Obdach in der Ruine. Den einzigen noch überdachten Raum bewohnte der Einsiedler selbst. Da brach durch ein vergittertes Fenster das Licht herein. Grad neben dem Viereck, das es auf den Boden zeichnete, war das Lager des Schwarzen, ein Sack voll jener langen Flechten, die wie riesige graue Bärte von den Aesten der alten Lärchenbäume fluten, gegenüber der Thüre ein dreiteiliger Altar, den ein Totenschädel schmückte, davor ein Betschemel. Und von der Decke hing eine Ampel, in der ein Lichtfunke brannte.

Sonst war das Gemach leer.

Hinter ihm war ein zweites, ein niedriges Gewölbe, in das man nur halbgebückt kriechen konnte, wohl, wie die rotgebrannten Steine vermuten ließen, ein großer alter Ofenraum.

In diesen Verschlag wies Johannes seinen Gast. Da war Josi vor jeder Entdeckung sicher. Niemand wagte sich in die Zelle des unheimlichen Kaplans; wenn je nach Wochen einmal ein Weiblein ins Schmelzwerk kam, um ihn zu einer kranken Kuh zu holen, so pochte es draußen schüchtern an, dann trat der Einsiedler heraus, gab ihr mit seiner Grabesstimme den Segen und ging mit ihr.

Er war gewiß ein unheimlicher Kauz, der Kaplan Johannes mit dem fahlen Gesicht und den lodernden Augen. Vor seinem Altar sang er oft Lieder, die stark weltlich klangen, sobald aber, das glaubte Josi zu bemerken, Leute des Weges zogen, ging er mit wenigen Modulationen in einen frommen Gesang über, wie man ihn am Altar der Dorfkirche hörte.

Am Abend, wenn der Weg einsam war, sprach Johannes oft laut mit sich selbst, schnitt Grimassen, verwarf die Arme, geriet in einen Taumel und vergaß, daß Josi da war.

»Die Mauer war hoch,« erzählte er klagend, »aber der Kastanienbaum war höher. Johannes saß darunter und lernte. Er lernte Tag und Nacht. Einmal aber im Herbst erzitterte der Kastanienbaum über seinem Haupt. Was zitterst du? Da legte Johannes das Buch nieder und stieg auf den Baum. Ein Ast ragte weit über die Mauer, vom Garten in einen Hof, der Ast schwankte. Johannes schaute über die Mauer. Da sah er Graziella, die Kastanien schüttelte. Sie hatte braune Arme und braune Augen und lachte über den Klosterschüler. Eines Tages aber sagte sie: 'Wenn du mich lieb hast, Johannes, steige nur vom Baum.' An der Mauer küßten sie sich. Mehrmals. Als das Laub fiel, rüttelte Graziella wieder am Ast und lockte — die Falsche. Der Schüler kletterte am Kastanienbaum über die Mauer, sie gab ihm einen Kuß, und dann warfen die Klosterbrüder ihn nieder — und dann« — seine Stimme hob sich zu einem klagenden, wiehernden Geheul — »sie haben mich im

Gefängnis mit kaltem Wasser begossen — sie haben sich vergriffen an mir, daß ich nicht mehr Johannes bin.«

Er langte wie ein Wahnsinniger nach dem Kopf und hielt den Leib, als ob er Schmerzen hätte.

Josi graute es bei diesen Selbstgesprächen des Kaplans, schrecklicher war es ihm aber, wenn Johannes ihn zu peinigen begann.

Immer wieder kam er auf jenen Kuß zu sprechen, den er im Teufelsgarten Binia gegeben.

Ob er sie noch liebe? Ob er begehre, sie wieder zu küssen? Ob er sie einmal nackend sehen wolle? Er könne ihm mit einem Alräunchen dazu helfen. Er wisse, wo ein Alraun wachse, wie man die Wurzel ziehe und schneide, daß daraus ein kleines wunderthätiges Männchen werde.

Schamlos redete der Kaplan.

Josi schoß dann das Blut in die Wangen und er preßte die Fäuste an die Ohren — o, es war schön gewesen hoch oben in der Einsamkeit des Gebirges, das Gift dieses Elenden war entsetzlicher als sie.

»Wann zündest du den Bären an? — Du mußt es thun, solange keine Gäste da sind, die Sünde wäre sonst zu groß. Heute ist eine so finstere Nacht, willst du denen in St. Peter nicht etwas hell machen?«

»Ihr seid ein Teufel, Johannes!« Da lachte der Kaplan widerwärtig: »Ich glaube manchmal selbst, daß ich der Satan bin, aber dich habe ich lieb, bleicher Knabe. Komm an mein Herz, Söhnchen!«

Oft schien die Rede des Kaplans nicht nur Hohn, sondern als hange er mit der ganzen Seele an Josi, denn gerade wenn ihr Vorrat am kleinsten war, nötigte er ihn zu tapferem

Essen und litt selber Hunger.

»Im Sommer aber mußt du mir wieder Krystalle suchen, du mußt mein treuer Sohn sein, du gehörst jetzt zu mir, nicht zu denen von St. Peter — aber — aber — Knabe, wenn du mich verraten würdest, ich tötete dich.«

Er fuchtelte mit den Händen in der Luft herum und murmelte mit seiner hohlen Stimme lateinische Verwünschungen.

»Nur noch einmal die sonnige Vroni mit dem fliegenden Goldhaar sehen, nur noch einmal sie mit ihrer Glockenstimme reden hören.« Müde und traurig war Josi und ihn ekelte vor dem Kaplan.

Aber er hatte den Mut nicht, zu Vroni zu gehen.

Oft froren er und Johannes in der schlechtgeschützten Ruine. Der Wind, der durch die Mauern blies, verjagte die Wärme des offenen Feuers, und wahrscheinlich wäre Josi, der nie wie der Pfaffe in warme Bauernstuben kam, vor Langeweile, Abscheu und Elend gestorben, hätte er nicht auf den Rat des Kaplans, der darin Schätze vermutete, das alte Bergwerk zu durchforschen angefangen.

Die Entdeckungswanderungen gaben seinem Trübsinn eine Ableitung und die Tiefen des Bergwerks schützten besser vor der Kälte als jedes Herdfeuer.

Josi lächelte zwar zu den Hoffnungen des Kaplans, daß er Silbererz finden werde, ungläubig, aber er wühlte sich mit großem Eifer durch das Gewirre von Gängen, Gesenken, Stollen und Weitungen. Eine mühsame Arbeit! Viele Gänge waren eingestürzt, in anderen tropfte das Wasser und bildete kleine Teiche, die Luft war dumpf und feucht. Oft löschte ein Tropfen seine Kerze aus, dann hatte er Arbeit genug, sich in Stunden beklemmender Angst wieder durch die Finsternis ans Tageslicht zu tappen. Wenn er wenigstens Erz gefunden hätte! Aber die Stollen waren wüst und leer. Nein, endlich entdeckte er einen Schacht mit zuckerkörnigem Bleiglanz, der nach den Ueberlieferungen von St. Peter am meisten Silber enthielt. Ein alter Venediger hatte dabei seinen Schlegel und sein Brecheisen stehen lassen. Damit machte er das Erz los und hatte reiche Ernte. Er häufte den Reichtum für Kaplan Johannes, der wie er selbst den Silbergehalt des Erzes weit überschätzte, und über dem Tagewerk im Dunkel des Berges verfloß die Zeit.

Als aber der Schnee zu schmelzen begann, der Frühling an den sonnigen Berglehnen die ersten Blüten hervorlockte, war Josi so elend zu Mut, daß der Gedanke, eines Tages aufgegriffen zu werden, alle Schrecken verlor. Die Lust, auf die Berge zu steigen, war ihm vergangen. Er war wund am Herzen und an den Füßen.

Oft saß er im Teufelsgarten, kaum verborgen vor denen, die des Weges gingen, ließ die Sonne auf den Rücken scheinen und horchte auf das einförmige Klappern an den Weißen Brettern.

Er dachte an seinen Vater, an das große Unglück, aber er hatte gegen niemand einen Groll mehr, kaum gegen den Presi, ihm war alles gleichgültig.

Warum hatten ihn die Leute nicht in die Glotter springen lassen?

Einmal schlief er an der warmen Sonne ein; da war ihm, er rieche Veilchen, nein, eine Mücke krieche ihm durch den Flaum der Oberlippe, er wollte die Hand erheben, aber sie sank ihm bleiern zurück.

Schon eine Weile betrachtete Binia, die wie einst dem Vater entgegengeritten war, den Schläfer. Zuerst mit mächtigem Erschrecken. Auch sie hatte geglaubt, Josi sei tot. Aber der

Sitzende, wenn er auch bleich wie ein Toter war, atmete tief und ruhig. Wie namenlos arm war er in seinen Lumpen und Fetzen, durch die der bloße Körper schimmerte. Zwischen dem Filz der langen Haare floß das wässerige Blut offener Wunden und die Frostbeulen an den bloßen Füßen schwärten. Sie schluchzte vor Mitleid. Aber die Freude, daß sie den toten Josi lebendig fand, war stärker als die Trauer über sein Elend. Als sie ein paar Läuse lustig durch sein Haar spazieren sah, stutzte sie, dann kam mitten aus dem tiefsten Mitleid der Schalk zum Durchbruch, sie strich ihm mit dem Veilchensträußchen, das sie sich gesucht hatte, leicht unter der Nase hin und lächelte, als seine Hand sich regte, aber wieder sank.

Noch einmal wiederholte sie das Spiel. Da schoß er taumelnd auf. Er that einen Schrei: »Binia!« Dann aber maß er sie mit einem finsteren, verächtlichen Blick und wollte gehen.

»Schau mich doch nicht so böse an, Josi,« bettelte sie mit feinem, sanftem Stimmchen, indem sie bis in die dunklen Haare errötete und den Blick wie eine Schuldige senkte.

»Was willst du? Ich habe nichts mit dir zu thun,« erwiderte er mit dunklem Groll.

»O, ich freue mich, daß du noch am Leben bist, Josi, gewiß freue ich mich.«

Das tönte so lieb, so hingebend, daß er nun doch aufhorchte. Er erhob sich und setzte sich in einiger Entfernung von Binia auf einen Stein.

Zu nahe bei ihr wollte er nicht sein. Wie war sie schön geworden in den paar Monaten, da er sie nicht gesehen! Wie ein Engel, dachte er. Die Röte der Hagrose prangte duftig auf ihren Wangen, die großen, dunklen Augen hatten die gleiche Lebhaftigkeit wie früher, und doch war noch etwas hinzugekommen, was früher nicht darin war. Etwas Sanftes, etwas unsäglich Liebes, Trauliches. Wie barmherzig sie ihn ansah. Sein letzter Trotz zerschmolz wie Schnee an der Sonne. Und alles, was Kaplan Johannes Häßliches gesagt hatte, war vor ihrer Reinheit und Schönheit aus seinem Gedächtnis entschwunden. Aber er schämte sich wegen seines Aussehens, er war ganz scheu.

Sie fanden den ungezwungenen Ton von ehemals nicht wieder. »Wie groß ist Josi geworden,« dachte Binia, »er ist ja beinahe ein junger Mann,« und beide sahen sich verlegen an.

»Wie geht es Vroni?« stotterte Josi.

»Ihr geht es gut. Hast du sie nicht am Sonntag hier vorbeireiten sehen?« fragte Binia. »Der Garde, die Gardin, Eusebi und Vroni sind zu einer Taufe nach Hospel geritten. Sie trug die Tracht, das Hütchen mit den langen Seidenbändern und ein buntes, seidenes Brusttuch, dazu Geschmeide wie eine Bauerntochter. Wie unsäglich glücklich wird sie sein, wenn sie hört, daß du lebst!«

»Wie eine Bauerntochter,« dachte Josi. Er aber war arm wie jener Lazarus, von dem einmal der Pfarrer gesprochen hatte.

»Was sprechen die Leute von mir. — Sagen sie, ich sei ein Halunke?« Er lächelte bitter.

Binia schwieg purpurrot.

»O, sage es nur, ich weiß es schon — aber weißt, wer mich dazu gemacht hat?«

Binia senkte den zierlichen Kopf. Nach einer langen Pause hauchte sie kaum hörbar und in zitternder Scham: »Mein Vater.«

»Ja, dein Vater!« bestätigte Josi vorwurfsvoll.

Ihr stürzten die Thränen aus den Augen, mit einer raschen Wendung kniete sie vor ihm.

»O Josi! — Josi! — Ich weiß, daß ich an allem schuld bin. Aber — o Josi — wenn du keinen Fetzen auf dem Leib hättest und noch zehnmal mehr Läuse auf dem Kopf, ich liebte dich doch!«

Ihre molligen kleinen Hände umspannten seine ausgemergelten Finger, sie sah ihn so rührend demütig an und ihre Stimme bebte wie ein Glöckchen: »Ich habe ohne Absicht über dich gelogen — ich war so krank — aber ich will gewiß alles an dir gut machen, Josi!«

Ihre Lippen berührten seine Hände, ihre Thränen liefen durch seine Finger, er wollte reden, aber er schluchzte nur: »Bini — Bini, wie lieb bist du mit mir.« Der wunderbare erste Gruß aus einer Welt, die er verloren hatte, ging über seine Kräfte.

Da verzerrte sich Binias Gesicht: »Va —«

Ein Peitschenhieb sauste durch die Luft — das Blut strömte über die Wangen Josis.

Vor den beiden stand furchtbar der Presi. Sie hatten das Kommen seines Wagens überhört, er hatte das Vorspanntier ohne Hüterin getroffen und Binia gesucht.

Einen Augenblick waltete die Ruhe grenzenloser Ueberraschung.

Binia starrte entgeistert auf das blutüberströmte Haupt Josis. Da riß sie der Presi hinweg.

X.

Was man in St. Peter erlebte!

Vor einigen Tagen war es gewesen. Da hatte der Pfarrer, der zwischen Tag und Nacht von Hospel kam, im Teufelsgarten ein unheimliches Stöhnen gehört. Er war ihm als Diener des Herrn, der den Satan nicht zu fürchten hat, nachgegangen und hatte Josi Blatter, den Rebellen, gefunden, den man verhungert und erfroren glaubte. Er hatte Anzeige beim Garden, dem Vormund des Burschen, gemacht, und dieser den schwerkranken, blutrünstigen Jungen, der vor Entkräftung nicht mehr gehen konnte, mit einem Wägelchen in seine Wohnung geholt.

Und gestern war ein neues Ereignis gekommen. Der Presi hatte, ohne daß er vorher mit einem Menschen davon gesprochen hätte, fast heimlich und über Nacht Binia aus dem Dorf fortgeschafft. Wohin? — Die Bärenwirtin erzählte den Dörflern, die es hören wollten, sie sei in eine Erziehungsanstalt verreist, wo sie die fremden Sprachen lerne, die man im Verkehr mit den Sommerfrischlern brauche.

»Es ist aber doch seltsam,« sagten die Leute, und sie ergingen sich in allerlei Mutmaßungen, doch ohne die Ursache der plötzlichen Reise zu ergründen.

Und heute hatte der Gemeinderat einstimmig beschlossen, daß Kaplan Johannes den Gemeindebann verlassen müsse, da er einem minderjährigen jungen Menschen Unterschlauf gegeben und in der Auflehnung gegen die Behörden unterstützt habe.

Der Pfaffe schlug ein lautes Gejammer an und eilte in alle

Häuser, wo er auf Gehör rechnen konnte. »O, der meineidige Rebell. Wem als mir hat es St. Peter zu danken, daß das Dorf noch steht. Ich schwöre es, er hat es an allen vier Ecken anzünden wollen, nur mit den höchsten Formeln habe ich ihm die Hände binden können. Aber wißt, wißt: Durch den Rebellen Josi Blatter wird früher oder später ein Unglück, wie noch keines erlebt worden ist, über das Glotterthal kommen. Ein Alraun hat es mir im Spiegel gezeigt: Die Kirchhofkreuze hat man in St. Peter ausgerissen und die ganze Gemeinde hat geschrieen: 'Laßt uns den Uebelthäter erschlagen!' Und der Bären lag in Schutt und Asche.«

Die Zähne der Weiber klapperten, doch die gruseligen Erzählungen retteten den Kaplan nicht. Gerade die ruhigeren Bürger drangen darauf, daß er jetzt mit fester Hand aus dem Thal vertrieben würde: »Er macht das Dorf verrückt,« sagten sie, »denn die Weiber glauben ihm.« Der Presi, der sich selber zürnte, daß er Johannes zu lange hatte gewähren lassen, schickte kurzerhand ein paar Mann nach dem Schmelzwerk, die das Gerümpel des Kaplans aus der Ruine warfen und sie so weit abbrachen, daß sie sich nicht mehr zur bescheidensten Wohnstätte eignete.

Dafür war besonders der Pfarrer dem Presi dankbar — jetzt, in alten Tagen, konnte er ungestört das Wort Gottes säen, der böse Feind, der immer das Unkraut des Aberglaubens dazwischen gestreut hatte, war vertrieben. Zum Dank dafür richtete der alte Priester, der es sonst für klüger hielt, sich nicht unmittelbar in die Angelegenheit der Bauern zu mischen, am Sonntag ein kräftiges Wort an seine Herde und bat darin, daß man sich des wiedergefundenen Josi Blatter, der in aller Verirrung nichts Böses gethan, in Liebe erbarme.

Die einen hingen nun an Kaplan Johannes, die anderen am Pfarrer.

Inzwischen genas Josi.

Eines Tages spürte er das Gesicht Vronis über sich und er hatte einen wunderschönen Traum: Er, Vroni, die Mutter und Binia saßen auf dem Felsen über dem Haus, sie sangen: »Du armer Knabe, schlaf am Meere,« und die goldenen Schwingen der Abendluft brachten ein leises Echo von den Bergen zurück. Plötzlich aber fing es an zu regnen, die heiße Erde kühlte sich, die Blumen erhoben die Häupter, die ganze Welt trank das köstliche Naß. Der Regen kam aber nicht vom Himmel, es waren Thränen Vronis!

Ja, sie fielen auf seine Wange. Er erwachte, sah Vroni, lächelte, dann fielen ihm die Augen müde wieder zu und er träumte weiter.

Als ein wackerer Mann hatte sich der Garde des verlorenen Sohnes erbarmt, der wiedergefunden war. Er schlachtete zwar kein Kalb zu seinen Ehren, aber er beruhigte die Gardin, die über den unerwarteten Familienzuwachs ungehalten war.

»Hätte Fränzi zehn Kinder gehabt, ich glaube, du würdest mir alle zehn an den Tisch bringen — sind wir eigentlich das Waisenhaus von St. Peter?«

Sie war kein unbarmherziges, sondern ein zu Wohlthaten für andere geneigtes Weib, das keinen Vorwurf der Härte auf sich kommen ließ, aber Josi litt sie nicht wohl. Seit man ihn gereinigt und ihm das Haar geschnitten hatte, war er in aller Verelendung, mit seinem blutroten vernarbenden Riß über die Wange, der hübschere Bursche als Eusebi. Und doch hätte sie auf der Welt nichts Lieberes gehabt als einen eigenen schönen Sohn, als ein ganzes Haus voll schmucker Kinder, Knaben und Mädchen. Heimlich neidete sie nicht nur alle Frauen, die hübsche Kinder besaßen, sondern auch der Anblick fremder schöner Jugend bereitete ihr Herzeleid.

»Aber Frau, siehst du nicht, wie Eusebi wächst und erwacht? Nimm den Segen nicht mit unchristlicher Rede von ihm. Ich habe eine Hoffnung, die ist so groß, daß ich sie nicht verraten darf,« mahnte der Garde.

»Thun wir nicht genug an Vroni?« fragte die Frau.

»Was genug ist, weiß der Herrgott — ich meine, bis er wieder ganz gesund ist, bleibt der arme Bursche da.«

Murrend fügte sich die stolze Garden.

Vor dem Haus saß Josi auf dem Dengelstein, er sonnte die sich kräftigenden Glieder und ein unsägliches Glück summte in seinem Kopf. Der Garde hatte sehr ernst und väterlich mit ihm geredet. Alles hatte er ihm bekennen müssen, was er das Jahr lang als Rebell erlebt hatte. Dann hatte er ihm in die Hand versprochen, daß er sein Leben lang nie mehr mit Kaplan Johannes verkehre und dem Presi nichts nachtragen wolle.

»Nein — nein,« versicherte Josi, er war ja überglücklich, daß er durch den Streich des Presi wieder unter die rechten Menschen gekommen war.

So viel war der grausame Hieb schon wert.

Da schlarpte der letzköpfige Pfaffe heran und redete dem Burschen, der in einem hübschen Kleid aus einem alten Sonntagsgewand des Garden steckte, schmeichelnd zu: »Du liebes Söhnchen, komme mit mir — bei Fegunden baue ich eine Einsiedelei — du bist es mir für den Winter schuldig, daß du mir sommersüber Krystalle suchst. Im Herbst will ich dich loslassen.«

»Gebt Euch keine Mühe, Johannes, mit Euch bin ich fertig,« erwiderte Josi, den Blick verachtungsvoll von seinem Peiniger wendend.

Da wütete der Schwarze gräßlich: »O du räudiges Schaf — du Lügner — du teuflischer Judas. — Deinetwegen werde ich aus St. Peter vertrieben — Du Satansaas! — du vom Teufel Gezeichneter — du ekliger Dämon! — ich weiß es, du liebst den Balg des Presi noch, aber auf des Teufels Großmutter reite ich, wenn ihr die Hände nacheinander streckt, zwischen euch; meine weiße Seele werfe ich dafür hin, daß ihr nie zusammenkommt.«

Josi lächelte über die Ohnmacht des Tobenden: »Thut, so wüst Ihr wollt, ich glaube nicht an Eure schwarze Kunst.«

Mit entsetzlichen Flüchen ging der Kaplan. Josi lächelte immer noch verträumt in sich hinein. In die Schläfrigkeit der Genesung gaukelten die lieblichsten Bilder: Binia und Vroni! — Vroni und Binia! Es war ihm, als habe die Begegnung mit Binia im Teufelsgarten allen seinen Gedanken eine andere Richtung gegeben, sein Wesen mit Licht übergossen.

Wie ein Engel war sie in den dunklen Kreis seines Elends getreten, er schämte sich, daß er sie so viele Jahre in seinem Herzen nie anders als die »Giftkröte« genannt hatte. Er sann allerlei schöne Namen aus für sie. Glich sie nicht jenem leuchtenden Krystall, den man Tautropfen nennt?

»Tautröpfchen, Tautröpfchen, du liebes, wo bist du jetzt?«

In seiner Brust brannte das Mitleid mit der, die seinetwegen aus dem Thale hatte gehen müssen.

Der Garde hatte ihn zwar eindringlich gemahnt, daß er sich jeden Gedanken an Binia aus dem Kopf schlage, das sei überspanntes Zeug, aber ihm klang es immer in den Ohren: »Wenn du keinen Fetzen auf dem Leib hättest und noch zehnmal mehr Läuse auf dem Kopf — o Josi — ich liebte dich doch.« Das rauschte wie Orgelton durch seine Sinne; wenn es auch der Garde nicht ausdrücklich gewünscht hätte, so hätte er es schon um Binia gethan: er sagte keinem Menschen, woher der häßliche rote Strich auf seiner Wange kam.

Dafür mußte er es freilich dulden, daß ihn jeder, der des Weges ging, mit neugieriger Scheu betrachtete und die Leute von St. Peter es einander zuraunten: »Seht, der Kaplan Johannes hat doch recht, der Teufel hat den Rebellen gezeichnet, damit er ihn kennt, wenn er ihn holen kann.«

Die Geschichte machte dem Garden schwerer als Josi selbst. Mit gelassener Ruhe suchte er für den Burschen bei rechtschaffenen Leuten einen neuen Dienst, erhielt aber überall ausweichenden Bescheid: »Ja, als er zu Bälzi kam, hätten wir ihn auch genommen, aber jetzt — man weiß nicht, was er in dem Jahr aufgelesen hat und einem ins Haus bringen würde. Und hat er nicht St. Peter anzünden wollen?«

Doch forderte wenigstens niemand mehr, daß man ihn ins Gefängnis werfe. Den breiten, schwerfälligen Garden aber hielt das Dorf für einen gutmütigen Narren.

Der obdachlos gewordene Kaplan Johannes ging erst aus der Gemeinde, als man ihn bei knappstem Futter einige Tage eingesperrt hatte. Sein Abschied waren gräßliche Flüche auf den Presi: »Holt der Satan nicht ihn,« schwor er mit rollenden Augen, »so holt er sein Kind.«

Der Presi hatte aber genug Arbeit mit den Fremden, die wieder nach St. Peter kamen und mit fröhlichem Lachen durch das Bergthal schweiften — Schweizer, Deutsche, Franzosen und — der erste Engländer. Auf diesen war er besonders stolz, erst die Engländer gaben seiner Meinung nach einer Sommerfrische die Vornehmheit, die man sich wünschte.

Ein Lord war nun freilich George Lemmy nicht, aber — was

fast ebensoviel bedeutete — ein Ingenieur der britischen Regierung in Indien.

Er war bergsteigermäßig gekleidet, trug Nagelschuhe, grünwollene Strümpfe mit gewürfeltem Muster, graue Kniehosen, graue Jacke und grünen Filz. Er war ein Dreißiger mit blondem, kurzgeschnittenem, zugespitztem Bart, gelblichem, ausgemergeltem Gesicht, prachtvollen Zähnen, ein Mann von beinahe schwächlichem Körperbau, aber von überraschender Energie des grauen Auges und der Haltung. Er wußte immer genau, was er wollte, und setzte es mit einer gewissen Schärfe durch. Und als der Presi die wissenschaftlichen Apparate sah, die sich George Lemmy nachführen ließ, galt es ihm für ausgemacht, daß er ein Besonderer sei.

»Nun, Herr Bärenwirt, hätte ich gern einen vertrauenswürdigen Mann oder Burschen, der nicht ganz auf den Kopf gefallen ist, als Träger und Begleiter.« Der Engländer sprach sein Deutsch gut, wenn auch mit stark englischer Betonung.

Der Presi stellte ihm den lustigen Thöni Grieg zur Verfügung. George Lemmy pfiff eine Melodie vor sich her und maß den Burschen mit einem scharfen Blick: »Well, ich will ihn prüfen!« Aber am dritten Tag kam er wieder: »Ich mag Thöni nicht, er schwatzt mir zu viel, er ist eingebildet wie ein Hahn und schwindelt, daß die ganze Geographie dieser Gegend ins Wanken kommt.«

Da machte der Presi ein langes Gesicht: Was verstand der frisch angekommene Engländer von der Gegend? Er wagte einige Einwendungen, man sei mit Thöni bis jetzt immer zufrieden gewesen, der Ingenieur aber schlug seine Karten auf und erklärte dem Presi die Aufschneidereien Thönis mit Heftigkeit.

Der Presi stand und that so, als ob er auch etwas von den Karten verstände, und seufzte verlegen.

»Ich will mir selbst einen Mann suchen.« Damit klappte der Ingenieur die Karten zusammen. Er hatte sich beim Presi in einen großen Respekt gesetzt, Thöni aber, der sonst so aufgeblasene junge Herr, schlich herum wie ein gezüchtigter Hund. Er wußte es schon, wie oft er die Fremden mit den tollsten Angaben beschwindelt hatte. Jetzt war er an den Unrechten geraten. Und der Presi sah's kommen: Sein erster Engländer fand in St. Peter keinen, der mit ihm ging — er reiste wieder ab.

Nein, nach einer Stunde kehrte der Ingenieur zurück, pfiff vor sich her und lachte befriedigt: »Ich habe ihn schon — habe ihn schon« — und rief Josi Blatter, der etwas zögerte, vor dem Presi zu erscheinen, lustig zu: »Komm, zeige dich, Boy!«

»Teufel auch,« knirschte der Bärenwirt leis, und als er die rote Narbe auf der Wange des Burschen sah, ging ihm doch ein Stich durch die Brust.

»Josi, ist der Garde auch einverstanden, daß Ihr Bergführer werdet?«

Josi war über zweierlei verwundert, über den freundlichen Ton, den der Presi anschlug, und darüber, daß er ihn mit »Ihr« anredete. Er stotterte es beinahe: »Ja, ich finde halt sonst nichts zu thun.«

So war's! Mit schwerem Herzen hatte der Garde, als die Augen des Jungen hoffnungsvoll aufflammten, eingewilligt, daß er mit dem Fremden gehe. Nur aus bitterer Verlegenheit, nur weil sich niemand des Burschen annehmen wollte, weil die Gardin stets über den ungebetenen Kostgänger murrte, obgleich der kaum Wiedergenesene überall tüchtig zugriff, wo er etwas zu thun sah.

»Was denkt das Dorf? — Wohl, er, er, der Garde, helfe mit am Hudligwerden!«

Als der Presi den Bescheid des Garden hörte, lächelte er sonderbar befriedigt, aber Josis Gesicht verfinsterte sich, er erriet, was sein Gegner dachte, und der Engländer mit den stechend klugen Augen merkte, daß die beiden übers Kreuz standen. Lustig sagte er: »Bitte, besorgen Sie meinem Boy ein Nest, er kann, wo er bis jetzt gewohnt hat, nicht bleiben. Haben Sie im Bären einen Schlupf für ihn?«

Das war nun dem Presi doch zu viel. Er ging zu den armen Leuten, die in Josis Vaterhaus wohnten, und mietete dort für den Burschen das Dachkämmerchen, in dem er zu Lebzeiten seiner Eltern geschlafen hatte. Ein saurer Gang, aber der Presi wollte es mit dem Garden, der das Häuschen und den Acker verwaltete, nicht ganz verderben und der grollte ihm wegen Josi schwer.

Als er zurückkam, meinte Thöni eifersüchtig: »Ihr werdet es doch nicht zugeben, daß der Rebell Führer wird!«

Da schnauzte ihn der Presi an: »Ich glaube, daß der eher auf einen grünen Zweig kommt als du.«

Thöni hatte seine Schwächen. Das wußten nicht nur der Bärenwirt und seine Frau, sondern bald auch die Gäste. Die Damen, die in der Sommerfrische waren, trieben häufig ihren heimlichen Ulk mit dem fröhlichen Jungen, indem sie seine kleinstädtische Galanterie herausforderten und dann mit ihrem Spott über ihn fielen.

Das brachte den Wirtsleuten manchen stillen Aerger und oft donnerte der Presi: »Herrgott, Thöni, so ziehe doch einmal die Bubenschuhe aus. Du bist ja der Narr aller.«

Dann stellte sich der schöne Thöni einige Tage beinahe hochmütig gegen die Fremden, aber er erlag ihren

Schelmereien immer wieder.

Jetzt merkte er erst, wie wild der Presi über seinen Mißerfolg bei dem Engländer war, und nachdem er zuerst mit dem größten Hohn auf Josi Blatter gesehen, haßte er ihn. Eines nur ließ ihn den Engländer leicht verschmerzen, die Lasten, die er dem Rebellen zu tragen aufbürdete!

Jeden Morgen erwartete Josi seinen Ingenieur und schleppte ihm die Instrumente, insbesondere den photographischen Apparat, nach. George Lemmy photographierte, indem er dazu fortwährend pfiff, Berge, Häuser, Bäume, Viehgruppen, spielende Kinder. Selten aber sprach er ein überflüssiges oder gar ein freundliches Wort zu seinem Gehilfen, doch gab es in seinem Verkehr so viel Neues zu sehen, daß Josi das Leben überaus kurzweilig erschien. Er lernte die Instrumente handhaben und die Furcht, sein Herr würde ihn eines Tages entlassen, verschwand vor dem beglückenden Gefühl, daß er ihm nützlich sei.

Freilich, hart genug ließ es ihm der Ingenieur werden, doch just, wenn er mit den letzten Kräften noch aushielt, indem er an die guten Vorsätze dachte, die er in der Einsamkeit seines Rebellentums gefaßt hatte, lächelte sein Herr: »Boy, ich glaube, wir arbeiten gut zusammen.«

George Lemmy war einer von denen, die mit sich selbst und anderen erst zufrieden sind, wenn sie von der Mühe des Tages am Abend zusammenbrechen.

Eines Tages drohten ihm die von St. Peter, sie würden ihm die Bildermaschine zusammenschlagen, wenn er sie und ihre Häuser damit nicht unbehelligt ließe; nun war er wütend über die »Pfahlbauern«, wie er sie nannte, und sein Zorn wuchs noch, als der Presi, der »Oberpfahlbauer«, erklärte, er könne ihn nicht schützen, man müsse die von St. Peter nehmen, wie sie seien.

Abreisen! — Allein George Lemmy war verliebt in das Glotterthal und wandte nun seine Aufmerksamkeit den heligen Wassern zu. Ihretwegen war er ja eigentlich ins Thal gewandert.

Er war von Bräggen im Oberland nach Hospel gekommen und hatte dort zufällig ein überraschendes Volksbild erlebt. Ein Ausrufer gab unter Trommelschlag den Leuten, die aus der Kirche strömten, bekannt, daß die Versteigerung eines »Baches« stattfinde. Neugierig schaute er zu, wie sich die Bauern in ihren halbleinenen Hosen und roten Westen sammelten, wie die Frauen, Mädchen und Buben sich in ihren malerischen Trachten an die blumenumsponnene Kirchhofmauer lehnten, auf der Straße der Präsident, der Garde und der Schreiber von Hospel Stellung nahmen und einen von den hundert Fäden, in die sich die heligen Wasser beim Flecken teilen, für den Sommer versteigerten. Sie schlugen ihn dem Meistbietenden zu, der damit das Recht erlangte, den Faden Woche um Woche während drei Tagen zu benutzen. Jedes Angebot malte der Schreiber mit großen Zahlen an ein Scheunenthor, damit jedermann ein klares Bild vom Gang der Steigerung erhalte, und aus dem Eifer, mit dem die Bauern boten, spürte der Ingenieur, wie wichtig ihnen der Besitz des Wassers sei. Bei der Gasttafel sprach er mit dem Kreuzwirt darüber: »Warum versteigert man das Wasser nur für die ersten Tage der Woche?« — »Nach einem alten Gesetz gehört es Donnerstag, Freitag und Samstag jedermann, also den Armen.« Und sie redeten von den heligen Wassern so lange, bis den Ingenieur eine große Neugierde dafür gefaßt hatte.

Jetzt studierte er sie. Er maß und photographierte ihren Einlaß am Gletscher, folgte den Kännlen, bestimmte an vielen Stellen zwischen St. Peter und Hospel die Wärme des Wassers, merkte sich die Gefälle, die Wassermengen, die durchflossen, verpfropfte zahlreiche Wasserproben und zeichnete draußen in den Reben von Hospel die geeichten eisernen Schaufeln und Scheiben, mit denen die Winzer die Verteilung des Wassers besorgen.

Josi verstand nicht alles und sah den Zweck nicht für alles ein, was der Ingenieur that, aber er spitzte die Ohren und hörte es gerne, wenn George Lemmy über die heligen Wasser sprach.

Der Engländer forschte nach hundert kleinen Dingen, und wenn ihn die anderen Gäste foppend fragten, ob er denn nicht mehr von der großen Klapperschlange loskomme, antwortete er lachend: »Lassen Sie mich. Sie ist ein merkwürdiges Stück Bauerngenie, ein Riesenlaboratorium der Natur. Hier meine chemischen Ergebnisse: Die Leitung führt in ihren Wassern jede Woche hundert Zentner Schlamm, darunter zehn Pfund reine Phosphorsäure, sieben Pfund Kali und hundertfünfzehn Pfund Bittererde. Stattliche Düngerfabrik, was? Und der analytischen Wertung entspricht die praktische Erfahrung. Drüben am Hochpaß haben Sie die Wässerwasserfuhre der Lissa. Als vor zwanzig Jahren ein Erdbeben sie auf weite Strecken zerstörte, konnte, wie amtlich belegt ist, die Berggemeinde Zuenzirbeln bald nur noch fünfzig Stück Vieh erhalten, während vorher zweihundert reichliche Weide auf ihrem Gebiet gefunden. So giebt es genug Nachweise, daß die sonnenwarmen Gletscherwasser den Ertrag des Bodens verdrei- und verfünffachen. Lassen Sie also die Heligen ruhig klappern — ich erwäge sogar ernsthaft, ob ich der britischen Regierung nicht vorschlagen will, daß sie vom Himalaja herunter in benachbarte Distrikte Indiens ähnliche Leitungen baue.«

Wörter, die Josi nie zuvor gehört, schwirrten ihm im Verkehr mit dem Ingenieur um den Kopf und die heligen Wasser schienen ihm, seit sich George Lemmy damit beschäftigte, selber viel wunderbarer als je zuvor.

Eines Tages schritt er mit George Lemmy den schwindligen Weg über die Kännel an den Weißen Brettern, und mit Staunen sahen Einheimische und Fremde die beiden Akrobaten an den schimmernden Wänden.

Josi war es ein unvergeßlicher Tag. Als er an der Stelle stand, wo sein Vater gestürzt war, pochte sein Herz in der Brust, und als sie in der Mitte des schrecklichen Pfades, das in leichten Dunst getauchte Thal tief unter sich, eine Viertelstunde ruhten, da ging ihm der Mund über und er erzählte dem Ingenieur das Leiden und Sterben des Vaters.

George Lemmy sagte auffallend wenig dazu, er war und blieb der trockene Engländer. Aber Josi fühlte doch seinen Blick der Teilnahme. Erst als sie aufstanden, meinte Lemmy fast scherzhaft: »Josi, neunzehnjähriger Boy, werde Ingenieur und führe die Leitung sicher durch die Felsen. Es giebt jetzt in unserer Wissenschaft Mittel genug, daß man auch diese Schlange zähmt. Nicht wahr, das wäre ein Streich für die Pfahlbauer von St. Peter, wenn es keine Wasserfron mehr gäbe.«

Ein jähes Feuer flammte aus den Augen Josis.

Er schwieg, aber vor Erregung konnte er auf der zweiten Hälfte des schmalen Weges fast nicht gehen.

Als sie am Abend ins Dorf zurückkamen, schlang Vroni die Arme um den Bruder: »O, was die Leute sagen! Weil du unnötig über die Kännel an den Weißen Brettern gegangen bist, so habest du für die nächste Wassertröstung das Los auf dich gezogen.«

Da lächelte Josi kühl geheimnisvoll: »Die Leute sagen, wenn der Tag lang ist, viele Thorheiten — aber ich glaube selbst, daß ich einmal wie unser Vater selig an die Weißen Bretter steigen muß.«

Vroni sah ihn erbebend an: »Josi, du bist früher ein so artiger lieber Bub gewesen, und jetzt bist du ein so Besonderer worden, so ein Geheimnisvoller, daß es mir bald wie den anderen Leuten geht, daß ich dich zu scheuen und zu fürchten anfange.«

»Sei nicht so närrisch, Vroneli,« schmeichelte Josi und blickte zufällig nach den Firnen der Krone.

»Am Ende gehst auch noch dort hinauf, wo die armen Seelen hausen! Josi! Versprich es mir, daß du es nicht thust. Denke an den seligen Vater, denke an die selige Mutter!«

Je inniger das Mädchen flehte, um so finsterer zog der Bruder das Gesicht: »Alle Tage denke ich an sie, aber wenn George Lemmy es wünscht, so gehe ich mit ihm auch auf die Krone. In jedem folge ich ihm.«

»Dann stürzest du dich ins Unglück,« jammerte das Mädchen. Josi aber schritt mit einem nachdenklichen Lächeln in sein Nachtquartier.

»Was man doch um einen so lieben Bruder für Kummer hat!« Vronis schöne blaue Augen wurden trüb. Als indessen der Anteil des fremden Ingenieurs auch stark für die Sagen erwachte, die um die heligen Wasser gingen, und ihn Josi, der im Erzählen nicht besonders gewandt war, zu ihr führte, da hatte sie ihre helle Freude an dem aufmerksamen Zuhörer.

Bei Vroni saß der Fremde an der vollen Quelle. Dem Bruder zuliebe besiegte sie die Scheu vor ihm, und dem Ingenieur gefiel das blonde schöne Mädchen, das seine Geschichten in der vollklingenden alten Sprache des Thales erzählte, ausnehmend gut.

Er behandelte es mit Auszeichnung. »Ein Brigante wie du bist, hat so ein Edelweiß zur Schwester!« scherzte er zu Josi.

»Und also fügt es Brauch und Gesetz,« erzählte sie mit errötenden Wangen, die Hände über das Knie geschlagen, »wenn ein Jungknabe ein Mädchen lieb hat und will mit ihm ein eigenes Feuer machen, so mag er sich beim Garden melden, daß er ihm einen Sommer lang in der Bestellung der heligen Wasser zudiene und in der Wasserpflicht erfahren in den Stand des Hausvaters trete.

»Wenn ein Jungknabe, der Knechtlein oder sonst geringen Standes ist, ein Mädchen liebt und es vom Vater nicht erlangen kann, mag er die Liebe dem Garden darlegen und glaubhaft darthun, daß die Jungfrau einer Seele mit ihm sei, und legt er vor dem Garden und der Gemeinde das Gelübde ab, daß er beim nächsten Leitungsbruch an die Weißen Bretter steige, so soll der Gemeinderat Freiwerber für ihn werden. Will aber der Vater des Mädchens nicht einwilligen, so sollen die Nachtbuben und wer will unstrafbar den Lauf haben, ihn und sein Haus zu verhöhnen und dem Werber zu helfen, bis der Vater die Jungfrau dem Jungknaben giebt.«

Josi brannte das Gesicht, unruhig vor innerer Bewegung hörte er zu, obgleich er die Satzungen schon kannte.

Vroni sah es wohl. »Wegen Binia,« dachte sie.

Die Freude des Ingenieurs an Josi wuchs und er befreundete sich auch mit dem Garden.

Eines Tages erfuhren die Geschwister aus dem Gespräch der beiden, wer George Lemmy eigentlich sei. Er habe zuerst, erzählte er, an einer Hochschule in England, dann zwei Jahre in der deutschen Schweiz studiert und auf sommerlichen Exkursionen die Bergwelt lieb gewonnen. Später sei er nach Indien gegangen, wo schon sein Vater Kolonialbeamter gewesen, und dort baue er im Auftrag der

Regierung Straßen und Eisenbahnen. Das Klima sei aber unzuträglich, und nachdem er fünf Jahre in dem heißen Land gearbeitet habe, sei er genötigt gewesen, längeren Urlaub zu nehmen. Den Sommer verbringe er jetzt im Gebirge, doch nicht bloß, um die Schönheiten des Landes zu genießen, sondern auch um einen oder zwei tüchtige Bergführer anzuwerben. Er brauche die Leute als Pioniere beim Bau von Straßen, die man bedürfe, um die kleinen wilden Gebirgsvölker, welche die indische Nordgrenze unsicher machen, besser bekämpfen zu können. Ein Führer, den er von früher her kenne, sei schon geworben, Felix Indergand zu Bräggen, und im Herbst wollen sie gemeinsam nach Indien reisen.

»Felix Indergand kenne ich von manchem Markt, das ist ein rechtschaffener und einsichtiger Mann,« sagte der Garde. »Da habt Ihr einen Tüchtigen geworben.«

»Und wenn ich nun auch den zweiten hätte,« antwortete Lemmy.

Josi taumelten die Sinne, Tag und Nacht dachte er nichts anderes, als ob wohl George Lemmy nicht ihn einladen würde, mit ihm nach Indien zu gehen. Was würde er dann thun? Ein freudiges »Ja!« würde er ihm zujubeln. St. Peter war für ihn doch kein Boden mehr und kein Glück. Was sollte er im Dorf beginnen, wenn der Ingenieur wieder abgereist war?

Vroni ahnte die Pläne des Bruders. Als Josi eines Tages freudvoll zu ihr gestürmt kam, fragte sie erschreckt: »Hat dich Lemmy nach Indien angeworben, daß du so rote Wangen hast?«

»Nein,« erzählte er hastig, »aber weißt du, wo Binia ist, ich weiß es! Der Knecht des Fenkenälplers war mit einer Viehherde im Welschland. Da hat er sie gesehen, wie sie mitten unter Klosterschülerinnen ging. Das Kloster heißt Santa Maria del Lago und liegt an einem schönen See. Denke, er hat mit ihr geredet, aber es war eine Nonne dabei — Bini läßt dich und mich grüßen!«

Josis Augen strahlten, der Gruß war für ihn eine Welt voll Sonne.

Nun hoffte Vroni, der Gedanke an Binia werde Josi in St. Peter zurückhalten, aber — blieb er, so stieg er wohl bei der nächsten besten Gelegenheit für Binia an die Weißen Bretter und fiel wie der Vater zu Tode.

Die Kunde, daß Binia im Kloster Santa Maria del Lago jenseits des Hochpasses sei, erregte im Dorf große Verwunderung, namentlich als man von Hospel aus erfuhr, die besondere Thätigkeit der Nonnen der frommen Anstalt sei die Besserung solcher Mädchen aus wohlhabenden Familien, die sich irgend einen leichtsinnigen Streich hatten zu schulden kommen lassen oder auf deren Lebenswandel ein Makel lag. Fast mit Schaudern sprach man von den grausamen Mitteln, welche die frommen Damen anwenden, um ihre wilden Zöglinge zu zähmen, die Dunkelzelle, das genagelte Scheit, auf das die Sünderinnen so und so viel Stunden knieen müßten, den Hunger, das Nichtschlafenlassen, das Bespritzen mit kaltem Wasser.

Um so mehr erregte der Aufenthalt Binias an diesem Ort Aufsehen in St. Peter. »Was hat sie verbrochen?« — Darüber grübelte man, und dann löste die alte Susi in Tremis den erstaunten Dörflern den Knoten: »Binia und Josi Blatter haben vom Kaplan Johannes den bösen Segen empfangen, daß sie nicht voneinander lassen können. Jetzt wird sie im Kloster enthext.«

Da man nichts Besseres wußte, so glaubte man der Erzählung der Alten. Um so mehr, als der Kaplan, der von seinem Fuchsbau an der Berghalde von Fegunden aus immer etwa heimlich nach St. Peter kam, die Thatsache nicht in Abrede stellte, sondern nur geheimnisvoll lächelte und die lodernden Augen vielsagend spielen ließ.

Nun sah man den Rebellen, der auf einer Wange das Zeichen des Teufels trug, erst recht mit scheelen Blicken an.

Dem Presi lag es schief, daß der Aufenthalt Binias bekannt geworden war, ein Schatten fiel damit auf die Hausehre, obgleich es um das Kloster nicht so schlimm stand, wie die Dörfler erzählten. Wäre er nur den Warnungen des Kreuzwirtes in Hospel gefolgt! Von Anfang Sommer bis jetzt war in quälender Gleichförmigkeit die Frage: »Wo ist denn Ihre alpige Rose, Ihr Herzensmädchen?« Tage um Tage, Stunde um Stunde wiedergekehrt. Dazu Ausdrücke des Bedauerns, die man nur mit Lügen beantworten konnte. Und ihm selbst fehlte sie, die zärtliche Maus, das Vögelchen mit den dunklen Augen, in denen eine so wunderliche Welt schimmerte. Die Berichte der Priorin von Santa Maria del Lago über Binia lauteten auch nicht sonderlich. Sie bete alle Tage zwei Stunden mit einer Schwester für ihre Besserung, aber das Kind sei klug wie eine Schlange, so weit es ohne Strafe durchschlüpfen könne, sei es immer bereit, sich über die Nonnen lustig zu machen. Und im Hintergrund der Briefe versteckt sah der Presi einen frommen Drachen, der auf eine Novize lauerte wie der Teufel auf eine Seele.

Nein — nein, siebenmal nein! Keine Braut des Himmels wollte er, nein, er selber wollte sich freuen an seinem lieben Vogel, an dem zärtlichen Kind.

Eher als den Nonnen gäbe er sie Josi Blatter, dem Rebellen.

Aus Empörung über die sonderbare Liebeserklärung, deren Zeuge er im Teufelsgarten gewesen war, hatte er Binia in der Meinung fortgeschafft, daß sie das siebzehnjährige Köpfchen schon breche, wenn sie den furchtbaren Ernst seines Willens sehe. Das war wohl nötig, denn Binia und Josi Blatter kamen jetzt in das Alter, wo der Ernst des Lebens beginnt.

Dieser verfluchte Rebell! Er, den man schon tot gesagt hatte, lebte so gesund. Jeder andere wäre in dem furchtbaren Jahr der Einsamkeit zu Grunde gegangen, aber gerade er nicht, sondern er ging jetzt so tröstlich mit seinem Engländer, als hätte er nie etwas anderes gethan. Und merkwürdig, dachte der Presi, von dem Peitschenhieb, den er auf seine Wange geführt, weiß im Dorf kein Mensch ein Wort. Der Bursche schwieg auf alle Fragen, woher die Narbe komme, wie das Grab, und ertrug es mit lachendem Mund, wenn die Leute sagten, der Hinkende habe einen Hufstreich in sein Gesicht geführt.

Dieses Benehmen verwirrte den Presi. Ihm war manchmal, er müsse Händel mit dem Burschen anfangen, der schlank und gerade wie ein Bolz heranwuchs, das Nächstliegende mit klugem Auge erfaßte, seine Tagesarbeit mit zäher Ausdauer that und sich sonst nicht um die Welt scherte. Den könnte man, dachte er, töten und begraben, am Morgen aber stände er wieder da in blühender Lebendigkeit und schaute, wenig redend, doch alles überlegend, mit seinem gescheiten Gesicht um sich.

Ausnehmend gut gefiel Josi der Frau Cresenz. »Merkt Ihr nicht, Präsident, daß das einer ist, der einmal euch allen in St. Peter über den Kopf wächst? Ich würde den alten Span, an dem nichts ist, ruhen lassen und zöge den Vorteil gegen mich. Stellt Josi Blatter als Führer ein, wir machen Staat mit ihm.«

»So, Präsidentin!« donnerte darauf der Bärenwirt, »dürfen mir die Gäste nicht mehr selber sagen, was sie für thörichte Wünsche aushecken — müßt Ihr ihnen als Fürsprecher dienen? Gott's Wetter, da wird kein Heu dürr. Wo habt Ihr den Verstand?«

Eines Tages aber entstand in St. Peter ein großer Auflauf von Einheimischen und Fremden. Auf der Spitze der Krone sah man zwei schwarze Punkte — zwei Bergsteiger! »Der Engländer und der Rebell,« rieten die Leute gleich, »es sind gewiß keine anderen.« Was im Thal an Fernrohren aufzutreiben war, richtete sich auf den in erhabener Einsamkeit schwebenden Gipfel des reinen Firns. Seit vor fünfunddreißig Jahren jener Naturforscher ins Thal gekommen und von der Krone über die Schneelücke nach St. Peter niedergestiegen war, hatte niemand mehr die wunderbare Spitze betreten. Von den Schleiern der Armenseelensage geheiligt schien sie den Menschen nichts weiter zu sein als ein göttlicher Altar des Lichtes, auf dem der Morgen und der Abend ihre Fackeln anzündeten, die Sterne in bleicher Mitternacht ruhten und arme Seelen sich büßend auf die Freuden des Paradieses vorbereiteten.

Jetzt war der Bann gebrochen. Die Fremden jubelten, sie schwangen den Kühnen zum Gruß mächtige Tücher und sahen durch die Ferngläser, wie die zwei Männchen auf der Spitze die Grüße erwiderten. »Ein patenter Bursche, dieser Boy des Ingenieurs!« widerhallte es im Bären.

Die Frauen von St. Peter aber jammerten und die Männer tobten: »Jetzt ziehen die armen Seelen aus, das Dorf muß untergehen, wäre doch der Rebell im letzten Winter erfroren, der bringt Unglück über das ganze Thal.«

Die furchtbare Erregung wuchs, einzelne, die meinten, die Strafe des Himmels breche sofort herein, rüsteten ihre Siebensachen zum Auszug, andere stürmten zur Kirche: »Läutet die heiligen Glocken, damit die armen Seelen bleiben.«

Der Pfarrer, der nicht an die Abgeschiedenen im Eise glaubte, erhob Einsprache — umsonst — die Glockenklänge rauschten durchs Thal und vermehrten die Verwirrung.

»Haben die von St. Peter schon wieder einen Heiligen zu verehren, den niemand kennt als sie?«

So fragten die Fremden verwundert, der Presi und Frau Cresenz aber gaben ausweichenden Bescheid.

Vroni weinte herzlich: »Nun ist er doch gegangen!«

Als die beiden Bergsteiger in der Abenddämmerung todmüde, aber mit erhobenen Häuptern in das Dorf schritten, da ballten sich die Fäuste und die Zurufe der erzürnten Dörfler schwirrten an Josis Ohr: »Du Teufelshund — wärst du doch im letzten Winter beim

Kaplan verreckt!«

Und hinter den Häuserecken hervor flogen die Steine um die Köpfe der beiden.

Der Presi und der Garde gingen ihnen entgegen, beruhigten die schimpfenden Aelpler und Bauern, und ihrem Ansehen gelang es, die Tollkühnen, ohne daß sich die von St. Peter an ihnen vergriffen, in den Bären zu führen.

Da bereiteten die Gäste, die eben an der Tafel saßen, den Bergsteigern einen begeisterten Empfang — besonders Josi.

George Lemmy nahm den Vorfall von der fröhlichsten Seite, mit dem Humor seiner Rase fand er, es sei merk- und denkwürdig, ein solches Abenteuer erlebt zu haben.

»Bub! — Unglücksbub! — was hast du angestellt? — du bist ja deines Lebens nicht mehr sicher im Dorf, komm morgen zu mir, wir wollen beraten, was zu thun ist,« knurrte der Garde und ging, nachdem er noch mit dem Presi abgeredet hatte, daß Josi zur größeren Sicherheit im Bären schlafe, mit tiefbekümmertem Gesicht.

Seine Worte klangen Josi, obgleich ihn die Kletterei fast zu Tode erschöpft, die ganze Nacht in den Ohren wie die Posaunen des Gerichts.

»Vater — Mutter,« jammerte er in sich hinein, »was habe ich thun können, als mit meinem Herrn gehen.« Mit zerschlagenen Gliedern und matten Sinnen erschien er am Morgen vor dem Ingenieur.

»Ich komme mit dir zum Garden!« lachte der gutgelaunt.

Der Presi sah, auf der Freitreppe stehend, den beiden nach. Er wollte sich wegen der kühnen Bergbesteigung in einen großen Zorn auf Josi Blatter hineinreden, aber es gelang ihm nicht, der Mut des Burschen zwang ihn zu heimlicher

Hochachtung vor ihm und er dachte an das Wort der Frau Cresenz: »Das ist einer, der euch allen in St. Peter über den Kopf wächst,« er dachte an Binia — und seufzte.

Am Nachmittag kam der Garde in den Bären und saß mit dem Presi lange im oberen Stübchen.

»Ich habe mit dem Pfarrer geredet,« berichtete der Garde, »er will die Leute, indem er von Haus zu Haus geht, zur Ruhe mahnen und am Sonntag einen Spruch, daß der Glaube an die armen Seelen im Eis eine wahrer Frömmigkeit widersprechende Thorheit sei, in die Predigt flechten. Ich aber mache mir eine Todsünde daraus, daß ich Josi mit dem Ingenieur habe gehen lassen.«

»Er ist ein Satan, der Rebell,« lachte der Presi, »ich fürchte, er ist bald nicht mehr zu bändigen — das kommt, weil Ihr ihn immer beschützt.«

»O, ich habe ihm heute vor dem Ingenieur das Kapitel verlesen wie noch nie, aber nicht mit gutem Gewissen, Ihr und ich, wir sind verantwortlich für ihn und sein Thun. — Ihr von lange her — ich, seit ich ihm gestattet habe, daß er mit George Lemmy gehe. — Im übrigen giebt es eine Aenderung im Leben Josi Blatters — ladet auf den nächsten passenden Tag den Gemeinderat ein. — George Lemmy, der Ingenieur, will ihn mit nach Indien nehmen. Wie ich den Burschen so recht in die Zange gefaßt habe, hat mich der Engländer lachend unterbrochen: 'Unnötige Mühe!' eine Lobrede auf Josi gehalten und bestimmt erklärt: 'Ich nehme ihn mit mir!'«

»Nach Indien!« Der Presi schoß auf. Hundert Gedanken kreuzten sich in seinem Kopf, am vernehmlichsten der: »Endlich von einem Alpdruck erlöst!«

Er beruhigte sich aber und sagte: »Das will doch erwogen sein!«

»Lemmy hat mir versprochen, daß er einen rechtschaffenen Mann aus ihm mache — einen Ingenieur, so weit es Josis geringe Schulbildung erlaubt — und, ich weiß nicht warum, ich habe ein seltsames Zutrauen zu dem Manne. Ich reise übrigens morgen eigens nach Bräggen, um mit Felix Indergand zu reden, der auch mit Lemmy über das große Wasser geht. Schlaflos legt mich die Geschichte, aber nach allem, was geschehen ist, kann Josi nicht in St. Peter bleiben.«

»Das stimmt, das stimmt!« erwiderte der Presi kühl, »es ist ein verdammter Streich, den uns die beiden gespielt haben. Im übrigen, wie sind die Bedingungen? Muß die Gemeinde etwas für ihn zahlen?«

»Nichts! Es ist freie Hin- und Rückfahrt verabredet, Josi muß wenigstens drei Jahre bleiben und wird von Lemmy gehalten wie jeder andere, der unter seiner Führung steht.« —

»So — sonst hätte ich vielleicht einen Beitrag dran gethan!« —

Der Garde sah ihn mit einem Blick an, der ungefähr sagte: »So steht es also um dein Gewissen, Presi!«

Als er gegangen war, schritt der Presi schwer auf und ab: »Heimkommen, Binia! — Die Luft ist rein. — Seppi Blatter, wir wollen dafür sorgen, daß dein Spiel verloren ist!« — Dann stutzte er: »Dieser Josi Blatter — der stirbt in Indien nicht. — Der kommt eines Tages wieder heim — und dann ist die Not um Binia größer als jetzt. — Das Kind muß jung heiraten.«

Nicht lange, und die Nachricht, daß Josi mit seinem Engländer in ein fernes Land gehe, flog durchs Dorf. Man kränkte sich sonst in St. Peter, wenn, was bei Jahrzehnten nicht vorkam, ein junger Bürger in die Fremde zog. Nach der Meinung der Dörfler war es doch nirgends auf der Welt so schön, lebte es sich so gut wie zu St. Peter. Und man betrachtete jeden als einen Verlorenen, der sich außer Landes begab. Josi Blatter, den Rebellen, aber ließ man gern ziehen. Die Kunde von seiner bevorstehenden Abreise beruhigte die Leute, und die Gäste des Bären, die genußfreudige, vom schlichten frommen Sinn der Dörfler durch eine Welt anderer Anschauungen geschiedene Gesellschaft falterte unangefochten wie sonst durch Dorf und Feld, auf dem bereits die Herbstblumen zu blühen begannen.

Von dem Sturm, der bei der ersten Besteigung der Krone das eingeborene St. Peter bewegt hatte, hatten sie kaum Kenntnis erlangt.

Aus dem großen Thal kamen ein paar junge Bergsteiger, die von der überraschenden Besteigung der Krone gehört hatten, und wollten sie mit Josi Blatter wiederholen. Er aber wies sie ab.

Thöni indessen, der an dem Tag, wo die beiden den Gipfel der Krone erstiegen hatten, in Hospel gewesen war und nach seiner Rückkehr mehr vom Ruhm der Gäste als von der drohenden Haltung der Bauern reden gehört hatte, wurmte die Eifersucht auf den Rebellen bis ins Mark.

Er ließ sich heimlich von den jungen Steigern als Führer mieten. Als ob er mit den Ehrgeizigen nur einen größeren Spaziergang auf den Gletscher, aus dem die Glotter fließt, unternehmen wollte, ging er mit ihnen in der Morgenfrühe weg. Erst am Nachmittag sah man erstaunt eine kleine Kolonne auf dem unteren Firn der Krone. »Die Wahnsinnigen gehen auf einem überhängenden Schneeflügel!« riefen plötzlich Stimmen, und man hatte es kaum bemerkt, so brachen die fünf durch die Wächte. Zum Glück kollerten sie nicht sehr tief einer Wand entlang, aber nun saßen sie auf einer Felsenplanke, von der kein Ausweg zu sehen war. Sie schwenkten Tücher, daß man sie holen möge.

Und sicher war eins: Mußte das arme Fünfblatt dort über Nacht bleiben, so erfror es.

Der Presi wütete über Thöni, er sammelte dann eine Hilfskarawane, und die von St. Peter ließen sich, obgleich sie sich über den neuen Frevel wie über den ersten empörten und ihre Schadenfreude nicht verbargen, sofort herbei, die Rettung der Gesellschaft zu versuchen. Denn wo Menschenleben in Gefahr schwebten, waren sie, wie alle Leute der Berge sind: sie kannten nur die Pflicht der Hilfe.

Josi war in fiebernder Erregung: »Darf ich sie holen? Sie erfrieren, bis die Mannschaft oben ist,« fragte er den Ingenieur.

»Well, hole die Unglückseligen, Boy.« Und George Lemmy war, indem er die Hände in die Hosentaschen steckte und ein Liedchen pfiff, selber neugierig, wie der Bursche nun vorgehen würde.

Eine — zwei — drei Stunden! — Man sieht ihn! Wo scheinbar nur glatte Wände sind, klettert der ehemalige Wildheuerbub wie ein Kaminfeger durch Felsenrisse, eilt über schmale Kanten, ist wieder in einem Riß und klettert aufwärts!

Ein Dutzend Fernrohre folgen ihm. — Noch eine Stunde — die Hilfskarawane ist erst auf den oberen Alpen — da schwingt sich Josi auf das Band, wo die fünf armen Knaben sitzen.

Er hört die Jubelrufe aus dem Thale nicht, er weiß nur, daß er eilen muß, die Leute zu bergen, denn St. Peter liegt schon im tiefen blauen Schatten, nur noch an den Spitzen glänzt die Sonne.

»Du lausiger Rebell, dich haben wir nicht gerufen,« empfängt ihn Thöni.

»Grieg, seid artig, sonst lass' ich Euch beim Eid über Nacht da oben hocken,« erwidert Josi.

Die von Thöni Schlechtgeführten danken ihm überschwenglich, einer weint vor Freude. Josi mahnt: »Nur Mut! — gangbarer Fels und Schutt ist nicht weit, aber ein Umweg ist nötig.«

Er kennt die Gegend genau, er hat über der Planke manchen Tautropfen gebrochen, er löst auch jetzt einen, den sein geübter Blick in einer kleinen Höhle entdeckt hat, und steckt ihn wie zum Andenken in die Westentasche.

»Aufpassen!« ruft er. Die Lotserei beginnt, sie geht im Bogen und Zickzack bergauf, bergab, den greifbaren Vorsprüngen entlang. Er würde den halsbrecherischen Weg in einer Viertelstunde machen, aber er muß den Ermüdeten und von jedem Selbstvertrauen Verlassenen die Füße einstellen, die Handgriffe zeigen, die mutlos werdenden Zurückgebliebenen nachholen, einen um den anderen am Seil herunterlassen, eine Stunde fieberhafter Anstrengung vergeht, und sie sind noch nicht am Ziel — die Nacht ist gesunken — aber jetzt! — endlich! — endlich hat die Gesellschaft ein sanftes Geröllfeld erreicht — Josi will jauchzen, er kann es nicht vor Erschöpfung. Heiser nur sagt er: »Ihr seid auch da, Grieg!«

Thöni spürt aber kaum den sicheren Boden, so fährt er Josi an: »Du hättest uns nicht zu holen brauchen, du Laushund, ich wäre schon losgekommen. Den Schimpf machen wir einmal handgreiflich aus!«

»Gut, Ihr könnt Euch nur melden!«

Um drei Uhr des Morgens kamen Josi, die Geretteten und

die Hilfskolonne im Dorfe an. Einheimische und Fremde wachten. Unter der Thüre des Bären, wo ihm der Presi mit einem Ausdruck aufrichtiger herzlicher Achtung entgegentrat und beide Hände reichte, brach er, den Jubel der Glückwünschenden in den Ohren, zusammen.

Kaum hatte er sich am Morgen erholt, als ihn der Presi in jene Stube rufen ließ, wo sie sich nach dem Tod der Mutter gegenüber gestanden hatten. Als der mißtrauisch dreinblickende Bursche eintrat, empfing ihn der Bärenwirt fast feierlich. Er stand auf, stützte die Linke auf das Pult und reichte ihm die Rechte: »Setzen wir uns! Ich bekenne, daß ich Euch eine Weile unterschätzt habe, Blatter, sonst hätte ich Euch nicht zu Bälzi gethan. Zunächst danke ich Euch, daß Ihr die fünf geholt habt. Die Rettung ist ein Ehrenblatt für Euch.«

Josi wurde feuerrot und verlegen, er stand bei dem Lob des Presi wie auf Nadeln. Der Mann, der so mit Wärme und Achtung zu ihm sprach, war der, der ihm die Peitsche ins Gesicht geschlagen. Er war aber auch Binias Vater. Die Gedanken spannen sich ineinander und verwirrten ihn.

»Ihr wollt also jetzt mit George Lemmy nach Indien. Das ist ein abenteuerlicher Plan. Der Gemeinderat hat indes einstimmig beschlossen, daß man Euch kein Hindernis in den Weg legen will. Im Frühling werdet Ihr ja volljährig und dann seid Ihr ohnehin der Vormundschaft entlassen.«

Der Presi stand auf und langte in ein Pultfach: »Wenn man ins Leben geht, dann ist es von besonderer Wichtigkeit, daß man die Freiheit, sich zu wenden und zu kehren hat. Die besitzt man nur mit Geld. Ich möchte Euch einen Reisepfennig mitgeben. — Ihr seht, wenn ich gebe, bin ich nicht klein!«

Er reichte Josi etliche Blätter Banknoten. Der junge Mann

fuhr auf, er wollte reden, aber das Wort blieb ihm in der Kehle stecken. Nur ein seltsames »Herr Presi!« würgte er hervor.

So viel Geld hatte er natürlich noch nie beisammen gesehen, dachte der Presi, mißverstand seine Bewegung und hielt sie für Gier.

»Ich will keinen Dank, die Blätter sind für das Herunterholen der Jungen, es ist Rechnung und Gegenrechnung — nehmt sie herzhaft.«

Eine verwirrende Liebenswürdigkeit lag in seinem Ton.

»Ich will noch einmal so viel zulegen, Blatter. Gebt mir nur das Versprechen in die Hand — daß Ihr — wenn Ihr je aus Indien zurückkehrt — mit Binia nichts zu schaffen haben wollt. — — Es kann nicht sein — es darf nicht sein. — Ich sage es Euch in heiligem Ernst: Ich leide es nicht — ich leide es nicht.«

Düster und trotzig waren seine letzten Worte.

Nun aber brach Josi los: »Herr Presi, glaubt Ihr, daß ich meinen Vater schände? Um wie viel weniger Geld habt Ihr ihn in jener Nacht gekreuzigt, daß er an die Weißen Bretter steige. Ihr meint, ich nehme je einen Rappen[27] an aus Eurer Hand?«

[27] *Rappen*, schweizerdeutsch, so viel wie ein Centime.

Etwas Ergreifendes, Rührendes lag im Zorn des Burschen, eine durch Bescheidenheit gezügelte heiße Entrüstung.

Seppi Blatter und Fränzi in einem, ein verdammt schöner Bursche, dachte der Presi.

»Und Binia?« fragte er mit einem leisen Seufzer, schon halb verstimmt.

In den Augen Josis loderte es, er keuchte: »Herr Presi, ich bin kein Hudel. Behaltet das Geld, ich behalte mir das Recht, das Mädchen um seine Hand zu fragen, das mir am besten gefällt. Und im Glotterthal ist's ja noch so: Keine Jungfrau steht so hoch, ein ehrbarer Bursch darf um ihre Hand anhalten.«

Seine Stimme bebte, der Presi lachte scharf: »Gewiß darf er darum anhalten — es kommt aber nicht aufs Fragen, sondern auf den Bescheid an, den er erhält. — — Wollt Ihr das Geld, Blatter?«

Das letzte sprach er mit hartem, höhnischem Klang.

»Nein, Herr Presi!«

Das tönte nicht herausfordernd, aber als wären die Worte von Granit.

»Du Steckgrind — ein Rebell bist und bleibst du!« — Der Presi schrie es. — »Mit dir habe ich es gut gemeint. Ich habe wollen Frieden zwischen mir und dir machen — du bist aber ein Thor — ein wahnsinniger, verstockter Thor — — he, du und Binia? — Wo nimmt auch so ein Fötzel das Recht her, an so etwas zu denken?«

»Herr Presi, in drei Jahren wollen wir wieder zusammen reden, helf' mir der Himmel, daß Ihr mich dann nicht mehr so verachten könnt.«

Josi sagte es bescheiden — doch das Wort war Oel ins Feuer.

»Gottes Heilige hören es — die Tatze soll mir eher aus dem Grabe wachsen, eher soll ein Traum, den ich einmal gehabt habe, in Erfüllung gehen und Binia von einem Gespenst erschlagen werden — als daß ihr zwei zusammenkommt.«

»Ihr redet entsetzlich!« Helle Thränen liefen Josi über die braunen Wangen. »Lebt wohl, Herr Presi!«

»Dich mögen in Indien die Königstiger fressen!«

Er donnerte es dem Forttaumelnden nach — —

»Ihr redet entsetzlich!« Dem Presi klang der Ausruf Josis im Ohre fort, es lag darin etwas so Wundes, wie wenn ein Tier aus tiefsten Nöten schreit. Aus sich selber wiederholte er: »Ich redete entsetzlich!« Ihm war, er müsse Josi zurückrufen, er müsse ihm noch etwas sagen. Ein seltsamer Einfall kam ihm. Er wollte zu George Lemmy sprechen: »Laßt mir Josi Blatter da — er paßt mir als Bergführer.« Eine sonderbare Empfindung durchrieselte ihn. Er könnte, war ihm, den schönen, gescheiten, rechtschaffenen, heimlich stolzen Burschen unendlich lieb haben — lieb wie einen Sohn, — er staunte, wie ihm der Gedanke angeflogen kam — er sperrte sich wütend dagegen — er zitterte — er schwitzte und schnaufte.

»Ich muß noch einmal mit ihm reden! — Seppi Blatter — Fränzi. — Habt ihr Gewalt über mein Herz?«

Nach drei Tagen aber sammelte sich in der Morgenfrühe ein Häuflein Dörfler vor dem Bären, um Josi Blatter, den Abenteurer, abreisen zu sehen. Der Bärenwirt stand auf der Freitreppe und winkte, wie ein Wirt winkt, wenn ein so angesehener Gast wie George Lemmy geht. —

»Jetzt habe ich doch nicht mit ihm geredet.« Seit einer Weile saß der Presi, den Kopf stützend, am Tisch. Und wütender über sich selbst als über Josi, murmelte er:

»Binia erschlagen — nein — nein — das ist Wahnsinn.«

Bei sich selbst war er überzeugt, daß Josi Blatter in drei Jahren als Freier vor ihm stünde.

»Nun wohl — dann Gewalt gegen Gewalt.«

Da kam Thöni: »Ich führe das Gepäck des Engländers nach

Hospel!«

»Gut — doch noch etwas! Der Schwager Kreuzwirt fährt Ende dieser Woche oder Anfang der nächsten über den Hochpaß. Ich lasse ihn um den großen Gefallen ersuchen, daß er Binia aus dem Kloster heimbringt.«

Als Thöni gegangen war, lächelte der Presi glücklich: »Binia — wenn du schon an dem Burschen hängst und thöricht bist wie alle Weiber — mein lieber Herzensvogel bist du doch!«

XI.

»Josi Blatter bleibt ein verkehrter und geheimnisvoller Kerl bis ans Ende,« sagten die zu St. Peter, als sie sahen, daß er mit seinem Engländer das Glotterthal nicht auf dem Weg über Tremis, Fegunden und Hospel verließ, den doch alle ordentlichen Menschen gingen, sondern sich mit ihm vom Haus des Garden über die unwegsame Schneelücke wandte.

An der Grenze zwischen Weltland und Weißland erhebt sich ein altes verwittertes Holzkreuz, bei dem die Hirten sommers über ihren Sonntagsdienst halten. Bis dorthin, wo man eben noch die Kirche in der tiefen Thalspalte sieht, begleitete Vroni ihren Bruder, bei dem Kreuz knieten die Geschwister nieder und verrichteten zum Abschied eine gemeinsame Andacht.

Mit Thränen in den Augen blickte Vroni Josi nach. Als sie aber immer noch ihr Tüchlein schwenkte, da stapfte er schon unentwegt mit seinem Herrn in die große wilde Gebirgseinsamkeit hinein.

Ernst, doch unverzagt hatte er die letzten Tage verlebt. Sie aber war vor Schmerzen vergangen: den Vater, die Mutter hatte sie schon verloren — und nun verlor sie auch den Bruder. Sie konnte nicht glauben, daß er je wieder nach St. Peter komme. In ihrem Kopf und in ihrem Herzen summte das Kirchhoflied:

»Und als er stand an blauer See,
Da schrie sein Herz nach Berg und Schnee.«

Sterben wird er vor Heimweh!

Während seine sanfte Schwester mit den großen Blauaugen

in Thränen träumte, was doch so ein lieber Bruder für ein böser Mensch sei, schritt Josi tapfer in die Zukunft und mit seinem Herrn quer über Gletscher und Hochgebirge. Drüben in einer kleinen Stadt wollten sie Felix Indergand, der in einigen Tagen nachzukommen versprochen hatte, erwarten und dann von Genua aus die große Reise nach Indien antreten.

Ein herrliches Wandern. Die Luft war blau und herbstlich still. Aus der Höhe ertönte der Ruf der Zugvögel. Die vom Sommer ausgelaugten und ausgewitterten Gletscher lagen wie riesige Leichen da. Wenn es wahr wäre, was die Sage behauptet, wenn die Venediger wirklich bei ihrer Säumerei über die Schneelücke in Stürmen und Wettern Ladungen Silbers verloren hatten, so würde man sie jetzt wohl finden können.

Doch Josi dachte an etwas anderes. Konnte er nach Indien gehen, ohne zu Binia, die er für ewig verloren hatte, lebewohl gesagt zu haben?

Unter einem überhängenden Felsen, bei den Resten alter Jägerfeuer übernachteten sie. »Brigante, solche Nächte unter freiem Himmel wird es auch bei unserer Arbeit in Indien genug geben, nur ist es dann nicht so still wie hier, sondern die wilden Tiere schreien und brüllen ringsum!«

Allein als George Lemmy nachsah, schlief Josi schon.

Am Morgen standen sie auf einem mächtigen Firngrat, einem wunderherrlichen silbernen Wall, wo der Himmel so nahe schien, als könnte man den dunkelblauen Teppich mit der Hand streicheln. »Boy, wo ist jetzt das Glotterthal?«

Im gewaltigen Eisland, das sich gegen Norden dehnte, war ein kleiner dunkler Streifen wie ein Nebelchen sichtbar. Da konnte es Josi kaum fassen, daß er sein ganzes bisheriges Leben in der schwarzen Spalte zugebracht habe.

Dort saß Vroni.

Wie sonnig lag die Erde! Weithin dehnte sich im Süden unter ihnen, wo die Berge ausgingen, geheimnisvolle Bläue. Ist das wohl das Meer? dachte Josi. Da wies ihn George Lemmy auf weiße Flecken, die in der Bläue schwammen, und sagte: »Das sind die italienischen Städte.«

Am folgenden Tag wanderten sie einem lebendigen klaren Wasser entlang durch eine grüne Berglandschaft und kamen auf die schöne Straße, die vom Hochpaß herniederführt.

George Lemmy aber hinkte, er war beim Abstieg durch den Wald über eine Wurzel gestrauchelt und hatte den Fuß leicht verstaucht.

Im ersten Dorf nahmen sie ein Wägelchen und fuhren durch den goldenen Abend.

Kirchen, Klöster und Schlösser hoben ihre Türme aus Kastanienhainen und in der Ferne schimmerte eine Stadt. Fröhliches Volk in bunten Trachten kam ihnen entgegen, Landleute, die vom Markt heimzogen, riefen ihnen den Gruß in einer fremden Sprache zu.

Der Kutscher, der wohl an Fremde gewöhnt war, wies mit der Peitsche nach allen Sehenswürdigkeiten und erklärte den beiden in mangelhaftem Deutsch ihre Namen und Bedeutung.

Jetzt blitzte ihnen ein blauer See entgegen.

Auf einem felsigen Vorsprung erhob sich ein Kloster aus mächtigen Bäumen, unter denen ein Zickzackweg zu dem großen alten Bau hinaufführte. An weißen Kapellen vorbei, die den Weg schmückten, sah man das von Epheu umrankte Thor und durch die Bäume, die reichlich Frucht trugen, blitzte neben dem Kloster der See.

»Das sehr berühmte Kloster Santa Maria del Lago mit den dreihundertjährigen Pinien,« erklärte der Fuhrmann.

Da überzwirbelte dem starken Josi das Herz.

Gleich hinter dem Hügel, auf dem das Kloster steht, lag die Stadt, und vor einem kleinen netten Gasthof hielt nach der Weisung George Lemmys das Fuhrwerk an. Da übernachteten sie.

Als Josi am Morgen nach George Lemmy sah, lachte dieser: »Josi, Brigante! Ich bin also zum Ruhen verdonnert, der Fuß ist elend geschwollen. Ich fürchte aber, daß du ein schlechter Krankenwärter bist, darum bleibe mir ein gutes Stück, mehr als dieses Zimmer lang ist, vom Leib. Die Wirtin wird dich unten füttern, doch strecke alle Tage den Kopf einmal herein. Da hast du etwas Klingendes in die leere Weste und hörst du: Wein, Wurst und Brot bestellt man hier zu Lande mit den Worten: `Preg' un po' de vin u e un cu de gin com pan!`

Und nun versuche einmal, wie sich's auf eigenen Füßen geht.«

Josi war glücklich. Einige Tage frei. Und er war jetzt so nah bei Binia! Aber die Welt war ihm so fremd, daß er kaum wagte, sich zu rühren. Durfte er zu dem Kloster hingehen und nach Binia fragen? Nein, nein! Der Knecht hatte es schon thun dürfen, denn er war ein alter stoppelbärtiger Mann ohne alles Verdächtige. Ihm aber würde alle Welt es ansehen, daß ihn die Liebe zu Binia hingetrieben.

Lange schaute er den Handwerkern zu, die unter den Bögen der Häuser das Kupfer schmiedeten, das Leder klopften und das Holz bearbeiteten. Ein Schneider, der die Brille tief auf die Nase gerückt hatte, sang beim Flicken alter Kleider. Da fiel Josi das Kirchhoflied ein, das er mit der Mutter, mit Vroni und Binia gesungen, aber freilich, wenn er an den Presi dachte, war ihm nicht ums Singen.

Eine Weile später strich er doch um das Klostergut und sang:

»Das Steingenelk, die Königskerzen
Erblühn voll Pracht im heil'gen Rund,
Sie steigen aus gebrochnen Herzen
Und jede Blume ist ein Mund!«

Da horch! Wie er gegen den See hinkommt, antwortet jenseits der epheuumsponnenen Klostermauer eine silberne Stimme mit der gleichen Melodie.

»O wie das weint, o wie das lacht,
Dem Flüstern horcht die Sommernacht!«

Nur einige Takte, dann bricht das Lied ab. — Er hört eine keifende Frauenstimme, dann helles Lachen von jungen Mädchen.

Er rennt davon.

Binia hat ihm geantwortet. Wer sollte sonst Worte und Melodie kennen? In der fremden Welt hat er ihre Stimme gehört. Es wird ihm feierlich zu Mut. Gewiß wird er sie auch sehen.

Aber, wie er so überlegte, wurde er ganz traurig. Was nützte es, sie zu sehen? Er wußte ja jetzt bestimmt und fest, daß sie nie zusammenkommen würden. Ihm war, der gräßliche Wunsch im Mund des Presi, Binia möge eher durch eine fremde Hand fallen, als daß sie mit ihm durchs Leben gehe, habe allen Segen, der auf seiner Liebe zu Binia ruhen könnte, hinweggenommen!

Und doch war, seit er ihre Stimme gehört, sein ganzes Wesen in einem Aufruhr der Hoffnung. — Binia sehen! sie sehen!

Am Abend wandte er sich an den Wirt, der einen großen weißen Schurz über seine leutselige Seele und seinen dicken Bauch gespannt hatte und vom Viehhändlerverkehr her etwas Deutsch radebrechte. Er fragte ihn, ob die Klosterschülerinnen in die Stadt zur Kirche kämen.

Nein, antwortete der Gastwirt, sie hätten eine eigene Kirche, die Klosterfrauen kämen nur an hohen Festen in die Stadt, aber sie besuchen mit den naschhaften Mädchen oft den Markt. Morgen sei es Donnerstag, ja, da kämen sie wahrscheinlich. Er möge um acht Uhr dort sein, wenn er die Verwandte sehen wolle, aber ansprechen dürfe er sie nicht, dazu müsse er sich schon im Kloster selbst anmelden.

»Die Verwandte!« Josi lächelte ein wenig über die Vorstellung des Wirtes.

Am Morgen war er früh auf dem Markt. Als es acht Uhr schlug, entdeckte er die kleine Klosterschule, einige Nonnen führten die Schar Mädchen, die mit braunen und blonden Zöpfen einherwandelten und ihre Blicke neugierig über die Menge der auf dem Markt gehäuften Früchte warfen.

Binia war die Zierlichste und Schönste unter ihnen — so schön, daß er sie kaum ansehen durfte. Sie errötete, sie fuhr ein wenig zusammen, als sie ihn bemerkte, dann schaute sie auf die andere Seite und hielt sich dicht an die Schar der übrigen. Sie sandte keinen Blick zurück.

»Jetzt sieht sie mich nicht einmal an,« dachte Josi, und schämte sich, daß er sich so fest eingebildet hatte, Binia liebe ihn sterblich.

Er war enttäuscht, er wagte es nicht, der dutzendköpfigen Gesellschaft, die sich in eine Gasse verlor, zu folgen. Unruhig und verlegen schaute er in das bunte fremde

Gewühl der Käufer und Verkäufer. Sollte er bleiben, sollte er gehen? Eine Viertelstunde, da drückte ihm ein blasser Junge, der einen Bündel Schuhe über die Schultern gehängt hatte, einen Papierstreifen in die Hand. Der Knabe erwartete ein Trinkgeld und ging erbost über Josi, der vor lauter Neugier das Geben vergaß, mit einem »Brutto Tedesc« davon.

»Um elf Uhr vor der kleinen Pforte am See. Binia.« Josi hatte genug Arbeit, die paar Worte zu entziffern, das Blatt zitterte in seinen Händen. »Wohl, wohl sie liebt mich,« jauchzte es in ihm.

Wie lange es nicht elf Uhr wurde!

Pochenden Herzens stand er vor dem Pförtchen unter einem Kastanienbaum, der seine Aeste in die Flut senkte. Da bimmelte das Glöcklein im Kloster; während es noch tönte, ging die kleine Thür in der Epheumauer auf.

Im hellen Sommergewand, im Bergerehut, gerade so leicht und flüchtig wie einst, huschte Binia hervor, eine Gärtnerin hob warnend den Finger auf und rief ihr etwas wie eine Mahnung nach, dann schloß sich das Pförtchen wieder.

Man sah, wie Binia das Herzchen flog. »Josi, wie kommst du auch da her?« rief sie.

Eine ziemlich verlegene Begegnung. Ihm glüht der Kopf, er weiß nichts zu sagen.

Binia ist so schön, daß er es kaum wagt, ihr die Hand zu geben, und wie er die weichen Finger in den seinen hält, da ist ihm, er halte einen jungen Vogel, dessen Brust er schlagen fühlt.

Auch Binia ist verlegen. Sie verdeckt es, indem sie hastig erzählt, sie sei vom Markt, ehe es eine Aufseherin bemerkte, unter dem Vorwand, sie bedürfe neuer Schuhe, in eine

Werkstätte geschlüpft, habe dort die Zeile geschrieben und nach der Heimkehr die Gärtnerin bestochen.

Nun lachte sie schelmisch auf, faßte Josi bei der Hand und zog den Willenlosen von der Klostermauer hinweg unter den Bäumen hindurch, bis sie an eine kleine stille Bucht kamen, wo eine Quelle in den See lief. Dort stand sie mit ihm still.

»Gelt, das ist schön hier, Josi,« sagte sie, »der See und die weißen Segel und der Duft um die Berge, aber im Kloster ist's häßlich!«

Traurig erwiderte Josi: »O Binia, ich gehe jetzt in die weite Welt — ich gehe nach Indien. Noch einmal aber habe ich dich sehen wollen. — Grad wie ein Engel bist du ja gegen mich gewesen im Teufelsgarten und weißt nicht, wie du mir dort in meiner unsäglichen Schmach wohlgethan hast! — Also lebe wohl, Bineli — ich wünsche dir tausendmal Glück und alles Gute!«

Er streckte ihr die Hand entgegen.

Binia machte ein sehr betrübtes und rührendes Schmollmündchen, das bebte, als wollte es weinen:

»Aber Josi.«

Da hörten sie aus der Ferne nach ihr rufen. Plötzlich blitzte es in ihren Augen auf, sie hob sich auf die Zehenspitzen, sie legte die Handmuschel an den Mund, als wollte sie laut Antwort geben, sie lächelte aber nur: »Ich komme nicht!«

Josi war ganz verwundert: »Binia!«

»O, Euphemia, die alte Gärtnerin, wird sich schon herauslügen, daß ihr nichts geschieht. Du glaubst gar nicht, Josi, wie hinter diesen Mauern alle gut lügen können. Ich allein kann's nicht — ich bin zu ungeschickt dazu.«

Binia machte ein halb lustiges, halb verzweifeltes Gesicht, hielt den Fingerknöchel an die weißen Zähne und schaute den Burschen mit ihren dunklen Lichtern ganz komisch an. — »Josi,« schmeichelte sie, »weil du da bist, mag ich nicht stillsitzen, mir zappeln die Füße, heute wollen wir zusammen durch Luft und Sonne laufen, bis das Abendrot scheint. Ich dürste nach ein bißchen Freiheit. Ich habe einen Brief vom Vater bekommen, daß mich morgen der Kreuzwirt von Hospel abholt, und ich wieder nach St. Peter zurückkehren kann. Da können mir, wenn ich ihnen auswische, die heiligen Frauen nicht mehr viel thun. O glaube mir, Josi, das sind furchtbar grausame Weiber!«

Ein Zittern lief durch Binias schlanke Gestalt.

»Komm, Josi, wir wandern, ich kann jetzt gewiß nicht grad wieder ins Kloster hinein!«

Sie zog ihn mit. — Die Liebe zu Binia und der Trotz gegen den Presi besiegten seine Vorsätze. Still wie Flüchtlinge gingen sie eine Weile durch Bäume und Gesträuch, dann dem See entlang, dann planlos bergauf. Sie entdeckten bald, daß man sie nicht verfolge, auf der Höhe stieß Binia einen Jauchzer aus und sie setzte sich.

»Josi, es ist so schön von dir, daß du gekommen bist. Niemand stört uns in dieser fremden, sonnigen Welt. Ach, wie garstig, man sieht deine Narbe immer noch!«

Mit feiner, liebkosender Hand glitt Binia darüber hin, er sah das Licht rosig durch ihr kleines Ohr schimmern, die Spitzen ihres dunklen Seidenhaares berührten sein Gesicht und der Pfirsichflaum der Wange streifte ihn.

Er verging fast vor Seligkeit, aber die jubelnden Stimmen des Glückes vermochten die Sorge nicht ganz zu übertönen. »Du, Binia,« hob er etwas beklommen wieder an, »es ist mir gar nicht recht.« —

»Was bist du für ein schöner Bursch geworden, Josi,« unterbrach sie ihn, »berichte mir von daheim — ich bin so neugierig.«

Während er erzählte, gingen die feinsten Spiele über ihr Gesicht, es wurde fröhlicher und fröhlicher — als er ihr schilderte, wie er Thöni von der Planke geholt hatte, klatschte sie in die Hände: »Josi, das ist herrlich — ich möchte dir gern etwas Liebes anthun, aber ich weiß nicht was!« Und mit demütiger Stimme: »Ich weiß nicht, warum ich dich so lieb habe, Josi.«

»Sieh, grad so geht es mir mit dir, Bini!«

»Das ist merkwürdig,« erwiderte sie träumerisch und ihre Stimme wurde wieder hoch und fein. »Am Wassertröstungsmorgen, als ich sah, wie deine Mutter wegen meines Vaters litt, da war's, als stände plötzlich in meiner Brust mit feurigen Buchstaben: 'Ich liebe Josi!' Und als der Vater mißverstand, was ich im Fieber redete, als er dich haßte, da wurde die Liebe nur größer; als er dich zu Bälzi als Knecht gab, da wuchs sie, als du Rebell wurdest, da starb ich fast, und als dich mein Vater schlug, da wußte ich's wohl: 'Jetzt rinnt das Blut Josis um mich, jetzt kann ich ihn nicht mehr lassen, selbst um meine Seligkeit nicht! Und so ist's mit mir: Würdest du sagen: 'Steige auf jenen Schneeberg', so würde ich steigen, bis ich vor Müdigkeit umsänke, und würdest du befehlen: 'Schwimme über diesen See', so würde ich mit meinen Armen rudern, bis — du ziehst so ein finsteres Gesicht, Josi — ich bin ganz unglücklich — du denkst gewiß, es sei schlecht von mir, daß ich mit dir gehe, obgleich es mein Vater nicht gern hat — aber ich habe dich halt so lieb!«

Sie senkte ihr Gesicht schalkhaft und schämig.

»O Binia,« antwortete er, »du hast recht — ich will mich mit dir an dem schönen Tag freuen — es ist vielleicht der einzige, den wir erleben.«

Sie gingen weithin über die sonnigen Hügel mit den prangenden Herbstfarben, aber eine leise jugendliche Scheu schritt noch zwischen ihnen, die manches, was sie sagen wollten, zurückhielt. Um so mehr redeten ihre Augen. Immer und immer wieder betrachtete eins verstohlen das andere.

Vor sich an einer Höhe sahen sie in die welkenden Bäume hineingespannt die Netze eines Vogelstellers. Neugierig wie Kinder liefen sie hinzu und beschauten die malerisch hängenden Garne. Ein halbes Dutzend Amseln hing mit todesbangen Blicken darin. Binia zog einen Vogel um den anderen vorsichtig heraus, betrachtete lächelnd jedes Tierchen, preßte ihm einen Kuß auf den Schnabel und gab ihm die Freiheit. Die Vögel flatterten erst ängstlich, spürten dann die Befreiung, flogen in die Höhe und freudiges Geschrei stieg aus dem reinen Blau auf die Erde zurück.

Josi staunte Binia nur an: »Du herrliches Kind! Wenn aber der Mann käme, dem diese Vögel gehören!«

»O, ich habe den Nonnen manchmal den Spaß verdorben, und sie haben die Thäterin nie erwischt. Ich hätte mich auch für ein glückliches Vogelherzchen die ganze Woche einsperren lassen. — — Josi« — ihre Finger berührten seine Hand — »vielleicht bin ich auch einmal so ein armes Schelmchen — und dann kommt jemand Barmherziger und löst mich.«

Ein Strahl ihres dunklen Auges traf ihn, ihr Mund aber lächelte herzgewinnend.

»Bini, ich habe mir schon fast den Kopf zerbrochen, wie wir trotz dem großen Zorn deines Vaters zusammenkommen könnten,« stammelte Josi. »Und ich weiß es — es bleibt mir nichts anders übrig, als daß ich für unsere Liebe an die Weißen Bretter steige.«

Da lehnte sie ihr Köpfchen schluchzend an seine Brust: »Das willst du für mich thun, Josi! Nein — nein. — Das darfst du nicht. — Du würdest fallen, wie dein Vater gefallen ist. — Und denke an meinen Vater — ich habe ihn, wenn er auch manchmal wüst und böse ist, doch so stark lieb; ich möchte nicht, daß die Nachtbuben kämen, um dem Gemeinderat im Werben zu helfen, und die rasselnden Ketten um das Haus schleiften und riefen: 'Presi, gebt die Binia heraus!' Ich glaube, da würde er auch erst recht wild über dich.«

Sie sah ihn hilflos an.

»Binia, so thöricht bin ich nicht. Ich plane es anders! Kein Mensch weiß es, was ich thun will, dir aber, liebes Bineli, will ich es verraten. — In drei Jahren komme ich wieder heim, dann will ich St. Peter aus der Blutfron an den Weißen Brettern befreien. Um zu lernen, wie ich's angreifen muß, gehe ich mit George Lemmy nach Indien.«

»Josi! — Du willst St. Peter aus der Blutfron befreien.« — Ein überirdischer Glanz lag in ihren Augen und das Wort tönte wie ein Schrei. Sie schaute ihn staunend an, sie preßte seine Hände. »Josi, kannst du das? — Josi, ich glaube, das hat dir Gott eingegeben. — Ich halte dich nicht zurück — nein, lieber Josi, thu's — thu's! — Meine Gedanken sind mit dir, wenn du an den Brettern schaffen wirst.«

Weiter, weiter führte sie die Sonne unter Kastanienbäumen dahin, die ihre stachlichten Früchte auf den Boden fallen ließen. Tief unter ihnen gegen den See hin jauchzten die Winzer in den Reben.

Sie sahen aber das Leuchten der Natur nicht, sie hatten zu viel von Brust zu Brust zu tauschen.

Binia glühte für Josis Plan.

»Josi, jetzt weiß ich, warum ich dich so lieb habe. Du hast halt ein großes, mutiges Herz — und als ich es noch nicht wußte, habe ich es doch schon geahnt, denn es strahlt aus deinen Augen. Und jetzt ist mir, ein Thor habe sich vor uns aufgethan, durch das unsere Liebe hinaus in den Frühling wandern kann. Es kommt alles, alles gut! Sieh, nur ein festes Vertrauen braucht es, dann werden zuletzt alle Träume und Wunder wahr — auch das unserer Liebe und unseres Glücks. Gewiß ist mein Vater der erste, der dich mit Freuden empfängt, wenn du die Blutfron von St. Peter nimmst. Er hat Sinn für alles Große.«

»Bini, wenn du so redest, so fange ich selber wieder zu glauben und zu hoffen an — du liebes, liebes Kind.« Er schlang den Arm um ihre Hüfte und so wanderten sie in heiligem Glück.

»Das ist ein herrlicher Tag,« jubelte Binia.

Auch Josi schwamm in stiller Seligkeit. Der Gedanke an den Fluch des Presi verschwand vor der blühenden Wirklichkeit. So schön hatte er sich das Leben nie gedacht. Wie das nur kam, daß er so allein mit Binia durch die lachende Welt wandern durfte? Womit hatte er es nur verdient? Rein wie der milde blaue Herbsthimmel erschien ihm sein Leben, es war ihm, als müßte es nun immer so bleiben und als stände nun die Zeit über ihm und Binia stille.

Wie lange ist so ein glücklicher Tag!

Unvermerkt lenkten sie ihre Schritte abwärts, und mit freundlichem Zuruf grüßte Binia das bunte Völklein der Winzer, dieses reichte ihnen dafür Trauben und Pfirsiche über Mauern und Häge und lachte dem wandernden Pärchen zu. Und wenn sie aus den Blicken der Erntenden waren, schob eines dem anderen scherzend die Beeren in den

Mund.

»Ich habe gar nicht gemeint, Josi, daß du so lieb und artig sein könntest,« lachte Binia.

Als sie zu einer weinumrankten Osteria kamen, wo man die Aussicht auf den Spiegel des Sees frei genießt, setzten sie sich auf eine Bank im Garten. Die Wirtin, eine freundliche alte Frau, fragte, ob sie etwas zu essen und zu trinken wünschen.

Als aber der Wein und das Essen vor ihnen stand, da nippten sie nur an den Gläsern. Die Wirtin schaute ihnen etwas betrübt zu und versicherte sie, daß die Speisen gut seien. Da langte Binia keck zu und legte ein paar Schnitten des rötlichen Fleisches in den Teller Josis. Sie selber möge nichts. Und sie plauderte mit der Wirtin.

Josi, der von der Unterhaltung nichts verstand, sah, wie Binia plötzlich erglühte.

Als die Wirtin gegangen war, fragte er Binia, warum sie so rot geworden sei.

Sie senkte, aufs neue errötend, das Köpfchen, schlug die Augen auf und lächelte kaum merkbar: »Wenn ich's nur sagen dürfte — sie — hat gefragt — ob wir Brautleute seien.«

Da übergossen sich auch Josis Wangen mit dunklem Rot und seine Narbe trat deutlich hervor. Zögernd fragte er: »Was hast du ihr geantwortet?«

»Es hat mich halt so schön angemutet, da habe ich 'Ja' gesagt.« Sie flüsterte es mit feiner Stimme, sie lehnte sich zurück, daß er sie nicht sehen konnte, sie schmiegte sich so an ihn, daß ihr weiches Haar, das sich um die Schläfen wand, sein Ohr berührte und umschlang mit ihrem Arm seinen Arm.

»Hätte ich es nicht thun sollen, Josi?«

Da suchten sich ihre Hände, und als sie sich gefunden hatten, flüsterte sie: »Jetzt sind wir aber auch wirklich Brautleute.«

Josis Augen strahlten.

Da trat die Wirtin wieder zu ihnen. Von einem noch blühenden Stock schnitt sie die Rosen und gab sie Binia mit einem Glückwunsch. Binia steckte die Knospen an die Brust und nun drängte sie zum Fortgehen. Sie wollte mit Josi allein sein.

Das erste Stück Weges gingen sie schweigend. Da sagte Binia wie im Traum: »Ringe haben wir noch nicht!«

»Ich habe dir aber ein Andenken, Bineli — einen Tautropfen von der Krone. 'Tautropfen' habe ich dich immer genannt, wenn ich an dich dachte, Bineli.«

»Das ist lieb,« sagte sie leuchtenden Blicks. »Ich möchte gern ein Tautropfen sein, so rein, so frisch, so sonnenvoll, damit ich dir immer gefalle, Josi. Ich habe ein Kettelchen mit einer Kapsel von meiner Mutter selig, darein lege ich den Tropfen. Dann ruht er gewiß an einer treuen Brust. — Ich gebe dir diesen Mädchenreif — er ist zu klein für deinen Finger. — Aber trag ihn auf dir. — Küsse ihn jede Nacht und denke an mich.«

Sie schmiegte sich zärtlich an ihn, er küßte sie auf die Schläfe.

Da küßte sie ihn auf den Mund — er sie wieder.

Auf dem See lag ein weicher Abend und hüllte die Welt in Licht und goldigen Duft. Binia sah in süßer Träumerei vor sich hin. »In drei Jahren kommst du wieder, Josi. Und ich will dir treu warten und dann alle Tage hinaus gegen den Stutz schauen, ob du gegangen kommst.«

In der Dämmerung erreichten sie die Nähe der Stadt wieder. Binia war still. Die lange Wanderung hatte sie müde gemacht und ihre tolle Entweichung aus dem Kloster lag nun doch schwer auf ihren Gedanken.

»Was wird man dir anthun, arme Bini?«

Sie zwang sich zu einem Lächeln: »Auf einem kantigen Scheit werde ich neben der Nonne knieen müssen, welche die Nachtwache hat, und beten.«

»O, du armes Kind,« erwiderte Josi voll tiefen Mitleides.

»Nein, ich bin reich, ich denke dann immer an dich und an den langen schönen Tag.«

Wie mild und innig das von ihren Lippen floß. Josi wußte nicht, sollte er jauchzen vor Glück oder weinen, daß sie seinetwegen in so grausame Strafe kam.

Am mondbeglänzten See betrachteten sie die kleinen Heiligtümer noch einmal.

»Jetzt sind wir verlobt,« hauchte Binia, »jetzt bin ich deine Braut.«

Sie umarmten sich. Binia weinte vor Ergriffenheit, aber sie waren nun in die Nähe des Klosteraufganges gekommen und plötzlich drückte sie Josi heftig die Hand und küßte ihn leidenschaftlich: »Lebewohl, lieber, lieber Josi, wir sehen uns gewiß wieder und es kommt alles gut.«

Dann riß sie sich los, kam nach ein paar Schritten noch einmal zurück: »Josi!« Ein schmerzlicher Schrei aus blassem Gesicht, und dann verschwand die flüchtige Gestalt im dunklen Laubengang. Josi stand und starrte in die Dunkelheit, dann hörte er den schrillen Anschlag der Klosterglocke. Als Binia nach einiger Zeit nicht wiederkam, da riß auch er sich von der Stelle los.

Wachte er oder träumte er? Er küßte das Ringlein Binias, er dachte so innig, so heiß an sie, die jetzt um ihn litt. Aber auch der Fluch des Presi peinigte ihn wieder.

Als er am anderen Tag den Kopf ins Zimmer George Lemmys steckte, rief dieser lustig: »Boy, der Fuß ist schon fast besser — Felix Indergand ist da — morgen reisen wir!«

Da trat Indergand, der starke, kräftige Mann mit dem offenen Gesicht, unter die Thüre: »Blatter, eben ist der Kreuzwirt von Hospel mit seiner Nichte aus der Stadt gefahren.«

Mit nassen Augen ging Josi in einen Winkel und faltete die Hände: »An die Weißen Bretter für Binia!« dachte er. »Was man im Namen der heligen Wasser thut, das muß unabwendbar geschehen. Ich will's glauben wie die zu St. Peter und dem Himmel mit einer That für den schönen Tag danken.«

XII.

Im Bären ist es, seit die Fremden fort sind, sonntäglich still. Der Presi sitzt in der großen Stube am Tisch unter dem Meerweibchen, raucht seine Zigarre und erwartet den Garden.

Draußen im Flur hört er Binias Stimme. »Wie sie schön singt!«

Der Presi hat eine aufrichtige Freude über die Wiederkehr Binias. Nicht bloß weil damit ein böser, übereilter Streich gut gemacht ist, sondern weil der Anblick des Mädchens sein Herz erquickt. Seine Augen bleiben, so oft er es sieht, an dem Kinde hängen. Sie ist zwischen Siebzehn und Achtzehn und der Aufenthalt auf Santa Maria del Lago hat ihr nicht im geringsten geschadet. Sie ist frisch und schön, sie ist größer geworden, die Gesichtsfarbe heller, aber sie ist kein Dorfmädchen, dafür sind ihre Glieder zu zart. An der ganzen lieben Gestalt sieht man eigentlich nichts als die Augen, die unter den langen Wimpern so groß und dunkel sind, die so lebendig leuchten, daß einem darüber ganz warm ums Herz wird.

Frau Cresenz hat gesagt, Binia habe die Augen von ihm, vom Presi, sie sei überhaupt sein Ebenbild, aber nur so, wie ein feines junges Tännchen einer Wettertanne gleiche.

Ueber diesen schmeichelhaften Vergleich lächelt er jetzt. Binia singt.

»Wenn sie nur nicht immer dieses häßliche Kirchhoflied singen würde,« denkt er. »Aber es ist das einzige Lied, das sie kennt. Und das beste, sie singt. Sie hat es seit dem Tod der seligen Beth nie mehr gethan. Ihr Gesang beweist, daß ihr die Abreise Josi Blatters gleichgültig ist. Ja, das Kind wird schon noch vernünftig, die Luft ist jetzt rein. Es ist gut, daß ich mit dem Burschen nicht mehr geredet habe.«

Das Lied Binias bricht ab. Sie hat draußen ein kleines Wortgefecht mit Thöni. Sie zanken sich wie ehedem.

Da kommt der Bursche in die Stube: »Es ist da ein Brief für Euch, Präsident!« Und geht.

Der Presi liest, über sein vergnügtes Gesicht fliegen die Schatten tiefer und tiefer, vom Vergnügen sieht man keine Spur mehr — nur zuckende Wetter.

»Gott's Donnerhagel, daß ich es an dem Tage nicht merkte, wo sie über die Schneelücke gingen. — Ein Telegramm — sie hätte im Kloster bleiben müssen. Ah — ah — eigens bereitgestellt habe ich sie ihm. O, was bin ich für ein Kalb!« So führt er mit rotem Kopf das Selbstgespräch und knirscht vor Wut.

In dem Augenblick, wo der Presi so ächzt, tritt der Garde mit schwerem Tritt in die Stube und sieht die Verwüstung in seinem Gesicht.

»Was giebt's, Presi?« Da reichte ihm dieser nur den Brief der Priorin von Santa Maria del Lago. Draußen hatte Binia ihren Gesang wieder aufgenommen.

Als der Garde den Brief zusammenfaltete und ruhig auf den Tisch legte, stöhnte der Presi: »He, das ist eine schöne Geschichte — wenn man da nicht verrückt wird. — Ich schaffe das Kind wegen dem Rebellen fort, daß sie einander aus den Augen sind, ich meine, es sei alles gut, und biete den beiden die Gelegenheit, daß sie einen ganzen Tag ungestört miteinander herumludern können. Das wird schön zu- und hergegangen sein — der lausige Blatter — und mein Kind!«

Er preßte die Pratze an die Stirne.

»Schämt Euch, Presi! Ihr kennt Euer Kind — ich kenne Josi. Da ist gewiß weniger geschehen, als wenn die Bursche und Mädchen in Hospel draußen auf dem Tanzplatz sind. Rechte Liebe ist ehrfürchtig, eines für das andere.«

»Das ist keine rechte, das ist eine schlechte. Ich mag halt den Wildheuerbuben nicht leiden.«

Da legte der Garde die schwere Hand auf die seines Freundes und Gegners.

»Hört, Presi! Im Frühjahr vor einem Jahr, damals, als Fränzi starb, habe ich mehr aus Zorn über Euch als aus Barmherzigkeit Vroni zu mir genommen. Und seither ist sie uns zum Segen und Sonnenschein geworden, daß wir nicht mehr leben könnten ohne sie!«

»Ja, das weiß das ganze Dorf, daß Ihr als alter Knabe verliebt seid in das Jüngferchen. Sie ist auch ein artiges Kind. Ihr hättet es mir wohl in den Bären geben können.«

Mit einem höhnischen Lächeln sagt es der Presi. Der Garde aber fuhr in ehrlicher Entrüstung los: »Verliebt. — Presi, schaut, wie viel graue Haare ich habe im Bart. Wißt Ihr, wie die gekommen sind? Die stammen von Eusebi und meinem Weib. Schier hintersinnt hat es sich, daß der Bube, für den sie so viel gelitten hat und für den ich an die Weißen Bretter gestiegen bin, als ein Blödling aufgewachsen ist. Wir haben keine wahre Lebensfreude gehabt, der Bub hat nicht erwachen wollen und die Gardin hat sich halb zu Tode gekränkt, daß ihr just so einer als einziger beschieden war. Als er fünfzehn gewesen ist, hat er immer noch nur blöde zugeschaut, wie die anderen gearbeitet haben, und hat mit den Steinchen gespielt. Meint, Presi, das hat mir und der Gardin ins Herz geschnitten, wir haben oft den ganzen Tag gar nicht zusammen reden mögen. Jetzt aber, seit Vroni da ist, ist er wie ausgewechselt. Fröhlich sichelt er neben ihr oder hält mit den Knechten die Mahd, die schwachen Arme sind stark geworden, er stottert kaum mehr und hat Freude am Reden. Das Herz geht mir auf, wenn ich daran denke. Lacht nur, aber es ist, wie wenn ein Wunder des Glückes über den Burschen gegangen wäre.«

Der Presi streckte dem Garden hell und lustig auflachend die Hand hin: »Ich verstehe Euch schon, ich wünsche Euch Glück zur Schwiegertochter. Ich hätte einen anderen Geschmack gehabt, Garde.«

Einen Augenblick verwirrte der Spott des Presi den Garden, dann erwiderte er ruhig: »Ich wollte gern, das Mädchen, das artige, gute, nähme Eusebi, ich darf es ihm nicht zumuten — nein — nein — ich dränge sie nicht zusammen. Die zwei müssen sich von selber finden.«

Als er den Hohn sah, der über das sauber rasierte Gesicht des Presi spielte, versetzte er barsch: »Ich gebe Vroni, auch wenn sie Eusebi nicht nimmt, eine Aussteuer, wie sie in St. Peter keine Bauerntochter bekommt, ich wünsche nur, daß sie noch ein paar Jährchen bei uns bleibt.«

»Ihr werdet ihr schon etwas Rechtes geben müssen, Ihr erzieht ja das Kind, als wär's vom Herrenhaus zu Hospel. Ist's denn richtig, daß sie eine eigene Mauleselin besitzt?«

»Wohl, wohl, die besitzt sie. Ihr werdet sehen, wie schön sie auf der Blanka zur Weinlese reitet!«

»Nun, wenn Armeleutekinder so verzogen werden, so kann's in St. Peter gut kommen!«

»Presi, seid doch still! — Eure Fremden verderben das Thal, da wäre viel zu reden. Jetzt hat der Glottermüller auch eine Wirtschaft aufgethan. Das böse Beispiel.«

»Ja, was ist denn an Vroni Besonderes,« lenkte der Presi ab, »daß Ihr dem Kinde ein Maultier geschenkt habt.«

»Es ist etwas geschehen, was ich nicht habe erwarten dürfen, Presi. Gerade wie Josi fortgereist ist, bin ich mit Eusebi an die Militäreinschreibung zu Hospel geritten. Fast gezittert habe ich vor dem Tag und gefürchtet, Eusebi werde vor Scham, daß man ihn nicht zum Militär nehme, wieder ein Blöder. Ich sitze während der Prüfung der Rekruten im Kreuz und mache mir trübe Gedanken. Da kommt Eusebi früher als ich ihn erwartet geeilt. 'Vater,' jauchzt er, 'man hat mich angenommen.' Er zittert vor Seligkeit, daß er das Glas nicht halten kann, das ich ihm biete. Und ich kann nicht 'zum Wohlsein, Soldat!' sagen, so hat mich die Freude, die ich nicht habe zeigen wollen, gedrückt und gewürgt. 'Weißt, Vater,' erzählt er, 'wie mich so einer mit Augengläsern angesehen hat, ist mir immer gewesen, Vroni stehe hinter mir und sage mir das, was ich antworten solle.' Ich aber denke jetzt immer nur: 'Eusebi ist Soldat, er ist kein Blöder mehr!' Ihr hättet mir das schönste Heimwesen im Glotterthal schenken können, so gefreut hätte es mich nicht. Da meint Eusebi: 'Darf ich Vroni nicht ein Krämlein bringen?' — 'Allerwegen,' antworte ich, 'deine Schulmeisterin muß einen Kram haben,' ich gehe zum Maultierhändler Imahorn in Hospel und von vierzehn Stuten kaufe ich die schönste, und wie wir heimkommen, sage ich: 'Die ist für dich, Vroni, weil Eusebi zum Militär angenommen worden ist!' Einem anderen, Presi, aber habe ich auch gedankt, ich habe zweihundert Franken ins Spendgut von St. Peter gelegt, und bin noch heute aus Vaterfreude in Vroni und in unseren Herrgott vernarrt.«

Der Presi wiegte bei der warmen Rede des Garden spöttisch das Haupt, aber seine Stimmung war eine bessere geworden. Auf den Brief der Priorin deutend, murrte er: »Und nun meint Ihr — das ist doch Eurer Rede Sinn —, daß ich Josi auch auf einen Esel setzen soll? Die zwei achtbarsten Männer von St. Peter die Schwiegerväter der Wildheuerkinder und so eine Art Gegenschwäher!«

Mit lachendem Hohn stieß er sein Glas an das des Garden. »Sagt ehrlich, wenn es Eusebi so tagt im oberen Stübchen, was wär's mit ihm und Binia? Der Bund zwischen zwei ehrenwerten Familien wäre doch eine andere Freude als nur eine Verwandtschaft durch die Wildheuerkinder.«

Man wußte nicht recht, war es Scherz oder Ernst, so eigentümlich sprach er es, der Garde aber schüttelte den mächtigen Kopf: »Etwas langsam ist halt Eusebi immer noch, Binia aber, das Prachtkind, ist ein rasches, heftiges Blut. Das paßt wohl nicht zusammen.«

»Aber zum Rebellen, der sich in den Bergen herumtreibt, paßt die Rebellin, die aus dem Kloster läuft — — nicht wahr, Garde,« sagte der Presi halb höhnisch, halb lustig.

»Ho!« erwiderte sein Gastfreund, »ich meine, Josi Blatter wäre mir an Eurer Statt so lieb wie Thöni Grieg.«

»Ta-ta-ta, wie kommt Ihr auf Thöni Grieg! Er und Binia verkehren ja wie Hund und Katze. Jetzt will ich aber doch die Vagantin einvernehmen. Bini — Bini!« — Er stand auf und rief es durch die Thüre.

Das Mädchen, das mit seinem Gesang aufgehört hatte, als die beiden Männer laut geworden waren, erschien, nichts ahnend, mit freudestrahlendem Gesicht.

»Da lies diesen Brief,« sagte der Presi streng. Ein Blick Binias in das Schreiben, sie wurde dunkelrot und zitterte.

»Was habt ihr an dem Tag gethan? — rede nur, der Garde darf es auch hören.« Es klang nicht eben bös, wie es der Presi sagte.

Binia stutzte einen Augenblick, ihre Röte ging in Totenblässe über. Sie warf sich vor ihm auf die Kniee, umschlang die seinen und hauchte leise, doch fein und klar: »Vater, ich darf's fast nicht sagen, wie ungehorsam wir gewesen sind. — Josi und ich haben uns — verlobt.«

Der Presi sprang auf, nahm sein Glas und warf es neben die Knieende auf den Boden, daß es in hundert Stücke zersplitterte.

»Und ihr meint, ich sei der Narr im Spiel!« keucht er heiser, taumelt und will mit den Fäusten auf sie los, aber der Garde hält ihn: »Laßt sie ausreden!« und wie der Presi sich nicht setzt, umspannt er ihn mit seinen eisernen Armen und drückt ihn auf den Stuhl. »Hockt ab, Presi, und hört. Dann sprecht!«

Binia wollte sich flüchten. »Bleibe, Kind!« knurrte sie der Garde an.

Der Presi schnaubte und zischte: »Der Hund! der Hund! Wie wagt er sich an dich? He, schöne Augen hast du ihm gemacht, du!«

Wie ein Marmorbild stand Binia mit dem Rücken an der Wand, an die sie hingetaumelt war, nur die wogende Brust und die bebenden Nasenflügel verrieten das pulsierende Leben.

»Vater — tötet mich — aber ich sage es! — Ihr seid mit Fränzi verlobt gewesen, Ihr habt sie ohne Grund verlassen; ich aber muß an Josi gut machen, was Ihr an ihr bös gemacht habt. Das hat mir die selige Mutter eingegeben; ich liebe Josi, Vater, ich kann sterben, aber ich lasse ihn nicht, ich habe alles gehört, was Ihr am Wassertröstungstag mit der Fränzi geredet habt. Da ist mir die Liebe gekommen.«

Wie merkwürdig die feine verhaltene Stimme klang, ein

Singen war es, mehr als ein Reden, ein sonderbares Singen, wie wenn der Wind durch die Waldwipfel streift, ein Ton, als flüstere er aus schweigender Höhe.

Die Stimme brach, die Unglückliche schwankte und tappte der Wand entlang gegen die Thüre.

»Du —«

Von schaumbedeckten Lippen zischte das gräßliche Wort, das Wort, das ein reines Mädchen tötet.

»Presi! Ihr habt Euch vergangen!« stößt der Garde mit einem Blick hervor, als wolle er sich auf ihn stürzen.

Der Presi röchelte. Plötzlich schoß er auf und faustete. Dann sank er entkräftet auf einen Stuhl — ächzte — und nach einer Weile stöhnte er wirr: »Jetzt ist es klar. — Fränzi — das hat mich immer gewundert, wohin das Kind an jenem Morgen aus meiner Stube verschwunden ist. — — Bini — Bini. — — Seppi Blatter — Fränzi — ihr seid grausam gegen mich!«

Der Presi schwieg, nur die Lippen zitterten. Erst als seine Wut in eine weinerliche Wehmut überging, die dem gewaltigen Mann fast komisch stand, sagte der Garde feierlich: »Ich will Euch eine Geschichte erzählen, ich habe sie von Fränzi.«

Der Presi krümmte sich unter dem Namen.

»Hört, Presi! Auf der Burg zu Hospel saß ein Ritter. Seine Tochter liebte einen Knappen. Zornig darüber ließ der Vater den Jüngling über den Felsen, auf dem die Burg stand, werfen, die Jungfrau aber stürzte sich aus Verzweiflung in den Strom. Bald darauf machte der Ritter eine Bußfahrt nach Rom. Als er über den Gletscher kam, da standen im Eis weit voneinander die armen Seelen der Liebenden. Sein

Töchterlein lächelte. Da fragte der Ritter: 'Warum lächelst du, Kind, während du doch so frierst?' Sie antwortete: 'O Vater, siehst du nicht, daß ich und mein Liebster bald beisammen sind?' Er sah zwischen ihnen nur das weite harte Eis. Als er aber nach drei Jahren zurückkehrte, da waren die armen Seelen einander so nahe gekommen, daß sie sich mit den Händen erreichten. Bestürzt darüber, daß das Eis barmherziger war als er und nachgab, bereute er seine Härte bitterlich. Da hörte er eines Tages eine Stimme vom Berg: 'Vater, trauere nicht mehr!' Da wußte er, daß die große Liebe das Eis ganz überwunden hatte und die armen Seelen dicht beisammen standen.«

»Wozu das?« fragte der Presi dumpf. »An die armen Seelen glaube ich nicht!«

»So — meinetwegen — aber glaubt Ihr, Ihr seid stärker als der Ritter von Hospel? — Ihr seid stärker als der Gletscher?«

Der Presi stöhnte.

»Josi und Binia,« fuhr der Garde mit getragener Stimme fort, »es giebt kein schöneres Paar im Glotterthale, aber auch nicht zwei so wilde Herzen wie sie.«

»Ich mag aber nicht der Narr sein im Spiel,« stöhnte der Presi in wehem Zorn, — »ich will nicht, daß mein Kind nur so über mich hinwegschreitet. — Das verzeihe ich Bini nie!«

»O Presi, das Verzeihen werdet Ihr schon lernen. Ich an Eurer Stelle würde auf ein schönes Alter denken. Wenn Ihr aber den Kopf zu stark setzt, so seht zu! Dann kommt der Tag, wo Ihr auf den Knieen zur Lieben Frau an der Brücke rutschen würdet, wenn Ihr Bini nur Josi geben könntet und sie friedlich wüßtet. Gönnt ihnen beizeiten ein grünes Plätzchen zum Glück, sonst steigen auch sie auf die Berge und halten dort oben wie der Knappe und das Fräulein Hochzeit als schuldige Seelen.«

»Ihr meint an den Weißen Brettern!«

Der Presi sprach es mit stieren Augen. Er zitterte und sein Gesicht hatte sich verzerrt.

»Was sagt Ihr?« fragte der Garde überrascht.

»O Garde — es ist nur ein schrecklicher Traum, aber er ängstigt mich. Ich habe Binia mit blutendem Haupt neben dem jungen Blatter an den Weißen Brettern gesehen.«

»Herrgott im Himmel, was sagt Ihr, Presi? Das herrliche Kind, wie nicht alle hundert Jahre eins im Berglande wächst, stand blutend an den Weißen Brettern?«

»Ja, mein Kind, meine Bini, die ich so unendlich liebe und die mich so elend macht.«

Und die Wehmut überwog den Zorn.

»Presi! Träume sind Schäume, sagt man, der Traum aber kommt aus dem Gewissen — es steht böse darin — macht Ordnung — an Seppi Blatter, an Fränzi habt Ihr es verbrochen — macht es am Sohn gut — spürt Ihr nicht, wie das Schicksal Josis und Binias Zug um Zug über Euch ist. — Merkt Ihr es nicht, Presi? — Macht Ordnung!«

Wie Hammerschläge fallen die Worte des Garden auf die Brust des Presi. Er bebt, er schwitzt.

»Wohl, ich merk' es — ich merk' es, Garde, sonst hätte mir das meine Binia nicht angethan — ich hätte den Josi Blatter nicht nach Indien gehen lassen sollen. — O Garde! — Mir ist, ich könnte ihn lieb haben.«

Wie aus gebrochenem Leib stöhnte es der Presi.

Schon glaubte der Garde ihn gewonnen zu haben. Da trat Frau Cresenz in die Stube und wischte die Scherben des zerschmetterten Glases zusammen. Ohne daß sie recht wußte, was vorgefallen war, jammerte sie: »Das Kind ist halt ganz der Vater, das kann man nicht ändern, das sind zwei harte Köpfe.« Und dann wandte sie sich an den Presi und tröstete ihn mit fraulicher Milde, aber mit Worten, die nicht tief geholt waren und nicht tief gingen.

Der Garde hätte viel darum gegeben, die Frau wäre nicht gekommen oder wenigstens rasch wieder gegangen, als sie aber blieb, da wurde er über die Störung wild und ging selbst.

»Sie ist eine wohlmeinende und rechtschaffene Frau, aber

das Weib, die Mutter von unergründlich tiefem Herzen, das an diesen Posten gehört, ist sie nicht.«

So knurrte er, als er über die steinerne Treppe hinunterschritt.

Als er am anderen Tag mit dem Presi reden wollte, war dieser hart wie Glas, die beiden gewaltigen Männer, die sich sonst so gut verstanden hatten, überwarfen sich und der Verkehr von Haus zu Haus hörte auf. Nur Vroni und Binia sahen sich noch zuweilen.

»Bini ist eine Spinnerin geworden!«

So sagten die Leute von St. Peter und streckten dabei den Zeigefinger gegen die Stirn. Man munkelte, sie sei im Kloster Madonna del Lago mißhandelt worden. Um den bösen Segen, den sie und Josi von Kaplan Johannes empfangen haben, zu vertreiben, hätten ihr die Nonnen jede Nacht unter Gebet so viel Wasser, Tropfen um Tropfen, auf das Haupt gespritzt, daß mit dem bösen Segen auch ein Stück guter Seele von ihr gewichen sei. Und das suche und suche sie in Gedanken.

Die thörichten Leute! Binia war allerdings, nachdem sie aus dem Kloster gekommen, eine Weile blaß und wankte wie ein Schatten einher, aber nicht die Nonnen hatten sie, den lustigen Wildling von ehemals, zu der Schweigerin gemacht, die, wieviel in ihr lebte, der Welt nichts als die großen dunklen Augen wies.

Ein einziges, gräßliches Wort des Vaters!

Und jetzt warb er nicht um sie wie einst — er setzte sich nicht an ihr Bett, er flüsterte nicht: »Meine Maus — mein Gemslein.« Er sagte nicht: »Du lieber, lieber Vogel.« Jetzt war auch keine Fränzi mehr da, die ihr zu mitternächtiger Stunde das wirre Köpfchen zurechtsetzte.

Droben in ihrem Kämmerlein schluchzte sie: »Mutter — liebe tote Mutter: Es ist schrecklich — wie mich der Vater verachtet. — Und er ist doch so ein herrlicher Mann. — Und Josi muß ich halt lieben.«

Manchmal wußte sie nicht, war es die Empörung gegen den Vater, war es die Liebe zu ihm, die stärker in ihr wüteten. Ein Blick — ein herzliches Wort — sie wäre jubelnd an seine Brust geeilt. Aber sein Ton blieb kalt wie das Eis der Gletscher, sein sonnenhelles Auge wurde, sobald er sie erblickte, lauernd und mißgünstig. Und das entsetzliche Wort, das er ihr entgegengeschleudert — das saß!

Allein es ist nun wunderbar! In einem jungen Herzen kann die Hoffnung nie sterben. Dazu muß der Mensch alt sein — alt — alt! Mißhandelt ein junges Herz, zerbrecht es. Ein Sonnenstrahl, und lächelnd liest es seine Scherben auf, streicht mit zitternder Hand darüber, und es ist fast das feurige Herz von zuvor.

Wie ein Tännling ist die Jugend. Ein Stein saust aus der Höhe und schlägt ihm die Kerze ab, die er so lustig in das Spiel der Winde erhob. Was thut der arme Tännling? — Er richtet ein Zweiglein gerade auf, das wächst emsig Tag und Nacht und wird zur Kerze, und kaum der Forstmann erkennt noch, daß der Tanne einmal die Krone abgeschlagen war. Aber eine junge, kerngesunde Tanne muß es sein, sonst bringt sie das Wunder nicht zu stande.

Binia war eine junge, kerngesunde Tanne.

Sie wurde die stille Wohlthäterin des Dorfes und übte ihren Herzensberuf mit der Frische und Wärme der Jugend. Sie guckte mit einem guten Lächeln in die Hütten, wo ein Weib, wo Kinder krank lagen, und plauderte Liebes mit ihnen. Sie gewann die Herzen und versöhnte. Wenn sie fort war, lag eine Blume auf dem Bett oder es klang ein Wort nach, das

Glück verbreitete — und ihre größte Kunst — sie wußte jedem das, was er bedurfte, so zu geben, daß es kein Almosen war.

»Redet einmal mit Binia, die weiß schon Rat,« sprach man im Dorf, »sie hat noch das bessere Herz als die selige Beth.«

Und seltsam! Der Presi ließ sie gewähren. Wie der Name Josi Blatter, so schwand auch die tolle Besprechungsgeschichte aus den Gesprächen der Leute von St. Peter, sie sagten nur:

»Wie ein Engel geht sie durchs Thal.«

Unter den Gästen war niemand, der sie nicht liebte. Manche junge vornehme Töchter stellten sich wie Schwestern zu ihr: »Binia, Sie liebes gescheites Bergkind, wenn wir Sie nur mit in die Stadt nehmen könnten, man bekommt ja ein heißes Heimweh nach Ihnen.«

Einer aber verging fast vor Eifersucht, wenn ein junger Herr der alpigen Rose ein Röslein schenkte.

Thöni Grieg!

Die schmähliche Versteigung an der Krone, die ihn dem Gelächter des Dorfes preisgegeben hatte, war der Anlaß, daß er nacheinander die Bubenschuhe, zuerst den einen, dann den anderen, ausgezogen hatte. Und nach dem großen Donnerwetter von damals stellte sich der Presi besser als je zu ihm.

Thöni besorgt die Post, die im Sommer wichtig genug war, gewissenhaft, ebenso die Zufuhr der Lebensmittel von Hospel und war den Fremden im Haus durch sein fröhliches Temperament ein angenehmer Gesellschafter.

Mit Binia aber zankte er sich immer noch. Und wie!

»Mache ein anderes Gesicht gegen mich, du Wildkatze mit

den Teufelsaugen!«

»Thöni, schäme dich doch, dich hat man ja von den Kronenplanken holen müssen.«

»Ich würde schweigen, wenn ich wegen einem Rebellen in Santa Maria del Lago versorgt gewesen wäre.«

Wütend lief Binia davon. Sie wußte wohl, daß ihr der Vater mit Santa Maria del Lago einen Schimpf angethan hatte — einen Schimpf, den sie erst verdient hatte, als sie mit Josi in die prangende herbstliche Welt hinausgelaufen war. Aber sonderbar, der Tag glänzte wie ein Stern in ihren Gedanken, sie lächelte jedesmal verträumt, wenn sie seiner gedachte.

Doch wenn sie dann vor sich hin staunte, so fuhr Thöni wie ein wildes Tier dazwischen.

»Jetzt denkst du schon wieder an den lausigen Rebellen. Ich töte ihn, wenn er je wieder nach St. Peter kommt. Binia, jetzt gieb mir einmal ein gutes Wort — oder — oder —«

Ein verzehrender Blick traf sie. Eines Tages wußte sie es: Hinter seinen Beleidigungen stand die wütende Eifersucht.

Sie fürchtete Thöni und er merkte es.

»O, ich thue dir nichts,« sagte er vorwurfsvoll, »aber wenn du nicht anders zu mir wirst, so stelle ich an mir selbst ein Unglück an.«

»Thöni,« erwiderte sie kühl, »wenn du das nur über die Lippen bringst, so ist es kein Schade für dich. Du machst ja jetzt Bälzis Kind den Hof.«

»O, nur aus Verzweiflung, daß du, statt mit mir lieb zu sein, mich kratzen möchtest.«

»Dann wollt' ich aber sie nicht sein!« spottete Binia.

Sie gab ihm kein gutes Wort.

Zwischen Thöni und Bälzis Aeltester, die im Bären Magd geworden war, kam es so weit, daß Frau Cresenz, um den Unwillen der Gäste gegen die Liebeleien zu beschwichtigen, das sonst anstellige Mädchen mitten im Sommer entlassen mußte. Jeden Abend, oft noch sehr spät, lief er aus dem Haus, man munkelte, zu ihr.

Es geschah aber heimlich und hinter dem Rücken des Presi, und Frau Cresenz schwieg, sie fürchtete die Händel.

So ging der Sommer.

Da machte Binia in den letzten Tagen zufällig eine merkwürdige Erfahrung. Ein alter ehrbarer Schweizermann, der ihr sehr streng geschienen hatte, den sie aber doch liebte, sagte Abschied nehmend zum Vater: »Schön ist's im Glotterthal — und ein Meitli[28] habt Ihr schon, Herr Präsident, daß man noch einmal jung werden möchte!«

[28] *Meitli*, schweizerdeutsch, so viel wie Mädchen, Tochter.

Nun horchte sie mit pochender Brust auf die Antwort des Vaters.

»Ja, meint Ihr, ich habe den Vogel nicht auch lieb? — Für wen rackere ich mich denn? Ich hätte den Mut für das Vielerlei des Geschäftes nicht ohne das sonnige Kind!«

Das sagte der Vater, der ihr nie ein warmes Wort, einen vollen rückhaltlosen Blick gab.

Sie mußte an sich halten, daß sie nicht laut aufjauchzte, sie rannte und sprang wie ein Reh und die Gäste fragten: »Haben Sie denn Sonntag in den Augen, Binia?«

»Ja freilich, das Leben ist halt schön!« lachte sie und fort war das Reh.

»Ist das eine liebe Hexe — eine herzbezwingende Gestalt,« redeten die Gäste hinter ihr.

Es war im Herbst, der Vater zählte mehrere Rollen Silber und Gold — er schmunzelte, er lachte, er trank Hospeler dazu. Dann redete er irgend etwas mit Frau Cresenz, die ihn bald wieder verließ, und plötzlich sah Binia, wie er vor sich hin faustete: »Sie ist ein Affe — sie ist ein verdammter Affe. — Die selige Beth hat doch nicht immer Ja gesagt,« hörte sie ihn murmeln.

Binia kannte den Vater genau. Er konnte den Widerspruch nicht leiden, aber wenn ihm von Zeit zu Zeit niemand ernsthaft widersprach, so war es ihm auch nicht wohl. Und daß er der toten Mutter ehrenvoll gedachte, freute sie tausendmal.

Heute war der Vater entschieden verstimmt über Frau Cresenz. »Der Affe! Niemand hat man, mit dem man ein vernünftiges Wort reden kann, als Thöni.«

»Als Thöni!« Binia glühten die Wangen vor Eifersucht, sie hob sich auf die Zehenspitzen und von rückwärts, so daß der Vater sie nicht sehen konnte, lief sie auf ihn zu, schlang die leichten Arme um ihn und drückte ihren frischen roten Mund mit süßem Kuß auf seinen Mund. »Kind! — Binia! — Was willst?« — Der Presi war ganz erschrocken.

Sie lächelte ihn an, fröhlich und schmerzlich zugleich, flehentlich und hoffnungsvoll.

»Kehre mir das Herz nicht um mit deinem Lachen — ich ertrage es nicht.« Der Presi sagte es unsicher.

»Wohl, wohl, umkehren möcht' ich's dir, Vater, ich möchte die Liebe darin sehen! Vater — ich halte es auch nicht mehr aus, ohne daß du ein bißchen lieb mit mir bist.«

Da war der harte Presi überwunden, es ging ein glückliches Lächeln über sein eben noch finsteres Gesicht. Und er nahm ihre beiden Hände: »Ja, Vogel, ich muß mit dir reden. — Du bist ja jetzt in einem Alter, wo man keinen Tag sicher ist, wenn ein junger Mann den fröhlichen Finken einfangen will. — Kind, ich habe nur dich und wünsche, daß du glücklich werdest. Ich gebe dir die Wahl frei und will dir nicht einreden, wen du heiraten sollst, das ist ganz deine Angelegenheit.«

Mit rotem Köpfchen saß Binia da — sie schluckte, als wollte sie etwas sagen.

Ein mißtrauischer Blick des Vaters, dann sagte er streng: »Es giebt einen Namen, der in unserem Haus nicht mehr ausgesprochen wird. Verstehst du! — Im übrigen habe ich dir die Jugendthorheit verziehen.« — —

Binia steht sinnend in ihrer Kammer.

Zwei Jahre noch — dann kommt Josi — er kommt wie ein Held — er tritt mit einer That vor das Volk, so gewaltig, wie noch keine im Bergland geschehen ist — er erlöst St. Peter von der Blutfron an den Weißen Brettern und alle jubeln: »Josi Blatter ist größer als Matthys Jul.«

Und er besiegt den Vater.

So lang will sie tapfer kämpfen, den Vater nicht reizen, aber Josi treu sein im Herzen.

Und unter Thränen lächelnd küßte sie den Tautropfen, den er ihr gegeben hat.

XIII.

»Pate! — Ein Brief von Josi! Er ist gesund, es geht ihm gut.« Mit strahlendem Gesicht jubelt es die sonst zur Stille geneigte Vroni und hält den in großen ungefügen Buchstaben gemalten Brief in zitternden Händen. »Hört, wie er lautet:

»Liebes Schwesterlein! Ich will Dir auch wieder einmal berichten, wie's mir geht. Es geht mir gut und George Lemmy ist recht mit mir, aber scharf und vom Schaffen klöpft[29] mir schier der Rücken. Das ist gesund. Wir sind jetzt an einem Berg, der heißt Himalaja. Die Stadt heißt Srinigar, aber wir sind nicht darin. Wir machen eine Straße. Liebes Vroneli, Du wirst denken, ich schreibe nicht schön. Das kommt vom Felsensprengen und Du mußt nicht lachen. Thue Dich gar nicht kümmern wegen mir. Bet und denk an die Mutter selig. — Und an den Vater selig, was ich auch thue. Es ist dann noch etwas wegen der Binia, aber sie hat es Dir gewiß schon erzählt. Und wenn ich in der Nacht zwei Sternlein beisammen sehe, so sage ich: 'Du liebes Bineli — du liebes Vroneli'. Ich muß manchmal in den Hemdärmel beißen, sonst würde ich brüllen[30]. Der Indergand vertreibt mir etwa das Heimweh. Das Papier ist aus. Ich lasse das Bineli tausendmal grüßen, Dich auch, den Eusebi und alle. Und ich komme dann schon wieder heim. Schreibe mir recht bald. Dein treuer Bruder Josi. Die Adresse steht auf dem Umschlag.«

[29] *klöpft*, schweizerdeutsch, so viel wie »bricht«.

[30] *brüllen*, schweizerdeutsch, »heftig weinen«.

Noch am gleichen Tag schrieb Vroni einen viel größeren Brief, als sie empfangen, an Josi. Wie in ihrer Hand die Feder gut lief!

Aber über eine Stelle hinweg wollte sie nicht gehen, auf diese fielen ein paar Tropfen, die den schönen Brief fast verdarben.

Die unglückselige Liebe zu Binia! Sie wollte dem Bruder nichts Betrübliches schreiben, aber sie wußte schon, daß aus dieser Liebe nichts Gutes entstehen konnte. Binia war fast noch die Schlimmere als Josi. Auch jetzt kam sie gelaufen und bat und bettelte, daß sie den Brief lesen dürfe. Als sie ihren Namen darin sah, wurde sie ganz überstellig und tanzte mit Vroni. Und unter den Brief Vronis schrieb sie:

»Tausendmal geliebter Josi! Denke nur immer an die zuckenden Vögel von Santa Maria del Lago und lasse die Hoffnung nicht fahren. Sie haben schon den Tod gesehen, und nun fliegen sie doch über Land und Meer. In herzlicher Liebe und Treue. Dein Bineli.«

Vroni sah den Gruß mit Schmerzen, der trotzige Mut Binias, die doch mehr einer wehrlosen Blume als einer Kämpferin glich, kam ihr wie eine Vermessenheit vor.

Von diesem Kummer abgesehen, ging es Vroni gut.

Wenn sie am Sonntagmorgen mit dem Garden, der Gardin und Eusebi im Glotterhütchen, unter dem die zwei blonden Zöpfe niederhingen, mit blauen lachenden Augen, das hellseidene gefranste Brusttuch über die junge Fülle gekreuzt, das silberbeschlagene Betbuch und den Rosmarinstrauß in den Händen, sittig die Kirchentreppe zum Kirchhof hinaufschritt, so flüsterten die Leute: »Wenn nichts Ungeschicktes dazwischen kommt, so giebt die keine Wildheuerin.«

Am hübschesten aber war die Zwanzigjährige wohl, wenn sie mit Rechen und Gabel frisch und gesund im Morgentau über die Wiesen schritt. Etwas vom stillen Wesen der Gardenfamilie war auf sie übergegangen, ein rasches Vorwärts, ein lautes Thun war nicht ihre Sache, aber was sie in Ruhe that, ging ihr mühelos und anmutig von der Hand. Und wo sie in stillem Frohsinn mitwerkte, lief allen alles leicht, die Knechte sogar sagten es.

Und sie selber wünschte sich nichts Schöneres, als das wandernde Sommerleben der Bauernleute von St. Peter. Für ein paar Tage ritt man, das Notwendigste zum Unterhalt mitnehmend, nach Hospel in die Reben, wo jeder Bauer von St. Peter ein kleines Haus besaß, dann hielt man sich einige Tage auf der Maiensässe auf, um dort das Vieh grasen zu lassen oder zu heuen, wieder etwas später arbeitete man auf dem Acker beim Dorf und am Sonntag ritt die Familie auf die Alpen zu Besuch.

Da saß der ganze Haushalt mit den Knechten vor der Hütte, die Glocken des Viehes klangen friedlich in die tiefe Stille und die Enzianen standen wie im Gebet.

»Vroni, erzähle eine Geschichte,« sagte das eine Mal der Garde, das andere Mal die Gardin, selbst Bonzi, der Viehknecht, war ein dankbarer Zuhörer, und mancher, der des Weges kam, setzte sich auch hinzu, Vronis Glockenspiel hatte bald eine kleine Gemeinde, darunter junge hübsche Burschen, die sich nicht bloß wegen der Geschichten in den Kreis drängten.

»Sie ist halt grad wie die Fränzi selig, darum hält sie der Garde so in Ehren.«

So sprach man im Dorfe, und niemand war Vroni gram, die Burschen aber waren ihr gut.

»Frau,« sagte der Garde, »wir müssen uns entscheiden. Es geht um das Mädchen wie um frisches Brot. Vor vierzehn Tagen hat der Fenkenälpler gefragt, ob sein Aeltester am

Sonntag zum Mittagessen kommen dürfe. Er würde Vroni gern einen Antrag machen. Heute ist der alte Peter Thugi gekommen und hat so eindringlich gebeten, wir möchten sie dem jungen Peter geben, er sei ein so guter und ehrbarer Mann. Ich habe aber beiden abgewinkt.«

»Hättest du doch lieber zugesagt,« schmollte die Gardin, »Vroni setzt sich sonst noch in den Kopf, sie bekomme Eusebi.«

»Geschehe nichts Schlimmeres!« erwiderte der Garde.

»Und ich meine, es wäre jetzt, wo Eusebi im Militärdienst ist, gerade die rechte Gelegenheit, daß wir Vroni aus dem Haus bringen, natürlich in allen Ehren. Ich habe nichts gegen sie — es geht mir nur so stark gegen das Herz, daß unser einziger ein Wildheuermädchen nehmen soll. Hätte ich drei Buben, so könnte einer schon Vroni nehmen — aber der einzige. Wir sollten doch auch auf eine gute Verwandtschaft sehen! Und Eusebi ist so zuweg, daß er überall anfragen darf.«

»Das thätest du deinem Buben zuleide, daß du Vroni in seiner Abwesenheit gehen ließest. — Nein, Gardin, Vroni bleibt da!«

Mit Festigkeit erklärte es der Garde.

Frisch und lebensfroh kam Eusebi vom Dienst zurück. »Vater, ich habe mich furchtbar zusammennehmen müssen, daß ich immer nachgekommen bin, aber es ist gut gegangen.« Das spürte man Eusebi an. Er erzählte seine Erlebnisse so hellauf, wie ihn noch nie jemand gesehen.

»Ja, aber Eusebi,« lachte der Garde, »bei uns giebt's auch Neuigkeiten. Vroni bleibt wohl nicht mehr lang da, die Burschen im Dorf gucken sich fast die Augen aus nach ihr, und zwei, die ich nicht verraten will, haben sich schon als

Freier gemeldet.«

Vroni, die dabei stand, als der Garde so redete, glühte wie eine Rose auf: »Ich will aber keinen, ich bleibe bei euch, Garde. Und wer wollte sich auch im Ernst um mich kümmern? Es ist mir am wohlsten, wenn ich ledig bleibe.«

Schön war sie in ihrer tiefen Verlegenheit, wie sie, das Haupt gesenkt, mit zitternden Fingern an den Haften ihres Mieders nestelte.

Eusebi aber riß an seinem Schnurrbärtchen, daß es ihm in den zuckenden Fingern geblieben wäre, wär's nicht so fest angewachsen gewesen. Wie unvorsichtig war es, denn der blonde Schnurrbart machte sein Gesicht beinahe hübsch!

Am Abend überraschte die Gardin ihren Sohn, wie er bei Vroni am Herdfeuer in der Küche stand und das Blondhaar des abwehrenden Mädchens zu streicheln versuchte und immer wiederholte: »Gelt, liebe Vroni, es ist dir doch nicht ernst, daß du ledig bleiben willst?«

Halb freute, halb ärgerte sich die Gardin. Nein, das war nicht mehr der scheue, blöde Eusebi. Mit einem Scheit jagte sie ihn aus der Küche und Vroni hielt sie eine Predigt.

Der erwachende Eusebi warb aber so freimütig um Vroni, daß ihre Stellung zwischen Sohn und Mutter immer schwieriger wurde und sie Mühe hatte, sich in den Augen der Gardin untadelig zu benehmen.

Bald aber überschattete ein trauriges Ereignis das im Hause aufblühende sanfte Liebesspiel.

Mehr als ein halbes Jahr, nachdem Vroni ihren Brief mit dem Zusatz von Binia an Josi geschickt hatte, mitten im tiefen Winter, kam das Schreiben, mit vielen Stempeln bedeckt, an zwei Stellen etwas durchschnitten, an sie zurück und auf der Rückseite stand: »Addressee died in the cholera-hospital at Srinigar.« Diensteifrig hatte Thöni schon die Uebersetzung auf den Umschlag gefügt: »Der Adressat ist im Cholerahospital zu Srinigar gestorben.« Darunter stand irgend ein Stempel.

Vroni hielt die Botschaft noch in den bebenden Händen, da kam schon Binia in aufgeregter Hast dahergeeilt; »Vroni, liebe Vroni, gelt, das ist nicht wahr, er lebt!«

Vroni aber, die, ihrer Sinne nicht mächtig, auf einen Schemel gesunken war, rief immer nur, daß sich die Wände hätten erbarmen mögen: »Es ist halt nach dem Kirchhoflied gegangen, Josi, mein Herzensbruder, ist tot — o, als er ging, habe ich es gewußt, daß er sterben würde!«

Die großen dunklen Augen Binias erweiterten sich schreckhaft.

Das bereitwillige Eingehen auf die Todesbotschaft und der Zusammenbruch Vronis erschütterten sie mehr als die erste Nachricht, um ihren Mund zuckte das Weinen, sie wankte hinaus in die Winterdämmerung. »Es ist nicht wahr! — Diejenigen, die gelobt haben, für die heligen Wasser an die Weißen Bretter zu steigen, können ja nicht krank werden und nicht sterben, bis ihr Gelübde erfüllt ist.«

Im Volksglauben suchte sie Trost.

Zuerst mißtraute auch der Garde und das ganze Dorf der Todesbotschaft. Hatte man Josi Blatter nicht schon einmal für tot gehalten und dann war er doch wieder lebendig zum Vorschein gekommen!

»Hat er sich gemeldet?« fragte man Vroni. »Nein, das nicht — ich habe nichts gesehen und nichts gehört.«

»Dann lebt er, dem nächsten Verwandten muß sich ein

Sterbender melden, und ginge sein Weg über das weite Meer. Vor zwei Jahren hat sich in Tremis einer, der in Amerika gestorben ist, seinem Bruder angezeigt.«

Allein die Tröstungen des Volksglaubens hielten nicht stand vor der herben Wirklichkeit. Der Garde nahm den Brief bei der ersten Gelegenheit mit in die Stadt und legte ihn der Post vor. Da versicherte man ihn, die Stempel seien echt, das Schreiben sei durchschnitten, weil es auf der Rückkehr aus dem Choleragebiet geräuchert worden sei, und die Cholera sei eine Krankheit, die den gesundesten Mann in einer Stunde wegblase.

Der Garde erbat sich aus Bräggen die Adresse Indergands; als sie anlangte, schrieb er an den Kameraden Josis, Vroni sandte noch einmal einen Brief an Josis eigene Adresse, es kamen aber keine Antworten, ja nicht einmal mehr die Briefe zurück, auch das große amtliche Schreiben nicht, mit dem sich der Gemeinderat von St. Peter an den schweizerischen Konsul in Kalkutta wandte, und unter Angabe der näheren Umstände um einen Totenschein für Blatter ersuchte.

Unterdessen war man schon wieder in den Sommer gekommen, und Vroni sagte die Totengebete für den Bruder her, und das Schönste deuchte sie immer das Kirchhoflied:

»Du armer Knabe! Schlaf am Meere!
Sieh, Gottes sind so Flut wie Firn,
Sieh, Gottes sind die Sternenheere,
Er schickt ein Tröpfchen, das die Stirn
Mit frischem Gletschergruß umspült
Und dir das heiße Heimweh kühlt!«

Die tiefe Trauer des Mädchens hielt auch im Dorf das Andenken an Josi Blatter noch eine Weile rege.

In einer seltsamen Gewitterbeleuchtung erschien den Dörflern das kurze Leben Josis. Sein Vater war zu Tode gestürzt, durch die Schuld des Presi war der Bursche auf einen bösen Weg gekommen, er hatte zuletzt die armen Seelen beleidigt, aber schlecht war Josi doch eigentlich nie gewesen, großmütig hatte er sogar sich selbst für die fünf Verstiegenen in die Schanze geschlagen.

»Ueber den Presi aber, der dieses junge Leben zu Grunde gerichtet hat, wird es kommen!«

Das flüsterte stetig durchs Dorf.

Niemand bewies Vroni so herzliche Teilnahme wie Eusebi, und die Gardin wurde darüber eifersüchtig auf sie. Als eines Tages, just wie der Garde und Eusebi auf der Alp waren, eine leidende Fremde, die in Vronis blauen Augen das tiefe Gemüt entdeckt hatte, das Mädchen als Begleiterin anstellen wollte, riet die Gardin Vroni dringend zu: »Du bekommst es gewiß besser als bei uns — du wirst vielleicht in ein paar Jahren schon eine reiche Erbin!«

Da stürzten Vroni die Thränen hervor. Das war ein Blitz aus heiterem Himmel. Vor ihrem Bett im Kämmerlein kniete sie und schluchzte herzzerbrechend und stundenlang.

Sie merkte es nicht, wie die Männer heimkamen, wie Eusebi, er, der Langsame, die Treppe heraufstürmte, wie er etwas schüchtern die Thür öffnete und in das Kämmerchen trat, sie spürte es erst, als er immer noch etwas scheu ihr weiches blondes Haar streichelte und sagte: »Vroni, weine nicht.«

»O Eusebi, ich soll fort — und ich kann nicht. Es ist mir ja nirgends wohl als bei euch!«

»Sei ruhig, Vroni, ich habe dich ja lieb,« tröstete er herzlich.

Da blickte sie mitten aus den Thränen einen Augenblick

sonnig und gläubig auf, aber nur einen Augenblick:

»Eusebi, rede nicht so — du weißt, ich bin ein armes Mädchen, obwohl ihr mich wie eine Tochter gehalten habt. Es ist besser, ich gehe.«

Da rannte Eusebi aus der Kammer: »Mutter, wenn Vroni fortgeht, so gehe ich auch.«

»Sei kein Narr, Eusebi,« sagte diese überlegen und kühl, »hat je ein Bauer ein Wildheuerkind geheiratet?«

Eusebi tobte und stürmte in die Stube: »Hast du's gehört, Vater — Vroni geht fort.«

Der Garde saß breit am Tisch und stützte den Kopf in beide Fäuste: »Thorheiten — Thorheiten,« murmelte er vor sich hin.

Da jagte Eusebi, der lebendig geworden, wieder fort, hinauf in sein eigenes Kämmerlein, kam aber bald zurück und die Bäuerin schlug die Hände zusammen.

»Seit wann trägt man das Sonntagsgewand zum Werktagsfeierabend?« spottete sie.

»Ich trag' es, weil ich jetzt fortgehe, Mutter — mit Vroni zusammen suche ich einen Dienst.«

Die Gardin kannte ihren zahmen Eusebi nicht mehr, seine Augen blitzten nur so. Da nahm sie ein Scheit, drohte dem schnurrbärtigen Sohn und rief zornig: »Auf der Stelle legst du das Sonntaggewändchen ab, du, — du —«

Eusebi hatte das Scheit, das die Mutter hochhielt, ergriffen, mit einem Ruck warf er es weit weg: »Mutter, so geht es nicht mehr!«

Da schrie die Gardin in die Stube: »Alter, hörst du nichts. Eusebi will mir nicht mehr folgen. O, der Lümmel — der

Lümmel!«

»Nein, beim Eid folge ich Euch nicht mehr,« trotzte Eusebi, »ich gehe jetzt mit Vroni.«

»Das ist der Segen und der Sonnenschein, von dem der Alte immer geredet hat. — Einen ungeratenen Buben habe ich jetzt durch sie — Garde — Garde — bist du taub geworden, warum hilfst du mir nicht?« Und sie riß ihm die eine Armstütze vom dicken grauen Haupt hinweg.

Da merkt sie erst, wie der Garde so stark, daß er es nicht mehr verhalten mochte, vor sich hin lachte.

»Was ist auch das, du lachst!« Sie war verwirrt und wütend.

»Ich lache, weil der Eusebi ein Mann geworden ist. Ich kann dir nicht sagen, wie gut er mir jetzt gefällt.«

Die großgewachsene Gardin wurde ganz zahm, ernüchtert grollte sie: »O, ihr wüsten Männer!«

In dem Augenblick kam Vroni sonntäglich gerüstet und schluchzte: »Nur danken möcht' ich euch für alles Liebe und Gute, aber Streit soll es meinet — —« Ihre Stimme erstickte.

»So lebe wohl, liebes Vroneli,« sagte der Garde, nicht traurig, sondern gemütlich, »Eusebi wird schon recht zu dir schauen.«

Die Gardin war starr.

Und Eusebi sagte tief bewegt: »Also lebet wohl, ich habe halt Vroni zu lieb, ich gehe jetzt mit ihr — behüte dich Gott, Vater — behüte dich Gott, Mutter!«

Als er nun aber Vroni, die, gerüttelt von Leid, die Stube schon verlassen hatte, folgte, da rief die Gardin ihrem Manne zu: »Du Rabenvater, deinen Einzigen lässest du nur so in die Fremde gehen — wenn er jetzt ein armes Knechtlein wird — der Sohn des Garden von St. Peter.«

Sie weinte aus heißem mütterlichem Herzen und der Garde knurrte: »Man muß ihm halt dann und wann einen Napoleon[31] schicken.«

[31] *Napoleon*, ein Zwanzigfrankenstück.

Da eilte die Gardin unter die Hausthüre und schrie aus Leibeskräften: »Eusebi — lieber Eusebi — komm zurück.«

Die beiden Flüchtlinge waren noch nicht weit gegangen, denn Vroni suchte Eusebi durchaus zu bereden, daß er zu den Eltern zurückkehre, sie wolle kein Glück auf einen Streit bauen. Vor dem Disput mit Vroni aber hörte Eusebi die Mutter nicht rufen.

Nun schritt das junge Paar vorwärts.

Da schrie die Gardin in ihrer Herzensangst: »Vroni! — liebes Vroneli — kehr um!« und wirr durcheinander: »Vroni — Eusebi — Vroneli — Eusebi, ums Himmels willen — kommt doch wieder!«

Da stutzten die Flüchtlinge, und jetzt ertönte hinter der Mutter der fröhliche Ruf des Vaters: »Kommt jetzt nur wieder!«

Eusebi zog sein Mädchen mit einem Juchschrei zurück; halb noch ergrimmt, halb gerührt wischte die Gardin die Thränen ab und grollte dem Garden: »Ich habe nicht gemeint, daß du ernster Mann in deinen alten Tagen noch so ein Erzschalk sein könntest, aber drei sind stärker als eines, ich merke es und will mit euch in Liebe auskommen. Gieb sie nur zusammen.«

Vroni lag an der Brust des Garden und der neigte sich auf sie und küßte sie. »Du warst immer mein Kind, jetzt bist du's erst recht, du sanfte, stille Wunderthäterin, die meinen Eusebi aus einem Thoren zu einem ganzen Manne gemacht hat.«

Die Gardin streckte Vroni die Hand hin und schluchzte:

»In mein Herz kann ich fast niemand einlassen, das ist so herb, aber jetzt, Vroni, bist du drinnen — nenne mich Mutter und eine gute Mutter will ich dir sein!«

In die Wohnung des Garden flutete das Abendgold. Feierlich bewegt stand der Alte, den funkelnden Zinnteller in der Hand. Er brach einen Bissen Käse wie ein Felsklötzchen und schenkte braungoldenen Hospeler in ein einziges Glas.

»Nehmet, esset und trinket!« Er reichte die Hälfte des Bissens, der ein einziges Stück gewesen war, Eusebi, die andere Hälfte Vroni und bot ihnen das Glas.

»Eusebius Zuensteinen und Veronika Blatter. Ich verlobe euch nach dem alten Brauch des Thales. Ihr kennt den nicht, der den Käse bereitet, und den nicht, der den Wein gekeltert hat. Väter haben es vor mehr als hundert Jahren gethan und sie haben nicht gewußt, für wen. Also sollt auch ihr thun, damit kein Geschlecht ohne den Segen der vorangegangenen sei. Die Ahnen segnen euch und wünschen euch Glück. Eusebi, Hochzeiter! — Vroni, — Braut!«

»Amen!« sprach die Gardin, die mit gefalteten Händen hinter den Liebenden stand.

XIV.

»Died in the cholera-hospital at Srinigar!« Thöni jubelte das Wort wie Siegesbotschaft durch das Haus. Der Presi sah vergnügt in das Spiel der Schneeflocken, die dicht und schwer herniederwirbelten.

Da zog es doch plötzlich wie ein Seufzer durch seine Brust: »Ich hätte Josi Blatter in St. Peter zurückhalten sollen!«

Wie er es wider Willen dachte, schritt vor dem Fenster Kaplan Johannes durch das Schneegestöber und wies ihm eine drohende Grimasse.

Die plötzliche Erscheinung des Halbverrückten, der seit seiner Vertreibung einen dämonischen Haß auf ihn und Binia warf, peinigte den Presi, ohne daß er wußte warum, wie Schicksalsdrohung. Es giebt aber einen Helfer in der Freude und einen Sorgenbrecher im Leid.

Die trostlose Binia überraschte den Vater und Thöni, die zusammen vom besten Hospeler zechten. Da stieß der schon lallende Vater sein Glas ins Leere: »Zum Wohl, Seppi Blatter — hörst du, dein Bub' ist gestorben. — Was willst du jetzt noch?« Er lachte hellauf.

Thöni, der nüchterner war, folgte dem Beispiel: »Josi Blatter, du Laushund. — Ja so, da ist Binia. — Komm, trinke auch eins auf deinen toten Schatz!«

»Schändet die Toten nicht.« Mit dem gellenden Ruf sprang sie zu den beiden Männern und wischte die vor ihnen stehenden Flaschen und Gläser mit leichtem Arm vom Tisch.

»Josi lebt — er lebt!« bebte ihre Stimme. »Ihr könntet ihm

sonst nicht zum Wohlsein trinken. Der Blitz vom Himmel würde in den Bären fahren!«

»Binia, wenn du so wild bist, bist du teufelsschön,« lallte Thöni.

Der Vater wollte über ihre Keckheit wüten, aber es ging nicht mehr wohl an. Am anderen und in den folgenden Tagen sagte er kein Wort, er war stillverdrießlich, und das war ein Zeichen, daß er sich selbst grollte.

Seit Binias empörtem Ruf: »Er lebt!« glaubte auch er nicht mehr, daß Josi Blatter tot sei. Nein, der stand ja immer wieder auf, wenn er schon begraben war. Um so stärker jedoch bekräftigte der Presi die Todesnachricht, wenn andere Leute darein Zweifel setzten: »Ta-ta-ta!« sagte er, »es giebt auf der Welt nichts Zuverlässigeres als die englische Post!«

Unterdessen begann eine seltsame Zeit für Binia. Sie mußte an ein Wort der alten thörichten Susi denken: »Schlafe, schlafe, Schäfchen, wenn du groß und ein schönes Mädchen sein wirst, kommen um dich viele Burschen fragen.«

Darauf hatte sie erwidert: »Ich liebe aber nur Josi.«

Nun war beides in Erfüllung gegangen: viele Freier kamen, und sie liebte nur Josi.

Gegen den Vater hatte sie Gewissensbisse. Sie fühlte sich ihm heiß verpflichtet, daß er sie nicht zwingen wollte, irgend einem jungen Manne, der ihm gerade gefiel, die Hand zu reichen. Das war ein großes Zugeständnis. Für Josi jedoch wollte sie die Liebe aller Freier ausschlagen, darüber würde er kommen. Die Todesnachricht auf dem Brief war gewiß ein Irrtum.

Der erste Freier war ein ungeschlachter Holzhändler aus dem Oberland. Als er sich mit ein paar Schoppen Hospeler

Mut getrunken hatte, stieß er sie mit dem Ellenbogen in die Seite: »He, Kind, luge einmal meine Geldkatze an — was meinst — wollen wir einander heiraten? — Ich bin halt keiner von denen, die lange 'ich bitte und ich bete' stammeln und Küsse betteln — dummes Zeug — gerade recht geheiratet muß sein.«

»Wenn's nur so geht, ist leicht ledig bleiben,« lachte Binia.

Der Presi war es zufrieden, daß sie den ersten, die nach ihrer Hand trachteten, Körbe gab, denn es schien ihm nicht vornehm, daß ein Mädchen gleich auf einen, der ihm freundlich thut, mit offenen Armen zueilt, und er hatte den Vogel doch am liebsten im Haus. Der Gedanke, sich einmal von Binia trennen zu müssen, fiel ihm schwer.

Doch in St. Peter hätte kein junger Mann so recht den Mut gehabt, der Schwiegersohn des gefürchteten Presi zu werden. Binia allein hielt den alten freundschaftlichen Verkehr mit dem Dorfe noch aufrecht. Und sie war mehr die Freundin der Armen und Gedrückten, als der wohlhabenden Haushaltungen mit heiratsfähigen Söhnen.

»Vater, gebt mir noch zwanzig Franken — ich habe keinen Rappen mehr.« Sie wußte so drollig zu betteln.

»Ich spare — und du verschwendest — will wieder einer eine Geiß kaufen?«

»Ja, aber wer, sag' ich dir halt nicht —«

Der Presi, der nicht geizig war, lachte und gab ihr den Betrag. Was verschlug es? Es ging ja auch viel Geld ein. Und es mußte ein leidliches Verhältnis mit dem Dorf unterhalten sein.

Die von St. Peter schauten beinahe teilnahmlos zu, wie die Touristen mit ihren Bergstöcken durch die Gegend klapperten. Besteigungen der Krone fanden jetzt jeden Sommer mehreremal, ja häufig statt und der Bären war ein echtes, rechtes Bergsteigerquartier geworden.

Gegen den Presi aber, der diese neue Zeit gebracht hatte, herrschte ein dumpfer Groll. Die Dörfler fühlten sich in St. Peter wie nicht mehr zu Hause, und wenn die Bauern auch viel Milch und allerlei anderes zu erhöhten Preisen in den Bären verkaufen konnten, so sprachen sie doch am liebsten von der alten Zeit, wo der Sommer in ruhigen Prächten durch das Thal gegangen war.

Thöni diente nicht mehr als Bergführer, er war in allen Dingen die rechte Hand des Presi. An seiner Stelle geleiteten jetzt Führer von Serbig und Grenseln, Leute, die gemerkt hatten, daß auch in St. Peter ein schönes Stück Geld zu verdienen sei, die Touristen auf die Berge.

Mit Schrecken sah Binia die wachsende Freundschaft zwischen dem Vater und Thöni.

Thöni war, so vornehm er sich gab, eigentlich doch ein recht gemeiner Kerl. Wenn er einen freien Augenblick hatte, stand er unten vor dem Haus bei den Führern und unter vielem Lachen redeten sie miteinander wüste Dinge.

Dann fuhr der Vater wohl mit einem »Gott's Sterndonnerwetter, Thöni!« dazwischen. — Wenn er ihm aber in seiner handfesten Art das Kapitel verlesen hatte, so ging alles langehin wieder glatt und gut, er hatte seine Freude an dem jungen Mann, der sich gewählt wie ein Fremder kleidete, den wohlgepflegten Schnurrbart kühn in die Welt stellte und seine vielen Geschäfte mit spielender Leichtigkeit erledigte.

Und wie wußte Thöni dem Vater zu Willen zu sein und sich seinen Launen anzupassen! Darin war er unübertrefflich.

Wie eine Hornisse aber schoß er durch das Haus, wenn er in irgend einem Gast einen Freier für Binia witterte. Und sie kamen immer zahlreicher, die Freier; aus dem Unter- und Oberland kamen die reichen Händler, die jungen Hotelbesitzer, und unter den Gästen waren nicht wenige, die für Binia schwärmten.

Der Vogel aber entschlüpfte. In Binias ganzem Wesen lag wie in ihrem schlanken Leib die Kraft stählerner Geschmeidigkeit und stählernen Widerstandes. Wo sie ein echtes Gefühl spürte, da lohnte sie es wohl mit einem Blick, daß der Freier meinte, er habe in seinem Leben noch nichts Süßeres gesehen, aber durch alles, was sie that und ließ, klang es bald schelmisch, bald traurig: »Seht ihr nicht, daß ich frei sein will? — Was zwingt ihr mich, es euch zu sagen?« Wer ihr mit zudringlichen Huldigungen zu nahe trat, den blitzte sie mit einem Blick oder einem Wort nieder, daß er sich schämte und zahm wurde wie ein kleines Maultier.

Jetzt lächelte aber der Vater nicht mehr, wenn sie einen Freier zurückwies. Mißtrauisch und grimmig loderte es aus seinen Augen. »Kind,« stieß er hervor, »wenn du meinst, du könnest mich narren!« Und der Zorn zuckte um seine Brauen.

Frau Cresenz tröstete dann auf ihre Art.

»Was sich zankt, das liebt sich,« meinte sie mit kühlem Lächeln. »Ihr werdet sehen, das Blatt zwischen Thöni und Binia wendet sich. Nur sich nicht einmischen und nicht drängen.«

Dem Presi kam eine Verbindung zwischen Thöni und Binia selber nicht mehr so unsinnig vor wie damals, als er den Garden wegen des sonderbaren Gedankens ausgelacht hatte.

Das Kind blieb dann doch in St. Peter. Sie zu zwingen hatte

er aber das Herz nicht. Sie war ja noch so jung.

Die Zeit schritt, der Tag kam, wo Eusebi und Vroni, das glückliche Paar, Hochzeit hielten.

So ein schönes Fest hatte man in St. Peter noch kaum erlebt. Ein junger Verwandter der Gardenfamilie und Binia führten das Brautpaar, und wie lieblich war Vroni mit der niedlichen kleinen Krone auf dem blonden Haupt, wie hübsch der einst so häßliche Eusebi, wie sah man es ihm an, daß das Glück den Menschen verschönt.

Ans Glück dachte Binia am Morgen nach der Hochzeit, da donnerte sie der Vater an: »He, das Wildheuerkind ist am Ziel! Aber deinem Spiel schaue ich jetzt nicht mehr zu. — Meinst du, du dürfest um den toten Rebellen noch ein paar Jahre greinen. — Nichts da! Wenn du jetzt deinem Vater nach vielem Leid eine Freude bereiten willst, so zankst du dich mit Thöni nicht mehr, sondern überlegst ernstlich, ob du nicht im Frieden seine Frau werden könntest. Ich habe einen schönen Plan und daran hänge ich. Der Bären ist für unsere Gäste zu klein geworden, ich baue drüben gegen die Maiensässen hin ein Chalet im Berneroberländerstil, daß es mit seinen Balkonen ganz St. Peter überscheint. Und nun meine ich, wenn Thöni Direktor und du Frau Direktor des Hotels zur 'Krone' würdest, so wäre für dich gesorgt und ich könnte mein Haupt ruhig niederlegen. Thöni,« fuhr er fort, »ist aus guter Familie, er versteht das Geschäft und ich habe ihn mit der Zeit und namentlich in diesem Jahr lieb gewonnen — er ist lenksam und hört auf mich.«

Das letzte sagte der Presi mit besonderem Nachdruck.

Binia sah den Vater nur noch durch Thränen.

»O, Vater,« stöhnte sie, »mir thun Kopf und Herz weh. — — Baue doch lieber nicht. — Denke an die Leute von St. Peter, die uns jetzt schon wegen der Fremden im Bären grollen.«

»Ho, mit denen von St. Peter nehme ich es auf,« erwiderte er hart und es blitzte so bös aus seinen Augen, daß sie verstummte.

Thöni zankte, wütete, schmeichelte, er weinte vor ihr. »O Bini — Bini,« suchte er sie zu überreden, »wir hätten's so schön zusammen!«

»Thöni, ich nehme den, der mich freut, aber nicht einen, der schon mit so vielen Mädchen gelaufen ist.«

Sie sagte es ernst und bekümmert — sie hatte eine geheime Furcht vor ihm.

Doch war die Zeit da, wo Josi nach seinem Versprechen hätte zurückkehren müssen. Sie war in fieberischer Erregung, sie stand stundenlang am Fenster und schaute auf die Straße in den Herbstsonnenschein, später schaute sie in die Schneeflocken und am strahlenden Dreikönigstag sah sie, wie die Kinder ihre Häspel mit den drei papiernen Sternen drehten und hörte ihren Ruf:

»Die heiligen drei Könige mit ihrem Stern,
Sie kommen von fern und suchen den Herrn!«

So hatte sie als kleines Mädchen neben Josi den Windhaspel getragen und sich innig gefreut, wenn die drei Rosen, die gewöhnlich nicht spielen wollten, liefen.

Kein Brief kam an Vroni — kein Lebenszeichen von Josi — er kam nicht und kam nicht. Und zum Neubau fällte man das Holz.

Ja, wenn ihr dummes Köpfchen nur einsehen wollte, daß Josi gestorben ist. Mit Entsetzen gestand sie es sich: Sie sah sein liebes, offenes Gesicht nicht mehr so klar wie einst. Ihr war, leise und langsam senke sich ein feiner Nebel zwischen ihm und ihr und sein Bild weiche in die Ferne. Sie streckte die Arme aus nach ihm: »Josi, zeige mir deine schwieligen Hände — ich kann sie mir nicht mehr so recht vorstellen. — Josi, lache mit deinem trockenen und doch so herzinnigen Lachen, es klingt mir nicht mehr deutlich im Ohr. Mutter! — Mutter! — Hilf mir, daß ich nicht wanke!«

Und ein Wunder geschah! Für viele Wochen gab Thöni Grieg manchmal sein wildes, eifersüchtiges Drängen auf, er schwieg, nur in seinen Augen lag etwas Unerklärliches, etwas wie Haß und Drohung.

Er war nicht mehr der schöne Thöni, der lustige Thöni, er war ein reizbarer, übellauniger Herr mit einem aufgedunsenen rötlichen Gesicht. Sobald der Vater aus dem Haus gegangen war, wurde er nachlässig und grob, er kam alle paar Augenblicke aus der Poststube und schenkte sich Wein ein. Ein paarmal fanden Frau Cresenz oder Binia auch in der Ablage geleerte Flaschen. Und auf ihre Vorhalte grollte er: »Was hat das Weibervolk im Bureau zu thun, was geht euch die Poststube an?«

Binia aber liebte die Post, besonders das Telegraphieren, so viel als möglich besorgte sie mit flinken Fingern die Depeschen selbst.

»Das ist langweilig,« sagte sie vorwurfsvoll, »daß du immer die Schlüssel ziehst. Früher wußte ich alles, was auf der Post ging — hast du so eine Lumpenordnung, daß man nicht mehr hineinsehen darf?«

»Eben, gerade Ordnung habe ich, du Wildkatze,« höhnte er.

»Dann mache doch die Sendungen bereit, die noch liegen!«

»Ich gehe jetzt Revolverschießen,« trotzte er

»Wozu brauchst du einen Revolver?«

»Er ist für solche, die nach St. Peter kommen, aber nicht hergehören,« lachte er seltsam.

Binia kam ein fürchterlicher Verdacht, aber sie wagte ihn kaum zu denken. »Nein, so bodenlos schlecht ist Thöni doch nicht,« beruhigte sie sich selbst.

Im übrigen schoß er, wenn er ausging, nicht immer mit dem Revolver, sondern saß ebenso häufig im Wirtschäftchen des Glottermüllers oder bei irgend einem hübschen Mädchen.

Frau Cresenz und Binia, Gäste und Dorf sahen es, der schöne Thöni, der lustige Thöni, hatte einen Wurm, die einen sagten im Kopf, die anderen im Leib.

Zuletzt sah es auch der Presi: »Thöni, du gefällst mir nicht mehr — weiß der Kuckuck, was du hast und was mit dir ist.«

»Ich meine, man sollte jetzt einmal bauen, das Holz liegt schon lange genug,« gab Thöni mürrisch zurück.

»Natürlich wir bauen jetzt,« antwortete der Presi fest.

Als man den ersten Spatenstich führte, rief er Binia auf seine Stube. Er streifte sie mit forschendem, sorgenvollem Blick; dann hob er an: »Binia, du verlobst dich jetzt mit Thöni, spätestens im Frühjahr heiratet ihr. Ich habe dir Zeit gegeben, eine Wahl nach deinem Sinn zu treffen, du hast sie verwirkt. Jetzt befehle ich dir!«

Binia stand totenblaß; mutlos und verschüchtert wagte sie keinen Widerspruch.

Man baute, aber im schlechtesten Zeichen. Die Werkleute brachten die »Krone« nicht vorwärts. Als hätte Gott selbst einen Zorn darauf, regnete und wetterte es im Glotterthal den ganzen Sommer durch und der Presi eilte in hundert Nöten zwischen dem Bären und der Baustelle hin und her. Zum erstenmal, seit Fremde nach St. Peter kamen, füllte sich der Bären nicht. Und er wünschte das Trüpplein von Sommerfrischlern, das da war, wieder nach Hospel zurück und weiter. »Herr Präsident,« fragten sie Tag um Tag und jede Stunde, »glauben Sie, wir bekommen bald schönes Wetter?« — »Ich weiß es nicht. In hundert Jahren kann der Sommer ja auch im Glotterthal einmal herzlich schlecht sein.« Mit verhaltener Wut sagte er es. Die Maulaffen! Wer litt mehr unter dem schlechten Wetter als er.

Und zum erstenmal waren die Fremden mit dem Bären nicht zufrieden. »Der Herr Präsident ist mürrisch,« klagten sie, »Herr Grieg, der früher so jovial war, unaufmerksam und grob. Frau Cresenz lächelt so seelenlos wie ein Automat. Und Binia, die alpige Rose, hat alle Schelmerei verloren oder dann zuckt sie so heftig und seltsam heraus, daß es wie ein Lachen im Fieber ist.«

Die Freier blieben aus. Nur einer wandte sich noch an sie, ein junger stiller Gelehrter.

Er hatte ihr die paar Blumen gebracht, die trotz dem

schlechten Wetter an den Bergen gewachsen waren, aber sonst eine große Zurückhaltung gegen sie beobachtet. Am Abend, bevor er abreiste, erst nahm er ihre Hand: »Fräulein Waldisch — Binia,« sagte er tief bewegt, »diese Hand ist zu klein und zu mollig für Ihr rauhes Bergthal. — Kommen Sie mit mir in die Stadt — ich liebe Sie — werden Sie meine Braut — meine herzliebe Frau.« — —

Es war so ein gediegener Mann und redete so warm.

Binia wurde dunkelrot und ihre Hand zitterte: »Herr Doktor!« Sie senkte das Köpfchen. »Ich passe nicht in die Stadt, ich kann ja kaum recht lesen und schreiben und bin ein schlichtes Bergkind.«

Da drang er heiß in sie: »O Binia! für mich ist das genug — ich bin selbst ein einfacher Mann. Was Sie an Wissen nicht haben, das ersetzen Sie mir hundertmal mit Ihrer sonnigen Natürlichkeit, mit Ihrem klugen Auge, mit der Wärme Ihres Gemütes. Ich habe eine liebe alte Mutter daheim — sie ist auch schlicht und kann keine überbildete Tochter brauchen.«

Bei dem Wort »Mutter« begann Binia zu schluchzen. Eine Mutter! In ihrem Leben noch einmal eine Mutter. Das war ein stürmischer Angriff.

»Die oberflächlichen Leute meinen,« fuhr der junge Mann fort, »Sie seien nur ein überaus gescheites, allerliebstes Naturkind, aber ich will es Ihnen sagen: Sie sind ein großes, liebeheischendes, heißes Herz — und wenn ich Sie verstanden habe, wenn Sie es sind, Binia, so gehen Sie um Ihres eigenen Glücks willen nicht kalt an mir vorbei. Darf ich mit dem Herrn Präsidenten reden?«

Wie die Männerstimme zitterte!

»Nein — nein — Herr Doktor, nein,« erwiderte sie

angstvoll, »ich ehre Sie — ich will Ihnen ein Geheimnis verraten — ich bin verlobt.« — —

Da ging der junge Mann in tiefer Trauer. Er schrieb ihr aber später: »Ich weiß, was ich verloren habe, Sie einzige — tausend-, tausendmal Glück!«

Ueber diesen Brief weinte sie bitterlich. Sie wußte es, sie hätte froh werden können mit dem Manne. Und, seine Hand wäre Rettung vor Thöni Grieg gewesen.

Wozu diese wahnsinnige Treue für Josi? Das fünfte Jahr erfüllte sich jetzt bald, daß er fortgegangen war.

Tiefen Kummer bereitete ihr die durch das schlechte Sommerwetter entstandene Stimmung im Dorf.

Wenn man nur mit dem Vater reden, ihn warnen dürfte, aber er ist wie ein Pulverfaß. Man darf nicht an ihm rühren. Alles muß sich vor ihm drücken. Thöni — Frau Cresenz — am meisten sie selbst: »Bini,« donnert er sie an, »Gott's Hagel — ich mache das Wetter nicht, lasse mich mit den Kälbern im Dorf in Ruh'.«

»Binia,« sagten die von St. Peter, »Ihr seid ja lieb und gut, aber wir wollen nichts aus dem Bären, es klebt Unglück daran,« und einige Weiber erklärten es frei heraus: »Kommt uns nicht mehr ins Haus. Wenn Ihr schon so lieb lächeln und reden könnt, mit Euren dunklen Augen seid Ihr doch eine Hexe und der Bären ist das Unglück von St. Peter.«

Eine furchtbare Zeit war gekommen. Immer lagen Nebel an den Bergen; wenn die Sonne am Morgen auch ein wenig schien, so donnerten am Nachmittag doch wieder die Gewitter, und wenn sich die Wolken ein wenig lichteten, sah man neue Runsen an den Bergen. Die oberen Alpen wurden spät schneefrei, ehe das Gras gewachsen war, deckte sie schon wieder Schnee, ein früher Reif vernichtete die

Ernte und am Glottergrat rückte der Gletscher vor. Die Wildleutlaue rüstete sich!

Not herrschte bei Menschen und Vieh, ein Angstgefühl legte sich über das Dorf, als dürfe es nie mehr auf bessere Zeiten hoffen, und der gräßliche Kaplan Johannes, der wieder von Fegunden heraufgekommen war, verließ St. Peter nicht mehr.

Binia wußte es. Dieser Wahnsinnige lebte fast nur von dem Haß gegen den Vater, der ihn vor Jahren hatte aus der Gemeinde treiben lassen. Er wühlte und hetzte im Dorf mit den dunkelsten Künsten des Aberglaubens. Entsetzlicher noch! Der böse Narr hatte seine Begierde auf sie geworfen. Sie fürchtete ihn wie die Taube den Habicht; seit er ihr letzthin zugerufen: »Jungfer, merkt Ihr, wie mein Korn reif wird?« zitterte sie vor ihm und ahnte schwere Ereignisse.

Gewiß trieb der dämonische Kaplan die von St. Peter zu einer thörichten That, um in einer Stunde der Verwirrung seine düstere Seele an den Bildern erfüllter Rache zu ergötzen.

Ein ungeheuer peinlicher Vorfall, von dem zum Glück der Vater selbst nichts erfuhr, trat dazu.

Eine fremde vornehme Dame, die mit ihrem Hund hergekommen war, verlangte, daß man das Tier wie einen Gast bediene. Thöni, der Thor, der sich in das Gesicht der Dame vergaffte, gab es zu, allerdings nur in einem besonderen Zimmer. Die Mägde hatten zu dem Hund »Guten Tag, Herr Walo!« zu sagen, wenn er auf den Stuhl sprang, ihm ein weißes Tuch vorzubinden und dann je auf besonderem Teller fünf Gerichte vorzulegen, zuletzt wie zu einem Gast zu sprechen: »Wünschen wohl gespeist zu haben, Herr Walo!« und die Dame überwachte die Bedienung ihres Viehes.

Mit flammendem Gesicht schaffte Binia Ordnung, aber die Mägde schwatzten, und nun lief die Geschichte im Dorf.

»Jetzt, wo wir und unser Vieh Mangel leiden,« staunten die Leute entsetzt.

Kaplan Johannes trug die Erzählung von Haus zu Haus: »Merkt ihr,« fragte er, »aus dem Wetter nichts? Geht nach Hospel, dort sind sie froh über den Regen, der dann und wann fällt. Merkt ihr nichts?«

»Wohl, wohl!« erwiderten die Dörfler, »die armen Seelen wollen die todsündige Völlerei im Bären nicht, sie wollen den Neubau nicht, die Zwingburg, die uns hudlig machen soll. In den fürchterlichen Wettern geben sie uns ihre Zeichen.«

»Wir sind ja schon hudlig,« antworteten andere ingrimmig: »die drei Kleinsten Bälzis stehen am Weg und strecken den Fremden die Hände um Almosen hin. Die Haushaltung hat nichts zu beißen und zu brechen. Und noch viele müssen vor Elend auch zu betteln anfangen. Das ist das Werk des Presi.«

Der Garde mahnte zur Ruhe, der Pfarrer predigte gegen den Aberglauben und wies seiner Herde in Chroniken nach, daß es auch früher schon so schlimme Jahre gegeben habe.

Die Dörfler aber schrieen ihm zu: »Pfarrer, Ihr hütet die heilige Religion nicht. Wißt ihr es nicht? Der Presi will in dem Neubau heimlich eine Kapelle für die Ungläubigen einrichten, wie eine zu Grenseln steht, und wenn Ihr nicht helft, müssen wir selbst Ordnung schaffen. Wir sind nicht gewaltthätig und den Fremden wollen wir nichts thun, aber wenigstens den Neubau dulden wir nicht.«

»Man muß mit dem Presi in Güte reden!« meinten einige Ruhige, wie der Fenken- und der Bockjeälpler.

»Wenn wir das thun,« erwiderten aber die anderen, »sind wir verloren. — Er ist ein alter Fuchs, er weiß schon, wie er zu sprechen hat, daß keiner von uns mehr etwas sagen kann.«

Der Glottermüller hatte mit seinem Wirtschäftchen gute Zeiten, aber auch in den eigenen Stuben sammelten sich da und dort die Dörfler.

»Wir müssen es hinter den Garden stecken,« meinten sie, »er kommt dem Presi am ehesten bei. Der Glottermüller muß mit ihm gehen. Der Kaplan Johannes auch.«

Der Garde seufzte, als Bauer um Bauer in seine Wohnung kam und ihm zuredete, daß er Vermittler zwischen der Gemeinde und dem Presi werde. »Ich bin nicht mehr sein Freund!« erklärte er. — »Aber Ihr seid der Garde!« drangen sie in ihn. — »Dann gehe ich allein,« sagte er. — »Nein, wenigstens einer muß mit,« erwiderten sie, »damit der Presi spürt, daß es Ernst gilt.«

Nach gewaltigem Sträuben fügte sich der Garde in den sauren Gang und darein, daß der Glottermüller ihn begleite.

Es war im Herbst und nach vielen Wochen der Verdüsterung stand der Himmel in reinem Blau, nur hingen an der Krone so drohende Wächten, wie man sie niemals zuvor gesehen. Durch das Dorf flog es von Mund zu Mund: »Schaut, seit die Fremden fort sind, ist der Himmel uns wieder wohlgesinnt.«

Würdig empfing der Presi die beiden Abgesandten von St. Peter, würdevoll wie ein König antwortete er ihnen, sich mit der Hand auf sein Pult stützend: »Ihr Männer von St. Peter. Meint ihr, daß ich die Gemeinde weniger lieb habe als ihr? — Aber in einer thörichten Sache lasse ich mich nicht von euch zwingen. Wir sind alle freie Männer. Wir beugen uns vor nichts als vor den Ueberlieferungen unserer Väter und den Gesetzen des Landes. Ueberlieferung und Gesetz ist aber, daß jeder bei uns frei bauen darf, wie er will. Ich habe kein minderes Recht als ihr, der Bären und die Krone stehen unter dem Schutz des Gesetzes, der das Eigentum heiligt. Wer daran rührt, ist dem Gericht verfallen. Nicht anders ist es mit den Fremden, die ins Thal kommen. Sie sind nicht, wie ihr meint, vogelfrei, sie stehen unter dem Schirm mächtiger Verträge. Wehe dem, der die verletzt! Und also habe ich eine gerechte Sache, wenn ich ein neues Haus aufschließe und Gäste darein führe, und ich will es euch beweisen, daß ich euerm ungerechten Verlangen nicht nachkomme. Thöni — Binia!«

»Presi, seid barmherzig,« bat der Garde, »sonst gerät die Gemeinde ins Unglück. Was Ihr sagt, ist wohl wahr — aber es ist nicht gut — es ist nicht gut.«

Scheu kam Binia geschlichen, sie konnte den Garden fast nicht ansehen, Thöni aber erschien wie ein großer Herr.

»Thöni Grieg und Binia Waldisch,« wandte sich der Presi stolz und feierlich an die beiden, »vor der Gemeinde St. Peter verlobe ich euch, auf daß ihr in Frieden und Glück das neuerbaute Haus zur Krone führt. Binia, hole mir Bissen und Wein, daß ich sie euch reiche.«

Sie zitterte. Wie im Verscheiden sagte sie: »Nein — ich kann nicht, Vater.«

Da wurde er kreideweiß: »Du Elende!« knirschte er mit einem entsetzlichen Blick der Wut, »vor der Gemeinde machst du mich zu Schanden — möge Gott dich dafür schlagen!«

Der Glottermüller verlor seine Haltung und quiekte mit seiner hohen Weiberstimme: »Das ist ja abscheulich! Ich gehe, lebt wohl!«

»Ja,« bebte die Stimme des Presi, »sagt es dem Dorfe nur, was für eine Ungeratene ich zum Kinde habe.«

Da nahm der Garde die Hand des Presi und mit Thränen in den Augen sprach er: »Gewaltthat auf Gewaltthat! — Sünde auf Sünde — Presi! alter Freund — muß ich es wirklich erleben, daß Ihr Euch selbst, Euer Kind, Euer Haus, das ganze Dorf zusammenschlagt!«

»Was, alter Freund?« erwiderte der Bärenwirt kalt und hohnvoll, »einer, der es mit den Kälbern hält, — ein Tropf seid Ihr, Garde!«

»Alte Männer schlagen sich nicht. — Ihr schlagt Euch selbst.«

Der Garde keuchte es, er ging und in einer Ecke lag Binia, das Häuflein Unglück.

Am anderen Tag aber flog die Kunde von Mund zu Mund: »Nun hat sich Binia doch mit Thöni Grieg verlobt.« Schreckliche Gerüchte waren im Umlauf. Drei Stunden sei der Presi auf dem Boden gelegen und habe mit Armen und Beinen ausgeschlagen. »Ich kann nicht mehr leben. Mein Kind hat mich vor der Gemeinde zu Schanden gemacht.« Da habe sich Binia auf ihn geworfen und verzweifelt gerufen: »Vater — lebe! — ich will Thöni nehmen!«

Der Presi hatte den Sieg über sein Kind und die Abgeordneten davongetragen, aber der Bären lag in Acht und Bann, furchtbare Erregung und Empörung gegen ihn herrschte im Dorf.

So kommt der Winter, ein verkehrter Winter! Es fällt viel Schnee, aber er hält nicht. Die Lawinen donnern Tag um Tag und ihre Luftstöße erschüttern die Hütten. Jetzt tritt endlich bittere Kälte ein. Da geschieht ein schreckliches Wunder. Eine Windsbraut fährt über die Krone, sie wirbelt den Firnenschnee wie Gewitterwolken auf, die Wolken verfinstern das Thal, sie sausen herab, sie drehen sich und prasseln aufs Dorf. — Die Glocken läuten.

»Wohl denen, die tot sind,« schreien die Leute. »St. Peter geht unter — die armen Seelen ziehen aus — für die Zeit, die uns bleibt, haben wir noch genug zu essen, und daß unser armes Vieh an Seuchen stirbt, kann nichts mehr schaden.«

Da schleicht ein Wort heimlich durch das geängstigte St. Peter, das Wort »Ahorn!« Wo sich zweie treffen, redet der eine geheimnisvoll von hundert Dingen, bis er unauffällig das Wort »Ahorn« ins Gespräch mengen kann. »Ahorn!« erwidert der Angeredete feierlich. Außer dem Garden, den man immer noch einer alten Freundschaft für den Presi verdächtig hält, dem Pfarrer und einigen anderen, denen man nicht traut, ist ganz St. Peter in einem geheimen Bund, dessen Mitglieder sich im Wort »Ahorn« erkennen. Wer die Losung spricht, weiß es: Im Namen der armen Seelen muß der Bären, das Sündenhaus, fallen und der Neubau zerstört werden. Es giebt sonst keine Rettung für das Dorf. Wen das schreckliche Los trifft, der muß den Bären und die Krone anzünden. Sonst ihm selbst »Ahorn«. Es giebt keinen Verräter im Bergland. Sonst auch ihm »Ahorn«. Wer es aber thut, der soll, auch wenn er dem Gericht in die Hände fällt, in der Gemeinde nicht ehrlos sein, sondern alle anderen sollen für seinen Haushalt einstehen.

Was die von St. Peter thun wollen, ist aber so fürchterlich, daß sie selber davor zurückbeben. Sie losen noch nicht, erst zu äußerst soll es geschehen — gerade ehe die Fremden wieder erscheinen.

»Ahorn« und Wildleutlaue! So kommt der Frühling.

Der Presi und Thöni sind nach Hospel geritten. Am offenen Fenster steht im Abendsonnenschein Binia und träumt. Ihre

Wänglein sind bleich, die Augen noch dunkler und größer als früher. Auf dem Kirchhof sprießt das erste flaumige Grün und auf dem Kirschbaum, der sich bräutlich schmückt, flötet eine Amsel.

Eine Amsel. — Sie denkt an Santa Maria del Lago. — Jetzt ist sie selbst der gefangene Vogel, aber keine barmherzige Hand kommt und schneidet sie aus dem Netz.

Josi, dessen Bild ihr so gräßlich entschwebt ist, steht wieder in Klarheit vor ihr.

Die Reue wütet in ihrer Seele. In einer augenblicklichen Wallung des kindlichen Gefühls hat sie dem Vater das Opfer gebracht, daß sie sich mit Thöni verlobte. Ist der Vater des Opfers wert? — Nein, wie könnte er sonst die Freundschaft mit Thöni halten, dem Schuft.

Und der Vater ist ein Thor. Die Gier Thönis wehrte sie ab, da kam er gerade, allerdings nicht ganz nüchtern, dazu. Thöni ließ sie los, da lachte der Vater glückselig. »Haltet euch nur, Kinder, vor mir braucht ihr nicht so scheu zu thun.« Und Thöni überredet den Vater, heimlich sei sie gar nicht leid zu ihm. Sie aber hat es noch nie dazu gebracht, Thöni nur den kleinen Finger zu strecken oder sich eine Berührung von ihm gefallen zu lassen. Allein an den mißverstandenen Augenblick, an Thönis Vorspiegelungen klammert sich der Vater und betäubt sein schlechtes Gewissen.

Ob er nun glücklich ist? — Nein, er ist ein armer, armer Mann! Er fällt aus den Kleidern, er beginnt zu ergrauen, er lächelt wohl darüber, daß kein Mensch den Bären betritt, aber der Haß des Dorfes peinigt ihn, die Beleidigung, die er dem Garden angethan hat, tötet ihn fast.

Er könnte ein herrlicher Mann sein, das Dorf würde an ihm hangen, aber die Welt mag sterben, er setzt seinen eigenen Willen durch.

Und sie — und sie — dieses viel zu starken Vaters Kind — sie ist schwach geworden — nach unsäglicher Treue doch treulos.

Wie sie als Kind gethan, wenn sie hilflos war, beißt sie in die Finger und schaut mit großen traurigen Augen in die sonnige Frühlingswelt.

Da rennen Leute die Straße daher und kreischen: »Es ist ein Toter auferstanden — Josi Blatter, der Rebell!«

Sie schreit auf — sie fällt in die Kniee, sie flüstert: »Er lebt!« und vor ihr versinkt die Welt.

XV.

Geheimnisvoll, wie er gegangen war, kam Josi Blatter!

Durch den Donner der Lawinen, durch den rauschenden Föhnsturm des Märzen schritt er am Spätnachmittag von der Schneelücke herunter.

Lange bevor er St. Peter erreichte, hatte man im Dorf den einsamen Wanderer bemerkt. »Ein Mann, ein Tier oder ein Gespenst!« rieten die Leute und waren eher geneigt, an etwas Wunderbares als an etwas Natürliches zu glauben. Was für ein Christ konnte um diese Zeit der höchsten Gefahr über die Schneelücke steigen, an der selbst im Hochsommer hundertfache Gefahren lauern. Der Wanderer aber schritt unentwegt näher und sprach zu den verwundert Spähenden und Harrenden: »Grüß euch Gott,« gerade wie es die zu St. Peter sprechen.

»Alle Heiligen. — Das ist Josi Blatter — das ist der Rebell!« Die Frauen und Kinder bekreuzten sich, man hörte ängstliche Stimmen: »Ist er lebendig oder tot?« und die abergläubisch Erschrockenen fuhren zurück.

Er mußte wohl lebendig sein, wie er in Nagelschuhen, den Rucksack über die Schultern gehängt, den eisenbeschlagenen Bergstock in starker Hand, so fest und gelassen kam. Es war, als wolle er gerade zum Kirchhof gehen, und in scheuer Entfernung folgten ihm die Dörfler: »Der ist jetzt ein schöner Mann geworden!« meinten einige. Er aber wandte sich um. »Bäliälplerin, wißt Ihr, welche Nummer das Grabscheit meiner seligen Schwester Vroni hat? Ich möchte für sie beten.«

Alle, die es hörten, schrieen auf und wichen zurück. Der

junge Peter Thugi nur grüßte ihn herzlich: »Josi, was denkst du? Deine Schwester Vroni ist nicht gestorben, sie ist ganz gesund, tritt nur ins Haus des Garden.«

Josi wankten die Kniee; als ob er stürzen wolle, pflanzte er sich an den Bergstock. Er konnte nicht reden.

Jetzt sind sie vor der Wohnung des Garden. »Lebe wohl, Josi!« sagt Peter Thugi. Der murmelt aber nur finster: »Warum hat mir der Garde das gethan?«

»Josi Blatter, der Rebell, ist auferstanden!« tönt es wie Feuerruf durch das Dorf, halb St. Peter sammelt sich vor der Wohnung des Garden.

Er sitzt mit der spinnenden Vroni in der Stube. Da sieht er den Auflauf. Im gleichen Augenblick pocht es an der Thüre und Vroni öffnet.

»Josi! — Alle Heiligen — Josi!« Mit blutleeren Wangen weicht sie zurück — dann stürzt sie wieder vorwärts und umhalst ihn jubelnd und weinend. »Du lebst, Josi, — du lebst!« Allein der Ankömmling bleibt an der Schwelle stehen, stellt den Bergstock nicht an die Wand, legt den Rucksack nicht ab, und als der Garde ihm entgegengeht und sagt: »Komm doch herein, Josi,« da bleibt er noch wie angewurzelt unter der Thüre. »Ja, darf ich?« fragt er gedrückt. »Lange eng machen will ich euch nicht. Ich weiß jetzt, daß ich überzählig bin.«

Finster und wankend steht er an der Thüre: »Ehe ich eintrete,« preßt er hervor, »muß ich doch fragen, wie Ihr mir habt so einen Brief schreiben können, Garde. Vroni lebt und ist nicht tot! — O Vroneli, du lebst — du lebst!« Er will sie umarmen, aber sie tritt zurück und schlägt die Hände über dem Kopf zusammen.

»Mutter Gottes, was Josi redet,« jammert sie. »Ich gestorben und der Vater einen Brief? — Josi, hat dir die fremde Welt das Hirn verrückt?« Ihre Augen nehmen einen schreckhaften Ausdruck an.

Der erste, der sich in der grenzenlosen Verwirrung faßt, ist der Garde: »So komm doch herein, Josi,« redet er ihm freundlich zu, »wir wollen über alles im Frieden reden. Vroni, jetzt hole zu essen und zu trinken, mit dem Wiederfortgehen drängt es gewiß nicht, Josi.«

Der sitzt nun am Tisch und schluchzt in die Hände: »Vroni lebt!«

Der Garde ist tief erschüttert. »Ein Brief — ein Brief! sagst du, Josi.« Er langt in ein Schubfach des Buffert. »Da ist auch ein Brief, aus dem wir nicht klug geworden sind.« Josi schaut auf — er dreht und dreht den Brief in zitternden Händen. »Vor vier Jahren! Da war ich allerdings in der Gegend von Srinigar! Vor zweien noch. Auch die Cholera war dort. Ein paar hundert hat man alle Tage verscharrt. Es ist abscheulich drauf und drunter gegangen. Da hat mich vielleicht die Post nicht gleich gefunden und hat geglaubt, ich liege auf dem Karren. Solche Dinge sind in der großen Verwirrung vorgekommen, viele Angestellte der Post sind gestorben, es hat neue gegeben, und die waren nicht immer zuverlässig. So ist ein Irrtum denkbar.« Er wirft einen Blick in den Brief: »Und Binia hat das Wort von den Vögeln geschrieben: 'Laß die Hoffnung nicht fahren.'« Er erbebt.

Vroni ist mit dem Hospeler, dem Brot und Rauchfleisch zurück, sie deckt den Tisch mit weißem Linnen und der Garde sagt, indem er dem jungen Manne noch einmal die Hand schüttelt: »Josi, gottwillkommen, ich merke schon, es ist viel aufzuklären.«

Die Geschwister, von denen eines geglaubt, das andere sei tot, umarmen sich wieder und wieder: »Josi, du lebst« —

»Du lebst auch, Vroni!«

Plötzlich sagt Josi: »Aber wie so lange kein Brief gekommen ist, hab' ich doch wieder einen gesandt. Darauf ist Euer Brief, Garde, gekommen, und ich habe Euch noch zweimal geschrieben, aber keine Antwort erhalten. Ich verstehe die Welt nicht mehr.« Er langt in die Brusttasche. »Da ist Euer Brief, Garde!«

Der Garde liest, wird bleich, wird rot und wieder bleich: »Nicht selig werden will ich, wenn ich das geschrieben habe, so gotteslästerliche Dinge — schau! — schau! — Vroni!«

Und sie liest:

»Lieber Vögtling Josi! In gar großer Betrübnis melden wir Dir, daß das gute, liebe Vroneli nach langem Leiden gestorben ist. Eine Kuh hat es im Winter sehr unbarmherzig auf das Herz geschlagen. Es hat sich zu unserem großen Leidwesen legen müssen und nimmer mögen genesen. Aber Deinen Brief hat es noch mit mageren Händchen gehalten und sich noch auf dem Todbett daran gefreut. Es ist so traurig, daß ich nicht alles schreiben mag. Auch sonst geschieht nichts Gutes in St. Peter. Du hast damit, daß Du auf die Krone gingest, ein großes Unglück angestellt. Kein Frieden, keine Ruhe ist mehr in der Gemeinde! Sei froh, daß Du fort bist! Die Bini hält in vierzehn Tagen Hochzeit mit Thöni Grieg. Wer hätte gedacht, daß sie den Fötzel nehme! Aber der Presi hat es halt wollen. Und das Vroneli hat noch am Tag, wo es gestorben ist, gesagt, es sei ihm recht, daß es die Hochzeit nicht mehr erlebe, es hätte keine Freude daran wegen Dir. Es hat Dich noch tausendmal grüßen lassen. Du sollst für die Selige beten. Lebe wohl, Josi, und tröste Dich! Auf Wiedersehen kann ich nicht sagen, denn Du wirst jetzt wohl nie mehr nach St. Peter kommen. Hans Zuensteinen, Garde.«

Vroni schaudert vor Entsetzen. Der Garde läuft wütend hin und her: »Merkst du nicht, wer den Brief geschrieben hat, Vroni?« Er nimmt ihn wieder. »Gerade meine Buchstaben sind es im Anfang, aber zuletzt sind es andere.« Er wühlt mit zitternden Händen im Buffert. »Da ist noch etwas Geschriebenes von Thöni Grieg. — Da schau, schau! — Da am Ende hat es von seinen Buchstaben — du unseliger Hund! — Thöni, du unseliger Hund. — Und du nennst dich nur Fötzel — und bist so ein Schuft!«

Josi schluchzt: »Ich habe nicht auf die Buchstaben gesehen, mich hat der Brief halt gerade so angetönt, als ob er von Euch wäre — ich habe so viele Thränen darauf vergossen. Thöni — das hast du mir gethan! — Und Bini ist gewiß auch nicht sein Weib.«

Da öffnet sich die Thüre ein wenig, man hört draußen Eusebis gedämpfte Stimme. »Schau nur schnell, Bini — er ist wirklich und wahrhaftig da — aber zittere nicht so!«

Ein Schrei, wie wenn eine Saite sich zerfasert und springt: »Josi!« Binia fällt an der Schwelle nieder, sie stößt gegen die Thüre und diese öffnet sich breit.

Josi macht eine taumelnde Bewegung gegen Binia. »Bineli!« schreit er in seliger Freude, aber er fährt zurück, tonlos stammelt er: »Sie trägt doch einen Ring!« Er ruft: »Geh fort, Bini, geh fort — ich halte es nicht aus — ich kann dich nicht ansehen — — fort, fort — Frau Thöni Grieg!«

Eine Welt voll Elend liegt in den abgerissenen Worten. Vroni müht sich um die Gestürzte und begleitet sie aus dem Haus.

Der Garde nimmt Eusebi beim Rockärmel: »Wie hast du auch Bini hereinbringen können,« knurrt er wild.

»Wir haben Sägeträmmel in der Glotter geflößt, da kommt ein Bub Bälzis gesprungen: 'Josi Blatter ist wieder in St.

Peter!' Ich renne heim, wie ich vor das Haus komme, stehen die Leute da — mitten unter ihnen wie eine arme gestorbene Seele Binia. Sie nimmt meine Hände. 'Ich komme gerade von daheim, ist es wahr, ist Josi da?' Ein Stein hätte sich ihrer erbarmen müssen. Und gebettelt hat sie: 'Laß mich nur durch die Thürspalte lugen wie er jetzt ist.' Ihr hättet auch nicht widerstehen können, Vater!«

Der Garde knurrt wieder etwas, Eusebi hört es nicht mehr. Er hat sich zu Josi gewandt: »Josi — Schwager — lieber Schwager.«

»Ja so — du bist es, Eusebi!« stammelt Josi. »Dich habe ich nicht gleich wieder erkannt. Was bist auch für ein Mann geworden — und ich habe dich immer noch im Gedächtnis gehabt, wie du so ein blöder Bub gewesen bist!«

»Schwager!« wiederholt Eusebi.

»Wie rufst du mir! — 'Schwager?' — das ist eine spaßige Welt.«

»Du weißt noch nicht, daß Vroneli meine Frau ist — meine liebe, herzige Frau.«

»Eusebi, was sagst — Vroni, deine Frau!« Josi stürzt von einer Ueberraschung in die andere.

»Und du weißt noch nicht,« sagt Eusebi, »daß wir ein so liebes, herziges Kind haben, komm und beschau's!«

Der Glückliche zieht den von allem Neuen auf den Kopf geschlagenen Josi in die Nebenstube: »Siehst, da liegt es und schläft und weiß nicht, daß du gekommen bist. Es ist jährig, und weil es gesund ist, so schläft es bei allem Lärm.«

»Wie heißt es?« fragt Josi.

»Joseli heißt es wie du und dir zu Ehren.«

»Joseli heißt es und mir zu Ehren,« wiederholt er wie in tiefem Traum.

Der Kleine in seinem Bettchen wimmert, erwacht; wie er den Vater sieht, streckt er lachend die Aermchen, und Eusebi nimmt den Kleinen liebkosend auf den Arm: »Joseli!«

»Schwager!« sagt er, »wie mich das freut — wie mich das freut, daß du wiedergekommen bist. Vroni hat so viel getrauert um dich, jetzt mein' ich, ist sie dann erst recht glücklich mit mir, weißt, das ist eine Frau, wie die Fränzi selig, wie deine Mutter — o so himmelgut.«

Wie die beiden Männer wieder in die Wohnstube treten, ist Vroni, die junge Frau, eben von der Begleitung Binias zurückgekehrt und auf einen Stuhl gesunken. Mit gefalteten Händen spricht sie: »Bini ist heimgegangen — aber was jetzt geschieht, weiß Gott!«

Da kommt die Gardin mit den Knechten und Vroni ist glücklich, wie die Mutter Josi herzlich begegnet: »Tausend, was für ein schöner Mann Ihr seid! Einen so braunen Bart! So freie Augen! Hochgewachsen und stark. Und die häßliche Narbe sieht man nicht mehr.« Sie schüttete einen ganzen Korb voll neugieriger Fragen vor ihm aus.

Der Garde sagt aber ernst: »Ich gehe noch ins Dorf, es muß in der ersten Frühe ein zuverlässiger Bote nach Hospel auf die Post! Schweigt zunächst über die Briefe, St. Peter ist schon halb toll, wird noch das Verbrechen Thönis bekannt, so haben wir den offenen Aufruhr gegen den Bären.« Er geht und die unaufschiebbaren Abendarbeiten, welche Eusebi und die Gardin in Anspruch nehmen, fügen es, daß die Geschwister allein sind.

Leise sänftigen sich die Wogen des überraschenden Wiedersehens.

Josi sitzt am Tisch und weint still vor sich hin. Der Sturm hat ihn überwältigt.

Da streichelt ihn Vroni und fragt: »Wie hast auch den Heimweg wieder gefunden, Josi, nach mehr als fünf Jahren?«

Mit geröteten Augen schaut er auf: »Ich will es dir nur bekennen,« erzählt er, »ich wäre nicht wieder gekommen, hätte mich Felix Indergand nicht mit Gewalt zurückgeschleppt. Wie zwei Brüder haben wir zusammen gelebt. Wenn ich fast umgekommen bin vor Weh, daß du gestorben seiest, und Binia an mir so schlecht gewesen ist, so hat er manchmal meine Hand genommen und so warm geredet, daß ich ganz tröstlich geworden bin. 'Was willst im fremden Land freudlos leben?' sagte der gute Felix, 'kreuzige dich nicht so stark, Untreu' ist schon vielen geschehen.' Und wenn ich von dir, Vroni, erzählt habe, sagte er: 'Gerade so ist die Beate, mein liebes Schwesterkind zu Bräggen.' Und er meint, ich soll sie um ihre Hand fragen. Er drängte mich. Und nun, Vroni, gab ich ihm ein Versprechen, das mich reut, aber wenn man keinen lieben Menschen auf dieser Welt mehr zu haben meint, thut man einem guten Freunde viel zu Gefallen. Jedes Jahr am Fridolinstag fährt das Mädchen von Bräggen in die Stadt zu seinem alten Oheim, dem Chorherrn Fridolin Indergand, um ihm als Patenkind Glück zu wünschen. Also auch morgen. Und ich muß ohnehin in die Stadt gehen, um nachzusehen, ob mein Geldlein richtig auf die Bank angewiesen worden ist. Da kann ich sie sehen, ohne daß sie vom Plan weiß. Sie muß in Hospel übernachten. Doch ist mir so sonderbar! Ich hätte schon vor drei Tagen in St. Peter sein können, aber ich meinte: 'Nur geschwind beten auf den Gräbern und durch das Dorf laufen.' — Und, Vroni, um die Beate kümmere ich mich nicht — ich kann nicht — sieh, wer von Bini ein Reiflein hat, der hat keine andere mehr lieb! Immerhin will ich dem

Freund das Versprechen halten.«

So berichtete Josi.

»Schon morgen willst du wieder fort, Josi, Herzensbruder? Sei nicht so bitter, glaube mir, Binia hat gräßlich um dich gelitten. Sie ist zu der Verlobung mit Grieg gezwungen worden.« Und in fliegenden Zügen schildert ihm Vroni die Ereignisse der Zeit.

»Sie hat gräßlich gelitten um mich.« Tonlos sagt es Josi und weint.

»Daß ich auch so flennen muß,« stammelt er, »es ist ja eine Schande, wenn ein Mann greint, aber ich kann mich nicht wehren — ich flenne vor Freude, weil es dir so gut gegangen ist, Vroni, — wer hätte gedacht, daß Eusebi so ein Mann, wer hätte gedacht, daß wir die nächsten Verwandten des Garden würden — ich flenne, weil dein Kind Joseli heißt — weil ich wieder in St. Peter bin, wo Vater und Mutter begraben sind. Ich weine aus Wut über Thöni Grieg, erschlagen könnte ich ihn vor Grimm — ich weine, weil es mir das Herz vertrüdelt und bricht, daß ich Bini wiedergesehen habe. — Und schmerzenreich ist sie gewesen um mich, sagst du, schmerzenreich und ist jetzt doch Thönis Braut!«

Josi hat alle Fassung verloren.

Da kommt der Garde zurück. Wie er hört, daß Josi schon am Morgen in die Stadt gehen will und von dem Versprechen erfährt, das er Indergand gegeben, seufzt er erleichtert auf. Er setzt sich Josi gegenüber und nimmt seine Hand. »Ich meine,« sagt er herzlich, »ich sei auch dein Vater, Josi, und will offen mit dir reden. Wie du zu Bini standest, weiß ich und der Herrgott, der ins Herz sieht, weiß ebenso gut, wie schwer es mir wird, ihr ein Leid anzuthun. Daß du aber morgen die Beate Indergand sehen willst, das ist des

Himmels Wink. Kämpfe, kämpfe, Josi, gegen dein Herz! Es wird jetzt schon eine Aenderung im Bären geben, Thöni Grieg kann nicht in St. Peter bleiben, ich könnte mich nicht zähmen, wenn ich ihn träfe, den unseligen Hund. Was da aber komme, Josi, hüte dich vor Binia! Der Bären wankt. Zu maßlos hat der Presi gewütet. Ein Volksgericht bereitet sich vor, wie es in alten Zeiten gegeben hat — und, lieber Josi, ich möchte dich, wenn der Bären gestürzt ist, nicht unter den blutenden Opfern finden. Darum, um Gottes willen, Hand weg von Binia. So wenig zu ihr wie zu den Feinden des Presi — mein Haus soll rein bleiben von Schuld — und wenn dir die Beate ein wenig gefällt, so sei freundlich zu ihr. Es ist Gottes Hilfe zu deiner Rettung.«

»O, wäre Bini nur nicht verlobt,« stöhnt Josi, »ich holte sie jauchzend mitten aus der Wut derer von St. Peter, aber ich kann nicht der Nachgänger Thöni Griegs sein — nein, beim Himmel nicht — und nicht mit einem Stecklein könnte ich sie mehr anlangen.«

»Josi, geh' zur Ruhe,« mahnt Vroni, »du bebst ja am ganzen Leib — du bist krank.«

Josi steht auf.

»Noch eins, Josi,« sagt der Garde, »so schwer es dir und mir fallen mag — gegen das Dorf wollen wir über Thönis That schweigen und wenigstens jetzt auch noch nicht vor Gericht klagen. Die Wildleutlawine hat sich gerüstet und das ist immer eine schwere Zeit — ein Wort von uns, und sie kann den Bären mit den heligen Wassern zusammenschlagen. Gieb mir die Hand darauf, Josi, daß du ruhig bist.«

Stumm reichen sich die Männer die Hände, zuletzt sagt der Garde: »Mit dem Presi will ich aber morgen doch reden — nicht seinetwegen — aber wegen des armen Dorfes.«

Zum erstenmal schlief Josi wieder in der Heimat, doch wirre Träume quälten ihn, am meisten der, Binia schwebe in irgend einer großen Gefahr und rufe mit ihrem Vogelstimmchen: »Josi — Josi — ich bitte dich — hilf mir.« Schreiende Amseln flogen die ganze Nacht um ihn und einmal war ihm, jetzt sei wirklich eine an die Kammerscheiben geschossen. Er wollte aufstehen, aber mit bleiernen Gliedern blieb er liegen. Im ersten Grauen des Morgens sah er ganz bestimmt etwas Weißes vor seinem Fenster. Er stand auf. Ein Briefchen, durch das ein Faden gezogen war, hing am Fensterhaken.

»Bini!« schrie er.

Sie schrieb: »Ich muß mich vor Dir rechtfertigen, sonst sterbe ich. Bei dem schönen, unvergeßlichen Tag von Santa Maria del Lago, sei heute um Mitternacht im Teufelsgarten. Dein unglücklicher Vogel Binia.«

Josi biß sich auf die Lippen und sein Gesicht verfinsterte sich. »Thorheiten, Bini,« flüsterte er, und beim frühen Morgenessen sagte er zu Vroni: »Schwesterlein, ich habe es mir überlegt. Ich muß wieder in die Fremde. Je bälder je besser. Am Sonntag noch wollen wir miteinander zur Kirche gehen, dann reise ich wieder ab.«

Und seltsam! Vroni war über seine Rede wohl traurig, das Wasser trat ihr in die Augen, aber sie widersprach ihm nicht.

Sie dachte an Binia und ihre ahnungsreiche Seele witterte Gefahr für Josi.

Er zögerte und zögerte fortzugehen, er scherzte noch mit Joseli, der erwacht war, und dann war es immer, als wolle er noch etwas sagen oder fragen.

»Du kommst gewiß zu spät,« mahnte Vroni.

Jetzt endlich ging er, er ging den erinnerungs- und schmerzenreichen Weg über den Stutz hinunter, am Teufelsgarten und am Schmelzwerk vorbei.

Als er zu den Weißen Brettern aufschaute, erschrak er. Es rieselte weiß in den Wildleutfurren und knatterte in einem fort. »Gerade wie damals,« dachte er, »als ich mit Vroni Mehl holen ging. Aber so früh im Jahre!«

Er dachte an den Vater — er dachte an seinen eigenen großen Plan, als ein zweiter und stärkerer Matthys Jul und für Binia die heligen Wasser den sicheren Weg durch die Felsen zu führen und St. Peter aus der Blutfron zu lösen.

In seinen sehnigen Armen zuckte das Leben, ein wunderbarer Anreiz lag in dem Gedanken.

Bah — Bini ist für ihn verloren — er will wieder fort, die in St. Peter mögen selber sehen, wie sie mit den heligen Wassern fertig werden.

Im Teufelsgarten dufteten die ersten Veilchen. Eine wunderliche Stunde kam ihm ins Gedächtnis.

»O Binia! — Binia!« seufzte er.

Er hatte nicht den Mut gehabt, Vroni zu Binia zu schicken und ihr sagen zu lassen, sie möchte von dem Stelldichein abstehen. Ein Wort, wenn auch nur zu Vroni, wäre ihm doch wie ein schnöder Verrat am geliebten Bild erschienen.

»Glaube mir, sie hat gräßlich um dich gelitten — sie ist zur Verlobung mit Thöni gezwungen worden.« Die Worte Vronis klangen ihm in den Ohren. Und Binia ist in Gefahr.

»Ich kann sie aber doch nicht treffen — sie ist die Braut Thöni Griegs,« murmelte er, und der Gedanke an Binia und an die Warnung des Garden quälte ihn so, daß er im reinen Frühlingstag vor Weh fast starb. Da kam ihm Kaplan

Johannes entgegen. Der Schwarze mit dem Bettelsack stutzte einen Augenblick — dann schlug er ein höllisches widriges Lachen an. »Guten Tag, Söhnchen! — Bist du wieder da, du undankbares Aas!«

»Schweige, Pfaff!« Und Josi machte eine drohende Bewegung mit seinem Stock.

Ein entsetzlicher Haß loderte aus den Augen des Verrückten, Josi aber hatte eine sonderbare Empfindung: »Wie wenn mir einer Gift angeworfen hätte.«

In Tremis streckte die alte verkrümmte Susi ihren Kopf aus dem Fenster. »Je, je,« lachte sie verwundert, »der zweimal verloren gegangene Rebell! — Jetzt seht Ihr aber schön aus. Bini muß jetzt wohl den Thöni fahren lassen. Hä-hä hä!«

»Haltet Euer altes Maul!« rief er ihr verdrossen zu, er eilte vorwärts und kam in Hospel eben recht auf die Post.

Der Wagen rollte das große Thal entlang. Ein betagtes Ehepaar und ein junges Mädchen teilten sich mit Josi in den Raum des offenen Gefährtes. Das Mädchen glich Vroni und war blond wie sie. Er hörte bald, daß sie erst in Hospel eingestiegen sei, wo sie übernachtet habe. Die drei sprachen dann aber wieder von gleichgültigen Dingen, namentlich vom Segen der heligen Wasser zu Hospel und den fünf Dörfern, wo ihr erster lauer Strom die Aprikosen- und Pfirsichblüten geöffnet hatte.

»Ihr seid von Bräggen,« wandte sich Josi höflich an das Mädchen, »sagt, ist Felix Indergand gut heimgekommen von seiner weiten Reise?«

»Vorgestern,« antwortete sie frisch, »kennt Ihr ihn?«

»Freilich, freilich, warum nicht. Wir waren in Indien zusammen, wir haben uns erst vor wenigen Tagen getrennt.«

»Da seid Ihr Josi Blatter von St. Peter im Glotterthal?«

Zwei hübsche Augen richteten sich auf ihn, ein herzliches Lächeln umspielte die Lippen des Mädchens.

»Felix,« fuhr sie fort, »hat uns viel von Euch erzählt, er sagte, ohne Euch hätte er es niemals ausgehalten in dem fremden Land, aber wenn er fast vergangen sei vor Heimweh, dann habet Ihr ihn immer so lieb angesehen mit Euren braunen Augen.«

Sie lächelte wieder und betrachtete Josi, der unter ihren Blicken unruhig wurde.

Himmel, dachte er, das ist wirklich ein frisches liebes Mädchen.

Bei einem der nächsten Dörfer stiegen die alten Leute aus — die Jugend fuhr bis in die Nähe der Stadt allein durch den Frühling und plauderte.

Beate Indergand war Waise, ein stattliches Bauernheimwesen lastete auf ihr und ihrer Mutter, und wenn Josi nicht zu viel in ihre Worte legte, so dachte sie ernstlich, sich männliche Hilfe zu suchen.

»Ja, in Bräggen,« scherzte er, »giebt es gewiß Bursche genug, die gern zu Euch in den Dienst treten, zu so einer Jungfrau wie Ihr, Beate.«

»Seid doch still,« antwortete sie, »die Bursche bei uns lungern lieber vor den Gasthöfen herum.«

Da stellte sich Josi, wie wenn er Lust hätte, bei ihr als Knecht einzutreten.

»Ach, geht,« sagte sie errötend, »so ein gescheiter, schöner Mann wie Ihr, der in Indien Aufseher gewesen ist, wird doch nicht Knecht, das könnte ich gar nicht leiden.«

Und sie sah ihn so sonderbar fröhlich und gütig, mit so viel Achtung an, daß er ganz verwirrt wurde.

»Kommt aber,« sprach sie, »nur sonst bald einmal nach Bräggen, Felix wird eine große Freude haben und Euch alles bieten. Wir lassen Euch dann selbstverständlich ein paar Tage nicht los.«

Sie blinzelte ihn freundlich an, dann sagte sie: »Ja, etwas muß ich Euch noch erzählen. Wie ich gestern mit der Post im Kreuz zu Hospel angekommen bin, saßen zwei Männer von St. Peter da, der Präsident und ein jüngerer Herr, Thöni haben sie ihn genannt. Ich frage sie, ob Ihr schon daheim seid. Da sagt der Präsident: 'Der ist ja gestorben!' der jüngere aber wird grün und gelb wie eine Leiche und wiederholt auf spaßige Art: 'Ja, der ist gestorben!' Jetzt bin ich eifrig geworden und habe erzählt, was ich von Felix über Euch wußte: wie Ihr, obgleich noch so jung, geachtet und angesehen und Aufseher über mehr als hundert Arbeiter gewesen seid und gute Zeugnisse bekommen habt, worin steht, daß man Euch wieder an einen guten Posten stellen wird, wenn Ihr Euch wieder meldet. Die haben Mund und Augen aufgesperrt, der Präsident hat vor Schlucken nichts sagen können als: 'So — so — — Josi Blatter — so — so!' Der jüngere aber hat die Gläser nur so gestürzt. Es war ganz sonderbar. Da hat aber der Kreuzwirt auf einmal gesagt: 'Die Maultiere sind bereit — reitet heim, ihr habt ja eine große Neuigkeit zu bringen.'«

»So lieb habt Ihr von mir geredet,« dankte Josi, seine Wangen glühten, er versprach den Besuch zu Bräggen und nahm ihre Hand. »Ihr seid so ein artiges Mädchen!«

»Ihr gefallt mir auch gut — ich bin sonst nicht von der Art, daß einer nur meine Hand nehmen darf, sondern recht wählerisch,« lächelte sie.

Da hielt die Postkutsche im letzten Dorf, ein Mann stieg ein, und weil Josi und Beate nichts Gleichgültiges sprechen wollten, so wurden beide still.

Es wäre gewiß ein schöner Traum: Ein freundliches Gut im grünen Oberland, darauf gesegnete Arbeit, das Lachen eines so jungen sonnigen Weibes wie Beate, am Feierabend das Geplauder des liebsten Freundes, der in schweren Jahren genug Proben wankloser Treue abgelegt hat, und dazu den Frieden der Heimat.

Josi weiß es. Aber er ist kaum allein, so bereut er das Versprechen, nach Bräggen zu kommen, bitterlich. Es wäre ein Unrecht an der sonnigen, arglosen Beate, wenn er ihr Liebe heuchelte, während er doch ein anderes Bild im Herzen trägt: Binia, das feurige Herz, die mutvolle Seele. Da giebt es keine Rettung.

Indem er sich Beate vorzustellen sucht, sieht er immer Binia, ihr glänzendes Augenpaar, die frischen Lippen, das rosige Ohr und er geht mit ihr am Gestade von Santa Maria del Lago.

Wie einen Diebstahl an ihr empfindet er jedes gute Wort, das er Beate gegeben hat.

»Felix, ich kann dir nicht helfen!« sagt er für sich, und dann: »Bini! — Bini! — Ich komme, wenn es das Leben kostete, in den Teufelsgarten — ich muß deine dunklen Augen sehen — deinen Ruf 'Josi' hören. — Dann aber fort, wieder zu George Lemmy nach Indien — morgen schon fort — trotz Garde, Vroni und Joseli — fort — fort! ein einsamer heimatloser Mann.

»Wie gern wäre ich für dich an die Weißen Bretter gestiegen, aber — o Bineli — weil du mit Grieg gegangen bist, habe ich den Mut nicht mehr.«

XVI.

Einen Tag zurück.

Binia ist vom Haus des Garden wieder daheim. Mit verkrampften Händen sitzt sie am Rand des Bettes. Die dunkle Flut ihrer Haare ist ihr zu beiden Seiten niedergeglitten, zwei brennende Augen schauen zwischen den Strähnen hervor. Das Gesicht ist starr und blaß wie ein Steinbildnis, aber im Blick funkelt das Leben, strömt die Leidenschaft. Sie stößt einen Ton hervor, wie ein kleines Kind, das seufzt. Es beben die Lippen: »Er ist gekommen wie ein Held — er ist schön wie ein Held!«

Dann wimmert sie und beißt sich die Fingerknöchel wund. »Wie hat er mich genannt? — Frau Thöni Grieg!« Das Wort brennt sie wie eine Hölle im Herzen! »Es ist nicht wahr. Nein. In Ewigkeit nein. — Ich werde es nicht.«

Sie schleudert den Reifen weit von sich.

Sie wankt zum Schrank, sie nimmt aus einer kleinen bemalten Truhe ein goldenes Kettchen, sie öffnet die Kapsel die daran hängt, und ein Tautropfen glänzt. Sie küßt ihn mit glühenden Lippen und sagt: »Wie ein Tautropfen so frisch, so rein, so sonnenvoll habe ich wollen sein, damit ich dir immer gefalle, Josi.«

Die Stimme erbebt zart und fein. Da merkt sie erst, daß ihr die Haare niedergefallen sind. Sie tritt vor den Spiegel und ordnet sie. Und nun lächelt sie doch. Sie ist wohl blaß und ihre Wänglein sind schmal, aber ihre gewölbte Stirn ist rein — und die Lippen sind rein.

Und sie stammelt: »Das Herz ist rein! — Und er liebt mich noch — ich habe es ihm angesehen — ich will demütig sein gegen ihn — o, so demütig — und wenn er mich nicht mehr will —«

Ein Schrei!

Und nun staunt sie wieder: »Wenn der Vater nicht will, wenn Thöni nicht will. Sie wollen nicht!«

Kämpfen, kämpfen will sie jetzt um Josi bis ans Ende — gegen Thöni — gegen den Vater — gegen die ganze Welt. Nein, um das einzige große Glück ihrer Liebe darf sie sich nicht betrügen lassen.

Und wenn sie Josi fortjagt, so will sie zu ihm hinkriechen und betteln: »Dulde mich bei dir!«

Sie sinnt und nach einer Weile tönt wieder ihr kleiner Schrei.

In den fliegenden Gedanken hat sie etwas Sonderbares gehört und gesehen; die Leute haben gesagt, Josi habe geglaubt, Vroni sei tot. Und auf dem Tisch des Garden lagen zwei Briefe. — Ein alter Verdacht zuckt auf: »Warum hat Thöni die Postschlüssel immer abgezogen?« Ist sie hellseherisch geworden aus langer, unbegreiflicher Blindheit?

»In verbrecherischer Weise hat sich Thöni zwischen mich und Josi gestellt.«

Mit einem Schlag hat sie die sichere Ueberzeugung gewonnen.

»Ja, jetzt Kampf!« Ihre Augen flammen auf, alles an ihr lebt und bebt. »Du wirst sehen, Vater, du armer, in einen Verbrecher vernarrter Thor, wie ich Thöni liebe.«

Mit fieberglühendem Köpfchen schwankt sie hinab in die Postablage. Sie hat die Hand am Telegraphenapparat:

»Postdirektion. In St. Peter ist ein Postverbrechen geschehen. Ich bitte um Untersuchung. Binia Waldisch.« Da läßt sie die Hand sinken — der Schrecken lähmt sie. Der Vater ist der Posthalter, nicht Thöni. Hat je ein Kind seinen Vater den Gerichten ausgeliefert?

Wie mit Wasser begossen schleicht sie davon. Sie weiß ja nicht einmal, ob ihr brennender Verdacht gerechtfertigt ist. Und nun noch ein furchtbarer Gedanke: »Wenn der Vater in seinem wilden Haß auf Josi der Anstifter der Briefunterschlagungen wäre?«

»Schäme dich, Binia,« flüstert sie, »so ist er nicht. — Unerhörte Gewaltthaten haben dir sein Bild verdunkelt, aber du mußt ihm nur in die Augen sehen, in die lieben und schönen Augen, dann siehst du einen gewaltigen Mann, der sich eher würde zerbrechen lassen, als daß er mit Absicht und wissentlich bei einer Schlechtigkeit mithülfe. — Er ist das Opfer — armer, armer Vater!«

Ehe es Morgen wird, will sie hinter den Geheimnissen Thönis sein.

Sie sieht, wie ihr die Blicke der Frau Cresenz mißtrauisch folgen — sie geht in ihre Kammer — — sie liest den Ring Thönis knirschend auf — aber sie bringt ihn nicht mehr an den Finger — sie läßt ihn in die Tasche gleiten.

»Mutter,« flüstert sie, »jetzt sollte dein armes Kind klug sein wie eine Schlange.«

Sie steigt in die große Wohnstube hinab — sie näht — aber die Nadeln brechen und der Faden reißt. Und dennoch denkt sie: »Wie ich heucheln gelernt habe! Nähen — und das Herz zerspringt.«

Sie denkt an alles, was sie mit Josi gemeinsam erlebt hat. Sie sieht die Bilder, als schaue sie in einen Guckkasten: den kleinen Buben, der das wilde Kind herumträgt — den Kuß im Teufelsgarten — den schlafenden Josi, den sie mit Fränzi beschaut — Josi, das Knechtlein, das zerschmettert mit Bälzi geht — Josi, der unter dem Peitschenhieb des Vaters blutet — Josi, der zu Madonna del Lago erwartungsvoll vor der Gartenpforte steht.

Wie hat sie auch nur einen Augenblick vor dem Zorn des Vaters schwanken, einen Augenblick glauben können, Josi sei tot.

Da kommen die Männer heim.

»Hole mir Wein, Bini, ich habe noch einen verdammten Durst,« johlt Thöni, — »schau mich nicht so verächtlich an, Bini, und so seltsam. So, schwillt dir der Kamm wieder, weil der Rebell und Halunke da ist. Es nützt dir nichts. — Am Sonntag muß der Pfarrer unsere Ehe verkündigen!«

»Ins Bett mit dir, Thöni,« keucht und donnert der Presi, der müde und elend auf einen Stuhl gesunken ist.

»Von Euch laß ich mich nicht mehr so anfahren, Presi,« mault Thöni unter der Thür zurück, »wenn ich im Kot bin, so seid Ihr auch drin.«

»Geh jetzt,« sagt der Presi matt, »schlafe den Rausch aus. Gelt, Bini, du machst keine Thorheiten wegen des Rebellen!« Thöni schwankt ohne »Gute Nacht« fort.

Sie antwortet dem Vater nicht. Das Linnen, an dem sie arbeitet, ist ihr vom Schoß geglitten. Sie hat das letzte Wort Thönis anders gefaßt als der Vater — für sie ist es ein Schuldbekenntnis, daß an Josi ein Verbrechen geschehen sei.

»Ich gehe jetzt auch zu Bett, es ist mir nicht recht wohl. Gute Nacht, Binia.« Der Vater sagt es so gütig, wie er seit langem nicht mehr geredet hat, aber tiefbekümmert, als hätte er etwas Schweres erlebt.

Binia schläft nicht.

Mitten in der Nacht wandelt sie barfuß und gespensterhaft durch das Haus. Leicht gekleidet schleicht sie von ihrer Kammer durch den Gang zu Thönis Zimmer. Sie lauscht eine Weile an der Thüre. Der drinnen schnarcht laut. Sie öffnet die Kammer, läuft auf den bloßen Zehen zu Thönis Kleidern und zieht daraus den Schlüsselbund, er klirrt leise, der Schläfer wendet sich auf die Seite, sie huscht in den Mondschatten, aber einen Augenblick später schnarcht er weiter, sie huscht zurück durch Gang und Treppen abwärts bis zur Postablage.

Sie entzündet Licht, schließt Pult und Truhen auf und findet, was sie sucht, in einer kleinen Schublade — Briefe — die Notschreie Josis um sein totes Schwesterlein und um sie.

Sie küßt sie — ihre Augen blitzen — ein bleiches Lächeln geht über ihr Gesicht. »Darum hast du so viel trinken müssen, Thöni, du Schuft! Aber ein Narr bist du wie alle, die Schlechtes thun. Sonst hättest du die Briefe vernichtet.« Aus der Ferne hört sie den gleichförmigen Gesang des Wächters, der mit seinem Spieß taktmäßig auf das Straßenpflaster schlägt. Sie löscht das Licht aus, bis er vorübergegangen ist.

Dann entzündet sie es wieder. Ein jubelndes Triumphgefühl steigt in ihr auf — sie will am Morgen die Briefe dem Vater vorlegen — Thöni ist geschlagen, das Feld für Josi frei. — Und vor Josi will sie sich rechtfertigen — so bald als möglich.

Sie schreibt in fliegender Hast ein paar Zeilen, die ihn in den Teufelsgarten bestellen, steigt durch den Untergaden ins Freie und hängt den Brief mit Hilfe einer Stange, einer Nadel und eines Fadens an die Haken des Fensters, hinter dem Josi schlafen muß, und kehrt leis zurück.

Alles was sie thut, thut sie wie im Traum — sie ist ihrer Sinne nicht mächtig, so hämmert die Brust — sie taumelt durchs Haus, sie tritt wieder in Thönis Zimmer, sie steckt den Schlüssel in seine Kleider, sie betrachtet einen Augenblick den Schläfer, sie hebt die geballte Faust: »Josi hast du gemartert und schläfst so gut.«

In ihren Augen funkelt der Haß, sie flüstert: »Weiß Gott, ich könnte Judith sein.«

Fort eilt sie und nun ist ihr doch, sie höre etwas. — Das Entsetzen rüttelt sie — sie hat den Vater seufzen gehört — aber sie hat nicht gewagt, sich umzusehen. War es nur Einbildung der gespannten Sinne, daß er unter der Thür seiner Kammer stand?

Wie eine Bildsäule lehnt sie noch im Morgenrot mit gefalteten Händen an ihrem Bett, blaß und aufgeregt, aber in furchtbarer Entschlossenheit.

Sie muß mit dem Vater reden — rasch — rasch.

Am Morgen aber meldet Frau Cresenz, der Vater sei krank, und wie Binia doch zu ihm heraufsteigen will, da fleht jene, daß sie ihm Ruhe gönne.

Daran hätte sich Binia nicht gekehrt, es handelte sich jetzt gewiß um mehr als Ruhe, aber — ihr selber liegen die Erregungen der Nacht wie Blei in den Gliedern — sie hätte die Kraft nicht, mit dem Vater zu reden, wie sie müßte — sie könnte nur weinen.

»Wohl, wohl,« meint Frau Cresenz, »das wird eine heitere Wirtschaft auf den Sommer, der Präsident ächzt, du bist so zitterig wie Espenlaub und von Thöni mag ich schon gar nicht reden — der war heute früh wie eine Leiche — die Post hat er nicht besorgt — er hockt schon wieder beim Glottermüller und säuft. — Und ich überlege, ob ich nicht fortlaufen will.« — —

Der Presi sitzt in seiner Stube im Lehnstuhl und stöhnt: »So viel Elend! — Die Dörfler drohen mit Aufruhr — der Garde ist wild über mich — die Wildleutlaue steht in Sicht — und nun ist auch der Rebell wieder da — der unheimliche Rebell, von dem man nicht weiß, woher er in allen Dingen seine Stärke hat.«

Wie sonderbar hat er es im Kreuz zu Hospel vernommen, daß der zurück ist. Die Bräggerin plauderte so harmlos, als ob sie nichts merke. Thöni aber stürzte Glas auf Glas und in seinem Rausch sagte er auf dem Heimritt immer nur, er werde den Rebellen töten.

Er hat sich an der letzköpfigen Aufregung Thönis geärgert — er konnte nicht schlafen vor Verdruß. — Da — da — hört er eine Thür gehen — er streckt den Kopf aus dem Schlafgemach — — Binia schleicht leichtgekleidet und barfuß aus Thönis Kammer und huscht hinüber, wo sie und die Mägde schlafen — Bini — seine Bini. — Ist's möglich — sie in der Nacht bei Thöni — sie, die sich immer gegen ihn gewehrt und gesperrt hat — sie, das wilde und doch so keusche Blut ist so wohlfeil geworden.

Er ächzt — er stöhnt. — Es ist unfaßbar, daß Binia zu Thöni gegangen sei, aber was das Auge sieht, glaubt das Herz. Er hat gestern abend einen Groll gegen ihn gefaßt — und die Wahrheit — er hat schon lange etwas gegen ihn. Wie, wenn Thöni doch nicht der rechte Schwiegersohn wäre? Es ist ihm furchtbar zu Mute. Er hat mit der Verlobung das Dorf schlagen wollen, nun ist ihm, er habe sich selber und Binia geschlagen. Das arme Kind — der liebe, lose Vogel — ob ihm nun die Wiederkehr Josi Blatters nicht das Herz bricht. Und in heißen Stößen spürt der Presi, wie er Binia liebt, die arme Maus, die sich mit Thöni vergessen hat. — Er möchte sie schlagen vor Wut, er möchte vor ihr niederknieen: »Bini, meine einzige, sage es deinem alten Vater, was er gesehen hat, sei nicht wahr.« Aber er kann das Kind nicht rufen. Vor eigener Scham. Sein Herz klagt ihn schreiend an: »Ich habe sie mißhandelt. Und der Mensch ist wie ein Pferd. Das edelste Tier wird, wenn es genug Schläge bekommen hat, störrisch und stürzt sich in den Abgrund.«

So ist Binia gestürzt, sein herrliches Kind — sein ist die Schuld — er darf ihr nicht mehr in die Augen sehen.

»Möge dich Gott schlagen,« hat er einmal gesagt — und Gott hat sie geschlagen.

Es ist schrecklich. — Eine Umkehr giebt es nicht mehr, nur Eile vor dem Rebellen. Am Sonntag muß der Pfarrer die Ehe Thönis und Binias verkünden. Ein Glück ist in diesem grenzenlosen Elend: Binia weiß jetzt, daß das Spiel mit Josi Blatter aus ist — das ist vorbei!

Es ist ein furchtbar bleiches Lächeln der Genugthuung, das um die Lippen des Presi spielt.

Josi Blatter bringt er nicht aus dem Kopf. Er ist in Ehren und mit guten Zeugnissen aus der weiten Welt zurückgekehrt. — — Ja, er ist halt Fränzis Sohn, das ist seine geheimnisvolle Kraft.

Der Presi keucht und schwitzt. Da pocht es, Frau Cresenz bringt ihm einen Brief, den der Viehhüter Bonzi abgegeben hat. Er trägt die knorrige Schrift des Garden.

Der Presi ahnt nichts Gutes, erst als Frau Cresenz gegangen ist, öffnet er das Schreiben.

»Presi!« schreibt der Garde, »ich laufe Euch nicht nach, aber wenn Ihr zu mir kommen wolltet, so hätte ich Ernstes mit Euch zu reden. Ich habe die Beweise in den Händen, daß Thöni Grieg an Josi Blatter einen gottlosen Brief geschrieben, die Schrift gefälscht und das Schreiben mit meinem Namen mißbräuchlich unterzeichnet hat. Ferner besitze ich von der Post in Hospel die Bescheinigung, daß zwei eingeschriebene Briefe, darunter der des Gemeinderates an den Konsul in Kalkutta, im Postbuch nicht vermerkt und also nicht durch Hospel gegangen sind. Thöni Grieg hat also diese und andere unterschlagen. Ich hoffe, daß Ihr nicht Mitwisser des Verbrechens seid.«

Der Presi liest den Brief nicht zu Ende — er neigt das blasse Haupt auf die Seite — seine Hände zucken — er will aufstehen — es geht nicht — mit vorgelegten Armen läßt er den Kopf fallen. — Aus der Brust des Gerichteten stöhnt es, wie wenn eine gewaltige Eiche sich zum Falle rüstet.

Der Sturz einer Eiche. Wer das Bild einmal gesehen hat, vergißt es nie! Es seufzen tief unter der Erde die Wurzelgrüfte, es bebt die Krone, die Vögel flattern schreiend heraus, die Käfer kriechen aus der Rinde und rennen davon, quiekend würgt es in den Stammfasern, als ob sich Jahrhunderte trennen, es ist ein Knistern und Brechen, ein geheimnisvolles Raunen von Abschiedsstimmen — das Fallen einer Eiche ist eine ganze Schlacht.

Eine würgende, ächzende Schlacht ist in dieser Stunde das Leben des Presi.

Er zweifelt nicht. Er wütet nicht, aber sein leises Zittern ist schrecklicher als ein lauter Ausbruch der Wut.

Wenn die Eiche vor dem Falle erbebt, so sagen die Holzleute: »Der Baum redet!«

Der Presi redet.

Mit zuckenden Lippen murmelt er: »Nein, Garde. — Gott weiß es — ich bin unschuldig — Bini — Vogel — meine Ehre und deine Ehre durch einen Schuft dahin.«

Sein Wort klingt wie eine sanfte, feierliche Knabenstimme. Die dünnen spärlichen Thränen des Alters rinnen über seine Wangen. Er merkt es erst, wie sie auf seine Hände fallen. Die Thränen beelenden ihn noch mehr. Sechsundzwanzig Jahre hat er nicht geweint. Er hat es beim Tode der Beth nicht gethan, sondern das letzte Mal, als er Fränzi um ihre Hand bat.

»Fränzi. — Seppi Blatter,« stöhnt er, »erbarmet euch meiner — ich gebe nach!«

»Ich gebe nach — ich will hinter sich machen — zuerst mit Bini. — — Ja, wenn es ginge! Aber sie ist aus Thönis Kammer gekommen!«

Und das Wort Thönis: »Wenn ich im Kot bin, seid Ihr auch drin,« tönt in seinem Ohr wie die Posaune des Gerichts.

Da murmelt er in seinen wilden Schmerzen: »Für den Rebellen thut sie es schon noch,« doch er hat es kaum gesagt, so rauft er sich das Haar: »Nein — nein — das gilt nicht — das habe ich nicht gedacht.« Er zuckt in der gräßlichen Furcht, daß dieser eine schlechte Gedanke schon wieder ein neues Verhängnis zeitige, und die Stunde ist da, von der der Garde gesprochen hat. »Auf den Knieen würdet Ihr zur Lieben Frau an der Brücke rutschen, wenn Ihr Bini nur dem Josi geben könntet und Ihr sie friedlich wüßtet.«

Die Stunde ist da — sie ist gekommen wie ein Dieb über Nacht.

O, wie der wilde Presi zahm ist und betet.

Ein schönes Alter. — Nein, kein schönes Alter. — Binias Augen reden: Vater, warum hast du mich in die Hand eines Schuftes gezwungen und ich hätte glücklich sein können mit Josi Blatter, der ehrenvoll aus der Fremde heimgekommen ist.

»Frieden. — Frieden! —«

Wieder sinkt sein Kopf. Er sieht es nicht, wie Frau Cresenz angstvoll kommt und geht. Er weiß nicht, wie viele Stunden er in brütender Vernichtung sitzt, er hört es nicht, wie der wachsende Föhnsturm pfeift und an den Fenstern rüttelt.

Sein Leib ist lahm, seine Glieder sind gebrochen, endlich aber steht er schwankend auf, er nimmt Rock und Hut und steigt die Treppe hinab. »Wo ist Bini?« fragt er Frau Cresenz. Er leidet furchtbare Angst um das Kind — es ist ihm, es schwebe in drohender Lebensgefahr — und doch, nein, er möchte sie nicht sehen — er schämt sich vor Binia und für sie.

»Sie hat so stark den Föhn im Kopf — sie hat nicht mehr stehen können — sie ist in ihre Kammer gegangen,« jammert Frau Cresenz. »Um tausend Gotteswillen redet jetzt nicht mit ihr.«

»Föhn im Kopf,« grollt der Presi dumpf — »ich gehe jetzt zum Garden — und ich hoffe, daß mir Thöni nicht begegnet — sonst muß er sterben.«

Das letzte sagt der Presi so fest, wie es ein Richter sagen würde.

Frau Cresenz schlägt die Hände über dem Kopf zusammen: »Was giebt es auch, Präsident, was giebt es?«

Da schleudert er ihr den Brief des Garden vor die Füße und geht.

Allein in der Dämmerung geht er nicht gleich zum Garden, er schwankt, ohne zu wissen, was er thut, hinüber zum Neubau, steht eine Weile davor, schüttelt den Kopf und wendet sich wieder zum Gehen.

Da hört er plötzlich ein gräßliches Lachen. Kaplan Johannes mit dem Bettelsack steht neben ihm. »Herr Presi, merkt Ihr es nicht, es kommt ein Wetter. Geht doch lieber zum Glottermüller, dort zahlt einer Wein, so viel man will, und erzählt den Leuten lustige und traurige Geschichten aus dem Bären von St. Peter.«

»Du räudiger Pfaff!« schreit der Presi, er stürzt sich auf den Kaplan und mißhandelt ihn. Unter heulenden Flüchen flüchtet der Letzköpfige, er droht: »Ich will doch einmal mit Eurer Tochter tanzen!«

Das andere versteht der Presi nicht.

»Zu allem Elend den Hohn. Aber warum sollte man mich nicht auslachen, mich, den alten Thor, der sein Kind in die

Arme eines Verbrechers gezwungen hat. Und der Schuft hockt noch in St. Peter? Eine Axt will ich nehmen und ihn erschlagen.«

Er schwankt nun aber doch zum Garden, zu dem schwer beleidigten ehemaligen Freund. Bitter wie noch kein Gang in seinem Leben wird ihm der Besuch. »Garde,« keucht er, »verzeiht mir, und Josi Blatter lasse ich danken, daß er nicht klagt.«

Mehr würgt er nicht hervor, der Garde will ihm die Beweise vorlegen, aber ein Blick, und der Presi nimmt plötzlich den Hut und stürmt fort.

Beim Garden hat er das Glück gesehen, das innige Familienglück um Vroni, in seinem Haus aber wütet das Unglück.

Er stürmt durch die Nacht. Wer nicht ein Dörfler ist, fände jetzt den Weg nicht. Der Föhnsturm singt an den Felsen ringsum, er stöhnt, er jauchzt und die Wolken hangen so tief ins Thal, daß sie das Dorf fast erdrücken. Ferne Lawinen donnern, es regnet in starken einzelnen Tropfen. Jeder Regentropfen thut dem Presi im brennenden Gesichte wohl.

Zuletzt kommt er doch wieder heim; der wirre Mann ächzt: »Präsidentin, ich muß zu Bett — ich glaube, es ist meine letzte Nacht — ich habe mein Herz gewendet — aber ich weiß schon — es kommt noch mehr — es kommt noch mehr.« Gräßliche Furcht rüttelt ihn.

Früh schon ist der Bären dunkel. Einige Stunden später steht im Wettersturm ein Mann vor dem unglücklichen Haus, und wie es elf Uhr schlägt, öffnet er die Thüre.

»Bist du es, Thöni?« kreischt Frau Cresenz, die ihn trotz dem Sturme gehört hat, angstvoll. Keine Antwort. Da rennt sie halb angekleidet die Treppe hinunter, Thöni kommt aber schon wieder aus der Postablage und eilt ins Freie.

»Thöni, was thust du?« schreit sie angstvoll.

»Lebt wohl, Tante, Frau Präsident,« ruft er. »Nach der Postkasse fragt nicht — ich gehe nach Amerika — und der Revolver ist für Verfolger geladen.«

»Er geht den rechten Weg,« knirscht der machtlose Presi, der sich ans Fenster geschleppt hat.

Eine Nacht ist eingefallen, wie man sie im Bergland selten erlebt.

Der Föhn fährt in Stößen von den Gipfeln, heiß im einen Augenblick, im nächsten bis ins Mark erkältend. Die Wolken jagen sich, stieben schwarz und schwer über die Hausdächer dahin, die Blitze erleuchten das Thal taghell, die schäumenden Wasser der Glotter erglänzen. Dann ist wieder pechschwarze Nacht. Jetzt spielen die Feuerflammen um die Krone, der Firn funkelt und leuchtet. Unaufhörlich knattert der Schnee- und Eisbruch im Gebirg, an den Bergwänden verfängt sich der schmetternde Donner, rollt und grollt, das Krachen der frischen Schläge wird verstärkt durch den Wiederhall der vorangehenden und rings im Gebirg sind die Runsen los. Die Berge wanken, es ist, als ob, was tausend Jahre fest und starr gewesen ist, plötzlich lebendig würde und wandern müsse. Es ist ein Bild wie Weltuntergang!

Die Wetterglocken von St. Peter wimmern durch den Aufruhr der Elemente.

In allen Häusern brennt Licht, um den Tisch sammeln sich bleiche Gesichter, in den Händen der Beter beben die Kruzifixe, und selbst die Gottlosen falten die Hände und seufzen: »Herr! — Herr!« —

»Es ist eine Totnacht,« flüstern die Aelpler. In dieser

Nacht steht nach uralter Sage ein geheimnisvolles, im Bergland begrabenes Kriegsvolk auf und zieht zur Heimat. Da darf niemand ins Freie blicken, denn wer die Reiter sieht, wird vor Schrecken siech:

Es donnern die reitenden Boten:
»Gebt Raum für das irrende Heer,
Es fahren, die Goten, die toten,
Vom Bergland ans heilige Meer.«

Frau Hulder auf leuchtendem Schimmel
Sprengt jauchzend den Reitern voran,
Sie ziehn auf der Erde, am Himmel;
Sie kämpfen und brechen sich Bahn.

Von reisigen Vätern und Söhnen,
Wallt klirrend der Heerzug durchs Thal, —
Die Trommeln, die Hörner erdröhnen —
Sie reiten in brennender Qual.

Schaut — allen die fahren und fliegen,
Strömt aus den Wunden das Blut,
Die weinenden Mütter, sie wiegen
Im Arm die erschlagene Brut.

So reiten und ziehen die Goten,
Der schallende Hornruf ergellt:
»Hu-hoi, hu-hoi! Wir Toten
Sind Herren der lachenden Welt.«

In dieser Nacht schwitzt der Presi Blut: »Es kommt noch mehr — es kommt noch mehr!«

Ja, Herr Presi, es kommt noch mehr.

In dieser Nacht stehen im Teufelsgarten eng aneinander geschmiegt zwei Liebende. Und zärtlich spricht der junge

Mann: »Bini, weil ich dich rein erfinde wie einen Tautropfen, will ich das große Gelübde meiner Jugend halten.«

»Josi« — es tönt wie ein kleiner Schrei, »Josi, mein Held!« Sie umarmen sich, sie küssen sich, sie flüstern es einander selig zu, daß es kein Leben mehr giebt als eines im anderen.

In dieser Nacht flieht ein Mann, den das schlechte Gewissen jagt, thalaus.

Wie er am Teufelsgarten vorbeirennen will, zuckt eine Blitzschlange durch die Glotterschlucht und erleuchtet sie taghell. Er sieht das engverschlungene Paar. Aus dem Revolver blitzen die Schüsse, die Kugeln zischen. Die Schlucht wird dunkel, am Glottergrat kracht es und ein gewaltiger Donner erstickt die Stimmen eines Kampfes, der im Teufelsgarten wütet, und übertönt den Sturz eines Mannes, der in der Glotterschlucht versinkt.

Im ersten Morgengrauen geht das Liebespaar blaß und eng aneinander geschmiegt den Stutz empor und der Mann flüstert dem bebenden Mädchen zu: »Arme Bini — das habe ich nicht gewollt — so elend müssen wir sein — nun mag uns Gott helfen.«

Wie er es sagt, schießt johlend Kaplan Johannes am Wegrand auf.

»Hoho! — Rebell und Hexe,« lacht er drohend, »ich komme auch an eure Hochzeit.«

Und während des Männerkampfes im Teufelsgarten ist die Wildleutlawine gegangen.

XVII.

Die Wildleutlawine ist gegangen! — Man hat es in dem Aufruhr der Elemente zu St. Peter kaum bemerkt, aber der Morgen bringt die erschreckende Kunde. — Und heute ist Wassertröstung — Losgemeinde! Ein Mann muß auf Leben und Sterben an die Weißen Bretter steigen und geheimnisvoll waltet das Los.

Der Sturm der Nacht hat sich gesänftigt, der Himmel hat sich gereinigt, mit unschuldigem Kinderlächeln schaut er auf die Welt, und der Föhn, der gewaltige Geselle, schmeichelt um die ergrünenden Berghalden wie ein verliebter Bursch, der von seinem Mädchen Blumen bettelt.

Die goldenen Primelsterne leuchten auf den Matten, die Enzianen öffnen die blauen Augen.

Die von St. Peter achten es nicht, die Sorge hält ihre Augen. Der Tag entwickelt die alten Bilder! Aus der Runde reiten die Bauern auf ihren Maultieren zur Kirche, sie tragen die dunkle Tracht und die Frauen und Töchter drehen im Reiten den Rosenkranz. Finster feierliche Ruhe waltet, tiefer als je an einer Wassertröstung. Da und dort grollt es flüsternd: »Schon nach elf Jahren. Merkt Ihr es!« Und die dumpfe Antwort lautet: »Ahorn!« Durch die ganze Gemeinde schleicht das Wort: »In zwölf Wochen spätestens sollen Bären und Krone brennen.«

Wie einsam steht der Bären, das schöne alte Wirtshaus! An die Stangen vor ihm bindet kein Bauer sein Maultier an. Frau Cresenz tritt ein paarmal angstvoll unter die Thüre, aber die Ziehenden reiten grußlos vorbei und stellen die Tiere vor die Häuser der Verwandten oder vor die Glottermühle.

Verfemt ist der Bären! Nein! Wie die Glocken zu läuten anheben, schreitet wie ehemals der Gemeinderat in würdigem Zug die Freitreppe hernieder, voran der Weibel mit der silbernen Losurne, dann der Presi und der Garde, der den Federnhut, das Schwert und die Binde trägt.

Die Männer sind von der Wichtigkeit ihres Amtes ganz durchdrungen. Der kurze Garde ist frisch, aus dem grauen Bart schauen gesunde rote Wangen, die klugen und guten Augen unter den buschigen Brauen sind hell. Der Presi jedoch, der wohl um den Kopf größer ist, schaut abgezehrt aus, und die paar mächtigen Furchen im glatten Gesicht scheinen noch länger, noch tiefer geschnitten. Man würde glauben, er wäre von den beiden der ältere, wie er aber so mit den anderen geht, muß jeder, der ihn sieht, denken: »Er ist halt doch der Presi!«

Als letzte fast treten Josi und Eusebi, die sich von Vroni verabschiedet haben, in die Kirche, jener ruhig, aber bleich. Die Neugier der Dörfler, die nach ihm sehen, ist ihm zuwider.

Mit einem seltsamen sorgenden Blick begleitet Vroni den Bruder.

Er hat kein Wort von Beate Indergand erzählt, blaß, müde und stumm ist er im Lauf des Vormittags heimgekommen.

»Jetzt geht er am Ende noch als Freiwilliger an die Weißen Bretter,« denkt Vroni. »Kaum ist so ein lieber Bruder da, hat man schon wieder seine Qual um ihn.«

Der Weibel riegelt die Thüre vor den Weibern zu, die betend und jammernd im Kirchhof knieen. Mitten unter ihnen kniet totenfahl Binia.

Ein Zittern läuft durch ihren Körper, mit der schmalen Hand stützt sie sich auf die Erde des Kirchhofs — auf den

Staub der Dahingegangenen.

— Sie zuckt. — Todesgedanken und sie ist noch so jung. Aber was ist nicht im Teufelsgarten Entsetzliches geschehen? — Und steht dort nicht lächelnd der gräßliche Kaplan?

In der Kirche hat sich der Gemeinderat um den altertümlichen Altar gestellt und der Presi spricht das Heligen-Wasser-Gebet. In den geschnitzten Stühlen harren hundertundsiebzehn Bürger, den dunklen Filz vor dem Gesichte, und beten es mit. Nun sinken die Hüte und wie aus Erz gegossen, ein feierliches Antlitz am anderen, stehen die Männer. Durch die gelben, roten, blauen und grünen Scherben, welche die Heiligenfiguren in den Fenstern zusammensetzen, fallen die farbigen Bündel der Sonne in den golddurchsponnenen Raum und zeichnen dem einen ein gelbes, dem anderen ein rotes, blaues oder grünes Mal auf das Kleid, und von draußen rauschen die brünstigen Gebete der Frauen.

Nun redet der Presi und jeder spürt es, so schön, so warm und eindringlich hat er noch nie gesprochen. Jeder denkt: »Es ist ein Elend, daß man diesem Manne ein Leid anthun muß. Wie spricht er furchtlos in die Hundertundsiebzehn, unter denen kaum einer ist, der ihn nicht grimmig haßt. Wie wenn er es nicht wüßte, so frei steht er da. Und doch weiß er es, er hat gewiß eine Ahnung vom Ahornbund. Nur nachgeben kann er nicht. Darum muß man den Bären verderben.«

Jetzt verkündet er die alten Satzungen und fragt, ob sich niemand freiwillig meldet.

»So ein Knechtlein wäre oder sonst einer geringen Standes, der liebt ein Mädchen und der Vater will es nicht zugeben, so mag er sich melden, an die Weißen Bretter steigen für seine Liebe und der Gemeinderat wird ihm Freiwerber sein!«

Schweigen.

»So einer wäre, der hätte heimliche oder offenbare Schuld, will aber die heligen Wasser richten, mag er frei vortreten, und wenn er an die Weißen Bretter steigt, so soll ihm, was er vergangen hat, nicht mehr angesehen sein, als es unsere Altvordern dem Matthys Jul angesehen haben. Gar nicht. Der Gemeinderat mag dann vor Gericht den Brauch des Thales darlegen und im Namen der Gemeinde um seine Freiheit bitten.«

Schweigen! Der gräßliche Sturz Seppi Blatters lebt noch zu frisch in der Erinnerung aller. Hätten die Gemeinderäte aber vom Altar nach Josi Blatter geblickt, so hätten sie wohl gesehen, wie er den kalten Schweiß von der Stirne strich.

»So lasset uns denn losen,« spricht der Presi. »Nach alter Sitte ist 77 die Loszahl. Will es jemand anders oder soll es gelten?«

Schweigen! Jeder der Männer hebt seinen Filz vor den Mund, das Summen des Vaterunsers füllt den Raum.

Der Presi hebt den Losbecher, spricht sein Gebet darüber, verschließt ihn mit dem silbernen Deckel, rüttelt ihn und wendet ihn dreimal feierlich. Das Gleiche thun der Garde und die folgenden Mitglieder des Gemeinderates, und der letzte, der es thut, stellt den Becher wieder auf den Altar.

Der Presi spricht mit lauter klarer Stimme: »In Gottes, in Jesu Christi, in der Jungfrau Maria, in St. Peters und aller Heiligen Namen — so wollen wir losen.« Und er hebt den Deckel der Urne ab.

Da formt sich bankweise der Zug zum Altar. Mann hinter Mann schreiten sie feierlich heran, die von St. Peter, nur die Alten und Bresthaften bleiben zurück. Am Altar thut jeder einen Stoßseufzer, langt in die Urne, und von den Stufen hinunter bewegt sich der Zug zurück in die Stühle. Dort betet jeder wieder in seinen Hut und öffnet sein Los. Den letzten Gliedern der Gemeinde folgt der Gemeinderat, und das letzte Los nimmt der Presi selbst.

Langsam und feierlich vollendet sich die Zeremonie, kaum mit einem Laut verrät sich die grenzenlose Spannung, die über der Gemeinde liegt, denn es gilt als ein Zeichen der Schwäche, sich hastig oder neugierig zu zeigen, oder Freude zu äußern, wenn die schreckliche Zahl glücklich vorbeigegangen ist.

Doch leuchtet jetzt manches Auge mutiger.

»In Gottes, in Jesu Christi, in der heiligen Jungfrau Maria, in St. Peters und aller Heiligen Namen, der, den das Los getroffen hat, mag stehen bleiben.«

Alle anderen setzen sich, nur der junge Peter Thugi ragt einsam aus ihnen. Jede Farbe ist aus seinem Gesicht gewichen.

»Peter Thugi, habt Ihr das Los?« fragt der Presi feierlich.

»Ja,« sagt der junge Mann, es klingt wie ein Schluchzer. Seine junge Frau ist ihm kürzlich gestorben, er steht mit zwei Kindern und dem alten Großvater allein, ist aber sonst fast mit dem ganzen Dorf verwandt und nicht mittellos.

In einen seltsamen klagenden Laut löst sich das Erbarmen der Männer aus.

Ein feierlicher Augenblick.

Da schnellt Josi Blatter aus der Menge auf: »Presi und Gemeinderat, darf ich reden?« fragt er bewegt.

»Sprecht, Blatter,« sagt der Presi, indem er den jungen Mann neugierig, doch mit warmer Achtung mißt.

Josi errötet und verwirrt sich unter den vielen Blicken, die verwundert und mißtrauisch auf ihn gerichtet sind.

Will er an die Stelle Peter Thugis treten?

Er schluckt ein paarmal; unsicher zuerst, dann immer fester redet er:

»Herr Presi, ihr Gemeinderäte und Bürger von St. Peter! Obwohl ich nur ein schlichter Mann und erst vor wenigen Tagen aus der Fremde zurückgekehrt bin, wage ich es, zu euch zu sprechen. Meiner Lebtag hat es mich beelendet, wie mein Vater selig an den Weißen Brettern gefallen ist. Ich bin in der Fremde Felsensprenger gewesen, und wenn ihr es zugebt und mir die nötige Hilfe leistet, so will ich von jetzt an bis zum Allerheiligentag für die heligen Wasser eine Leitung durch die Felsen der Weißen Bretter führen, daß alle Kännel überflüssig sind, und die Blutfron von St. Peter lösen. Es ist die Erfüllung eines Gelübdes für ein großes Glück, das ich erlebt habe, und ich thue es ohne Lohn.«

Mächtige Bewegung. Man hört dumpfes Murren: »Was er sagt, kann niemand thun!« und halblaute Rufe: »Prahler! — Großhans! — Gotteslästerer!« Der Presi aber donnert: »Laßt ihn reden. — Josi Blatter, Ihr habt das Wort.«

»Es giebt jetzt ein weißes Pulver,« fährt Josi fort, »das ist wohl hundertmal stärker an Gewalt als das schwarze und heißt Dynamit. Man sprengt damit die Wege für die Eisenbahnen durch die Berge, und wenn ihr euch draußen in der Welt erkundigen wollt, so werdet ihr erfahren, daß damit Werke errichtet worden sind, gegen die ein Gang durch die Weißen Bretter nur ein Spiel ist.«

Der Bockjeälpler ruft: »Einen Tunnel habe ich auch schon gesehen.« Andere Stimmen sagen: »Hört — vielleicht hat der Plan doch Hände und Füße,« wieder andere grollen: »Nichts Neues in St. Peter, wir haben am Alten genug.« Dritte drängen: »Nur reden,« und vierte mahnen drohend: »Nein, abhocken, Rebell.«

So schwirren die Rufe.

Da mahnt der Garde: »Er hat das Wort vom Presi!«

Der Bockjeälpler ruft: »Aber er kommt nicht durch die Wildleutfurren!«

Josi Blatter fährt fort: »Durch die Wildleutfurren baue ich eine Mauer, setze den Kanal darauf, darüber ein stark steiles Dach aus den dicksten Balken, darüber ein zweites wasserdichtes aus Steinplatten, die ich mit Zement, einem gelben Pulver, verbinde. Ich lehne das Dach dicht an die Felsen der Furren, die ich ein gutes Stück empor so verbauen will, daß die Lawine keinen Angriff findet, wenn sie kommt, und daß sie machtlos über die Steinplatten niederpoltern muß. Trägt man zu dem Werk ein wenig Sorge, so hält es tausend Jahre.«

»Hm — es scheint, er versteht etwas!« — »Laßt euch nicht ein, das ist Aufruhr und Todsünde.« — »Er ist noch der alte Rebell,« verwirren sich die Stimmen.

Eine unbeschreibliche Erregung herrscht in der Kirche, das Klopfen der geängstigten Frauen, das durch die schwere Thüre dringt, vermehrt sie.

Josi kann vor dem Lärm um ihn nicht weiter reden, fast hoffnungslos sitzt er ab.

Da reckt sich der Presi machtvoll, mit funkelnden Augen und mit glührotem Kopf vor der Gemeinde auf. »Ihr Männer von St. Peter,« spricht er mit zwingendem Klang der Stimme, »wir wollen das Angebot Josi Blatters nicht leicht nehmen. Er hat von den Ingenieuren der englischen Regierung in Indien gute Zeugnisse erhalten, er war der

Kopf einer Abteilung von über hundert Mann. Und die Engländer sind ein tüchtiges Volk. Prüft also das großherzige Anerbieten, es handelt sich, wenn das Werk gerät, um eine wunderbare Wohlthat für uns, unsere Kinder und Kindeskinder. Weil aber die Angelegenheit so wichtig ist, so meine ich, die Gemeinde sollte eine Abordnung in die Stadt schicken und beim Regierungsrat fragen, was vom Plan Josi Blatters zu halten sei. Ohne ihn können wir nicht vorwärts gehen, er müßte auch zwischen uns und den äußeren Gemeinden vermitteln, daß die heligen Wasser einen Sommer lang stillstehen dürfen. Wir wollen aber rasch handeln, damit wir in acht Tagen wieder Gemeinde halten und entscheiden können, ob wir das Werk annehmen oder nicht. Ich weiß, daß ihr mir alle grollt, aber Gott im Himmel weiß es auch: Wenn ich schon nicht immer eure Ansichten teile, habe ich es doch immer gut mit St. Peter gemeint. Ich will das Amt, das ich zwanzig Jahr bekleide, vor euerm Groll in der Maigemeinde niederlegen. — Folgt nur jetzt noch einmal meinem Rat. Nehmt das Angebot Josi Blatters ernst, ich bitte euch herzlich darum.«

Mit hinreißender Wärme, mit strahlendem Auge, zuletzt mit einer Bescheidenheit, die die Herzen bezwang, hat der Presi geredet und alle verwirrt. Ist das der hochmütige Mann, der dem Dorf den harten höhnischen Bescheid gegeben hat?

Sein Auge sucht Josi Blatter — ein kleines, unendlich schönes Lächeln geht um seinen Mund — ein Lächeln, bei dem Josi ist, es schmelze der Haß aller Jahre hinweg.

Er ist wonnig bestürzt über den Blick.

Nun aber hält der Glottermüller mit seiner hohen Weiberstimme auch eine Rede: »Nur nichts Neues. Die Wasserfron ist St. Peter von Gott auferlegt, daß wir nicht übermütig werden in Bosheit. Josi Blatter ist ein Aufrührer und bleibt ein Aufrührer, und wie früher gegen das Dorf, wendet er sich jetzt gegen Gott und seinen Himmel. Ich sage: Nichts Neues! — Keine Abordnung!«

»Nichts Neues! — Keine Abordnung!« fielen einige ein, andere riefen: »Fort mit der Blutfron!«

Peter Thugi saß da wie ein Gerichteter, dem man das Leben zu schenken im Begriffe steht.

Mit Hilfe seiner großen Verwandtschaft beschloß die Gemeinde, die Abordnung an den Regierungsrat zu schicken, und bestellte sie aus dem Glottermüller, zwei weiteren Anhängern des Alten, dem Garden und dem Bockjeälpler, der halb an Josi Blatter glaubte. Den Presi aber überging die Gemeinde in der Wahl.

Bis die Abordnung über die Antwort der Regierung Bericht erstatte, solle Peter Thugi bei seinem Los behaftet sein.

Ein Krieg hätte das Dorf nicht mehr aufregen können als der erstaunliche Ausgang der Losgemeinde.

»Der Presi,« höhnten einige grimmig, »hat uns mit seiner schlangengescheiten Zunge wieder einmal erwischt. Hütet euch.«

»Daß Josi Blatter mit seinem Gelübde gerade auf die Zeit zurückgekehrt ist, wo die Wildleutlawine gegangen ist, bedeutet etwas — ein großes Glück oder ein noch größeres Unglück,« meinten andere.

Nach der Losgemeinde hat Eusebi noch einen Gang zu machen. Vroni wandelt mit Josi durch das ergrünende Feld und schaut den schweigsamen Bruder mit ihren blauen treuen Augen traurig, doch mit grenzenloser Bewunderung an.

»Josi,« sagt sie, »du bist also der Mann, der uns geweissagt ist in den alten Heligen-Wasser-Sagen, die da melden: Es wird einer kommen, der stärker ist als Matthys Jul, und wird St. Peter von der Blutfron an den Weißen Brettern erlösen. Du bist also der Mann, Josi!«

»Ich hoffe es!« erwidert er mit einem bleichen Lächeln.

»O Josi,« versetzt sie, »es ist schwer, dieses Mannes Schwester zu sein — — und in den alten Sagen steht auch, es müsse eine Jungfrau über dem Werke sterben.«

Er zuckt heftig zusammen, er schlingt den Arm um die Hüfte Vronis. »Ich weiß nur, daß ich mein Gelübde erfüllen muß,« sagt er ernst, »es ist für Binia, dafür, daß sie rein und treu geblieben ist. Und wenn es sein muß, sterben wir beide für das Werk, aber gewiß nicht eines allein.«

Da sieht Vroni das grüne Feld nicht mehr, durch das Peter Thugi, der vom Los Getroffene, mit seinen Kleinen kommt. Er spricht zu ihnen: »Seht, das ist der Mann, der euren Vater retten wird;« er wendet sich zu den Geschwistern: »O Josi — könnte ich es dir einmal danken, was du an diesen Kleinen thun willst.«

»Siehst du, Vroni,« sagt Josi bewegt, »und ich kann nicht glauben, daß ein Segen zuletzt in einem Unglück endet. — Wenn es aber wäre — so thue ich doch, was ich muß.«

XVIII.

Der Presi sitzt im Bären auf seinem Zimmer, aber es ist nicht der Presi, der das Zünglein der Wage wie schon oft in der Gemeindeversammlung mit hinreißendem Wort geschwenkt hat, er ist ein alter gebrochener Mann. »Seppi Blatter — Fränzi,« stöhnt er, »seid ihr jetzt mit mir zufrieden? — Ob das Herz entzwei kracht, ich habe mich gewendet — ich habe für euern Josi geredet — ich will noch mehr thun, ich will ihm zu seinem Werk helfen — ich will Frieden — Frieden — mit euch und eurem Sohne Josi — den ich geschlagen habe — den ich achte und liebe.«

Seit er den jungen Mann gesehen hat, wie er sich in Bescheidenheit erhob, wie er mutig und mutiger redete, faßt er es nicht mehr, wie er Josi Blatter jemals hat gram sein können. Sein Plan ist groß. Wie er ist noch keiner im Bergland aufgestanden. Josi und Binia! Wenn's sein könnte — aber — — er brütet wieder.

Da schwankt Binia zu ihm herein, blaß, müd und auf den schmalen Wänglein doch einen Schimmer des Glücks.

O, sie ist rührend schön, die blasse Binia.

Sie nimmt die Hand des Vaters in ihre Händchen: »Vater, ich danke dir, daß du für Josi eingestanden bist.« Ein schmerzliches Lächeln geht über ihr bleiches Antlitz.

»Du liebst ihn noch, Vogel, Herzensvogel — gelt, ich kann für dich — und für Josi Blatter viel thun.« Sein Haupt zittert, sie sinkt vor ihm nieder — er streichelt ihren Scheitel: »Kind — ich möchte Frieden machen. — Bini — ich möchte noch einmal glücklich sein — und wenn es nur ein Jährchen wäre. — Bini, ich wollte, deine Mutter lebte noch.

Beth, mein guter Engel. — Ich wäre mit ihr nicht so weit gekommen und das Hintersichkrebsen wäre nicht so schwer. — Josi Blatter ist ein Mann wie ein Held — ich will für ihn kämpfen. Wenn mich die von St. Peter schon nicht in die Abordnung gewählt haben, so gehe ich doch für ihn in die Stadt, und ob das Dorf mich haßt, so bin ich vor der Regierung noch der Presi von St. Peter. — Soll ich gehen, Kind?«

»Ja, Vater, ja.«

Herzzerbrechend weint die knieende Binia.

»Bini — Gemslein,« hebt der Presi wieder an, »ich kann deine blassen Wangen nicht mehr sehen — sie töten mich — Bini, bekomme rote Wänglein — laß die Geschichte von Thöni nur erst still werden — dann nimm in Gottes Namen Josi — ich habe ihn lieb — und lache wieder einmal mit deinem glücklichen Kinderlachen.«

Binia zuckt und windet sich in Qualen des Glücks — und des Elends. Wahnsinnig küßt sie die Hände des Vaters und dann schaut sie ihn an so rührend, so hoffnungslos. Und ihr Stimmchen bebt wundersam: »Vater, es ist zum Kinderlachen zu spät!«

Da wird er in gräßlicher Angst plötzlich wieder der alte, böse Presi. Er zischt sie an: »Zu spät — Bini, du hast wohl können so eine Komödie machen, bis du dich zu Thöni gefunden hast. Du bist ja doch zu weit mit ihm gekommen.«

»Nein —. Vater — nein!« Es tönt wie ein zersprungenes Glöcklein.

»Warum bist du denn so blaß — so hinfällig? — Ich habe es ja selber gesehen, wie du aus seiner Kammer gekommen bist.«

Binia wimmert nur, etwas Schweres schließt ihr den Mund. — Sie schwankt empor, sie tappt davon wie eine Trunkene.

Sie ist in ihrer Kammer, sie kniet an ihrem Bett: »Mutter — Mutter — es ist entsetzlich — das glaubt der Vater — ich hätte mich mit Thöni vergangen! — Und ich darf ihm die Wahrheit nicht sagen, warum ich mein Kinderlachen verloren habe. Er würde daran sterben.«

Und sie wimmert, wie der Engel wimmerte, den man aus dem Himmel stieß.

»Mutter — Mutter — wie sind wir unglücklich. — Aber gelt, Mutter, liebe Mutter, Josis Werk kann uns erlösen — er, der so viele erlöst, kann auch uns befreien. Ich bin an allem schuld. — Und den gräßlichen Vorwurf des Vaters muß ich tragen — Mutter — um des Vaters selber willen — hilf mir schweigen.«

Was Binia noch sonst sagt, ist stammelndes Gebet.

Der Presi aber ist noch nicht zu Ende mit seinem Zorn, die furchtbare Angst um Binia erzeugt seine Wut immer neu. Er rennt hinunter zu Frau Cresenz, er donnert sie an: »Was sagt Ihr eigentlich zu der Geschichte von den Briefen — was sagt Ihr zu dem elenden Gesichtchen meiner Bini? — Wohl, wohl, Ihr habt mir mit Eurem Neffen einen saubern Schuft ins Haus gebracht. — He, Frau Cresenz — gestupst und getrieben habt Ihr Tag und Nacht an mir, daß ich Bini dem Thöni gebe — und er hat mich getrieben, daß ich den verfluchten Neubau angefangen habe.«

Frau Cresenz, die kühle und geduldige Frau, wischt sich, wie er nicht aufhört zu wüten, mit der Schürze die Thränen ab: »Präsident,« sagt sie entrüstet, »ungerecht bleibt Ihr, bis Ihr sterbt! Ich habe auf Thöni, den Speivogel, gar nicht viel gehalten. Denkt aber an den Wintertag, an dem Ihr mit Thöni, aus Freude darüber, daß Blatter tot sei, wie toll getrunken und die Gläser miteinander ins Leere gestoßen habt: 'Zum Wohl, Seppi Blatter, zum Wohl, Josi Blatter, du Laushund.' Habt Ihr da nicht geahnt, daß es ein Unglück giebt?«

»Schweigt!« schreit der Presi entsetzt, ihm ist, als zünde ihm jemand mit einer Fackel ins Gesicht; er ist seiner Zunge nicht mächtig, er würde sonst Frau Cresenz nicht so lange haben reden lassen.

»Als die Todesnachricht falsch war,« fährt sie fort, »und Blatter wieder schrieb, da hat der Thor, der euch alles von den Augen absah, gemeint, es sei euch ein Gefallen, wenn Blatter tot bliebe. Er hat den ersten Brief unterschlagen, dann hat er nicht mehr rückwärts können, hat falsch geschrieben und es ist gekommen, wie's gekommen ist. Daß er ein Schelm und fremd geworden ist, daran seid Ihr schuld.«

Plötzlich versteht der Presi die Handlungsweise Thönis.

Er taumelt fort, er holt im Untergaden einen mächtigen Karst, rennt damit in der beginnenden Dämmerung durch das Dorf, und erschrocken sehen es die von St. Peter.

»Was hat der Presi?« fragen sie, »was will er mit seiner Hacke?«

Er eilt zum Neubau, der bis zum ersten Stockwerk gediehen ist. Mit wuchtigem Arm schlägt er die Zinken in Mauer und Balken, er reißt vom Werk, um dessen willen er das Dorf bis ins Mark beleidigt hat, so viel ein, als seiner Wut nachgiebt, er lebt in der wilden Gier, alles zu vernichten, was ihn an den unseligen Thöni mahnt. Aus scheuer Entfernung sehen ihm die maßlos erstaunten Dörfler zu. »Er ist letzköpfig geworden!« meinen die einen, die anderen: »Nein, seht, er hat doch ein Herz für uns.« Wie er sich beobachtet spürt, stutzt er, dann ruft er den Nähertretenden zu: »Nehmt von dem verfluchten Holz, so viel ihr wollt, verbrennt es. Sagt es den armen Leuten, daß sie's holen mögen. Bringt eure Aexte und Kärste, helft mir!«

Der Garde kommt und streckt dem Presi die Hand hin: »Presi, etwas Besseres habt Ihr in Euerm Leben nie gethan!«

»Gewendet habe ich mich, Garde,« sagt er und die Dörfler staunen.

»Der Presi hat sich gewendet.« — Wenige lächeln, es ist kein Spott oder Hohn im Dorf, offen oder heimlich ist ihm jedes Herz dankbar. Wie er den Karst auf den Schultern mit dem Garden durch die Frühlingsnacht heimwärts schreitet, lüften die Dörfler, die unter den Thüren stehen, achtungsvoll die Hüte vor ihrem Presi.

»Man kann vielleicht den entsetzlichen Ahornbund abschütteln,« flüstern sie einander zu, »und für St. Peter kommt wieder eine bessere Zeit.«

Und die Frühlingssterne, die zu schimmern beginnen, sehen den zertrümmerten Bau, der nie ein Haus geworden ist.

Seltsam! — Seit langen Jahren geht durch die Brust des Presi ein Hauch des Friedens — er wütet nicht mehr, nur eine heiße Wehmut um Binia schleicht noch durch sein Herz.

»Wie — wenn Josi Blatter sie so stark liebte, daß er sie trotz allem, was vorgefallen ist, doch zu Ehren annähme!« — Um Binias willen muß er Josi Blatter den Weg zu seinem Werke leicht machen und den noch zögernden Garden überredet er mit dem Feuer eines Jünglings von der Ausführbarkeit des Befreiungswerkes, das Josi plant.

Ohne daß er es weiß, hat er dafür schon das Beste gethan.

Die Dörfler sagen: »Wenn das Wunder möglich ist, daß der Neubau des Presi durch seine Hand zergeht, so ist auch das andere möglich, daß Josi Blatters Plan gut ist.«

Das schwer erschütterte Vertrauen in die Zukunft erwacht wieder in dem geängstigten Dorf.

Es sind so wunderliche Zeitläufte in St. Peter, daß man sich aus dem Verschwinden Thöni Griegs nicht viel macht. Vor ein paar Jahren hat er schon gesagt, er gehe nach Amerika, gestern hat er es beim Glottermüller mit dem Zusatz wiederholt, es sei in der Umgebung des Presi nicht mehr auszuhalten. Jetzt ist er halt gegangen, und Binia wird froh sein.

Einige Tage später durchfliegt eine neue Kunde das Dorf und nimmt alle Teilnahme so gefangen, daß die von St. Peter vor Spannung nicht mehr arbeiten mögen.

Die Regierung ist mächtig für den Plan Josi Blatters eingenommen, der ihn selbst den Herren dargelegt hat.

Vor etwa vierzig Jahren ist einmal ein Regierungsrat nach St. Peter gekommen und hat der Einweihung einer Kirchenfahne beigewohnt. Seither hat man in der Stadt das stille St. Peter vergessen. Nun erlebt es das Dorf, daß zur zweiten Wassertröstung zwei Regierungräte auf einmal kommen. Die liebenswürdigen, gescheiten Herren verstehen besser zu reden als der glatzhäuptige Glottermüller, der quiekende Unglücksrabe.

»Josi Blatter, der großherzige Mann,« sagen sie, »soll sein Gelübde lösen, die Leitung nach den neuen technischen Grundsätzen bauen und treulich sollen ihm Staat und Gemeinde helfen. Der Staat liefert ihm die Spreng- und Baumittel, die Gemeinde mag sich zu den Hilfstagewerken verpflichten, die nötig sind.«

»Ja, wenn die Regierung dafür einsteht,« meinen die von St. Peter, »so ist der Plan gewiß gut,« und freudig zeichnen die

Bauern ihre Tagewerke.

Umsonst ruft der letzköpfige Kaplan sein »Wehe — wehe — wehe!« durchs Dorf, ihm antwortet der jubelnde Ruf: »Ab mit der Blutfron — ab — ab! — es lebe Josi Blatter, der Felsensprenger! Das Werk ist für uns, unsere Kinder und Kindeskinder.«

Eine gute That! — Sie ist selbst heiliges Wasser, das befruchtet. Die Unglückstafeln an den Weißen Brettern werden verrosten, die Losgemeinde wird eine Sage sein, frei giebt man die heligen Wasser in der Kinder, in der Enkel Hand.

Und der »Ahornbund« liegt am Boden.

Josi hat die Herren aus der Stadt in den Bären begleiten müssen, aber jetzt sind sie fort.

Zum erstenmal, seit sie vom Teufelsgarten kamen, sehen sich die Liebenden wieder. Es ist ein schweres Wiedersehen!

Aber nun steht Binia doch so selig, so demütig in Josis Arm — und er küßt ihren Scheitel: »Bineli — mein Bineli.« Und »Josi« antwortet sie.

Sie vergessen einen Herzschlag lang eine blutende Wunde — sie sind am Ziel. Ihre stille Verlobung von Santa Maria del Lago gilt wieder und er geht jetzt an das Werk seiner Dankbarkeit, auf dem ihre heißen Segenswünsche ruhen.

Aber dann freilich ist noch eine That nötig, die fast schwerer als die Befreiung St. Peters von der Blutfron ist, die Selbsterlösung aus einem Schein der Schuld, den ein übermächtiges Verhängnis auf sie geladen hat.

Nur wie ein ferner Stern, der blinkt, steht jenseits der großen Dinge vor ihnen das Glück.

Einen Herzschlag lang atmen sie auf, sie hoffen und ihre Augen glänzen ineinander.

Da kommt der Presi, sieht es — sieht es — er lächelt ihnen glücklich und mit seinem herzinnigsten Lachen zu, er meint ein Wunder zu erleben — er schwankt, ob er noch an das glauben will, was er doch mit eigenen Augen gesehen hat, daß Binia aus der Kammer Thönis trat.

Einen Blick hat sie Josi gegeben so voll Wärme, voll Treue, voll Reinheit und Unschuld, wie ihn nur das Mädchen findet, das sich in seiner Liebe treu, rein und unschuldig weiß.

Diese Entdeckung blitzt wie Sonne ins Vaterherz.

Josi ist an sein Werk gegangen, dem er nun bis zur Vollendung mehr gehört als der Welt.

Da nimmt der Presi die Hand seines Kindes: »Bini — Vogel — Gemslein,« dringt er in sie, »jetzt darfst du's deinem Vater schon sagen: Hast du Thöni wirklich nie gern gehabt?«

»Du thust mir furchtbar weh, Vater!« antwortet sie schamvoll, »glaubst du, ich dürfte einem so herrlichen Mann wie meinem Josi in die Augen sehen, wenn ich mich nicht treu wüßte, meinem Josi, der nur aus Dankbarkeit gegen den Himmel an die Weißen Bretter geht, weil er mich trotz allem Gegenschein treu erfunden hat.« Und im Sturm der Wallung kann sie nicht mehr schweigen. »Als du mich aus Thönis Kammer kommen sahst, habe ich nur die Schlüssel geholt, um mich der Briefe zu bemächtigen, die er unterschlagen hat, — da sind sie.«

Sie reißt die Notschreie Josis aus dem Mieder, legt sie vor den Vater und will sich flüchten. Er aber zieht sie an seine Brust: »Vogel — Herzensvogel — und das hast du nicht gewagt, mir zu sagen, und hast mich in der verzehrenden Angst gelassen — du Grausame. — Aber jetzt rote Wänglein, Kind!«

Binia ist, das Herz zerspringe ihr, sie müsse dem Vater mehr und alles verraten, sie müsse ihm jetzt auch sagen: »Vater, uns ist ein Unglück geschehen, hilf uns in entsetzlicher Not,« aber das unendliche Glück, das in seinen Augen strahlt, schließt ihr den Mund.

»O Bini — Bini,« lacht und jubelt der Presi. »Aus Beelendung über dich bin ich so rückwärts gekrebst — gezittert und gebetet habe ich, daß Josi sich doch deiner erbarmen möge. — Und nun ist das Wunder geschehen, daß das Kind besser ist, als der Vater erhoffte. Jetzt will ich auf ein schönes, ruhiges Alter mit dir und Josi denken. — Ich mag die Unruhe nicht mehr — ich gebe das Fremdenwesen auf!«

Der Presi spricht es in einem Taumel des Glücks. Aber Binia weint bitterlich — sie schluchzt vor Leid: »O Vater, sobald Josi sein Werk vollendet hat, so wollen wir mit ihm von St. Peter fort in ein fernes Land ziehen, und dort will ich dein graues Haupt hüten und pflegen.«

Leidenschaftlich stößt sie es hervor.

»Ein sonderbarer Gedanke, Kind. Hat ihn dir Josi eingegeben?« fragt er ernst und erstaunt.

»Nein, Vater, ich mir selbst!« bebt ihr Mund.

»Was denkst du,« spricht er nach einigem Besinnen, »ich kann nicht fort von St. Peter. Wer so lange in St. Peter gelebt hat wie ich, muß in St. Peter sterben.« —

Da schaut sie ihn in unendlicher Hilflosigkeit an und geht.

»Sie ist ein merkwürdiges Kind, jetzt wie früher,« denkt der Presi, aber er ist selig über das Bekenntnis, das sie ihm abgelegt hat. Er baut Pläne des Glücks für Binia, für Josi, für sich. Er ist beinahe wieder der alte Feuerkopf.

Und er schüttelt den Kopf: »Wie ich so lange habe ein Narr sein und Josi widerstehen können!«

»Präsident,« meint Frau Cresenz, »wir sollten doch langsam auf unsere Vorbereitungen für den Sommer denken, wenn Ihr die Krone aufgegeben habt, so werden wir um so mehr zum Bären sehen müssen.«

Er lacht sie nur seltsam an und sagt: »Ja, Präsidentin, ich gehe morgen nach Hospel hinaus zu Malermeister Serbiger. Er muß mir eine große Tafel malen, auf der steht: 'Pension und Hotel zum Bären in St. Peter sind geschlossen', und die Tafel lasse ich auf zwei hohe Pfähle am Eingang des Glotterwegs aufstellen. Auch schicke ich einen gedruckten Brief an alle früheren Gäste, daß ich das Fremdenwesen aus Altersrücksichten aufgegeben habe.«

Sprachlos schlägt Frau Cresenz die Hände über dem Kopf zusammen, dann aber jammert sie: »Wenn Ihr das thut, so gehe ich aus dem Haus — ich bin es nicht anders gewöhnt, als daß ich im Sommer eine Pension leite — und bedenkt doch, Präsident, wie man Euch, wenn Ihr jetzt dem Dorf so stark nachgebt, auslachen wird.«

»Gott's Donner, Präsidentin,« zürnt er, »ob ein paar Kälber lachen oder nicht, darauf kommt es mir nicht an, aber Euer Neffe, Herr Thöni, hat mir das Sommerleben verleidet — ich will jetzt ein wenig glücklich sein.« — —

Frau Cresenz aber ist unglücklich — eines Tages erscheint der Kreuzwirt von Hospel im Bären, die Männer rechnen im Frieden die Reingewinne aus den Büchern des Gasthofes während der zehn letzten Jahre aus, ein Drittel der Summe zahlt der Presi Frau Cresenz in Banknoten vor und legt aus eigenen Stücken noch tausend Franken darauf: »Da,

Präsidentin, ist Euer Anteil.«

Die Großmut in Dingen des Geldes gefällt dem Kreuzwirt. »Schwager,« sagt er, »es thut mir leid, daß es so ungeschickt hat gehen müssen. Wäre ich bei den Hospelern gewesen, die den Zigarren rauchenden Thöni hoch auf der Post über den Paß haben fahren sehen, hätte ich ihn heruntergelangt und ihm eine Tracht Ohrfeigen mit nach Amerika gegeben, dem Lausbuben, der seinen nächsten Verwandten nicht einmal ein Lebewohl und 'Es ist mir leid' gesagt hat.«

Binia, die den Rechnenden eben noch eine Erfrischung bringt, muß sich an der Stuhllehne des Vaters halten.

»Thöni über den Paß gefahren!« staunt sie. Ja, ist denn das schreckliche Erlebnis im Teufelsgarten, das ihr Tag und Nacht mit fürchterlicher Deutlichkeit vor den Sinnen steht, nur ein böser Traum?

Herzlich dankt sie der Stiefmutter, die nie hart gegen sie gewesen ist, und der Kreuzwirt und Frau Cresenz reiten gerade so vom Bären, wie sie vor elf Jahren zugeritten sind.

Eine ziemlich friedliche Ehe, die auf ein gemeinsames blühendes Geschäft aufgebaut worden ist, hat ein friedliches Ende gefunden.

Der Presi ist wieder da angekommen, wo er vor elf Jahren stand, der Bären ist wieder ein Dorfwirtshaus — mit Binia und einer Magd haust er allein.

Aber er ist es zufrieden, er spürt nichts von Heimweh nach dem lebhaften Treiben der früheren Sommer, nach dem kühlen Lächeln der Frau Cresenz, er lebt ganz in Binia, dem wiedergefundenen Kinde.

Und der Bären ist nicht öde. Aus der weiten Umgegend kommen Leute, die von dem Wunderwerk gehört haben, das an den Weißen Brettern im Glotterthal ausgeführt wird. Sie reden bei ihrem Schoppen Kluges und Thörichtes darüber. Thun sie das letztere, dann zuckt es um die Brauen des Presi: »Ta-ta-ta, wenn jemand von einer Sache nichts versteht, so soll er nicht darüber sprechen, letzte Woche sind die Ingenieure der Regierung dagewesen, sie sagen, das Werk sei vortrefflich.«

Auch die Dörfler kommen wieder in den Bären, wie eine ferne drückende Sage liegt der »Ahorn« hinter ihnen; sie begegnen dem Presi mit jener Hochachtung, die das beschämte Unrecht für den Gegner hat, der edel nachgibt, sie freuen sich über den Sommer, der wie einst in friedlichen Prächten ins Thal zieht.

Der Garde und der Presi, die wieder versöhnten Freunde, sprechen mit wahrer Erhebung von Josis Werk.

In der größeren Wildleutfurre ist die Mauer schon erstellt, die Leitung darauf gelegt, das Schutzdach aus Holz und Stein gebaut, die Furre selbst hochhin ausgeebnet und in der kleineren Wildleutfurre geht die Arbeit auch bald zu Ende. An einem Kranseil, das vom Glotterweg bis in die entlegene Höhe der heligen Wasser reicht, steigen Hilfsarbeiter, schweben die Hölzer, die Deckplatten, die Zementsäcke zu Josi, dem Befreier, empor.

Dynamitfuhre um Dynamitfuhre kommt und Josi baut jetzt den Wasserweg durch die Weißen Bretter selbst. Er ist von der Sonne braun gesengt, er ist abgezehrt von der Arbeit, aber er liebt die Mühe und die große beständige Lebensgefahr, die sein Werk mit sich bringt. Wer um Sonnenaufgang von St. Peter nach Hospel geht, hört sein Hämmern in der fernen Höhe, wer gegen Sonnenuntergang von dort zurückkehrt, hört es noch. Wenn das Ave-Maria-Glöcklein von St. Peter verklungen ist, wenn das letzte Sonnenrot an den Firnen zergeht, dann hallen seine

Sprengschüsse durch das Thal. Im Wiederhall ertönen die Bergwände; heraus, herein durch das Gebirge rollt das Echo, und wenn man es schon lange gestorben glaubt, erwacht es noch einmal grollend in einem fernen Schlund des Gebirges.

»Zum Wohl, Garde, trinken wir eins auf Josi!« lacht der Bärenwirt.

»Presi, jetzt werdet Ihr wohl keine bösen Träume mehr haben,« erwidert der Garde froh.

»Nein, ich fasse es nicht mehr, wie ich mich einmal über ein dummes Träumchen habe ängstigen können,« sagt der Presi, um den eine ganz neue Welt gesponnen ist. »Ich zähle im Kalender die Tage bis zu Allerheiligen, bis im Bären Hochzeitsleben jauchzt.«

Ein hoffnungsvolles Lächeln geht über das Gesicht des Presi. Wie der Garde aber nach Hause stoffelt, seufzt er und ist nachdenklich. Auch er zählt die Tage bis Allerheiligen, aber aus einem anderen Grund.

Mehr denn zehn Jahre hat der Presi gewütet in Gewaltsamkeit und Ungerechtigkeit wie ein Uebermensch. Eines Tages nun fällt ihm ein, glücklich zu sein. Aber steht die Vergangenheit nicht drohend hinter diesem Glück? Und um den Liebesbund Josis und Binias schwebt auch etwas so Uebermenschliches, um diese rührende Hingabe, um diese hohe Treue von langen Jahren her. Kommen wohl Josi und Binia, das herrliche Paar, wie noch keines im Bergland gewachsen ist, ein Held der That und eine Heldin der Treue, zum Ziel?

So fragt sich der Garde sorgenvoll und traut dem Dorffrieden nicht.

Josis Werk ist zu schwer, zu wuchtig für das kleine St. Peter.

Wohl hat es, als die Regierung seinen Plan gutgeheißen hat, Josi zugejauchzt, und wenn einzelne Gegner wie der Glottermüller übrig blieben, so schwiegen sie. Aber seit dem Tag, da die von der Regierung gesandte Dynamitfuhre kam, regte sich im Volk wieder abergläubische Furcht. Alle, selbst die Frauen, eilten damals hinaus in den Teufelsgarten, um den Pulverwagen zu sehen. Das von vier Gendarmen bewachte Fuhrwerk, das eine schwarze Fahne mit der Aufschrift »Dynamit« trug, erschreckte sie aber. Es sei ein mächtiger Sarg gewesen, jammerten sie, umsonst erklärten die militärpflichtigen Männer, es sei ein Militärcaisson, die Vorstellung des Sarges ist geblieben. Und ein Sarg bedeutet Unglück.

Die Weiber wollten nicht mehr zugeben, daß die Männer, Brüder und Söhne die zugesagten Arbeiten leisten, einzelne Bürger zahlen die versprochenen Tagewerke in Geld, andere bleiben einfach aus, die Hilfe, die Josi braucht, fehlt.

Er stand mit seinem so glücklich begonnenen Werk allein und in der großen Verlegenheit erbat sich der Gemeinderat Ersatz von der Regierung. Unter der Führung eines Aufsehers kam wirklich eine Schar Hilfsarbeiter ins Thal und richtete sich im Schmelzwerk wohnlich ein, aber die Kolonne, die hell und dunkel gestreifte Kleider trug und in der es verwegene, rohe Gesichter genug gab, gefiel denen von St. Peter nicht.

Das Wort »Zuchthausträflinge« flog durch das Dorf, es erzeugte einen Sturm der Furcht und Erbitterung, denn Sitte war es bis jetzt gewesen, daß an den heligen Wassern nur rühren durfte, wer in bürgerlichen Rechten und Ehren stand, und selbst der bedächtige und nüchterne Garde wurde zornig über den Schimpf, den die Regierung den heligen Wassern durch die Entsendung der Sträflingskolonne angethan. Der Gemeinderat ersuchte die

Herren um die Zurückziehung der Mannschaft. Die Sträflinge verließen das Glotterthal, dafür berichtete die Regierung zurück, die von St. Peter mögen nun selber zuschauen, wie sie mit dem Werk an den Weißen Brettern fertig würden.

Als der Bescheid im Dorf bekannt wurde, war man gewaltig empört: »Das sind die Herren, die so schön haben reden können — jetzt wollen sie nichts mehr wissen von dem Verbrechen, das an den Weißen Brettern begangen wird.«

Ueber das Dynamit, das Josi bei seinen Sprengungen brauchte, kamen immer entsetzlichere Gerüchte in Umlauf.

Eine Spur »Teufelssalz«, so groß wie eine Prise, sei so stark, daß man damit einen ganzen Berg in den Himmel sprengen könne, die Königs- und Fürstenmörder brauchen es, aber bevor es einer anwenden könne, müsse er schon einen Menschen umgebracht haben, sonst würde ihm das Salz die Hände durchfressen. Josi Blatter jedoch — das haben einige zuverlässige Männer gesehen — ist so gefeit, daß er die Patronen in den Säcken und Taschen seines Kleides herumträgt, ohne daß ihm das mindeste geschieht.

Also muß auch er jemand getötet haben.

Das Gewand voll Teufelssalz, so sagen die Dörfler, steigt er am Sonntag von den heligen Wassern hernieder nach St. Peter — und bis auf wenige haben sie alle ein Grauen vor dem gelassenen Mann, der sich um sie nicht kümmert.

Sein erstes ist ein »guter Tag« in dem Bären, dann geht er, den Bräuchen des Thales treu, zur Kirche, nach dem Gottesdienst zum Garden und Vroni und bleibt bei ihnen in den Nachmittag hinein. Allein eine Hoffnung Vronis geht nicht in Erfüllung. Sie hat gemeint, er würde ihr nun viele merkwürdige Dinge aus dem Wunderland Indien erzählen, aber es ist, als wäre das Schweigen der Einsamkeit, in der er die Woche lang arbeitet, auf ihn übergegangen, nur sein Blick ist warm, sein trockenes Lächeln herzinnig wie immer, und gegenüber allen Sorgen des Garden um das Werk bewahrt er eine stille, freudige Zuversicht. »Auch ohne Hilfsarbeiter,« versichert er, »werde ich es auf Allerheiligen vollenden.« Am liebsten spielt und scherzt er mit Joseli, man sieht es, das Büblein ist ihm lieb, und wenn Vroni den beiden zuschaut, dann erkennt sie in Josi, dem unheimlich starken Mann, den tröstlichen Knaben wieder, mit dem sie und Binia die Jugend durchlacht und durchspielt haben.

Am Nachmittag geht Josi in den Bären zu Binia.

Bebendes Glück! — Ohne diese Stunden müßte Binia sterben wie ein Vogel ohne Sonne und Luft. O, wie ist der Vater lieb zu Josi, wie verstehen sich die beiden Männer gut, der alte Feuerkopf und der junge ruhige Mann.

Der Presi ist noch viel stärker für Josi als je für Thöni unglückseligen Angedenkens eingenommen. Die beste Flasche aus dem Keller und der beste Bissen aus der Küche des Bären wandern mit Bonzi, dem Viehhüter, der Vronis ländliches Essen auf die Arbeitsstätte Josis schafft, zu den heligen Wassern empor. Und bei jeder Sendung des Vaters liegt ein Wort von Binia!

»Herzlieber Josi! — Es hat manchmal Zeiten gegeben, wo ich mir den Kopf zerbrach, wozu denn die ungestüme, thörichte Bini auf der Welt sei? — Jetzt aber weiß ich es. Um den herrlichsten Mann im Bergland ein wenig glücklich zu machen. Wenn es kein Mensch weiß, so zerspringt mein Herz doch schier vor Stolz, daß du wegen der tollen, unnützen Bini die Blutfron von St. Peter nimmst. Wenn ich schon gestorben bin, so denk' ich es doch noch: Josi hat es für mich gethan. Und ich weiß es, du bist stark, so stark, daß du auch uns erlösest. Lieber Josi, du thust nichts, wobei nicht mein Herz und meine Seele wären!«

Von ihm kam zwar kein Brief zurück, aber wenn es dunkel geworden war, sah man in einem der Felsenfenster, die Josi von seinem Tunnel her gegen das Thal geöffnet hatte, ein Licht.

Das bedeutet: »Gute Nacht, liebe Bini!« Und wenn das Licht schon lang verschwunden ist, so steht sie noch am Fenster, staunt in die Stille und denkt mit gefalteten Händen an Josi.

Was im Teufelsgarten geschehen ist, kommt ihr nicht mehr so gräßlich vor, daß sie deswegen nicht ein wenig lächeln dürfte, wenn sie an Josi denkt. Es ist kein Verbrechen, es ist nicht einmal eine That des Zorns, es ist nur ein Unglück geschehen. Welche Mäßigung hat Josi in dem entsetzlichen Kampf bewiesen, wie übermenschlich ruhig ist er darin geblieben. Sie hat sich vor ihm gerechtfertigt, sie steht selig in seinem Arm. Da zuckt ein langer Blitz auf und ab, in überirdischem Licht erglänzen die Firnen des Glottergrats und vor ihnen steht Thöni. Die Kugeln seines Revolvers zischen um ihre Köpfe. Sie schreit. Im gleichen Augenblick aber hat Josi auch schon die Waffe aus Thönis Hand auf den Weg geschlagen. Dann liegt Dunkelheit in der Schlucht. Wie aber wieder eine Blitzrute durch das Thal fährt, ist Thöni in der Macht Josis, der ihm die Arme eisern umklammert hält. »Grieg,« ruft er, »sei vernünftig und laß uns in Ruhe, du weißt, daß ich ältere Rechte auf Binia habe als du. Ich klage wegen der Briefe nicht gegen dich, aber gieb Frieden.« Und sie kniet vor dem gefesselten Burschen, sie fleht: »Thöni, um Gottes willen, mache dich und uns nicht unglücklich!« Er faucht eine Weile unter Josis überlegener Kraft, dann stöhnt er: »Laßt los, laßt los, Blatter, — ich gebe nach!« Da giebt ihn Josi frei, der Unglückliche rafft im Fliehen seinen Revolver auf, er eilt über die Brücke, aber wie sie noch stehen, kehrt er mit der frisch geladenen Waffe zurück und schießt wahnsinnig in die Finsternis. Ein Blitz — Dunkelheit. Josi eilt auf Thöni los, der will fliehen, wieder ein Blitz, da rennt der Flüchtling quer über die Straße und der Irrende versinkt vor ihren Augen in die Glotterschlucht. Aus unglücklichem Herzen schreit Josi: »Grieg, kann ich Euch helfen, wo seid Ihr?« Keine Antwort — die Wildleutlaue geht — sie erleben einen langen, langen Augenblick, wo sie meinen, das Weltende sei da. Und wie sie ihrer Sinne wieder mächtig sind, suchen sie voll Verzweiflung Thöni — können aber keine Spur mehr von ihm entdecken. Ein Unglück ist geschehen, aber kein Verbrechen! — Es ist an Josi nichts Ungerechtes — es war nur so gräßlich zu sehen, wie Thöni versank.

Josi war in jenem grauenden Morgen ganz untröstlich. Er wollte den Fall anzeigen, dann besann er sich wieder. »Zuerst kommt das Gelübde — dann das Recht der Menschen.«

So ist's gegangen. Warum sollten sie nicht doch noch glücklich werden können — ihre Gewissen sind rein. Aber fort — fort von St. Peter. Hier kommen sie vor dem Schrecken jener Nacht doch nie mehr zur Ruhe. In der Fremde aber ist es schon möglich, daß sie ihr Kinderlachen wiederfindet.

Mit vorsichtigem Wort tippt sie Tag um Tag am Vater, daß er den Bären verkaufe, daß er mit ihr und Josi in die Ferne ziehe: »Alles hier mahnt mich an Thöni,« redet sie ihm mit flehenden Augen zu, »aber ich verspreche es dir, Vater, draußen will ich wieder lachen wie ein Kind und glücklich — o so glücklich sein!«

Und seltsam! — Die Furcht vor Thöni wirkt ansteckend auf den Presi, ihm ist, er müsse dem Geflohenen noch ein Opfer bringen, er beginnt sich den Verkauf des Bären zu überlegen, und während der Bann der schrecklichen Nacht langsam von Binia weicht, schleicht es sich langsam, aber mit aller Macht ins Bewußtsein des Presi, daß er mit Thöni noch nicht fertig ist.

Manchmal ist es Binia, sie müsse den Vater über das schreckliche Ereignis der Wetternacht ins Vertrauen ziehen, aber dann hat sie wieder das sonderbare Gefühl, sie würde ihm die letzte Ruhe rauben, er weiß es ja nicht, daß sie, getrieben von der Uebergewalt einer grenzenlosen Liebe, die selbst die Toten nicht fürchtet, draußen im Teufelsgarten gewesen ist.

Einmal, als Josi wiederkam, brachte er die überraschende Kunde mit, daß sein Werk zu mehr als zwei Dritteln vollendet sei und man jetzt auf der näheren Seite ohne Gefahr in den Felsengang eintreten und durch die Felsen der ersten zwei Bretter und über die Wildleutfurren wandeln könne.

Da gab ihm Bini einen glühenden Kuß: und ihr kleiner Schrei: »Josi, mein Held!« verriet ihre Freude über die Meldung.

Sie und der Vater beschlossen, Josi am anderen Tag an den Weißen Brettern einen Besuch zu machen.

Da klangen die Kirchenglocken.

Als sie aber mit gesenktem Köpfchen, das Betbuch, das weiße Tüchlein und den Rosmarinzweig in den Händen, sittsam die Kirchhoftreppe emporschritt, wichen links und rechts die Frauen zurück: »Das Teufelsmädchen — das dem Rebellen den Daumen hält!«

Der überraschten Binia entglitt das Betbuch und es fiel zu Boden.

»Seht ihr es, daß sie eine Teufelin ist, sie kann das Betbuch nicht mehr halten,« riefen die Weiber.

Vroni hob der Erschrockenen das silberbeschlagene Büchlein

auf: »Binia, ich bleibe bei dir!«

Weiter ging Binia den Dornenweg, doch jetzt erhobenen Hauptes, mit glühenden Wangen, blitzenden Augen. »Vroni,« sagte sie, »gehe von mir, es könnte auch dir schaden.«

Sie tritt in die Kirche, sie will sich in die kleine Bank setzen, wo das Wappen der seligen Mutter, ein Steinbock, gemalt ist. Da tritt die Glottermüllerin, das häßliche, scheinheilige Weib, vor sie, speit mit zahnlosem Mund vor ihr aus, weist mit dem Zeigefinger auf den nassen Fleck am Boden und sagt: »Das bannt — darüber hinaus kommst du nicht, Hexe!«

Und richtig, Binia weicht zurück.

»He, seht,« schreit die Glottermüllerin, »sie ist eine Teufelin — ja, sie hält dem Rebellen an den Weißen Brettern wirklich und wahrhaftig den Hexendaumen.«

Da ist Josi plötzlich an Binias Seite. Ihm ist es nicht besser ergangen. Die Männer haben die Fäuste gegen ihn geballt. Nun reicht er ihr vor der ganzen Gemeinde die Hand: »Komm, Binia, wir gehen wieder,« und den Kopf zurückwerfend, sagt er: »Schämt euch, ihr Unvernünftigen von St. Peter!«

Damit wendet sich das Paar.

Am Altar steht aber schon, das weiße Heilandskreuz auf der dunklen Soutane, der greise Pfarrer. Er erhebt das kleine Handkruzifix, tritt schwankend vor und spricht mit der gebrechlichen, meckernden Stimme und dem wackelnden Kopfe des hohen Alters:

»Josi Blatter und Binia Waldisch, im Namen Gottes und aller Heiligen, bleibet! Ich schütze euch mit dem heiligen Kreuz.

Ihr aber von St. Peter, hütet euch. In euern Hütten und Häusern geht ein alter heidnischer Teufelsglaube um, der nach Opfern schreit, ihr seid eine unchristliche räudige Rotte geworden und gehorcht dem Baalspfaffen Johannes mehr als der heiligen Kirche. Ich, euer rechtmäßiger Pfarrer, sage euch: Wenn ihr, ihr Tollen von St. Peter, nicht aufhört mit eurer Bosheit, so lege ich die Siegel der Kirche an dieses Gotteshaus, an eure Glocken, ich verweigere euch die Sakramente und ein christliches Grab, leben und sterben sollt ihr wie das wilde Getier. Wer von euch am Aberglauben hängen bleiben will, verlasse jetzt gleich das Gotteshaus.«

In seinen Stuhl zurückgesunken erwartete der alte Priester, seine Gebete murmelnd, die Wirkung seiner Worte, doch auf der Seite der Männer sah er nichts als finsteren Trotz, auf der Seite der Frauen herrschte das Heulen der Furcht. Erst nach einer Weile begann er, noch zitternd vor Erregung, den Gottesdienst.

Als der Presi hörte, was für einen Schimpf man seinen Kindern zugefügt hatte, wütete und tobte er gegen das Dorf wie in alter Zeit: »Keiner außer dem Garden bekommt im Bären mehr einen Trunk, von heute an ist er kein Wirtshaus mehr!« Dem Pfarrer aber, seinem ehemaligen Feind, ging er mannlich danken.

Am anderen Tag stieg er, den grünen Asersack[32] an der knorrigen Hand, mit Binia hinauf durch die Alpen, wo das Vieh zum Abzug rüstete. Es war ein sonniger und klarer Tag, Binia hatte wieder rote Wänglein, ihr glückliches Kinderlachen erwachte für einen Augenblick wieder und läutete über die Enzianen dahin und im Arm trug sie die Bergastern, um das Werk Josis zu schmücken.

[32] *Asersack*, schweizerdeutsch, Sack für den Mundvorrat.

Der Presi baute Luftschlösser. Ja, den Bären will er verkaufen auf die Zeit, wo Josi sein Gelübde gelöst hat, seine Kapitalien flüssig machen und dann dem Zug des Glückes und der Liebe folgen. »Josi,« sagt er zu Binia, »wird in der weiten Welt schon ein schönes Plätzchen für uns wissen. Unter dem thörichten Volk von St. Peter ist es mir verleidet.«

Sie erreichten die Höhe der heligen Wasser, sie standen am Eingang der Weißen Bretter, wo die trübe Flut, die aus dem Hintergrund des Thales kam, durch einen Kännel abgelenkt in eine Runse floß und in lustigen Bächlein in die blauen Tiefen des Glotterthals niederschäumte.

Mit heiligem Schauer betrat Binia den Felsengang Josis, der sich mannshoch wölbte, und der Presi betrachtete das Werk in Bewunderung. Anderthalb Fuß breit und einen Fuß tief zog sich am Grund des Stollens der neue Wässerwassergraben dahin, neben ihm ein genügend breiter erhöhter Felsenweg für den Garden, die Wände waren mit Hammer und Meißel ausgeglichen und die Risse des Gesteins mit Zement ausgegossen. Da und dort fiel durch ein Felsenfenster ein Bündel Tageslicht in das stille, halbdunkle Gestein. Nun schritten sie unter dem Balkendach der Wildleutfurre, weiter durch das mittlere Weiße Brett, wieder über die Wildleutfurre — da sieh — da horch — im Dunkel vor ihnen glüht ein roter Lichtfunke und tönt

Hammerschlag. An das Gestein hingeknäuelt arbeitet Josi im Schein der Grubenlampe.

Ein kleiner Ruf Binias — er läßt das Werkzeug fallen: »Bini — meine Bini — Vater gottwillkommen!«

Die schöne, feine Bini hat Josi zu Ehren ihr bestes Kleid angezogen, sie steht, in den Händen den Strohhut, um den sie zum Schutz ein weißes Tüchlein geschlagen hat, demütig erglühend vor dem bestaubten Felsensprenger, der im schlechtesten Gewand bei der Arbeit ist.

»Da errichtest du wirklich ein Werk der Wohlfahrt für die Ewigkeit, Josi,« grüßt der Presi im Vaterstolz.

Ein paar Stunden weilt der freundliche Besuch in der sonnigen Höhe. Am Eingang des Felsenkanals sitzen die Liebenden mit dem Presi, der sein Reisesäcklein auspackt, und die Gläser der dreie klingen auf glückliche Vollendung des Werkes zusammen.

Ueber das Glotterthal sind die blauen Schleier des Nachmittags hingegossen, die Bergwelt mit ihren Firnen steht weit im Kreise still und feierlich in Verklärung da, Haupt an Haupt, Firn an Firn, am erhabensten die Krone.

»Josi,« flüstert Binia und ihr weiches dunkles Haar streift ihn, »heute ist es schön wie zu Santa Maria del Lago — es ist so schön, daß man vor Glück sterben könnte.«

Da rollt es von der Krone dumpf — ein seltsames Zeichen im Herbst, wo sonst die Gletscher friedlich sind. Aber man lebt eben in einem Jahr, wo die Natur ausgleicht, was der vorausgegangene schlechte Sommer zu viel an Schnee auf das Gebirge gehäuft hat. Darum schaffen und donnern die Gletscher bis spät ins Jahr hinein.

Glückselig steigen Vater und Tochter von der Leitung, von

dem Werk, wie es sonst keines im Berglande giebt, durch den Abendnebelflor des Herbstes zu Thal und hören noch den jauchzenden Nachruf Josis. Den anderen Tag ist der Presi draußen in Hospel und unterhandelt mit dem Kreuzwirt, der bei der Ausrechnung mit Frau Cresenz ein gieriges Auge auf den Bären geworfen hat und im eigenen Vorteil den Fremdenverkehr im Glotterthal aufrecht erhalten will, am dritten geht er in die Stadt und tritt mit starken Einschlägen alle Kapitalbriefe gegen Bargeld an die Bank ab.

Inzwischen erlebt aber Binia etwas, was der Mutigen beinahe die letzte Hoffnung raubt.

Die Magd kommt weinend gelaufen, sie macht das Kreuz vor ihr und sagt: »Ihr seid eine Hexe und haltet es mit dem Teufel — ich gehe jetzt gleich aus dem Haus.«

»Aber Cleophi, seid nicht närrisch!« Und Binia lächelt ihr gütig zu.

»Wohl, wohl, Ihr seid eine Teufelin — der Kaplan und selbst die alte Susi in Tremis sagten es und Kinder haben ja im Teufelsgarten den Ring Eures ehemaligen Verlobten gefunden, den Ring, mit dem Ihr Euch in der Totennacht dem Satan angelobt habt. Kaplan Johannes geht mit ihm durchs Dorf, alles weiß es: Es scheint nur, daß Euer Liebster das Werk an den Weißen Brettern selber baue, er schafft aber nicht, er thut nur so am Tag, und in der Nacht baut es der Teufel. Dafür müßt Ihr mit dem Satan siebenmal um das Bockje reiten.«

»Geht, Cleophi, geht — da ist Euer Lohn.«

Totenblaß steht Binia. Sie hat bei dem Kampf im Teufelsgarten Thöni den Ring vor die Füße geworfen. Jetzt ist er in den Händen des gräßlichen Kaplans, und nun ist er ein neues Mittel für den Verrückten, gegen sie zu hetzen. Und wird man nicht, wie man den Ring gefunden hat,

Thöni finden?

Sie beißt hilflos in die Fingerknöchel: »Warum hat uns denn der Himmel vor den Kugeln Thönis bewahrt, wenn Josi und ich an einem Schein von Schuld und am Aberglauben des Dorfes sterben sollen?«

Der Garde, der mit Peter Thugi das Wasserrad, das in die Leitung eingeschaltet werden soll, auf den Berg schaffte, hat Josi das Versprechen abgenommen, daß er die paar Wochen, die noch zur Vollendung nötig sind, an den Weißen Brettern bleibe. Er kommt nicht mehr zu Thal. Auch der Garde ist im tiefsten Herzen überzeugt, daß Josis Werk gut ist, aber er kennt die furchtbare Empörung im Dorf. Wo er zum Guten redet, begegnet er höhnischem, kaltem Lächeln und drohendem Schweigen, die Gemeinde horcht nur noch auf den bösen verrückten Kaplan Johannes.

Eine Weile hat ihr allerdings die wohlgemeinte Warnung und Drohung des Pfarrers Zügel angelegt, aber jetzt knurren die Dörfler: »Der Alte wagt es nicht, uns die Kirche zu verschließen, wir wollen ihn schon meistern,« und die Weiber hangen an Kaplan Johannes. »Er hat ein besseres Herz für uns als der Pfarrer, der nichts von unseren alten heiligen Sagen wissen will.« Und wenn ein Halbvernünftiger noch den Einwurf erhebt, man wolle doch nicht so stark zu einem Verrückten halten, sonst komme man gewiß an ein böses Ziel, antworten die anderen: »Kaplan Johannes ist schon närrisch, aber gerade denen, die Gott etwas geschlagen hat, giebt er dafür besondere Weisheiten. Der Kaplan Johannes sieht und weiß mehr als sieben Pfarrer.«

Er hat gute Zeiten, sein Bettelsack ist immer voll, wo er geht, rufen die Weiber: »Kommt doch ein wenig zu uns herein, Johannes!« Klagt ein Bauer: »Meine Kühe fressen nicht mehr und geben keine Milch,« so antwortet Johannes:

»Merkt Ihr es, merkt Ihr es! Das kommt vom Teufelssalz. Das ganze Thal riecht nach Schwefel.« Nun spüren auch die Dörfler den Geruch. In irgend einem Haus ist eine schwere Geburt. »Seht Ihr,« flüstern es die Frauen einander zu, »die Kinder können nicht mehr zur Welt kommen. Das rührt vom Sprengen her!«

Die von St. Peter spüren es kaum, wie der Kaplan ein Netz des Aberglaubens um sie zieht.

Und plötzlich geht die feste Sage unter denen von St. Peter, es sei eine weiße arme Seele durch das Dorf gewandelt und habe dreimal gerufen:

»O weh, o weh — am Teufelssalz
Stirbt dieser Tage Jung's und Alt's!«

So in drei Nächten!

Und warum rollen die Gletscher im Herbst, wo sie doch sonst schweigen? Das bedeutet: »Am letzten Weinmonat geht St. Peter mit Menschen und Vieh unter. In dem Augenblick, wo der Wasserhammer der neuen Leitung einsetzt, verlassen die erzürnten armen Seelen die Krone, die Firnen fallen mit so schrecklichem Donner auf das Dorf, daß das bloße Hören schon tötet!«

Drei Männer nur noch, der Presi, der Garde und der Pfarrer, und einige stille, wie Eusebi und Peter Thugi, glauben an Josis Werk.

Die Regierung hat sich übrigens auch nicht ganz von dem Werk zurückgezogen, wie sie drohte, sie meldet, sie hoffe, die Leute von St. Peter haben sich, da das Werk einen so erfreulichen Fortgang nehme, wegen des Dynamites beruhigt, und lade den Gemeinderat ein, auf den Tag der Vollendung, den letzten Weinmonat, ein hübsches Gemeindefestchen zu Ehren Josi Blatters zu veranstalten. Sie wolle sich dabei vertreten lassen und ersuche Josi Blatter, daß er die letzten rettenden Schüsse auf diesen Tag verspare, an dem man, während im Thal die Glocken läuten, in feierlicher Prozession an die Weißen Bretter ziehen wolle.

Dazu schütteln der Garde und der Presi wehmütig und ungläubig die greisen Häupter, aber es ist gut, wenn auf diesen Tag jemand von der Regierung kommt — vielleicht ist dann ein Mann der Staatsgewalt am nötigsten — es wird der Tag sein, wo in St. Peter der Aufruhr losbricht, denn so sind die Leute des Thales — sie warten in der Voraussetzung, daß doch irgend noch ein Ereignis geschehen und ihre That überflüssig machen könnte, den letzten Augenblick zum Handeln ab.

Aber dann — —

In diesen Tagen der äußersten Spannung, die durch die Stille des Dorfes noch unheimlicher wurde, sagte der Presi einmal zu Binia: »Der Garde hat mich gefragt, wie denn dein Ring, der jetzt denen im Dorf so viel zu reden giebt, in den Teufelsgarten gekommen sei. Ich habe geantwortet, du habest ihn Thöni zurückgegeben und er habe ihn wohl auf der Flucht fortgeworfen. Ist es so?«

Ahnungslos fragt der Presi, Binia aber schwankt vor Entsetzen. Sie wagt es nicht mehr, dem Vater das gräßliche Geheimnis länger vorzuenthalten. Jeder der schönen Herbsttage, die kommen und gehen, vermehrt die Gefahr, daß Thönis Leiche gefunden werde, denn die Wasser der Glotter fließen immer spärlicher und immer klarer, und der arme Vater darf doch nicht ungerüstet von der Entdeckung der Leiche überrascht werden.

Zögernd legte sie, die Hände gefaltet, die Augen auf den Boden geheftet, mit leiser und feiner Stimme die furchtbare Beichte ab. Als sie erzählt, wie sie Josi in den Teufelsgarten bestellt habe und dann heimlich durch die Wetternacht dort hinausgegangen sei, da lodern die Augen des Presi noch einmal in alter Zornglut auf und mit böser Stimme sagt er: »Gott's Donner! Du giebst es mir recht zu schmecken, daß du immer ein Trotzkopf gegen deinen Vater gewesen bist. Da kommt ja eine höllische Geschichte aus.«

Binia nimmt seine Hand, sie beichtet mit dem Mut der Verzweiflung. Plötzlich wird der rote Kopf des Presi blaß. Weil sie vor ihm in die Kniee sinkt und schreit:

»So ist's gegangen! verzeihe mir, Vater — verzeihe mir!« da zieht er sie mit zitternden Armen empor und preßt die leichte, schöne Gestalt seines Kindes stürmisch an seine breite Brust.

»Bini — arme Bini,« stöhnt er, »da ist nichts zu verzeihen — du bist den Weg gegangen, den du hast gehen müssen, und es ist geschehen, was hat geschehen müssen. — Es ist Schicksal — —«

Seine Stimme bricht schluchzend ab und plötzlich fühlt Binia, wie zwei warme Thränen über die Wangen des Mannes rollen, den sie nie zuvor hat weinen gesehen. In mächtiger Bewegung halten sich Vater und Kind umschlungen, eine Stille waltete in dem Gemach, als ginge ein Engel auf leisen Sohlen an den zweien vorbei.

So halten sie sich in Glück und Elend lange, lange.

Das Leben des Presi hat durch die Beichte Binias einen Stoß erhalten wie noch nie.

Er findet den Mut nicht, in der gräßlichen Angelegenheit irgend etwas zu thun. Er klammert sich an die Hoffnung, Thönis Leiche würde schon deswegen nicht gefunden, weil sie niemand suche. Ein halbes Jahr ist jetzt vorüber, seit die That geschehen ist, und niemand kümmert sich um Thöni mehr. Ist es nicht bei Unglücksfällen schon häufig genug vorgekommen, daß man mit dem größten Eifer die Leichen solcher, die in die Glotter gestürzt sind, nicht mehr hat finden können? Entweder lagen sie in den Schlünden der Schlucht verborgen oder der mächtige Wasserschwall des Sommers hatte sie weiter geschwemmt und in den Strom hinausgeführt. So mochte es auch mit der Leiche Thönis gegangen sein.

Viel mehr als die Angst vor einer Entdeckung quälen den Presi die Erinnerungen an Thöni, das Bewußtsein, daß er die Verantwortung für das unglückliche Leben trägt.

»Thöni, der mir alles von den Augen absah, hat gemeint, es sei mir ein Gefallen, wenn Josi tot bliebe. Er hat den ersten Brief unterschlagen, dann hat er nicht mehr rückwärts gehen können, hat falsch geschrieben, und es ist gekommen, wie's hat kommen müssen. Daß er ein Schelm und fremd geworden ist, daran bin ich schuld.«

Das tönt ihm unaufhörlich durch die Sinne.

Das Schrecklichste aber! Er glaubt nicht daran, daß Thöni selber in die Glotter gelaufen sei. Es klingt so unglaubwürdig. Sein Kind redet es sich nur so ein, um nicht in dem Gedanken, sie liebe einen Totschläger, umzukommen — — aber der Presi wagt es nicht, sie noch einmal darüber zu fragen — nein — nein — er zittert nur davor, eines Tages könnte in Josi doch die Selbstanklage erwachen, wie sie in seiner Brust erwacht ist, und es würde die zwei, die nicht ohne einander leben können, trennen.

Ein Fluch des Unglücks ginge dann von ihm und seinen Gewaltthaten noch in das folgende Geschlecht hinein.

Das sinnt der Presi in entsetzlicher Furcht. Er glaubt nicht mehr an ein schönes Alter, aber wenn er die dunklen Augen Binias traurig auf sich gerichtet sieht, so lächelt er sie mit seinem wärmsten Lächeln an, hebt den gebeugten Rücken und meint vor ihr verbergen zu können, wie rasch er zusammenfällt und aus den Kleidern schwindet.

O, es ist rührend, wie sich der alte Mann zu verstellen sucht, daß Binia nicht sehe, wie er hoffnungslos leidet.

Hoffnungslos! — Nein, wenn er sein herrliches Kind sich anschaut, wie es mutig und geduldig seine Leiden trägt, wie es auf Josi wie auf einen Felsen baut, glaubt und harrt, dann ist auch ihm, der Held der heligen Wasser sei so stark, daß er selbst das Ereignis in der Glotterschlucht besiege.

Um den Vater müht sich Binia treu und hingebungsvoll, sie sinnt Tag und Nacht nur darüber, wie sie den Gram von seiner Stirne scheuche.

»Kind — Herzensvogel,« sagt er, »wie bist du mit deinem Vater lieb.«

Seine Auswanderungspläne hat er aufgegeben — in St. Peter hat er gelebt, in St. Peter will er sterben — steigt Josi von seinem Werk herunter, so wird er ihm sagen: »Nimm meine Binia — schenke ihr Glück, viel Glück — zieht fort — mein Segen begleitet euch — ich aber erwarte mein letztes Stündlein in St. Peter.«

In drei Tagen wird Josi kommen, aber niemand wagt auch nur das bescheidenste Festchen vorzubereiten. Der Handel um den Bären stockt. Aus Scheu vor Frau Cresenz, aus der Furcht vor dem eigenen Gewissen, aus Sorge, es könnte in seiner Abwesenheit Binia ein Leid geschehen, wagt es der Presi nicht mehr, nach Hospel hinauszugehen. Die ganze blinde Wut des Volksaberglaubens hat sich auf das arme Kind geworfen, sie erfährt Beleidigungen, wo sie geht und wo sie steht, und die Dörfler schlagen das Kreuz und speien vor ihr.

Der Verkauf des Bären würde die Aufregung im Dorf noch steigern.

Er hat einen furchtbaren Groll auf die von St. Peter, aber ändern kann er an der entsetzlichen Lage nichts, er vertraut nur auf die heilige Scheu, die denn doch jeder im Dorfe hat, ein Leben anzutasten. Nein, das thun sie nicht, obwohl sie entsetzlich sind in ihrem drohenden Schweigen.

Was geschehen mag, er wird noch einmal als Presi auf seinem Posten stehen — und so stark sein, daß er sie bändigt. — —

Ja, Presi, Ihr werdet Euch schon noch einmal auf den Posten stellen müssen — in St. Peter stehen die Dinge bös.

XIX.

Ein neuer Ahornbund ist entstanden, furchtbarer als der erste, so furchtbar, daß ihn niemand auszuführen wagt und jeder zittert vor dem Los, das ihn treffen könnte.

Ehe der Hammer an den Weißen Brettern schlägt, muß zur Rettung St. Peters ein Mord begangen sein. Josi Blatter, der sich gegen den Himmel gewendet hat, muß fallen, die armen Seelen auf der Krone müssen versöhnt werden.

In der Nacht halten die Männer seitab vom Dorf unter Wetterlärchen ihre ernsten Beratungen. Leichten Herzens thun sie den Schritt nicht, jeder ist ganz durchdrungen von dem Gedanken, was für eine schreckliche That ein Mord ist. Seit Matthys Jul, der fern im Dämmerschein der Sage steht, hat im Glotterthale kein Mann einen anderen getötet. Es ist aber doch besser, es falle nur einer, nur Josi Blatter, der Rebell, als daß das ganze Dorf untergehe.

Nicht Josi Blatter ist der Retter von St. Peter, sondern der ist es, der ihn erschlägt.

Man kann ihn aber nicht erschlagen, er ist droben in den Felsen, er steht in einem schmalen Gang, in dem nur ein Mann auf einmal gehen kann, und er ist Herr des Teufelssalzes, er ist mit dem Satan im Bund, und wenn Hunderte gegen ihn streiten, so überwältigt er sie mit einer einzigen Patrone, die er nach dem nächsten Stein schleudert.

Die Männer stehen ratlos. Nur noch zwei Tage, dann wird der Hammer von den Weißen Brettern schlagen.

Seit man Binias Ring gefunden hat, ist Kaplan Johannes dem Schicksal Thönis auf der Spur. Warum sind Josi Blatter und Binia Waldisch in der Wetternacht über den Stutz heraufgekommen, in der Nacht, wo Thöni Grieg geflohen ist? Warum haben seine Verwandten in Hospel nie die geringste Nachricht von ihm bekommen? Er klettert Tag um Tag an den Felsenufern der Glotter und späht in die Wasser.

Heute hat Johannes in einem Felsenschlund beim Bildhaus an der Grenze von Tremis, in dem das Wasser quirlt und brodelt, etwas auftauchen sehen, was ein Bein und ein Schuh sein könnte — nein, was ein Bein und ein Schuh ist.

Wie die Männer von ihren heimlichen Beratungen heimkommen, herrscht unter den Weibern schon Wehklagen: es stehe einer außerhalb der Brücke in der Glotter, er strecke den Arm gegen die Weißen Bretter und stöhne immer nur: »Der dort oben — der dort oben« — und hinterher seufzte er: »Und Binia Waldisch!«

Abergläubisches Entsetzen füllt das Dorf. Es ist kein Schlaf in St. Peter — nur Beten und Gejammer: »Warum haben wir den Bau an den Weißen Brettern zugegeben, warum haben wir uns durch den Presi verführen lassen?« Und dazu die dumpfe Antwort: »Auf ihn und sein Kind mag es kommen.«

In der Nacht sinkt ein dichter kalter Nebel ins Thal, ehe der Tag dämmert, klopft der Mesner schreckensbleich an die Thüren: »Ich kann nicht zur Frühmesse läuten, es steht einer in weißem Gewand an der Kirchenthüre!«

Mit ihren Laternen gehen die Dörfler in festgeschlossener Schar zum Gotteshaus.

Es steht keiner an der Kirchenthüre, aber ein großer Zettel klebt daran, sie lesen ihn mit Entsetzen und die Frauen fahren kreischend zurück.

»Gerechte Bürger von St. Peter!« heißt es auf dem Blatt. »Ich, Thöni Grieg, klage es euch. Aus den Wassern der Glotter schreie ich seit dem Fridolinstag um ein ehrliches

Begräbnis in geweihter Erde, während mein Blut sündig an den Weißen Brettern vermauert wird. Ihr kennt meine Mörder. Begrabt mich und schafft Gerechtigkeit. Die armen Seelen wissen, was ich leide, und ziehen aus.«

Das Dorf ist ratlos, das Grauen liegt allen in den Gliedern, einer raunt es dem anderen zu: »Wenn die Toten zu schreiben anfangen, dann ist es Zeit, daß wir handeln.«

Da schlarpt Kaplan Johannes mit lodernden Augen heran. »Seht ihr, die Toten reden! Was wollt ihr mehr? Ich will euch etwas sagen, aber die Zunge soll dem verdorren, der Satan soll dem ins Blut fahren, der mich verrät. Bevor ihr den Mord am Rebellen sühnen könnt, müßt ihr Binia Waldisch, die Teufelin, schlagen; erst wenn sie im Blute liegt, ist er schwach und leicht zu bewältigen. Wozu der Schrecken, wozu das Erbarmen? Lest, wie sie Thöni getötet und sein Blut nach der Stadt gebracht haben, damit man das Teufelssalz hat bereiten können. Die erste Schuldige ist Binia Waldisch, die Tochter des Presi; sie müßt ihr schlagen, sonst geht St. Peter unter.«

Die Männer schaudern: »Das thun wir, so wahr uns Gott helfe, nicht. Mann gegen Mann, so ist's in den alten Zeiten gehalten worden, aber eine Jungfrau töten, selbst wenn sie eine Teufelin wäre, keiner. Eher mag St. Peter untergehen.«

Da rollt der Gletscher.

»Hört ihr's — St. Peter geht unter!« wehklagen die Frauen, und der Kaplan lächelt: »Ihr könnt die Hexe mit weltlichen Waffen nicht umbringen, die heiligen Grabkreuze müßt ihr aus der Erde reißen und sie damit schlagen.«

»Johannes,« grollen die Männer und ballen gegen ihn die Fäuste, »seid Ihr der Satan, der uns ins Unglück bringen will? Eine Jungfrau mit Grabkreuzen erschlagen! Das ist unerhört im Bergland. Thäten wir das unseren heiligen

Toten zu leid, daß wir ihre stillen Gräber schänden, so geschähe es uns gerecht, wenn unser alter Pfarrer uns das Gotteshaus verschlösse und die Glocken bannte. Dann müßten wir ja auch zu Grunde gehen, es giebt ja genug Meldungen im Gebirge, wie Dörfer vergangen sind, denen die Kirche den Segen entzogen hat. Die Weiber sind unfruchtbar geworden, der Sohn hat das Beil gegen den Vater erhoben, wie die Wölfe haben sich die Bewohner zerrissen und die letzten sich in Verzweiflung über die Felsen gestürzt. Kaplan — Ihr wollt uns zu Grunde richten — seht Euch vor, wenn Ihr uns schlecht ratet, so seid Ihr der erste, den wir erschlagen.«

Da hat der Kaplan einen Anfall der Fallsucht, wie er ihn selbst hervorrufen kann. Er stürzt, er zuckt, er schäumt, er schreit.

»Er ist seiner selbst nicht mehr mächtig, jetzt redet Gott aus ihm,« mahnt der Glottermüller und streckt die gefalteten Hände zum Himmel. Was aber Johannes spricht, ist entsetzlich: »Thöni Grieg — du mußt aufstehen, sie müssen einen Toten zeugen hören, daß St. Peter untergeht.«

Ja, wenn ein Toter aufersteht, wenn Thöni Grieg in der Glotter liegt, so wollen sie dem Kaplan glauben und das Entsetzliche thun, Binia Waldisch, die Mörderin, erschlagen.

Während aber die Dörfler auf dem Kirchhof noch beraten, ertönt der Ruf: »Der Pfarrer kommt — der Pfarrer!«

Da springt der Kaplan auf: »Er will euch überreden. — Eilt an die Glotter und seht. — Vor dem Bildhaus zu Tremis schwimmt Thöni Grieg in der Schlucht.«

Halb in Groll, halb in Furcht und Scham flieht die Gemeinde vor ihrem Pfarrer. Er liest den Anschlag an der Kirchenthüre, sein weißes Haupt zittert, er stammelt: »Jetzt muß ich Wort halten!« Weinend schleicht der alte trostlose

Mann ins Pfarrhaus zurück. »Sie haben sich dem Baalspfaffen ergeben, sie haben sich von der heiligen Kirche gewandt, wohlan, so muß ich mein Wort halten.«

XX.

Mann, Weib und Kind sind durch die Nebel des kalten Herbstmorgens, der schon an den Winter mahnt, über den Stutz hinab thalaus geeilt, aber Kaplan Johannes ist nicht mehr bei ihnen.

Sie mögen Thöni Grieg selbst suchen, das Entsetzen wird um so größer sein, wenn sie ihn finden.

Der Garde weilt beim Presi: »Binia retten, was auch geschehen sei, auf eine blutige That darf keine blutige That folgen. Und die Gier des Verrückten trachtet nach dem Kind. Gebt sie in meine Obhut — Presi — ich bürge für sie. — Aber rasch — rasch —«

Der Presi spürt die bittere Not der Stunde: »Wohin wollt Ihr mit ihr, Garde?«

»Ich geleite sie auf den Berg, daß sie zu Josi gehe. Dort ist sie sicher; wenn er will, kommt keine Maus in seinen Gang, und bis am Morgen ist auch schon Mannschaft zum Schutz beider an den Weißen Brettern. — Presi, telegraphiert in die äußeren Gemeinden um Hilfe.«

Der Presi will es thun — er kommt kreideweiß aus der Postablage zurück — der Draht ist abgeschnitten.

»Dann holt Eusebi die Mannschaften — ein paar Stunden später sind sie doch da — nur ein Verbrechen darf nicht geschehen — eher mögen unsere Häuser zerstört werden.«

In dem sonst so schwerfälligen Garden lebt und bebt alles, die klugen und guten Augen unter den buschigen Brauen sprühen Feuer, er ist wieder jung.

»Ja, zu Josi!« klingt das Stimmchen der erschrockenen Binia fein und traumhaft und ihre Finger spielen, ohne daß sie es weiß, mit dem Tautropfen, den sie aus der Kapsel des Halskettchens geholt hat. »Komm mit mir, Vater, es ist mir so angst um dich, wir wollen uns nicht trennen.«

Sie kniet vor ihm, er aber antwortet fast streng: »Heute gehört der Presi in die Gemeinde, das weißt du, Kind!« Dann in überströmendem Gefühl: »Geh, Binia! — Auf Wiedersehen, Herzensvogel — grüße mir Josi.« Er reißt sie an seine Brust: »Liebe Bini — sollte es anders kommen — sollte ich morgen nicht mehr leben — doch wenn nur du lebst — ich habe einmal einen sonderbaren Traum gehabt — aber ich glaube nicht mehr daran — geh zu Josi — geh in Gottes Namen.«

Mit sanfter Gewalt löst der Garde die schluchzende Binia aus den Armen des Vaters: »Ich will dich führen, Binia! — Komm — komm.«

Vater und Kind nehmen Abschied wie für die Ewigkeit.

Der Garde führt Binia im kalten, dichten Nebel durchs öde Dorf gegen die Alpen empor. Er redet herzlich zu der Schwankenden, die doch tapfer geblieben ist: »Und nun, Binia,« fragt er, »was für eine Bewandtnis hat es mit der furchtbaren Anklage, die gegen dich und Josi erhoben wird —«

Da beichtet sie dem alten Freund, wie sie dem Vater gebeichtet hat.

»Binia!« sagt der Garde stillstehend und faßt ihre beiden Hände: »Jemand anders als du könnte es mir nicht vorgeben, daß der betrunkene Thöni selber in die Glotter gelaufen ist — aber wenn es einen Menschen giebt, dem ich glaube, so bist du es, denn du hast, wo andere gestrauchelt wären, immer den Mut der Wahrheit besessen.«

Sie sehen sich in die Augen, der Garde und Binia. O, sie hat es wohl gefühlt, daß der Vater ihrer Erzählung nicht ganz vertraute, und nun ist sie endlich glücklich, daß wenigstens der Garde sie in ihrem tiefen Elend versteht.

Noch zuckt ein Strahl der Hoffnung, daß alles gut kommen werde, durch ihre Brust, da aber taucht Kaplan Johannes gespenstisch aus dem Nebel auf und lacht sein gräßlichstes Lachen: »Wir tanzen doch, Jungfrau — wir tanzen an den Weißen Brettern!«

Irrsinnige Gier lodert in seinen Blicken.

Ehe der Garde sich auf ihn stürzen kann, verschwindet er so rasch, wie er aufgetaucht ist, im Nebel.

Binia zittert und der Garde muß sie wohl oder übel noch ein gutes Stück begleiten.

Da dringt das helle Tageslicht durch das Grau — es liegt unter ihnen — eine blasse Sonne scheint durch weiße Wolken — über das Gebirge ziehen dunklere Streifen und Bänke her — es rüstet zum Schneien — aber in der Felsenhöhe winkt der sichere Hort.

»Fürchte dich nicht, Binia,« mahnt der Garde, »gewiß geht eher St. Peter unter, als daß deinem Haupt ein Leid geschieht.«

Hoch oben trennen sie sich. — Binia geht langsam, Schritt für Schritt, sie steigt in die falbe, schweigende Einöde — sie ist auf der Flucht — ihre Lippen zittern: »Zu Josi!«

Einen Augenblick noch sah ihr der Garde nach, dann wendete er sich in Selbstvorwürfen: »Der Mensch meint, er mache ein Ding gut, und er macht es böse. — Es wäre in diesem Augenblick viel wert, wenn das Dorf wüßte, was für ein Verbrechen Thöni Grieg an Josi begangen hat.« — —

Eusebi ist auf dem Weg nach Hilfe und der Garde eilt zu den Dörflern hinaus, die die Leiche in der Glotter suchen. Vielleicht bringt er sie im letzten Augenblick zur Vernunft.

Im Bären aber kämpft ein alter, einsamer Mann, er kämpft wie der angeschossene Adler, der jäher als je zuvor gegen den Himmel steigt. Er kämpft wie die Forelle an der Angel, die auf den Grund des Wassers schießt und sich in Schlamm und Kies verbohrt. Aber der Adler fällt rauschend in die Hochgebirgstannen, die Forelle verliert die Kraft und muß aufwärts steigen.

Der Presi weiß es: er ist der Adler — er ist die Forelle — seine Stunde ist da.

Er sitzt und betet — er blickt über sein Leben — er sieht alle seine Missethaten gegen Fränzi und Seppi Blatter — gegen die selige Beth — gegen Josi — gegen Binia — und er hat Thöni auf dem Gewissen. Eine furchtbare Angst um Binia überfällt ihn. Sie ist wohl sicher in Josis Felsenwerk — aber er hätte sie nicht gehen lassen sollen — in seiner grenzenlosen Verlassenheit gewinnt der alte Traum Macht über ihn — und er weiß jetzt, wer der dritte ist, der am Haupt seines Kindes rühren wird — es ist der schreckliche Kaplan, der den Haß gegen ihn und eine verbrecherische Leidenschaft für das Kind in einer Blutthat ertränken möchte.

Er sollte jetzt der Presi sein — er sollte handeln — sollte reden — aber die Kraft versagt. — Das Dorf ist totenstill — er weiß nicht, was draußen an der Glotter geschieht — wie Binia ihr Ziel erreicht. — Die Furcht lähmt ihn und kein Mensch kümmert sich um ihn.

Doch, die bebende Vroni steckt den Kopf herein und harrt den langen Tag als Samariterin bei ihm aus.

Sie kommen so furchtbar lange nicht, die den toten Thöni

bringen. Mittag. — Abend. — Da naht endlich der traurige Zug, in dessen Mitte die Leiche auf einer Bahre liegt.

Die Männer des Gebirges haben die Hüte gezogen, finster und gemessen schreiten sie und reden nichts.

Noch einmal ist ihr furchtbarer Entschluß, den sie nur im höchsten Taumel des Schreckens faßten, erschüttert worden.

Denn der Garde hat geredet, er hat allen, die sehen wollten, den falschen, entsetzlichen Brief Thönis gezeigt, und das Mitleid mit dem, der in der Glotter lag, ist dahin. — Hätte ihn Josi erschlagen, man könnte nichts dawider haben.

Nein, sie können Binia nichts thun — selbst das entstellte Gesicht Thönis, den man unter unendlichen Mühen aus den Tiefen der Glotter geholt hat, giebt ihnen den Mut nicht mehr.

Da ziehen die Sprengschüsse Josis lang hinhallend durch das Gebirge und die Donnerschläge von den Weißen Brettern jagen die Furcht neu in die vom Totenfund erregten Herzen, die wie unter dem Bann einer höheren Fügung stehen. Morgen schlägt der Hammer — morgen fallen die Lawinen von der Krone — morgen geht St. Peter unter.

Die Fäuste ballen sich, die Blicke steigen drohend gegen die Felsen empor. »Der braucht wohl noch zu sprengen,« knirschen die Männer, »in dieser Nacht muß doch noch das Gericht ergehen.«

Wohin mit der Leiche? — Auf den Kirchhof. Die Bahre steht. Um sie knieen im sinkenden Abend die Dörfler.

Von der Freitreppe des Bären schreitet im Sonntagsstaat würdig und feierlich der Presi, der den schrecklichen Anfall vom Morgen überwunden hat. Zitternd, doch hochaufgerichtet steigt er langsam zum Kirchhof empor und scheu geben die Dörfler Raum.

Er zieht den Hut, tritt an die Bahre und nimmt die schneeweiße Hand des Ertrunkenen. Ruhig spricht er, so daß es alle hören können: »Thöni Grieg, du weißt es, daß ich dich erschlagen habe, daß Josi und Binia unschuldig sind. — Garde und Gemeinde, ich ergebe mich euch als der Mörder Thöni Griegs!«

So spricht der Presi!

Was er erwartet, erfüllt sich aber nicht. Das Volk stürzt sich nicht auf ihn, sondern stutzt in Verwirrung und Hohngelächter erschallt ringsum. Die Rede des Garden und des Presi widersprechen sich. — Der Garde schluchzt laut auf: »O Presi, was habt Ihr gesagt!« Er fällt seinem Freund an die Brust.

Ein unbeschreiblicher Aufruhr entsteht. Die Dörfler schreien: »Sie spielen Komödie — der Garde draußen, der Presi hier — sie lügen — Josi Blatter und Binia Waldisch sind die Mörder. — Die Führer der Gemeinde sind auch des Teufels und mit ihnen gegen uns verschworen.«

Zu diesem Aufruhr kommt von der Kirchenthüre herüber ein zweiter — ein entsetzliches Geschrei: »Wehe St. Peter — wehe — wehe — wir sind exkommuniziert.«

Ein Blitz, der in den Kirchhof gefahren wäre, hätte die Verwirrung nicht vermehren können.

Wo am Morgen die Schrift des Kaplans hing, klebt eine andere. Der Pfarrer schreibt:

»An die räudige heidnische Rotte von St. Peter. Im Namen der heiligen Kirche sind die Siegel an dieses Gotteshaus gelegt. Wer sie bricht, der sei einem Selbstmörder gleich geachtet, wer am Strang der Glocke zieht, den soll die

Religion nicht lossprechen in seinem Sterben, und wer in der heiligen Erde wühlt, soll selbst kein geweihtes Grab finden. Das soll so lang gelten, als ihr nicht mit dem rechtmäßigen Pfarrer Frieden macht und von dem Baalspfaffen Johannes und seinem Teufelsglauben laßt!«

Darunter steht das Pfarramtssiegel. — Die Leiche Thöni Griegs ist über dem Schrecken, den die neue Botschaft erregt, vergessen. Man sucht den Pfarrer, man findet ihn nicht, in aller Heimlichkeit hat der alte gekränkte Mann das Thal verlassen, einige, die an der Glotter standen, haben ihn sogar gesehen.

Da liegt ein Toter, der begraben sein sollte, und übermorgen ist Allerheiligen — dann Allerseelen! Kirche und Kirchhof aber sind gesperrt.

Nun rüttelt und schüttelt das Entsetzen ein ganzes Dorf.

»Die Regierung hat uns ins Elend geführt, unsere alten Vorsteher lügen uns an, die Kirche giebt uns auf — und alles kommt vom Rebellen und der Hexe — den Mördern. — Gut, wenn man will, daß wir wilde Tiere werden, so wollen wir wilde Tiere sein und uns unseres Lebens wehren — der Rebell und die Hexe müssen sterben.«

So rasen die von St. Peter.

Der Presi schwankt, wie er sieht, daß seine Selbstaufopferung nichts hilft, davon — die Dörfler beachten es im Aufruhr kaum — der Garde will reden — aber ihm antwortet der hundertstimmige Ruf kreischender Weiber und tobender Männer: »Wir wollen nichts mehr von euch — ihr seid alle Verräter.«

Die neblige Herbstnacht ist hereingesunken — das Grauen wächst.

Da schwingt sich Kaplan Johannes mit einer qualmenden Kienfackel auf die Bahre und beleuchtet das zerwaschene Gesicht des Toten; der Ruf läuft durch die dunklen Gruppen: »Wir haben niemand mehr, der sich unser erbarmt, als Johannes — Kaplan, führt uns — sagt uns, was sollen wir thun?«

Der Schwarze lächelt höllisch: »Erschlagt die Teufelin und den Rebellen — sie ist bei ihm an den Weißen Brettern, ich öffne euch den Weg.«

Da ruft der alte greise Peter Thugi: »Ergebt euch nicht in die Gewalt des Schwarzen — ihr werdet es bereuen.«

Im gleichen Augenblick aber ertönt ein seltsames klirrendes Geräusch durch den Kirchhof. Alle erschaudern. Wahnsinnige Weiber haben die ersten Kreuze ausgerissen. Die Männer knirschen dumpf: »Jetzt können wir nicht mehr zurück — vorwärts also — wir müssen Totschläger sein!«

Das vom Entsetzen gerüttelte Dorf rüstet sich zum schrecklichen Auszug an die Weißen Bretter, die Grabkreuze klirren durch die Nacht. Hinter Kaplan Johannes, der das Kreuz Seppi Blatters an sich gerissen hat und den Weg mit seiner Kienfackel beleuchtet, zieht die heulende, betende Schar, die sich der Hölle ergeben hat. Sie hat aber das Dorf kaum verlassen, da röten sich die nächtlichen Nebel und schon rennen die Ausziehenden schreiend zurück: »Es brennt in St. Peter. — Feurio! — Feurio!«

Die unbestimmt in die Nebel flutende, wogende, wachsende Glut reißt alle ins Dorf zurück. — »Vielleicht ist es unser Haus — vielleicht ist es unser Vieh, das verbrennt,« jammern sie; es scheint durch die schwelenden Nebel, als stehe das ganze Dorf in Flammen.

Fluchend sieht es der Kaplan, wie seine Herde die Kreuze von sich wirft und zu ihren Häusern rennt.

Wie die Erschrockenen aber zurückkommen, brennt der Bären, steigen die Lohen schon prasselnd durch das Dach in die Nebel empor. Der Bären, das alte schöne Haus, der Stolz von St. Peter, das Wahrzeichen des Dorfes, brennt. Sie stehen erschüttert davor — und ihre erste Eingebung ist: retten — helfen, — das Gewissen für die bürgerliche Pflicht erwacht.

Wie aber einige zur Kirche hinauf eilen und die Sturmglocken ziehen wollen, prallen sie wieder an die Siegel des Pfarrers. Es brennt und man darf nicht läuten.

Die Verzweiflung packt das Dorf. — Die Leiche Thöni Griegs, die noch auf dem Kirchhof steht, steigert das Entsetzen. Das Brandlicht fliegt über sie und giebt den Zügen einen Schein des Lebens. — —

»Wer hat den Bären angezündet?« — »Ein Voreiliger vom Ahorn!« So redet ihnen das schlechte Gewissen ein. »Wo ist der Presi? Wenn er im Haus verbrennte?« — Einige Beherzte steigen in den Bau, er ist nicht darin.

Da predigt von der Kirchhofmauer herunter der schwarze Kaplan, der schrecklich im Schein der Flammen steht, mit seiner hohlen Grabesstimme: »Meine fromme Gemeinde. Dich rufen heiligere Pflichten — wir müssen Teufelstöter sein — folgt ihr mir, so wird zu Allerheiligen ein erlösendes Wunder für alle geschehen, die mit mir sind — folgt ihr mir nicht, so seid ihr um Mitternacht schon in der Gewalt des Feindes — der Presi ist auf dem besten Tier nach Hospel geritten und bietet die äußeren Dörfer gegen uns auf. Er hat das Haus angezündet, um uns aufzuhalten.«

Das erste glauben die Dörfler, das letzte nicht, denn zu sehr hat der Presi sein schönes Heim geliebt.

Das Entsetzen steigt. — Mord und Feuersbrunst in der Gemeinde — und morgen militärische Besetzung oder

Untergang. — Dazu den Zorn und die Strafen der Kirche.

Der Brand, dem man nicht wehrt, wirft seine rauschenden Funkengarben auf das Dorf, Frauen und Kinder flehen die Männer auf den Knieen an, daß sie das Dorf retten, der Garde mahnt mit Thränen in den Augen zur Vernunft.

Endlich, endlich arbeitet die Feuerspritze, er kommandiert, Wasserstrahlen fliegen auf die Kirche und die nächsten Häuser. Die Nacht ist windstill, die riesige Lohe des Bären verfließt wie eine feurige Wolke im Nebel, die gewaltigen Mauern halten stand, aber aus den berstenden Fenstern zischen die Flammen und zerstören die alten Jagdtrophäen am Dachgebälk und prasselnd fällt das graue Bärenhaupt auf die Straße und zersplittert.

Aus dem Erdgeschoß ist einiges gerettet worden und nun schreit Bälzi: »Der Wein! der Wein! Laßt uns doch den Wein holen!«

Er dringt mit einigen Burschen in den Keller, sie wälzen die Fässer auf die Straße, und da man sich wegen der steigenden Hitze zurückziehen muß, zum Kirchhof hinauf.

Die Flaschen, Krüge, Becher und Gläser kreisen.

»Wenn doch St. Peter untergehen muß,« gröhlen die Männer, »so wollen wir noch trinken. Zum Wohl — zum Wohl!«

Ein gräßliches Bild! Der Brand nimmt schon ab, die Gefahr für das Dorf ist vorbei, der Bären ist ein riesiger glühender Ofen, auf dem Kirchhof aber beraten die Trunkenen zwischen betenden Frauen und schreienden Kindern, was sie jetzt anfangen wollen.

Einen Augenblick ist es, als siege die Vernunft, der Garde und noch einige haben sich auf den Kaplan geworfen, haben ihn gefesselt und wollten den Tobenden abführen.

Da fliegt eine Nachricht herbei, die den letzten Funken der Besinnung löscht: »Wir sind verraten. — Die wehrfähige Mannschaft der vorderen Dörfer ist im Anzug — sie sind schon an der Brücke — sie helfen dem Rebellen — sie sind gegen die von St. Peter.«

Die Bestürzten bitten, drohen, sie kämpfen, sie machen den gebundenen Kaplan Johannes mit Gewalt frei: »Er allein kann uns jetzt helfen!« rufen sie. Er aber schreit, das Grabkreuz Seppi Blatters wieder ergreifend: »Vertraut mir, ihr Frommen. — Zu Allerheiligen erlöse ich euch alle — denn ich bin nicht Kaplan Johannes, wie ihr meint — sondern ich bin St. Peter, euer Schutzpatron, ich richte unter euch meine Kirche ein — und wer in den Himmel kommen will, folgt mir!«

Der helle Wahnsinn steht in den Augen des Schrecklichen, der sein Grabkreuz schwingt — die Hälfte der Dörfler weicht über die Gotteslästerung entsetzt von ihm zurück: »Wir haben uns einem Narren ergeben!« stammeln sie.

Zwanzig, dreißig Frauen aber, die noch in Furcht und Entsetzen an ihn glauben, scharen sich um ihn, eine Zahl Männer ahmen das Beispiel nach, doch viele unter ihnen verhalten sich schweigsam und drohend: »Wir gehen mit,« knurren sie finster, »denn nach allem, was sich ereignet hat, können wir nicht mehr zurück, aber wenn er uns ins Unglück führt, ist er der erste, der fallen muß.« — —

Siegesgewiß lächelt der wahnsinnige Kaplan: »Kommt, kommt, ihr Getreuen — an den Weißen Brettern wird sich das Glück der Gemeinde erfüllen.«

»Auch Ihr, Peter Thugi?« — Der Garde, der den Mut verloren hat, sagt es traurig und vorwurfsvoll. —

»Garde,« erwidert der junge Mann, »wenn Josi oder Binia ein Härchen gekrümmt wird, so kehre ich nicht zurück zu meinen Kleinen — mich schämt das Leben an, wenn er untergehen soll, der mich gerettet hat!«

Der Zug der Verzweiflung zieht, während es leise zu schneien beginnt, in die Nacht.

Umsonst hat der Garde noch einmal geredet — jetzt sitzt er still in seiner Wohnung und weint über seine verirrte Gemeinde.

Vroni steht tröstend bei ihm, aber ihr ist todesangst um Binia. Die alte Sage!

Eusebi kommt so lange mit der Hilfe nicht.

Da horch! Gleichmäßige, taktfeste Schritte von Männern schallen von der Straße, die sich mit dem Flaum des fallenden Schnees bedeckt. In guter Ordnung rückt die waffenfähige Mannschaft der äußeren Dörfer in St. Peter ein, die Befehle tönen ruhig durch die Nacht, im Haus des Garden atmet man auf aus grimmiger Not.

»Wo ist mein Mann, Eusebi Zuensteinen?« fragt Vroni die Ankommenden.

»Mit dem ersten Zug der Unsrigen ist er vor dem Dorf an die Weißen Bretter empor geschwenkt. — Josi Blatter darf nichts geschehen,« antworten die Männer.

Draußen im Lande weiß man es: Das Werk Josi Blatters ist gut. Mit denen von St. Peter aber, die man schon lange als harte, abergläubische Köpfe kennt, muß man scharf rechnen, sie haben mit dem, was heute geschehen ist, die Ehre des ganzen Berglandes beleidigt.

Daß Josi Blatter, der Held der heligen Wasser, ein Mörder sei, will niemand glauben; daß die von St. Peter sich unter die

Anführung des verrückten Kaplans stellten, den man als einen gemeingefährlichen Vagabunden kennt, daß sie nach dem Leben eines durch seine Rechtschaffenheit und Schönheit bekannten Mädchens trachten, erfüllt die Mannschaft mit solcher Wut, daß die Führer Mühe haben, sie von unüberlegten Thaten gegen die Dörfler zurückzuhalten.

Morgen wird aber ja schon die gerichtliche Untersuchung walten, bis in die Stadt ist man durch Eusebi und den Pfarrer über den Plan derer von St. Peter unterrichtet und empört.

Wenn den zwei Liebenden ein Leid geschähe, wehe dann dem Dorf.

Nun aber sind die Männer enttäuscht — in St. Peter brennen nur wenige Lichter — wo sie eintreten, treffen sie nur betende Frauen — aber keinen Mann, der Auskunft über die Ereignisse des Tages gäbe.

Endlich greifen sie einen auf — den betrunkenen Bälzi, der in seinem Rausch den schrecklichen Ahornbund verrät. Sie sperren den Gefesselten in die Gemeindescheune.

Da bringen einige von jenen, die mit Eusebi an die Weißen Bretter emporgestiegen sind, auf einer Notbahre von Tannenreisern einen Mann. Die erste falsche Nachricht sagt, es sei Josi Blatter, der erschlagen worden sei, aber es ist der Presi, der machtlos röchelt.

»Wohin mit ihm?« fragen die Träger. — »In mein Haus,« erwidert der erschütterte Garde, und wie er in das Gesicht seines Freundes blickt, da weiß er, daß er einen vor sich hat, der nicht mehr lange leben wird.

Auf dem Weg zu seinen Kindern ist der Presi hilflos zusammengesunken.

Da liegt er nun in der Kammer des Garden, aber er kann nicht sterben: »Mein Traum,« stöhnt er, »mein entsetzlicher Traum — dazu die alte Sage, daß eine Jungfrau bluten muß, ehe St. Peter von der Wasserfron erlöst ist. Garde, seht Ihr nicht — meine arme Bini blutet.«

In schrecklichen Gesichtern lebt der Sterbende.

»Ich kann nicht selig werden, es sei denn, ich wisse meine Bini mit Josi glücklich und daß er unschuldig ist. Nur kein Fluch von mir in ein folgendes Geschlecht. — Seppi Blatter — Fränzi — macht es mir nicht zu streng.«

Der Garde hält die Hand des Bebenden, selbst ein unglücklicher Mann, fühlt er verzehrendes Mitleid mit ihm und tröstet: »O Presi — es leben allerdings mächtige Wahrheiten in den alten Sagen, in Träumen wohnt tiefer Sinn, aber glaubt, eine Vatertreue, wie die Eure, vermag die verhängten Schicksale zu brechen. Es wird Euch vor Gott groß angesehen sein, daß Ihr Euer Kind in dem Augenblick, wo Ihr seiner bedurftet, dahin ziehen ließet, wo seine Sicherheit und sein Glück liegen, — daß Ihr die Folgen einer unglücklichen Stunde vor dem erregten Volk selber tragen wolltet, — daß Ihr Eure letzte Kraft dahin wandtet, wo Ihr glaubtet, Eure Kinder hätten Eures Schutzes nötig. Presi, gebt die Hoffnung nicht auf.«

So tröstet der treue Freund feierlich und unablässig und zitternd horcht der Presi.

Der Garde, der es spürt, wie das Leben seines Freundes schwinden will, sagt: »Ihr habt mehr gethan — um sie zu retten, habt Ihr das Haus, das Euch lieb war wie Euer Leben, in Brand gesteckt. Bekennt es nur!«

Aber der Sterbende verzerrt sein Gesicht und knirscht.

Mit tiefem Kummer sieht es der Garde: Sein Freund ist noch

der alte Presi. Er würde, wenn er seine Kinder nicht mehr sähe, mit einem schrecklichen Geheimnis ins Grab steigen und auf St. Peter den Verdacht der Brandstiftung ruhen lassen.

»Bekennt Ihr,« fragt der Garde, »wenn Josi und Binia unversehrt durch diese Thüre treten?«

Da schluchzt der Presi, aber er schweigt.

»Josi und Binia sind unschuldig — es kann ihnen nichts geschehen — jetzt nicht und vor Gericht nicht — ich werde mit ihnen kämpfen — sie müssen glücklich werden, die so viel gelitten haben!«

So mahnt und tröstet der Garde, und aus seiner vollen Brust strömt der Glaube in die Brust des Presi über, ergebungs- und hoffnungsvoll erwartet er, während seine Pulse schon schwächer und schwächer gehen, die Botschaft von den Weißen Brettern.

Ehe er weiß, wie es sich an den heligen Wassern entschieden hat, kann er nicht sterben.

XXI.

»Zu Josi!« Durch die letzten Bergastern, durch die öden herbstfalben Weiden schwankt Binia langsam empor — empor — sie folgt, ohne daß sie es weiß, dem Weg, den sie mit dem Vater gegangen ist. Oft steht sie still, dann greift ihr Fuß, indem sie flüstert: »Zu Josi!« wieder mechanisch aus. Dann blickt sie wieder zurück in die Nebel: »Vater — Vater!« Die Kindesliebe zieht sie zurück. Doch sie geht wieder vorwärts. Alle ihre Regungen sind aber fast nur Traum und die Stimmen sonniger Vergangenheit reden lauter in ihr als die Gegenwart.

Zu viel hat sie gelitten und leidet sie noch. Da erreicht sie die Stelle, wo die heligen Wasser vom Geröll auf die Weißen Bretter übergehen. Ein seltsamer Gedanke kommt ihr: In ihrem Schutz kann mir und Josi nichts geschehen! — Aber die alte Sage — sie bebt. Wird sie für Josis Werk sterben müssen?

Sie wandelt durch den Felsengang, da glänzt tief im Hintergrund ein Licht.

»Josi!« Er meißelt am Boden hingekniet und sieht sie nicht. »Josi!« schreit sie.

Er fährt auf und läßt den Hammer fallen. »Bini!« Er umarmt sie. Im flackernden Grubenlicht sieht er nicht, wie bleich sie ist.

»Bini — dich hat in dieser Stunde Gott zu mir geführt. Engel — du kommst, um mein Werk zu segnen — die Leitung vollendet sich. — Schau! — Durch dieses Bohrloch blitzt von drüben schon der Tag.«

In seinem abgezehrten Gesicht sieht sie eine fast überirdische

Freude, sie schluchzt: »Josi, der Kaplan Johannes hat in der Glotter Thöni Grieg gefunden — mein Leben ist im Dorf verwirkt — meine letzte Zuflucht bist du.«

Sie legt ihre kleinen Hände in seine großen arbeitsharten und neigt ihr Köpfchen auf seine Schulter und weint bitterlich.

Da küßt er sie auf den Scheitel: »Sei ruhig, liebes Bineli — du weißt es, ich habe Thöni Grieg nicht zu fürchten — mit uns ist die Wahrheit — sei nicht so traurig; wie du einst zu mir, so sage ich heute zu dir: Glaube, vertraue — das Glück wird doch noch wahr.«

Er steht vor ihr im Vollgefühl des vollendeten Werkes. Und nun ertönt ihr kleiner Schrei: »Josi, mein Held!«

Binia geht es wundersam — Bei Josi, dem starken Manne, der ihr milde zulächelt, sinkt alles Schwere, was sie erlebt hat, wie ein wüster schwerer Traum von ihr. Ihr ist, an seiner Seite könnte sie einem ganzen Schwarm von Feinden entgegengehen, und selbst wenn alle so gräßlich wie Kaplan Johannes wären, würde ihr kein Leid geschehen.

Mit glänzenden Augen schaut sie Josi an.

»Hast du Mut, Bini?« lächelt er. »Zeige es mir. — Ich wäre glücklich, wenn du mit deiner lieben Hand die letzten Schüsse entzünden wolltest. Das wäre mir ein größeres Fest, als wenn morgen die Regierung nach St. Peter käme und mich unter Glockengeläute vom Berg holte. — Wozu das? — Für dich ist's ja gebaut und gethan! — Weihe es, Binia!« —
—

Sein ermunternder Blick ruht auf ihr. Er schiebt die Patronen in die Löcher und setzt die Zünder auf. »Hier und hier — hier und hier — da und da.«

Demütig und mutig nimmt sie die Lunte und legt sie an die Zünder, die leise zu summen beginnen.

»Zurück, so weit ich dich führe, und sei stark, Bini.«

Josi zählt. — »Jetzt.« — Es kracht. — Ein Donnerwetter geht durch die Felsen, als ob das ganze Gebirge stürzen müsse — jauchzend reicht Josi Binia die Hand: »Gott segne den neuen Lauf der heligen Wasser — die Blutfron ist gelöst!«

Ueber das Nebelmeer unter ihnen rollt der Hall und rollt zurück. — Der Rauch zieht an ihnen vorbei und durch das Thor herein, das sich geöffnet hat, glänzt ein Schein des Abendrotes, das über Tremis steht.

Mit wuchtigen Hieben glättet Josi die Stelle. Doch nach einiger Zeit sagt er zu dem Mädchen, das am Rand des Wassergrabens kauert und ihm bewundernd zuschaut: »Für heute Feierabend — Bini — dir zu Ehren.«

Da wird sie wieder etwas ängstlich: »O, Josi! — wir sollten fliehen. — Wir sind selbst hier oben nicht sicher — es ist mir, es geschehe Schreckliches in St. Peter!«

Sie drängt sich schmeichelnd und Schutz suchend an den strahlenden Mann.

»Fliehen! — Ich fürchte mich nicht vor denen von St. Peter. Und den Vater verlassen wir nicht, Bini.«

»O mein Vater, — mein armer Vater! — Nein — gelt, lieber Josi, wir verlassen ihn nicht! — Wir wollen wieder zu ihm niedersteigen,« fleht sie.

»Sieh, Bini,« antwortet er tröstlich, »wir haben einen geraden Weg, den müssen wir gehen: Bevor die Wasser laufen, scheiden wir nicht von den Weißen Brettern — bevor wir wissen, ob der Vater nicht doch mit uns kommen will, gehen wir nicht von St. Peter — und bevor ich mich nicht vor dem Gericht von jedem Verdacht wegen Thöni Grieg gereinigt habe, wirst du nicht mein Weib — dann aber Glück zu, mein herzlieber, reiner Tautropfen.«

Weich und demütig erwidert sie: »Dein Weg ist mein Weg, Josi!«

In weltferner Einsamkeit hoch über den Menschen halten sie Feierabend. Ueber dem grauen Nebel der Tiefe, der wie ein See in die Berge gegossen liegt, geht der Tag zur Rüste, sie sehen nicht und hören nicht, wie unter ihnen in St. Peter der Aufruhr braust, sie sehen auch die Sterne nicht, denn Schneewolken ziehen schwerer und schwerer über das Gebirg — zwischen lauter Wolken sind sie mit ihrer Liebe allein.

Josi hat von lange her eine Felsennische heimelig eingerichtet, da flackert jetzt ein Feuer, die Milch, die der pflichttreue Bonzi wie sonst heraufgeschafft hat, siedet im Topf; auf einem Teppich, der über eine Felsenbank gelegt ist, sitzt das Paar Wange an Wange und in der stillen Felsenheimlichkeit vergißt es die armseligen Menschen, die sich in den Qualen des Aberglaubens winden, und nichts bleibt ihnen bewußt als ihre starke Liebe. Alle Stürme sind zur Stille gekommen, die Seelen der Gehetzten ruhen in seligem Traum.

»Josi,« erbebt die Stimme Binias fein und weich, »eine alte Sage geht, daß über der Befreiung St. Peters aus der Blutfron eine Jungfrau sterben muß — sie hat mir meinen Gang zu dir schwer gemacht — aber jetzt ist mir, es wäre mir leicht, das Leben für dich und dein Werk hinzugeben!«

Und in unendlicher Treue hangen ihre Augen an ihm.

»Rede nicht so —, Bini,« erwidert er sanft, »nein, wir wandern ins Leben — du und ich — und wir wollen unserer Liebe im Frieden froh werden und schaffen, bis es Abend ist!«

»Ins Leben!« wiederholt sie traumhaft.

Er streichelt ihr dunkles Haar, müde läßt sie das Köpfchen an seine Brust sinken, lange Leiden fordern Auslösung, und sorglich bettet er die in einen bleiernen Schlaf Versunkene in die Felsenecke. — Das Feuerchen flackert und beleuchtet zwei Friedliche. —

Etwas Sonderbares weckt Josi aus seinem halben Schlummer. Ihm fehlt in der Morgenfrühe das leise Klingen der Glocke von St. Peter, und plötzlich erinnert er sich, daß er es auch am Abend nicht gehört hat. Nun wird er doch unruhig. Ist in St. Peter so Schlimmes geschehen, daß der alte Pfarrer seine Drohung wahr gemacht hat?

Besorgt zündet er in das Gesicht der schlafenden Binia. Sie lächelt innig im Traum und von ihren Lippen zittern die Worte: »Die Vögel, sie fliegen über Land und Meer.«

»Schlafe, armes Kind, das so viel erduldet hat, schlafe — das Rauschen der Wasser, das Schlagen des Hammers mag dich wecken.« Er geht leise davon, er schreitet sein Werk ab, im Schein der Lampe legt er da und dort noch Hand an, er setzt am äußeren Ende der Leitung das kleine zierliche Wasserrad ein, das den Merkhammer treiben soll.

Es schneit ruhig und feierlich, die Flocken fallen leis und weich ins Morgengrauen und tiefe Stille waltet ringsum. Da ist ihm doch, er höre Stimmen aus der Tiefe und klirrende Töne — aber so unbestimmt, daß er nicht klug daraus wird, was er hört.

Er wandert rasch, die ruhig schlafende Binia im Vorbeigehen betrachtend, das ganze Werk zurück — er lenkt den Auslaufkännel am Eingang der Felsen vom Abgrund zurück und hinein in die neue Leitung.

Eilig strömen die Wasser.

Da horch! — Stimmen schwellen im Schneegestöber — eine Schar Gestalten, die — sonderbar genug — Grabkreuze tragen — Männer und Weiber tauchen gespenstisch in den Flocken auf — er erkennt den schwarzen Kaplan — er hört die hohe Stimme des Glottermüllers: »Wir müssen sie totschlagen, ehe das Rad geht — vorwärts!«

Josi stellt sich ruhig einige Schritte vor dem Eingang seines Werkes auf, aber seine Hand langt in die Tasche und seine Augen funkeln.

Die Schar steht vor ihm.

»Halt — oder ich sprenge euch alle samt und sonders in die Luft.« Hochaufgerichtet, eine Dynamitpatrone in der erhobenen Hand, donnert er es ihnen entgegen. — Die Männer stutzen, aber Kaplan Johannes ruft: »Die heiligen Kreuze sind stärker als das teuflische Salz!« — Und er will mit dem erhobenen schweren Grabkreuz in wahnsinniger Wut auf Josi los.

Da geschieht etwas Entsetzliches.

Aus dem Felsengang stürzt Binia — sie stürmt an Josi vorbei — sie läuft unter das erhobene Kreuz des Kaplans — sie schreit flehentlich: »Schlagt mich, Kaplan — aber tötet meinen Josi nicht.«

Schon saust das Kreuz gegen das junge schöne Haupt hernieder und »Josi!« schreit Binia in Todesnot.

Da sinkt der Kaplan selbst.

Er stöhnt unter den Fäusten Peter Thugis, der ihn im letzten Augenblick niedergerissen hat.

Einige der verdutzten Männer machen Miene, dem Schwarzen zu helfen, aber jetzt ist Josi neben der in die Knie gesunkenen blassen Binia, er hält in finsterer Entschlossenheit die Patrone hoch und sein funkelnder Blick hat den Stein schon erspäht, an den er sie schleudern könnte.

»Die Waffen weg, oder ihr fliegt!« schreit er.

Ein furchtbarer Augenblick, ein Mann gegen einen Schwarm — einzelne der Gestalten tauchen, wie Gespenster verschwinden, in das Schneegestöber zurück. — Die schwarzen Kreuze und Scheiter fallen in den weißen, reinen Schnee.

Nur der Glottermüller mit einem kleinen Häuflein steht noch, aber sie wagen keine That.

Da horch — der Hammer schlägt — er schlägt rasch und rascher, laut und lauter — und rings im Gebirgskreis bleibt es still — die Lawinen fallen nicht — es schneit nur leise und feierlich. — Die letzten Kreuze sinken — aus der Tiefe tönt der Ruf: »Josi, wir kommen — Josi, halte aus — die Hilfe ist da!« — Es ist Eusebi, der ruft. — Und durch den Schnee blitzen schon Waffen und Wehr.

Wie Peter Thugi die erlösenden Zurufe hört, läßt seine Faust etwas von dem sich windenden Kaplan. Der kann entfliehen und springt in gewaltigen Sätzen bergwärts. Hinter ihm die letzten Kreuzträger.

Um Josi, der die halb ohnmächtige Binia im Arm hält, und Peter Thugi, den Freund, steht die Entsatzmannschaft, und Eusebi Zuensteinen vergießt die hellen Thränen der Freude, daß sein Schwager gerettet ist.

Josi dankt Peter auf den Knieen für die rettende That.

»Wer sollte es besser wissen, Josi,« erwidert Thugi, »was du für St. Peter gethan hast, als ich.«

Andächtig horchen die hundert Männer dem Schlagen des Hammers und schütteln Josi und Binia die Hand.

Ein sonderbarer Zug bewegt sich in dem fallenden Schnee thalwärts. — In der Mitte geht Josi, nicht wie ein Held, sondern wie ein Geschlagener — er weiß es, er muß mit Binia an ein Sterbebett treten. Und Binia schluchzt herzzerbrechend. Aber daß sie noch gehen kann, ist ein Wunder.

Wer ist der größere, Josi, der die Blutfron von St. Peter genommen hat, oder der Presi, der Vater, der bis in den Tod für sein Kind gekämpft hat?

Ja, ja, arme Bini, ruhige Jahre werden dir nun wohl thun, denn zuletzt verliert auch der Stahl seine Biegsamkeit und bricht.

Sie sehen den verwüsteten Bären; Josi ist bereit, noch heute den Gerichtsbeamten, die schon eingerückt sind, Rede und Antwort zu stehen.

Das Paar tritt in die Wohnung des Garden — es sinkt an das Bett des Presi.

Man hat ihm die Fenster öffnen müssen, damit er das Schlagen des neuen Hammers an den Weißen Brettern hört. Seitdem ist er ruhig und nun richtet er sich auf vom Lager. Er schluchzt — die dünnen Thränen fließen über seine abgehärmten Wangen. — »Seppi Blatter — Fränzi — ihr habt mir's nicht zu streng gemacht. — — Und Josi, wenn du wegen Thöni Grieg etwas auf dem Gewissen hast, — so nehme ich es dir ab.«

Da antwortet Josi: »Nein, Vater, ich bin frei von Schuld.

Thöni Grieg ist zehn Schritt vor mir gestürzt.«

»Garde, ich habe den Bären angezündet,« spricht der Presi laut, dann murmelt er: »Und St. Peter habe ich lieb gehabt. — Seid glücklich — Josi — Bini.« Einen Blick unsäglicher Liebe noch wendet er auf das Paar — er sinkt zurück und der Todesengel schwebt durch das Haus.

XXII.

Ein Trauerspiel im Bergland. Was die von St. Peter gethan haben, erscheint dem Bergvolke selbst, erscheint der Welt unbegreiflich. Das Dorf wollte den schlagen, der ihm die größte Wohlthat erwiesen hat, den es mit Ehren wie seinen Erlöser feiern sollte. Unbegreiflich? — Als ob der Wechselruf »Hosianna!« und »Kreuziget ihn!« nicht die Jahrhunderte herab durch die Blätter der Geschichte jauchzte und klagte. Als ob es nicht bis in die blühende Gegenwart hinein der Beispiele genug gäbe, wo nicht nur ein kleines, weltfernes Dorf, sondern große mächtige, gebildete Völker sich unter dem Druck eines Zwangsgedankens verwirren und eine Weile den Weg der Vernunft nicht finden können. Als ob die Gestalt des bösen Narren, des Kaplans Johannes, der hetzend die dunklen Regungen der Volksseele mißbraucht, nicht überall auf der Lauer stehe, um seinen Bettelsack aus der allgemeinen Verirrung zu füllen und seine nächtliche Seele in den Bildern des Schreckens schwelgen zu lassen. — —

In bebender Zerknirschung liegt St. Peter.

Jahrhunderte hat sein Völklein unter dem Donner der Lawinen friedlich und still gelebt, Geschlecht um Geschlecht hat mannlich getragen, was eine übermächtige Natur an Gefahren und blutenden Opfern über sein Dasein verhängte. Im Schoß des stillen Lebens blühten innige Sitten und Bräuche, die Wunderblume der Sage hielt ihre Kelche offen und atmete ihre Düfte aus. Da führte ein Feuerkopf die Unruhe, die Hast einer neuen Zeit in die Enge des Thales, in die Schmalheit der Volksanschauungen. Die Dörfler sahen, was Eltern und Altvordern groß und heilig gegolten, von einem Schwarm leichter Menschen, der kein

Verständnis für ihr eigenartiges Fühlen besaß, mißachtet, in den Stimmen der Lawinen hörten die Geängstigten den Zorn des Himmels reden. Und siehe da — die Wunderblume der Sage vergiftete ihren Duft. In Fleisch und Knochen schlich sich, von einem geheimnisvollen Narren vertragen, das Fieber des Aberglaubens.

Die Stimmung ist vorbereitet. — Da geschieht das Unfaßbare, daß einer vom Dorf das Verhängnis lösen will, das wie Gottes Züchtigung darüber schwebt — da ereignet sich das Schreckliche, daß ein verborgener Mord, so glaubt das Völklein, ans Tageslicht kommt — eine tragische Folge der Umstände schaltet alle Hemmungen der Vernunft aus.

So hat das Entsetzliche geschehen können! — —

Zwei Abgesandte der Regierung sind da; der Hammer an der rettenden Leitung schlägt, von einem Fest zur Einweihung des Werkes spricht niemand.

Eine unheimliche Stille brütet über St. Peter. Mächtiger als die ernsten Patrouillen, die das Dorf auf und ab schreiten, spricht es in die Gewissen, daß das schöne alte Haus zum Bären in schwarzen Ruinen aus der weißen feierlichen Schneelandschaft ragt. St. Peter ist ohne den Bären nicht mehr St. Peter.

Wer hat die Flamme hineingeworfen? — In der Gemeindescheune halten die herbeigeeilten Gerichtsbehörden an einem Tisch die Verhöre, zu denen ihnen der Verrat Bälzis die Unterlagen bietet. Mit finstern, trotzigen Mienen kommt Bauer um Bauer und antwortet auf die Fragen. Daß er Kreuze aus dem Kirchhof ausgerissen hat, giebt jeder zu. Den Ahornbund aber verrät keiner. Und keiner nennt den Brandstifter, die Untersuchungsbeamten aber bestehen darauf, daß es irgend einer vom Bunde sei, und halten den Verdacht auf den Presi für eine Ausflucht.

Sie fassen einen heißen Groll gegen das verstockte Dorf und drohen mit langen Einquartierungen auf Kosten der Gemeinde.

Da tritt erschüttert der Garde herein: »Ich kann euch die Untersuchung erleichtern. Keiner von denen, die ihr verhört habt, hat den Bären angezündet. Das hat ein Vater für sein Kind gethan. Ich sage es euch im Auftrage des Presi Peter Waldisch, der soeben gestorben ist.«

O, die da sitzen und die Not eines Dorfes schreiben, sie haben den Presi schon gekannt, den gewaltthätigen Mann, der, die anderen alle um Haupteslänge überragend, nie klein gewesen in seinem Zorn, aber auch so groß in seiner Liebe, daß ihm die That wohl zuzutrauen ist.

Sie sprechen bewegt: »Immer war er der Presi — sich selbst getreu bis in den Tod — in der Enge der Berge, wo der gewaltige Mann überall anstieß, hat er werden müssen, wie er war — in der Welt aber wäre er nach Kopf und Herz ein Großer geworden — denn Kernholz, aus dem das Volk seine starken Führer schnitzt, war an ihm von der Sohle bis zum Scheitel.«

Während sie noch flüsternd dem toten Presi ihr Kränzlein winden, tritt Josi Blatter an den Tisch und wünscht wegen Thöni Grieg verhört zu werden. Ruhig und fest erzählt er den Hergang im Teufelsgarten, ruhig und fest antwortet er auf die Kreuz- und Querfragen, die Gesichter der Untersuchenden, die zuerst wohlwollend auf den Helden der heligen Wasser blickten, werden ernst. Die Darstellung klingt unglaubwürdig.

»Ihr besteht darauf, daß es nicht Totschlag in Notwehr war?«

»Ich bestehe darauf.«

»Ihr habt das Werk an den Weißen Brettern nicht zur Sühne gebaut?«

»Nein, meiner Braut Binia Waldisch zu Ehren.«

»Ihr verzichtet auf die altgebräuchliche Rechtswohlthat, die seit Matthys Jul denen zugebilligt wird, die für die heligen Wasser an die Weißen Bretter steigen?«

»Ich verzichte!«

Josi steht — es geht nicht anders — unter der Anklage, in Notwehr Thöni Grieg erschlagen zu haben — aber wenigstens so hart sind die Männer des Gerichtes nicht, daß sie ihm eine Haft auferlegen. Sein Ehrenwort, sich der Untersuchung immer zur Verfügung zu halten, genügt.

Kaplan Johannes ist nicht zurückgekehrt. Von seinen eigenen Anhängern zuletzt in die Enge getrieben, hat er sich auf die Felsen geflüchtet, die vom Neuschnee schlüpfrig waren, er ist gestürzt und erst im Frühjahr hat man seinen zerschmetterten Leichnam in einem Abgrund gefunden.

Während der Untersuchung über die Vorfälle in St. Peter, die mehrere Tage in Anspruch nimmt, ist der alte Pfarrer zurückgekommen und hat seine Siegel von der Kirche genommen. St. Peter kann seine Toten begraben, heute in aller Stille Thöni Grieg, morgen in herzlicher Trauer den Presi, der den Dörflern nie bewunderungswürdiger schien als in seinem Tod. Man hat die Kreuze und Scheiter des Kirchhofs gesammelt und wieder in die Gräber gesteckt. Der Pfarrer hat sie neu geweiht, und wie nun die Glocken zum Begräbnis des Presi wieder erklingen, da geht ein aufschluchzendes Weinen der Zerknirschung, doch auch neue Lebenshoffnung durch das Dorf.

Am Schluß der Grabpredigt sagt der alte Pfarrer: »Ich weiß, daß auch ich schuldig bin und euch nicht hätte verlassen sollen, und vor den Behörden der Kirche will ich für euch um ein gnädiges Urteil bitten. Ich lasse euch als Vermächtnis meiner Amtsthätigkeit, die ich niederlege, die Schlüssel zum Gotteshaus und den Glocken zurück. Hoffentlich für ewig. — Eine junge starke Kraft möge euch besser führen, als es mir altem kraftlosen Manne gelungen ist!« — —

Langsam schreitet der Prozeß, es ist, als könne sich das arme Dorf nicht mehr erheben aus seiner Schande, als müsse es daran zu Grunde gehen.

Wie aber vor dem Volk des Berglandes die Gestalten Josi Blatters und Thöni Griegs durch die Untersuchung in immer schärferen Umrissen erscheinen, wie der gefälschte Brief Thönis bekannt wird, wie man den Leidensgang und die hohe Treue der Liebenden erfährt, da fliegen ihnen alle Herzen zu, der gerechte Sinn des Volkes erwacht. »Selbst wenn er eine That des Zornes begangen hätte,« spricht das Volk, »müßte er freigesprochen werden, sie wäre Gottes Gericht über den Schuft.«

Es ist aber keine That des Zornes geschehen. — Und für Josi und Binia spricht mit glühendem Feuer der Garde, der Ehrenmann des Dorfes, der in aller Verwirrung wie ein Fels des Rechtes dagestanden ist.

Tausend Umstände zeugen für das Paar.

Im Winter noch steigt Josi ein paarmal zu seinem Werk empor, prüft es, vollendet noch da und dort etwas — sobald er aber das gerichtliche Verfahren hinter sich hat, will er mit Binia über das Meer ziehen und in einem fernen Erdenwinkel Glück und Vergessen suchen.

Eines Tages aber erhält er den Besuch seines Freundes Felix Indergand. Der spricht nicht mehr von Beate, dagegen redet er Josi herzlich zu: »Ziehe nicht fort, Josi! — Siehe, wer zwischen den Bergen geboren ist, findet nur zwischen den

Bergen das volle Lebensglück. Wir beide haben es erfahren, wie öde und leer das Herz in der Fremde bleibt, das deckt alle Liebe nicht zu. Thue es deiner herrlichen Braut nicht an, das Bergkind würde in der Ferne rasch welken. Komm, wenn du doch nicht zu St. Peter bleiben magst, zu uns ins grüne Oberland, ich will ein Gütchen für dich erhandeln. Dort lebe in meiner Nähe und sei glücklich mit deinem Weib.«

Josi geht die warme Rede seines Freundes zu Herzen — er willigt ein.

Endlich, wie schon die ersten Frühlingsblumen blühen, ist der Gerichtstag für ihn und die von St. Peter da, das Landvolk ist wie an einem Markttag auf der Fahrt in die Stadt.

Die Tribünen des Gerichtssaales sind gefüllt und zweimal entsteht eine mächtige Bewegung unter den Zuschauern.

Das erste Mal, wie eine hoheitsvolle jugendliche Gestalt in tiefer Trauer als Zeugin vor die Schranken tritt. Manchmal, wenn ihre Liebe zu Josi vor der Menge zur Sprache kommt, erbebt sie, Blutwelle um Blutwelle geht über das feine Gesicht und hilflos fragt sie: »Ja, muß ich das auch sagen?« Auf manche harmlose Fragen antwortet sie in so heißer Scham, dann mit einem blitzenden Wahrheitsmut, daß die Schauer der Ergriffenheit durch den Zuschauerraum gehen.

»Der Garde von St. Peter hat recht,« flüstert sich die Menge zu, »Binia Waldisch kann keine Unwahrheit sagen!«

Und dann, wie ein eben eingetroffener Brief aus Indien zur Verlesung kommt:

»Josi Blatter, über den Sie mich gerichtlich anfragen, hat sich in fünf Jahren als ein Mann ohne das geringste Falsch bewährt. Er ist so fest und treu wie Ihre Berge, und die wanken nicht. Sie würden eine Schmach auf Ihr Land laden, wenn Sie ihm nicht vollen Glauben schenken und einen Makel auf ihm ruhen ließen. George Lemmy, Oberingenieur der britischen Regierung in Indien.«

Ein Stündchen später ist der volle Freispruch da.

Ein kleiner, schluchzender Schrei bebt durch den Saal: »Josi, mein Held,« und Hunderte schluchzen mit und ein Jubelruf pflanzt sich fort durch die Straßen der Stadt.

»So geht ihr nun ins Oberland, ihr Vielgeprüften!« sagt der Garde, der mit Vroni und Eusebi dem Paar die Hände reicht, »wenn zwei glücklich werden können auf dieser wandelbaren Erde — so seid ihr es, ihr heißen Herzen von unwandelbarer Treue.« —

Auch St. Peter hat keinen bösen Tag.

Die Richter wissen, daß es jetzt nicht gilt, das arme, verirrte, von einem Wahnsinnigen verführte Dorf, für das der alte ehrwürdige Garde mit Thränen in den Augen bittet, noch tiefer in Unglück und Schande zu drücken, sondern zu beruhigen und zu versöhnen, sie legen leichte Strafen auf die Grabschänder, und willig tragen die Dörfler das verhängte Maß. — —

Wie ein reinigendes Gewitter haben der »böse Tag« und seine Folgen auf die von St. Peter gewirkt. Ein Jahrhundert ruhiger Entwickelung hätte die Sinnesart des Völkleins nicht so geändert und geweckt wie der Sturm.

Und sonderbar, wie sich das Urteil über den toten Presi gewendet hat. Seinen einst so verhaßten Namen nennt man in St. Peter in glühender Ehrfurcht. Vor dem frommen Glauben der Bergleute hat nicht Peter Thugi, der jüngere, im letzten Augenblick den Schlag des Kaplans vom Haupt Binias gewandt. Nein, aus dem alten Fluch, daß eine

Jungfrau über der Befreiung St. Peters von der Wasserfron an den Weißen Brettern sterben müsse, hat sie die Aufopferung des Presi gerettet; indem er selber in den Tod ging, schützte er das Leben seines Kindes und bewahrte das Dorf vor noch entsetzlicherem Unglück.

Als ein Held erlösender Vatertreue steht er im Gedächtnis des Berglandes.

Sogar sein Werk, die Einführung des Fremdenverkehrs in das Thal, ist nicht untergegangen. Ein Jahr stand der Bären als eine Ruine da. Dann kam denen von St. Peter die Ruine und die Ruhe der Sommer, die man so geliebt hatte, wie eine Anklage vor. Die Gemeinde wünschte, daß das Haus von einem tüchtigen Wirt wieder aufgebaut würde. Die Fremden falterten darauf wie einst durch das Glotterthal und die Bevölkerung hat nichts wider sie einzuwenden.

Von den alten Sagen spricht niemand mehr gern, wie man die schönen einst geliebt hat, verabscheut man sie.

In einem Thal des Oberlandes aber lebt ein junges Ehepaar in halber Verborgenheit und tiefem Frieden.

Nach einigen Jahren indes findet doch ein kleiner Zug von Männern, an ihrer Spitze Hans Zuensteinen, der alte Garde, und der jüngere Thugi, der neue Garde, den Weg in den Winkel des Glücks.

Die Männer drehen vor Josi Blatter und seiner schönen jungen Frau verlegen die Hüte und der alte Garde spricht: »Josi Blatter, es ist vieles anders geworden in unserem Dorf, aber den rechten Frieden und die rechte Freudigkeit haben wir noch nicht. Es ist uns, St. Peter sei noch nicht ganz aufgerichtet, so lange du und Binia uns fehlen. Wir wissen, daß dein Werk gut ist, die Gemeinde will dich in Ehren halten und zum Zeichen haben dich gestern die hundertzwanzig Bürger von St. Peter einstimmig zu ihrem

Presi gewählt. Denn ich bin alt und den Aemtern nicht mehr gewachsen. Wir brauchen einen starken, aufrechten Mann. Josi, versage uns die Freude und Ehre nicht!«

Die anderen bestätigen die warme Rede: »So ist es, wir bitten dich.«

Josi will antworten, aber er kann nicht — er geht zur Thüre hinaus — in einer stillen Ecke schluchzt er: »Hört ihr es, Vater — Mutter — ich, euer verachteter Bub, Presi von St. Peter.« — Wie er sich aber gefaßt hat und den Männern sein »Nein« entgegenbringen will, da fällt ihm Binia um den Hals: »Josi, ja, wir wollen nach St. Peter zurückkehren, dessen Kinder wir sind und wo die Gräber der Eltern liegen. Ich stelle mich zu den Männern.«

Mit einem Jawort ziehen sie.

In St. Peter waltet Josi Blatter seit vielen Jahren als Presi in Stärke und Weisheit. Das Dorf hat sich vollends aus seiner Schande erhoben, es blüht unter seiner Führung und unter dem Segen des guten Beispiels, das die feine Binia den Frauen von St. Peter giebt.

Die Blutfron an den Weißen Brettern, der Lostag, die Schreckensarbeit des Kännellegens tönt einem jungen Geschlecht wie eine Sage ins Ohr und langsam verrosten in der Kapelle zur Lieben Frau die Unglückstafeln. Das Werk Josis hat sich bewährt. Die Wildleutlaue mag donnernd gehen, die heligen Wasser fließen, sie rauschen und spenden Segen.

Druck der
Union Deutsche Verlagsgesellschaft
in Stuttgart

Verlag der J. G. Cotta'schen Buchhandlung Nachfolger
Stuttgart und Berlin

Geh. = Geheftet, Lnbd. = Leinenband, Ledbd. = Lederband, Hlbfrzbd. = Halbfranzband

Althof, Paul (Alice Gurschner),	Die wunderbare Brücke und andere Geschichten	Geh. M. 3.—, Lnbd. M. 4.—
—„—	Das verlorene Wort. Roman	Geh. M. 3.—, Lnbd. M. 4.—
Andreas-Salomé, Lou,	Fenitschka — Eine Ausschweifung. Zwei Erzählungen	Geh. M. 2.50, Lnbd. M. 3.50
—„—	Ma. Ein Porträt. 4. Aufl.	Geh. M. 2.50, Lnbd. M. 3.50
—„—	Menschenkinder. Novellensammlung. 2. Aufl.	Geh. M. 3.50, Lnbd. M. 4.50
—„—	Ruth. Erzählung. 5. Aufl.	Geh. M. 3.50, Lnbd. M. 4.50
—„—	Aus fremder Seele. 2. Aufl.	Geh. M. 2.—, Lnbd. M. 3.—
—„—	Im Zwischenland. Fünf Geschichten. 2. Aufl.	Geh. M. 3.50, Lnbd. M. 4.50

Anzengruber, Ludwig,	Letzte Dorfgänge. 2. Aufl.	Geh. M. 3.50, Lnbd. M. 4.50
—„—	Wolken und Sunn'schein. 5. Aufl.	Geh. M. 2.50, Lnbd. M. 3.50
Arminius, W.,	Der Weg zur Erkenntnis. Roman	Geh. M. 3.—, Lnbd. M. 4.—
—„—	Yorcks Offiziere. Roman von 1812/13. 2. u. 3. Aufl.	Geh. M. 4.—, Lnbd. M. 5.—
Auerbach, Berthold,	Sämtliche Schwarzwälder Dorfgeschichten. Volks-Ausg. in 10 Bdn.	Geh. M. 10.—, in 5 Lnbdn. M. 13.—
—„—	Barfüßele. Erzählung. 40. u. 41. Aufl.	Geh. M. 2.50, Lnbd. M. 3.50
—„—	Auf der Höhe. Roman. Volks-Ausg. in 4 Bdn.	Geh. M. 4.—, in 2 Lnbdn. M. 6.—
—„—	Das Landhaus am Rhein. Roman. Volks-Ausgabe in 4 Bänden	Geh. M. 4.—, in 2 Lnbdn. M. 6.—
—„—	Drei einzige Töchter. Novellen. Min.-Ausg. 4. Aufl.	In Leinenband M. 3.—
—„—	Waldfried. Vaterl. Familiengeschichte. 2. Aufl.	Geh. M. 6.—, Lnbd. M. 7.50

Baumbach, Rudolf,	Erzählungen und Märchen. 15. u. 16. Tsd.	Lnbd. M. 3. —, Ledbd. M. 5.—
—„—	Es war einmal. Märchen. 15. u. 16. Tsd.	Lnbd. M. 3.80, Ledbd. M. 5.80
—„—	Aus der Jugendzeit. 9. Tsd.	Lnbd. M. 6.20, Ledbd. M. 8.—
—„—	Neue Märchen. 8. Tsd.	Lnbd. M. 4. —, Ledbd. M. 6.—
—„—	Sommermärchen. 38. u. 39. Tsd.	Lnbd. M. 4.20, Ledbd. M. 6.—
Bertsch, Hugo,	Bilderbogen aus meinem Leben. 2. u. 3. Aufl.	Geh. M. 3. —, Lnbd. M. 4.—
—„—	Bob, der Sonderling. 4. Aufl.	Geh. M. 2.50, Lnbd. M. 3.50
—„—	Die Geschwister. Mit Vorwort von Adolf Milbrandt. 10. u. 11. Aufl.	Geh. M. 2.50, Lnbd. M. 3.50
Böhlau, Helene,	Salin Kaliske. Novellen. 2. Aufl.	Geh. M. 3. —, Lnbd. M. 4.—
Boy-Ed, Ida,	Die säende Hand. Roman. 4. Aufl.	Geh. M. 3.50, Lnbd. M. 4.50

—„—	Um Helena. Roman. 3. Aufl.	Geh. M. 3.50, Lnbd. M. 4.50
—„—	Ein königlicher Kaufmann. Hanseatischer Roman. 8.-10. Aufl.	Geh. M. 4.—, Lnbd. M. 5.—
—„—	Die Lampe der Psyche. Roman. 3. Aufl.	Geh. M. 3.50, Lnbd. M. 4.50
—„—	Die große Stimme. Novellen. 3. Aufl.	Geh. M. 2.—, Lnbd. M. 3.—
Bülow, Frieda v.,	Kara. Roman	Geh. M. 4.—, Lnbd. M. 5.—
Burckhard, Max,	Simon Thums. Roman. 2. Aufl.	Geh. M. 3.—, Lnbd. M. 4.—
Busse Carl,	Die Schüler von Polajewo. Novellen	Geh. M. 2.50, Lnbd. M. 3.50
—„—	Träume. Mit Illustrationen von Kunz Meyer	Geh. M. 2.60, Lnbd. M. 3.50
—„—	Im polnischen Wind. Ostmärkische Geschichten	Geh. M. 3.50, Lnbd. M. 4.50
Dove, A.,	Caracosa. Roman. 2 Bände. 2. Aufl.	Geh. M. 7.—, in 2 Lnbdn. M. 9.—
Ebner-Eschenbach,	Božena. Erzähl. 8. Aufl.	Geh. M. 3.—, Lnbd.

Marie v.,		M. 4.—
—„—	Erzählungen. 5. Aufl.	Geh. M. 3. —, Lnbd. M. 4.—
—„—	Margarete. 6. Aufl.	Geh. M. 2. —, Lnbd. M. 3.—
Ebner-Eschenbach, Moriz v.,	Hypnosis perennis — Ein Wunder des h. Sebastian. Zwei Wien. Gesch.	Geh. M. 2. —, Lnbd. M. 3.—
Eckstein, Ernst,	Nero. Roman. 8. Aufl.	Geh. M. 5. —, Lnbd. M. 6.—
El-Correi,	Das Tal des Traumes (Val di sogno). Roman. 2. Aufl.	Geh. M. 4. —, Lnbd. M. 5.—
—„—	Am stillen Ufer. Roman vom Gardasee	Geh. M. 3.50, Lnbd. M. 4.50
Engel, Eduard,	Paraskewúla u. a. Novellen	Geh. M. 3.50, Lnbd. M. 4.50
Fontane, Theodor,	Ellernklipp. 4. Aufl.	Geh. M. 3. —, Lnbd. M. 4.—
—„—	Grete Minde. 7. Aufl.	Geh. M. 2.50, Lnbd. M. 3.50
—„—	Quitt. Roman. 5. Aufl.	Geh. M. 3. —, Lnbd. M. 4.—
—„—	Vor dem Sturm. Roman. 11. u. 12.	Geh. M. 4.

	Aufl.	—, Lnbd. M. 5.—
—„—	Unwiederbringlich. Roman. 5. u. 6. Aufl.	Geh. M. 3.—, Lnbd. M. 4.—
Franzos, K. E.,	Der Gott des alten Doktors. 2. Aufl.	Geh. M. 2.—, Lnbd. M. 3.—
—„—	Die Juden von Barnow. Geschichten. 8. Aufl.	Geh. M. 3.—, Lnbd. M. 4.—
—„—	Ein Kampf ums Recht. Roman. 2 Bde. 6. Aufl.	Geh. M. 6.—, in 1 Lnbd. M. 7.50
—„—	Ungeschickte Leute. Geschichten. 3. Aufl.	Geh. M. 2.50, Lnbd. M. 3.50
—„—	Junge Liebe. Novellen. 4. Aufl. Min.-Ausg.	Geh. M. 2.—, Lnbd. M. 3.—
—„—	Mann und Weib. Novellen. 2. Aufl.	Geh. M. 2.50, Lnbd. M. 3.50
—„—	Der kleine Martin. Erzählung. 3. Aufl.	Geh. M. 1.—, Lnbd. M. 2.—
—„—	Moschko von Parma. Erzählung. 4. Aufl.	Geh. M. 2.—, Lnbd. M. 3.—
—„—	Neue Novellen. 2. Aufl.	Geh. M. 2.—, Lnbd. M. 3.—

—„—	Tragische Novellen. 2. Aufl.	Geh. M. 2.50, Lnbd. M. 3.50
—„—	Der Pojaz. Eine Gesch. a. d. Osten. 6.-8. Aufl.	Geh. M. 4.50, Lnbd. M. 5.50
—„—	Der Präsident. Erzählung. 4. Aufl.	Geh. M. 2.—, Lnbd. M. 3.—
—„—	Die Reise nach dem Schicksal. Erzählg. 3. Aufl.	Geh. M. 3.—, Lnbd. M. 4.—
—„—	Die Schatten. Erzählung. 2. Aufl.	Geh. M. 3.—, Lnbd. M. 4.—
—„—	Judith Trachtenberg. Erzählung. 5. Aufl.	Geh. M. 3.—, Lnbd. M. 4.—
—„—	Der Wahrheitsucher. Roman. 2 Bde. 3. Aufl.	Geh. M. 6.—, in 2 Lnbdn. M. 8.—
—„—	Leib Weihnachtskuchen und sein Kind. 3. Aufl.	Geh. M. 2.50, Lnbd. M. 3.50
Fulda, L.,	Lebensfragmente. Novellen. 3. Aufl.	Geh. M. 2.—, Lnbd. M. 3.—
Gleichen-Rußwurm, A. v.,	Vergeltung. Roman	Geh. M. 3.50, Lnbd. M. 4.50
Grasberger, H.,	Aus der ewigen Stadt. Novellen	Geh. M. 2.50, Lnbd.

Grimm, Herman,	Unüberwindliche Mächte. Roman. 2 Bände. 3. Aufl.	M. 3.20 Geh. M. 8. —, in 2 Lnbdn. M. 10.—
—„—	Novellen. 3. Aufl.	Geh. M. 3.50, Lnbd. M. 4.50
Grisebach, Ed.,	Kin-ku-ki-kuan. Chines. Novellenbuch	Geh. M. 3. —, Lnbd. M. 4.—
Haushofer, Max,	Geschichten zwischen Diesseits und Jenseits. Ein moderner Totentanz. 2. Aufl.	Geh. M. 3.50, Lnbd. M. 4.50
—„—	Planetenfeuer. Ein Zukunftsroman	Geh. M. 3.50, Lnbd. M. 4.50
Heer, J. C.,	Joggeli. Geschichte e. Jugend. 16. u. 17. Aufl.	Geh. M. 3.50, Lnbd. M. 4.50
—„—	Der König der Bernina. Roman. 51.-55. Aufl.	Geh. M. 3.50, Lnbd. M. 4.50
—„—	Der König der Bernina. Roman. 50. (Jubil.-) Aufl. Mit Porträt	Geh. M. 3.50, Lnbd. M. 4.50
—„—	Laubgewind. Roman. 33.-36. Aufl.	Geh. M. 3.50, Lnbd. M. 4.50
—„—	Felix Notvest. Roman. 17.-20. Aufl.	Geh. M. 3.50, Lnbd. M. 4.50
—„—	An heiligen Wassern. Roman.	Geh. M.

	51.-54. Aufl.	3.50, Lnbd. M. 4.50
—„—	Der Wetterwart. Roman. 45.-50. Aufl.	Geh. M. 3.50, Lnbd. M. 4.50
Heilborn, Ernst,	Kleefeld. Roman	Geh. M. 2.—, Lnbd. M. 3.—
Herzog, Rudolf,	Der Abenteurer. Roman. Mit Porträt. 26.-30. Aufl.	Geh. M. 4.—, Lnbd. M. 5.—
—„—	Der Adjutant. Roman. 5. u. 6. Aufl.	Geh. M. 2.50, Lnbd. M. 3.50
—„—	Der Graf von Gleichen. Ein Gegenwartsroman. 14.-18. Aufl.	Geh. M. 3.50, Lnbd. M. 4.50
—„—	Es gibt ein Glück ... Novellen. 6.-10. Aufl.	Geh. M. 3.—, Lnbd. M. 4.—
—„—	Hanseaten. Roman. 41.-45. Aufl.	Geh. M. 4.—, Lnbd. M. 5.—
—„—	Das Lebenslied. Roman. 32.-36. Aufl.	Geh. M. 4.—, Lnbd. M. 5.—
—„—	Die vom Niederrhein. Roman. 26.-30. Aufl.	Geh. M. 4.—, Lnbd. M. 5.—
—„—	Der alten Sehnsucht Lied. Erzählungen. 8. u. 9. Aufl.	Geh. M. 2.50, Lnbd. M. 3.50
—„—	Die Wiskottens. Roman. 66.-70.	Geh. M. 4.

	Aufl.	—, Lnbd. M. 5.—
—„—	Die Wiskottens. Roman. 50. (Jubiläums-) Aufl. Mit Porträt	Geh. M. 6. —, Lnbd. M. 7.—
—„—	Das goldene Zeitalter. Roman. 5. u. 6. Aufl.	Geh. M. 2.50, Lnbd. M. 3.50
Heyse, Paul,	L'Arrabbiata. Novelle. 12. Aufl.	Geh. M. 1.20, Lnbd. M. 2.40
—„—	L'Arrabbiata und andere Novellen. 9. Aufl.	Geh. M. 3.50, Lnbd. M. 4.50
—„—	Buch der Freundschaft. Novellen. 7. Aufl.	Geh. M. 3.50, Lnbd. M. 4.50
—„—	Die Geburt der Venus. 5. Aufl.	Geh. M. 4.—, Lnbd. M. 5.—
—„—	In der Geisterstunde. 4. Aufl.	Geh. M. 2.50, Lnbd. M. 3.50
—„—	Über allen Gipfeln. Roman. 10. Aufl.	Geh. M. 3.50, Lnbd. M. 4.50
—„—	Das Haus »Zum unglaubigen Thomas« und andere Novellen	Geh. M. 3.50, Lnbd. M. 4.50
—„—	Kinder der Welt. Roman. 2 Bde. 23.-25. Aufl.	Geh. M. 4.80, Lnbd. M. 6.80
—„—	Helldunkles Leben. Novellen.	Geh. M. 4.

	2.-4. Aufl.	—, Lnbd. M. 5.—
—„—	Himmlische u. irdische Liebe u. a. Novellen. 2. Aufl.	Geh. M. 3.50, Lnbd. M. 4.50
—„—	Neue Märchen. 4. Aufl.	Geh. M. 4.—, Lnbd. M. 5.—
—„—	Marthas Briefe an Maria. 2. Aufl.	Geh. M. 1.—, Lnbd. M. 2.—
—„—	Melusine und andere Novellen. 5. Aufl.	Geh. M. 4.—, Lnbd. M. 5.—
—„—	Menschen und Schicksale. Charakterbilder. 2.-4. Aufl.	Geh. M. 4.—, Lnbd. M. 5.—
—„—	Merlin. Roman. 6. u. 7. Aufl.	Geh. M. 3.50, Lnbd. M. 4.50
—„—	Ninon und andere Novellen. 4. Aufl.	Geh. M. 4.—, Lnbd. M. 5.—
—„—	Novellen. Auswahl fürs Haus. 3 Bände. 12. u. 13. Aufl.	Geh. M. 7.50, in 3 Lnbdn. M. 10.—
—„—	Novellen vom Gardasee. 6. u. 7. Aufl.	Geh. M. 2.40, Lnbd. M. 3.40
—„—	Meraner Novellen. 11. Aufl.	Geh. M. 3.50, Lnbd. M. 4.50

—„—	Neue Novellen. Min.-Ausgabe. 6. Aufl.	Geh. M. 3.50, Lnbd. M. 4.50
—„—	Im Paradiese. Roman. 2 Bde. 13. Aufl.	Geh. M. 4.80, in 2. Lnbdn. M. 6.80
—„—	Das Rätsel des Lebens. 4. Aufl.	Geh. M. 5.—, Lnbd. M. 6.—
—„—	Der Roman der Stiftsdame. 13. u. 14. Aufl.	Geh. M. 2.40, Lnbd. M. 3.40
—„—	Der Sohn seines Vaters u. a. Novellen. 3. Aufl.	Geh. M. 3.50, Lnbd. M. 4.50
—„—	Crone Stäudlin. Roman. 4. Aufl.	Geh. M. 4.—, Lnbd. M. 5.—
—„—	Gegen den Strom. Eine weltliche Klostergeschichte. 5. u. 6. Aufl.	Geh. M. 2.40, Lnbd. M. 3.40
—„—	Moralische Unmöglichkeiten u. a. Nov. 3. Aufl.	Geh. M. 4.50, Lnbd. M. 5.50
—„—	Victoria regia und andere Novellen. 2.-4. Aufl.	Geh. M. 4.—, Lnbd. M. 5.—
—„—	Villa Falconieri und andere Novellen. 2. Aufl.	Geh. M. 3.50, Lnbd. M. 4.50
—„—	Aus den Vorbergen. Vier Novellen. 3. Aufl.	Geh. M. 5.—, Lnbd.

		M. 6.—
—„—	Vroni und andere Novellen	Geh. M. 3.50, Lnbd. M. 4.50
—„—	Weihnachtsgeschichten. 4. Aufl.	Geh. M. 4.—, Lnbd. M. 5.—
—„—	Unvergeßbare Worte u. a. Novellen. 5. Aufl.	Geh. M. 3.50, Lnbd. M. 4.50
—„—	Xaverl und andere Novellen	Geh. M. 3.50, Lnbd. M. 4.50
Hillern, Wilhelmine v.,	Der Gewaltigste. 4. Aufl.	Geh. M. 3.50, Lnbd. M. 4.50
—„—	's Reis am Weg. 3. Aufl.	Geh. M. 1.50, Lnbd. M. 2.50
—„—	Ein Sklave der Freiheit. Roman. 3. Aufl.	Geh. M. 5.—, Lnbd. M. 6.—
—„—	Ein alter Streit. Roman. 3. Aufl.	Geh. M. 3.—, Lnbd. M. 4.—
Hobrecht, Max,	Von der Ostgrenze. Drei Nov.	Geh. M. 5.—, Lnbd. M. 6.20
Höcker, Paul Oskar,	Väterchen. Roman	Geh. M. 3.—, Lnbd. M. 4.—
Hofe, Ernst	Sehnsucht. Roman	Geh. M. 3.—, Lnbd.

v.,		M. 4.—
Hoffmann, Hans,	Bozener Märchen. 2. Aufl.	Lnbd. M. 3.50
—„—	Ostseemärchen. 2. Aufl.	Lnbd. M. 4.—
Holm, Adolf,	Holsteinische Gewächse	Geh. M. 2.—, Lnbd. M. 3.—
—„—	Köst und Kinnerbeer. Und sowat mehr. Zwei Erzählungen	Lnbd. M. 2.40
Hopfen, Hans,	Der letzte Hieb. 5. Aufl.	Geh. M. 2.50, Lnbd. M. 3.50
Huch, Ricarda,	Erinnerungen von Ludolf Ursleu dem Jüngeren. Roman. 9. u. 10. Aufl.	Geh. M. 4.—, Lnbd. M. 5.—
	Jugenderinnerungen eines alten Mannes, s. *Kügelgen*	
Junghans, Sophie,	Schwertlilie. Roman. 2. Aufl.	Geh. M. 4.—, Lnbd. M. 5.—
Kaiser, Isabelle,	Seine Majestät! Novellen	Geh. M. 2.50, Lnbd. M. 3.50
—„—	Wenn die Sonne untergeht. Novellen. 3. Aufl.	Geh. M. 2.50, Lnbd. M. 3.50
Keller, Gottfried,	Der grüne Heinrich. Roman. 3 Bände. 56.-60. Aufl.	Geh. M. 9.—, Lnbd. M. 11.40, Hlbfrzbd. M. 15.—

—„—	Martin Salander. Roman. 39-43. Aufl.	Geh. M. 3.—, Lnbd. M. 3.80, Hlbfrzbd. M. 5.—
—„—	Die Leute von Seldwyla. 2 Bände. 64.-68. Aufl.	Geh. M. 6.—, Lnbd. M. 7.60, Hlbfrzbd. M. 10.—
—„—	Züricher Novellen. 58.-62. Aufl.	Geh. M. 3.—, Lnbd. M. 3.80, Hlbfrzbd. M. 5.—
—„—	Das Sinngedicht. Novellen. Sieben Legenden. 50.-54. Aufl.	Geh. M. 3.—, Lnbd. M. 3.80, Hlbfrzbd. M. 5.—
—„—	Sieben Legenden. Miniatur-Ausg. 7. Aufl.	Geh. M. 2.30, Lnbd. M. 3.—
—„—	Romeo und Julia auf dem Dorfe. Erzählung. Miniatur-Ausg. 7. Aufl.	Geh. M. 2.30, Lnbd. M. 3.—
Kossak, Marg.,	Krone des Lebens. Nord. Novellen	Geh. M. 3.—, Lnbd. M. 4.—
Kügelgen, Wilhelm v.,	Jugenderinnerungen eines alten Mannes. Original-Ausg. 25. Aufl.	Geh. M. 1.80, Lnbd. M. 2.40
Kurz, Isolde,	Unsere Carlotta. Erzählung	Geh. M. 2.

		—, Lnbd. M. 3.—
—„—	Italienische Erzählungen	Lnbd. M. 5.50
—„—	Frutti di Mare. Zwei Erzählungen	Geh. M. 2.—, Lnbd. M. 3.—
—„—	Genesung. Sein Todfeind. Gedankenschuld. Drei Erzählungen	Geh. M. 4.—, Lnbd. M. 5.—
—„—	Lebensfluten. Novellen. 2. Aufl.	Geh. M. 3.—, Lnbd. M. 4.—
—„—	Florentiner Novellen. 4. u. 5. Aufl.	Geh. M. 3.50, Lnbd. M. 4.50
—„—	Phantasieen und Märchen	Lnbd. M. 3.—
—„—	Die Stadt des Lebens. Schilderungen aus der florentinischen Renaissance. 5. u. 6. Aufl. Mit 16 Abbildungen	Geh. M. 5.—, Lnbd. M. 6.50
Laistner, Ludwig,	Novellen aus alter Zeit	Geh. M. 4.—, Lnbd. M. 5.—
Langmann, Philipp,	Realistische Erzählungen	Geh. M. 2.—, Lnbd. M. 3.—
—„—	Leben und Musik. Roman	Geh. M. 3.50, Lnbd. M. 4.50
—„—	Ein junger Mann von 1895 u. and. Novellen	Geh. M. 2.—, Lnbd.

		M. 3.—
—„—	Verflogene Rufe. Novellen	Geh. M. 2.50, Lnbd. M. 3.50
Lilienfein, Heinrich,	Ideale des Teufels. Eine boshafte Kulturfahrt	Geh. M. 3.—, Lnbd. M. 4.—
Lindau, Paul,	Die blaue Laterne. Berliner Roman. 2 Bände. 5. u. 6. Aufl.	Geh. M. 6.—, in 1 Lnbd. M. 7.50
—„—	Arme Mädchen. Roman. 10. Aufl.	Geh. M. 4.—, Lnbd. M. 5.—
—„—	Spitzen. Roman. 9. u. 10. Aufl.	Geh. M. 4.—, Lnbd. M. 5.—
—„—	Der Zug nach dem Westen. Roman. 11. Aufl.	Geh. M. 4.—, Lnbd. M. 5.—
Mauthner, Fritz,	Hypatia. Roman. 2. Aufl.	Geh. M. 3.50, Lnbd. M. 4.50
—„—	Aus dem Märchenbuch der Wahrheit. Fabeln und Gedichte in Prosa. 2. Aufl. von »Lügenohr«	Geh. M. 3.—, Lnbd. M. 4.—
Meyer-Förster, Wilh.,	Eldena. Roman. 2. Aufl.	Geh. M. 3.—, Lnbd. M. 4.—
Meyerhof-Hildeck, Leonie,	Das Ewig-Lebendige. Roman. 2. Aufl.	Geh. M. 2.50, Lnbd. M. 3.50

—„—	Töchter der Zeit. Münchner Roman	Geh. M. 3.—, Lnbd. M. 4.—
Muellenbach, E. (Lenbach),	Abseits. Erzählungen	Geh. M. 3.—, Lnbd. M. 4.—
—„—	Aphrodite und andere Novellen	Geh. M. 3.—, Lnbd. M. 4.—
—„—	Vom heißen Stein. Roman	Geh. M. 3.—, Lnbd. M. 4.—
Niessen-Deiters, Leonore,	Leute mit und ohne Frack. Erzählungen und Skizzen. Buchschmuck von *Hans Deiters*	Geh. M. 3.—, Lnbd. M. 4.—
—„—	Im Liebesfalle. Buchschmuck von *Hans Deiters*	Geh. M. 3.—, Lnbd. M. 4.—
—„—	Mitmenschen. Buchschmuck von *Hans Deiters*	Geh. M. 3.—, Lnbd. M. 4.—
Olfers, Marie v.,	Neue Novellen	Geh. M. 3.50, Lnbd. M. 4.50
—„—	Die Vernunftheirat und andere Novellen	Geh. M. 3.—, Lnbd. M. 4.—
Pantenius, Th. H.,	Kurländische Geschichten. 2. Tsd.	Geh. M. 3.—, Lnbd. M. 4.—
Petri, Julius,	Pater peccavi! Roman	Geh. M. 3.—, Lnbd. M. 4.—

du Prel, Karl,	Das Kreuz am Ferner. 3. Aufl.	Geh. M. 5.—, Lnbd. M. 6.—
Proelß, Joh.,	Bilderstürmer! Roman. 2. Aufl.	Geh. M. 4.—, Lnbd. M. 5.—
Raberti, Rubert,	Immaculata. Roman. 2 Bde.	Geh. M. 8.—, in 2 Lnbdn. M. 10.—
Redwitz, O. v.,	Haus Wartenberg. Roman. 7. Aufl.	Geh. M. 3.50, Lnbd. M. 4.50
—„—	Hymen. Ein Roman. 5. Aufl.	Geh. M. 4.—, Lnbd. M. 5.—
Riehl, W. H.,	Aus der Ecke. Novellen. 5. Aufl.	Geh. M. 4.—, Lnbd. M. 5.—
—„—	Am Feierabend. Sechs Novellen. 4. Aufl.	Geh. M. 4.—, Lnbd. M. 5.—
—„—	Geschichten aus alter Zeit. 1. Reihe. 3. Aufl.	Geh. M. 3.—, Lnbd. M. 4.—
—„—	Geschichten aus alter Zeit. 2. Reihe. 3. Aufl.	Geh. M. 3.—, Lnbd. M. 4.—
—„—	Lebensrätsel. Fünf Novellen. 4. Aufl.	Geh. M. 4.—, Lnbd. M. 5.—
—„—	Ein ganzer Mann. Roman. 4. Aufl.	Geh. M. 6.—, Lnbd.

		M. 7.—
—„—	Kulturgeschichtliche Novellen. 6. Aufl.	Geh. M. 4.—, Lnbd. M. 5.—
—„—	Neues Novellenbuch. 3. Aufl. (6. Abdruck)	Geh. M. 4.—, Lnbd. M. 5.—
Roquette, Otto,	Das Buchstabierbuch der Leidenschaft. Roman. 2 Bände	Geh. M. 4.—, in 1 Lnbd. M. 5.—
Saitschick, R.,	Aus der Tiefe. Ein Lebensbuch	Geh. M. 2.—, Lnbd. M. 3.—
Seidel, Heinrich,	Leberecht Hühnchen. Gesamtausgabe. 7. Aufl. (36.-40. Tsd.)	Geh. M. 4.—, Lnbd. M. 5.—
—„—	Vorstadtgeschichten. Gesamtausgabe. 1. Reihe. 2. Aufl. (4. u. 5. Tsd.)	Geh. M. 4.—, Lnbd. M. 5.—
—„—	Vorstadtgeschichten. Gesamtausgabe. 2. Reihe	Geh. M. 4.—, Lnbd. M. 5.—
—„—	Heimatgeschichten. Gesamtausgabe. 1. Reihe. 2. Aufl. (3. Tsd.)	Geh. M. 4.—, Lnbd. M. 5.—
—„—	Heimatgeschichten. Gesamtausgabe. 2. Reihe	Geh. M. 4.—, Lnbd. M. 5.—
—„—	Phantasiestücke. Gesamtausgabe	Geh. M. 4.—, Lnbd. M. 5.—
—„—	Von Perlin nach Berlin. Aus	Geh. M. 4.

	meinem Leben. Gesamtausgabe	—, Lnbd. M. 5.—
—„—	Reinhard Flemmings Abenteuer zu Wasser und zu Lande. 3 Bände. 9. Tsd.	Geh. je M. 3.—, Lnbd. je M. 4.—
—„—	Wintermärchen. 2 Bände. 4. Tsd.	Geh. je M. 3.—, Lnbd. je M. 4.—
—„—	Ludolf Marcipanis und anderes. Aus dem Nachlasse herausg. von H. W. *Seidel*. 2. Tsd.	Geh. M. 3.—, Lnbd. M. 4.—
Skowronnek, R.,	Der Bruchhof. Roman. 3. Aufl.	Geh. M. 3.—, Lnbd. M. 4.—
Stegemann, Hermann,	Der Gebieter. Roman	Geh. M. 2.50, Lnbd. M. 3.50
—„—	Stille Wasser. Roman	Geh. M. 3.—, Lnbd. M. 4.—
Stratz, Rudolph,	Alt-Heidelberg, du Feine... Roman einer Studentin. 9. u. 10. Aufl.	Geh. M. 4.—, Lnbd. M. 5.—
—„—	Buch der Liebe. Sechs Novellen. 3. Aufl.	Geh. M. 2.50, Lnbd. M. 3.50
—„—	Die ewige Burg. Roman. 5. Aufl.	Geh. M. 3.—, Lnbd. M. 4.—
—„—	Für Dich. Roman. 16.-20. Aufl.	Geh. M. 4.—, Lnbd. M. 5.—
—„—	Ich harr' des Glücks. Novellen. 4.	Geh. M.

	Aufl.	3.50, Lnbd. M. 4.50
—„—	Gib mir die Hand. Roman. 6.-9. Aufl.	Geh. M. 4. —, Lnbd. M. 5.—
—„—	Herzblut. Roman. 13.-15. Aufl.	Geh. M. 4. —, Lnbd. M. 5.—
—„—	Der du von dem Himmel bist. Roman. 6. u. 7. Aufl.	Geh. M. 3.50, Lnbd. M. 4.50
—„—	Die törichte Jungfrau. Roman. 5. Aufl.	Geh. M. 3.50, Lnbd. M. 4.50
—„—	Der arme Konrad. Roman. 4. Aufl.	Geh. M. 3. —, Lnbd. M. 4.—
—„—	Montblanc. Roman. 6. u. 7. Aufl.	Geh. M. 3. —, Lnbd. M. 4.—
—„—	Du bist die Ruh'. Roman. 6.-8. Aufl.	Geh. M. 3.50, Lnbd. M. 4.50
—„—	Der weiße Tod. Roman aus der Gletscherwelt. 16.-18. Aufl.	Geh. M. 3. —, Lnbd. M. 4.—
—„—	Es war ein Traum. Berl. Novellen. 5. Aufl.	Geh. M. 3.50, Lnbd. M. 4.50
—„—	Die letzte Wahl. Roman. 4. Aufl.	Geh. M. 3.50, Lnbd. M. 4.50
Sudermann,	Es war. Roman. 47.-49. Aufl.	Geh. M. 5.

Hermann, —, Lnbd. M. 6.—, Hlbfrzbd. M. 6.50

—„— Geschwister. Zwei Novellen. 30.-34. Aufl. — Geh. M. 3.50, Lnbd. M. 4.50, Hlbfrzbd. M. 5.—

—„— Jolanthes Hochzeit. Erzählung. 28.-30. Aufl. — Geh. M. 2.—, Lnbd. M. 3.—, Hlbfrzbd. M. 3.50

—„— Der Katzensteg. Rom. 76.-80. Aufl. — Geh. M. 3.50, Lnbd. M. 4.50, Hlbfrzbd. M. 5.—

—„— Das Hohe Lied. Rom. 51.-55. Aufl. — Geh. M. 5.—, Lnbd. M. 6.—, Hlbfrzbd. M. 7.—

—„— Frau Sorge. Roman. 116.-125. Aufl. Mit Jugendbildnis — Geh. M. 3.50, Lnbd. M. 4.50, Hlbfrzbd. M. 5.—

—„— Frau Sorge. Roman. 100. (Jubil.-) Aufl. Mit Porträt. Buchschmuck von *J. B. Eissarz* — Geh. M. 5.—, Lnbd. M. 6.—

—„— Im Zwielicht. Zwanglose — Geh. M. 2.

	Geschichten. 33. u. 34. Aufl.	—, Lnbd. M. 3.—, Hlbfrzbd. M. 3.50
Telmann, Konrad,	Trinacria	Geb. M. 4.—, Lnbd. M. 5.—
Trojan, Johannes,	Das Wustrower Königsschießen u. a. Humoresken. 2. u. 3. verm. Aufl.	Geh. M. 2.—, Lnbd. M. 3.—
Voß, Richard,	Alpentragödie. Roman aus dem Engadin. 5. u. 6. Aufl.	Geh. M. 4.50, Lnbd. M. 5.50
—„—	Römische Dorfgeschichten. 4. Aufl.	Geh. M. 3.—, Lnbd. M. 4.—
—„—	Du mein Italien! Aus meinem römischen Leben. 2. u. 3. Aufl.	Geh. M. 4.50, Lnbd. M. 5.50
—„—	Richards Junge (Der Schönheitssucher). Roman. 3. Aufl.	Geh. M. 5.—, Lnbd. M. 6.—
Widmann, J. V.,	Touristennovellen	Geh. M. 4.—, Lnbd. M. 5.—
Wilbrandt, Adolf,	Adams Söhne. Roman. 3. Aufl.	Geh. M. 4.50, Lnbd. M. 5.50
—„—	Das lebende Bild u. a. Geschichten. 3. Aufl.	Geh. M. 3.—, Lnbd. M. 4.—
—„—	Dämonen u. andere Geschichten. 3. u. 4. Aufl.	Geh. M. 3.—, Lnbd.

—„—	Der Dornenweg. Roman. 4. Aufl.	M. 4.— Geh. M. 3.50, Lnbd. M. 4.50
—„—	Erika. Das Kind. Erzählungen. 3. Aufl.	Geh. M. 3.50, Lnbd. M. 4.50
—„—	Fesseln. Roman. 3. Aufl.	Geh. M. 3.—, Lnbd. M. 4.—
—„—	Feuerblumen. Roman. 3. Aufl.	Geh. M. 3.—, Lnbd. M. 4.—
—„—	Franz. Roman. 3. Aufl.	Geh. M. 3.50, Lnbd. M. 4.50
—„—	Die glückliche Frau. Roman. 4. Aufl.	Geh. M. 3.—, Lnbd. M. 4.—
—„—	Fridolins heimliche Ehe. 4. Aufl.	Geh. M. 2.50, Lnbd. M. 3.50
—„—	Schleichendes Gift. Roman. 3. Aufl.	Geh. M. 3.—, Lnbd. M. 4.—
—„—	Hermann Ifinger. Roman. 6. Aufl.	Geh. M. 4.—, Lnbd. M. 5.—
—„—	Irma. Roman. 3. Aufl.	Geh. M. 3.—, Lnbd. M. 4.—
—„—	Hildegard Mahlmann. Roman. 4. Aufl.	Geh. M. 3.50, Lnbd.

—„—	Ein Mecklenburger. Roman. 3. Aufl.	M. 4.50 Geh. M. 3.—, Lnbd. M. 4.—
—„—	Meister Amor. Roman. 3. Aufl.	Geh. M. 3.50, Lnbd. M. 4.50
—„—	Novellen	Geh. M. 3.—, Lnbd. M. 4.—
—„—	Opus 23 u. andere Geschichten. 1. u. 2. Aufl.	Geh. M. 3.—, Lnbd. M. 4.—
—„—	Die Osterinsel. Roman. 5. Aufl.	Geh. M. 4.—, Lnbd. M. 5.—
—„—	Vater Robinson. Roman. 3. Aufl.	Geh. M. 3.—, Lnbd. M. 4.—
—„—	Familie Roland. Roman. 3. Aufl.	Geh. M. 3.—, Lnbd. M. 4.—
—„—	Die Rothenburger. Roman. 8. Aufl.	Geh. M. 3.—, Lnbd. M. 4.—
—„—	Der Sänger. Roman. 4. Aufl.	Geh. M. 4.—, Lnbd. M. 5.—
—„—	Die Schwestern. Roman. 2. u. 3. Aufl.	Geh. M. 3.—, Lnbd. M. 4.—
—„—	Sommerfäden. Roman. 2. u. 3. Aufl.	Geh. M. 3.—, Lnbd.

		M. 4.—
—„—	Am Strom der Zeit. Roman. 2. u. 3. Aufl.	Geh. M. 3.—, Lnbd. M. 4.—
—„—	Vater und Sohn u. andere Geschichten. 2. Aufl.	Geh. M. 3.—, Lnbd. M. 4.—
—„—	Villa Maria. Roman. 3. Aufl.	Geh. M. 3.—, Lnbd. M. 4.—
—„—	Große Zeiten u. andere Geschichten. 3. Aufl.	Geh. M. 3.—, Lnbd. M. 4.—
Wildenbruch, E. v.,	Schwester-Seele. Roman. 18. u. 19. Aufl.	Geh. M. 4.—, Lnbd. M. 5.—
Worms, C.,	Aus roter Dämmerung. 2. Aufl.	Geh. M. 2.50, Lnbd. M. 3.50
—„—	Du bist mein. Zeitroman. 2. Aufl.	Geh. M. 4.—, Lnbd. M. 5.—
—„—	Erdkinder. Roman. 4. Aufl.	Geh. M. 3.50, Lnbd. M. 4.50
—„—	Die Stillen im Lande. Drei Erzähl. 2. Aufl.	Geh. M. 3.—, Lnbd. M. 4.—
—„—	Thoms friert. Roman. 2. Aufl.	Geh. M. 4.—, Lnbd. M. 5.—
—„—	Überschwemmung. Eine balt. Gesch. 2. Aufl.	Geh. M. 2.50, Lnbd.

Zimmermann, Tante Eulalia's Romfahrt M. 3.50
M. G., Geh. M. 3.
—, Lnbd. M. 4.—

Korrekturen und Anmerkungen zur Transkription:
Zum Anfang

1. Fehlender Punkt nach "ernst" im Original.

2. Im Original wird an dieser Stelle Euesbis Stottern durch Trennstriche angezeigt; hier und im Weiteren in lange Bindestriche umgeändert.

3. Fehlendes Anführungszeichen vor "Verzeih" im Originaltext.

4. Im Originaltext "umheimlicher", korrigiert zu "unheimlicher".

5. Im Originaltext "kein", korrigiert zu "Kein".

6. Überflüssiges Komma im Originaltext nach " St. Peter"; gelöscht.

7. Nach "schwerer" scheint "zu schaffen" zu fehlen.

8. Im Originaltext "Georg", korrigiert zu "George".

9. Im Originaltext "Pfarerr", korrigiert zu "Pfarrer".

www.ingramcontent.com/pod-product-compliance
Lightning Source LLC
Chambersburg PA
CBHW032011300426
44117CB00008B/988